U0077264

幼兒教保概論

洪福財、溫明麗　審閱

王建雅、李興寧、宣崇慧、段慧瑩、洪福財
胡玉玲、孫良誠、徐千惠、涂妙如、高博銓
溫明麗、葉郁菁　著

目錄

審閱者簡介（按姓氏筆畫順序排列）

洪福財

學歷：國立臺灣師範大學教育學博士

現職：國立臺北教育大學教育經營與管理學系教授

溫明麗

學歷：英國倫敦大學哲學博士、國立臺灣師範大學教育學博士

現職：國立臺北教育大學兼任教授、台灣首府大學榮譽講座教授
國立臺灣師範大學退休教授

作者簡介（按姓氏筆畫順序排列）

王建雅

學歷：國立臺灣師範大學教育與心理輔導研究所博士

現職：長庚科技大學幼兒保育系助理教授

李興寧

學歷：國立高雄師範大學國文學系博士

現職：國立高雄師範大學、國立臺南護理專科學校
兼任副教授

宣崇慧

學歷：國立臺灣師範大學特殊教育學系博士

現職：國立嘉義大學幼兒教育學系教授兼系主任

段慧瑩

學歷：英國霍爾大學（University of Hull）哲學博士

現職：國立臺北護理健康大學嬰幼兒保育系副教授

洪福財

請見「審閱者簡介」

胡玉玲

學歷：國立臺北教育大學教育政策與管理研究所博士

現職：聖母醫護管理專科學校幼兒保育科助理教授兼科主任

孫良誠

學歷：國立臺北教育大學教育政策與管理研究所博士

現職：國立清華大學幼兒教育學系副教授兼系主任

徐千惠

學歷：國立新竹教育大學教育與學習科技研究所博士

現職：輔仁大學兒童與家庭學系助理教授

涂妙如

學歷：國立臺灣師範大學人類發展與家庭學系博士

現職：輔仁大學兒童與家庭學系副教授

高博銓

學歷：國立臺灣師範大學教育學系博士

現職：實踐大學家庭研究與兒童發展學系助理教授

溫明麗

請見「審閱者簡介」

葉郁菁

學歷：英國 University of York 教育研究所博士

現職：國立嘉義大學幼兒教育學系教授

審閱者序

「全面、簡約、條理清晰、循序漸進」是「概論」的要件，《幼兒教保概論》一書的撰寫也掌握此原理，並兼顧理論與實務，避免艱澀和枯燥。本書集結國內教育界和幼教界的專家學者共同完成，既有教科用書的專業性和學習循序性，也是強化幼兒園教師教育基礎課程及幼兒發展與適性輔導之工具書。本書除符合職前幼教師資培育課程之需外，亦可提供幼兒園教師及幼兒家長了解和教育幼兒的參考，更是準備教檢與教甄必備指南。

「提升嬰幼兒照顧品質」是本世紀少子化趨勢下的重要議題，臺灣托育與教保等相關議題，如幼兒政策補助、提升幼教品質、幼兒生心理發展、幼兒主體性與品格教育、幼兒學習評量、學習環境與設計、幼教行政、特殊幼兒教育、幼兒福利、英美幼兒教保教育趨勢，以及教保人員專業發展與倫理等，本書均有所涉獵，並深入淺出的闡述觀點和論述其理論與實務。

教保服務人員的資格與培育主要依據《幼兒教育及照顧法》辦理；園長、幼兒園教師、教保員或助理教保員的資格與培育方式亦已有系統性規劃和法源。為「通盤了解幼兒發展與其教育之理念與實務」，「幼兒教保概論」學科涵納於教保專業知能課程 32 學分之內，又屬幼兒園師資職前教育課程之教育專業課程科目，一般被列為「幼兒園教材教法」之先修科目，其基礎性和重要性不言可喻。

本書共19章，各章列有「本章概述」，扼要闡明該章重點，利於教學或預習之用。教師可視學生特性與學習需求，整合相關章節；或指派特定章節，做為學生自主學習之教材；且因應 110 學年度起教檢素養試題變革，提列有「情境式題目」，提供學生擴充幼兒教保教育知識之延伸閱讀，亦可熟練素養導向之情境式命題模式。

本書的出版，首先要感謝各位撰稿專家學者秉持為臺灣幼教的今日和明日盡一份心力的教育大愛，無私奉獻所學；其次，心理出版社林副總敬堯慨允出版，並高效安排相關事宜，高執行編輯碧嶸的細心編排與協助完稿，敬業態度令人感佩，一併於此致謝。最後，期望本書能對臺灣新世紀的幼兒教保教育展開承先啟後之新頁，讓有志於幼兒教保教育工作者、家長們和社會有志人士，精誠團結、攜手合作，共同為未來的主人翁張開多元智能和自主學習之帆，並為其高尚人格和豐厚素養之學習與成長，不懈努力、無怨無悔。本書疏漏難免，尚祈方家不吝指正。敬頌　健康、喜樂、平安！

温明麗、洪福財　謹識

于 2021.08

第一篇
幼兒教保的意涵

1 幼兒教保的本質與研究方法

溫明麗、洪福財

本章概述

幼兒教育的目標應激發孩子自身的學習慾望

～蒙特梭利

有鑑於幼兒教保工作的重要性，近年來無論在學術界或實務界，幼兒教保的發展均相當快速，不僅適量的擴充，也朝向品質提升不斷的邁進。為促進幼兒教保及其教育學術的健全發展，釐清幼兒教保內涵，並鼓勵相關領域的持續性研究，是幼教工作者必須積極投注和共同努力的方向。本章從照顧層面的呵護和教育層面的教導，探討幼兒教保的本質與研究方法，釐清幼兒教保因應幼兒個別差異之教育本質，提出尊重幼兒主體性和強調其情感的詩意美學幼兒教保教育理念，俾朝向全人發展目標邁進；其次，釐清幼兒教保的意義與優質幼兒教保方案的重要性；最後，介紹幼兒教保主要的研究典範和方法。

第一節

本質思考的兩個維度：呵護與教導的辯證

幼兒教保活動的基本來源有二：一為幼兒接觸的人，另一為幼兒的成長環境。進入了幼兒園後，幼兒逐步獲得開展自我、探索社會化、關懷他人、表達，以及追求幸福的快樂學習機會。在學習的過程中，幼兒應該受到尊重，感受關愛，並有著自由祥和的學習氛圍，此過程包含有偏重認知、技能與德行等生活能力與素養的**「教導」（instruction）**，更延續家庭教育的**「呵護」（caring）**，前述兩者**分別對應著「教育」與「照顧」等兩大功能**。

幼托分立時期的《幼稚園課程標準》（教育部，1987）內容涵蓋**「認知」**、**「健康」**、**「倫理」與「生活」**面向。前述面向的本質指出，幼兒身心尚未發展成熟時需要多加「呵護」；相對的，隨著身心發展和成熟的程度，幼兒園教師有責任提供引導、訓練和教育活動，此廣義稱之為「教導」，包括有認知與技能學習的課程，也包含生活教育和同儕互動，經常透過遊戲、探索、引導與體驗活動，以維護幼兒的好奇心、學習動機、自我認識，並在團體生活中養成良好習慣（圖 1-1）。

2012 年《幼兒園教保活動課程暫行大綱》公布，之後修訂為《幼兒園教保活動課程大綱》並自 2017 年 8 月起公布實施，取代原有的《幼稚園課程標準》。其中明訂教保活動課程包含**身體動作與健康、認知、語文、社會、情緒與美感等六大領域**，以培養**自主管理、覺知辨識、表達溝通、關懷合作、推理賞析與想像創造等六大核心素養，呼應國教 108 課綱「自發」、「互動」和「共好」的理念**。幼兒園教保活動課程的多元化發展，有利於幼兒的

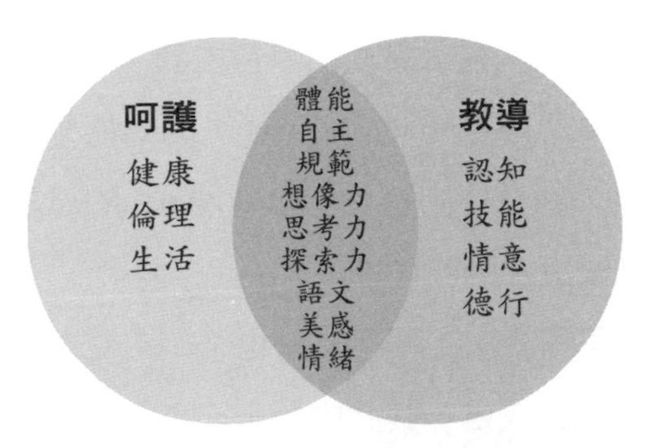

圖1-1　呵護與教導內涵關係圖

多元學習，不僅重視幼兒的知能教導，更強調生活習慣養成，以達成幼兒的身心健康、充實生活經驗的目的。一言以蔽之，幼兒發展需要兼顧呵護和教導才完整，隨著幼兒身心發展的程度，呵護和教導的比率也會有所不同，但是共通的理念是：**以幼兒為核心，以遊戲為本的學習（play-based learning）**。

壹　呵護與教導之本質與類型

從社會學習論或後天教養論言之，人的行為與後天的教養和環境息息相關；析言之，人的行為、信念和價值觀從呱呱墜地的那一刻起即點點滴滴累積起來。幼兒身心靈的呵護和教養既受先天影響，更因後天環境和教導所致，此說明教保活動是形塑幼兒人生觀和世界觀的關鍵，其重要性不容小覷。

一、幼兒教保的兩大思考維度：呵護與教導

原生家庭與形塑幼兒行為和價值觀密不可分，繼之則是入園後的「教

養」。以下廣義的依據幼兒教保需求和學習內涵，二分為教導和呵護[1]兩大思維：「教導」強調成人導向（adult-driven）的知能學習，強調知性價值的擴展；「呵護」則以「幼兒導向」（child-driven）的思維，關注幼兒學習與成長的需求，強調關愛與互動關係。

教，「上所施，下所效」；學，「效也」、「受人之教而效也」。禮記學記篇：「君子如欲化民成俗，其必由學乎。玉不琢，不成器；人不學，不知義。故，古之王者建國君民，教學為先」。是以中國早已將教、學融為一體，此說明教育至少包含兩部分：一為「效」，即施者，以身作則，受教者，仿而效之；另一為「學」，有人教，有人學習教者之所教者。析言之，效者，非直接指導或教導；學者，則乃直接的教導，並設有教學目標，尤其是知識和技能的教學。前者，偏重自然的學習，僅提供榜樣，屬於學習者中心的理念；後者則強調知能的教學和學習，偏向成人或知識導向的學習。

幼兒園教保活動的主要特色兼有家庭和學校教育之內涵與功能，惟兩者比例有所不同，即家庭屬於非正式的教學場域，以呵護為其主要任務；相對的，學校偏向正式教學場域，以教導知能為主，但並非指學校教育無需呵護孩童的身心發展。

教導和呵護就字義上而言雖截然二分，但對幼兒教保而言，並非只進行單一的教導和呵護，而必須在教導和呵護兩者間進行三種可能的活動：(1)完

1 本節所稱之「呵護」，指英文caring的意涵，因為中文有多種相對應和意義相類的詞語，如守護、照顧、關照、照護、愛護、關心、關切、關懷等，本節採用「呵護」一詞涵蓋不同層面和不同程度的關懷之情和照顧行為，「呵護」強調內心或基於專業倫理或內心的慈悲和大愛；相對的，「照顧」則顯示義務和責任，強調的是理性層面的行為，而非情感的交流，故本節以「呵護」一詞取代課綱中的「照顧」；另一方面，也凸顯其與「教導」在內涵上的差異，教導與照顧（呵護）均屬教育的一環，故本節以「教導」取代「教育」，凸顯兩者的區別性。易言之，「呵護」強調身心理層面的關懷；「教導」則偏重知識、技能的教學和習慣養成等教育活動。

全只實施呵護，不做任何教導；(2)只進行知識和技能或行為的教導，不特別強調身心的呵護；(3)實施呵護和教導相容並蓄的活動。教導和呵護乃相容並蓄，亦非兩者各占一半，而是依循兒童的需求和個別差異，轉換不同的重點和比例。

舉例言之，就認知發展論之，20 世紀以前，3 歲以下幼兒的教育和呵護之責，均落在家庭之中，此時幼兒需要的是養護與照顧，家長的職責即在維護孩子的安全，照顧好孩童的生活起居和身體健康（Chartier & Geneix, 2007: 4），重視從愛與親子交互關係中豐富幼兒自我主體性；5 歲以後的幼兒不僅需要保護和身體健康的照顧，更需要強化其生活知能，學習社會生活的規範，拓展其生命的豐富性。縱令幼兒教保涵蓋了知能和德行的教導，仍需在教導中參雜著呵護，沉浸著愛的孕育，讓孩童「體認」到身心靈備受關懷，方能促進幼兒開展其自我和發揮創造力（OECD, 2017）。總之，滿載愛的**呵護與強化知能與心智的教導乃一體的兩面，是健全幼兒教保的理論基礎**。

呵護或教導均為教保過程「負責任」的表現，只是對於「負責任」有不同的解讀（Noddings, 2005）：有人認為，負責任的教保應該確保孩子學到知識和技能；相對的，**進步主義的教育觀點則強調真正的負責不是強灌給孩子「東西」，而應考量孩子的需求和生心理的發展**。本節所強調的「呵護」具有德行的意義。如圖 1-1 所示，對幼兒的「呵護」雖涵蓋健康、生活與倫理三大面向，但此三大面向需以倫理為核心，以奠定幼兒健康與美好生活的基礎，而充滿關愛的呵護乃滋長倫理信念和行為的沃土。

二、兼顧呵護與教導之幼兒教保類型

基於幼兒身心與認知發展的不同，教保機構對幼兒施以不同程度的「呵

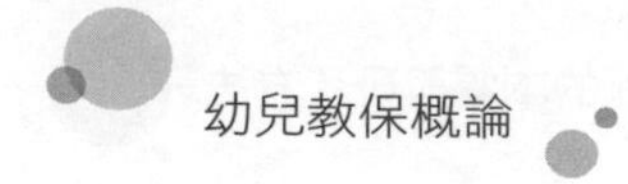

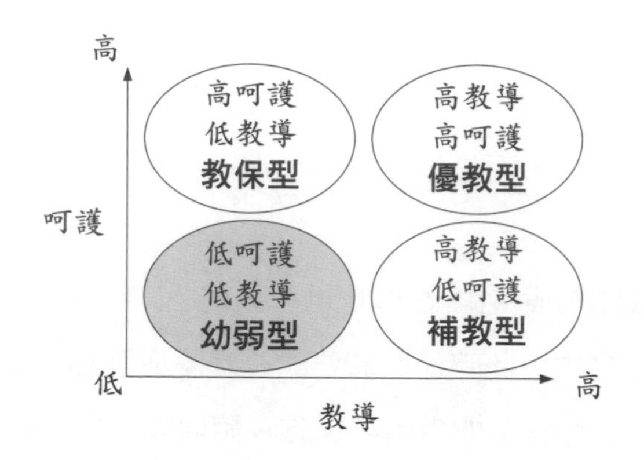

圖1-2　融合呵護與教導的幼兒教保類型圖

護」或「教導」，幼兒在成長歷程中既需要被呵護，也需要被教導，只是依照其學習或身心成長的需求差異，在不同時期會有不同程度、分量的呵護和教導，兩者的多寡交互形成四大類型的幼兒教保類型，如圖 1-2 所示，茲說明其內涵如後：

1. 教保型：此乃多數家庭教育最主要的特色，讓幼兒感受到被關愛和受到照顧，幼兒乃決定其未來人格發展的關鍵期，故此時期對幼兒的呵護甚於教導其知識或技能。
2. 幼弱型：幼兒因為社經背景或各種原生弱勢家庭的因素及社會福利措施等問題，導致幼兒乏人照顧，也缺乏適當的教導。此等幼兒需要社福單位強力介入，消極的避免幼兒受到傷害；積極的及時彌補其弱勢學習條件之匱乏。
3. 優教型：此與幼弱型相反，指針對身心均健康且天資優異者所進行之特殊的教導與呵護，除呵護外，增多對其知識和技能的教導。
4. 補教型：此乃針對需要知識與技能教導的幼兒，此類幼兒的身心已經足夠成熟，雖然仍需要成人的呵護和同儕的友誼，但其在生活中的自主力和學習力已足夠成熟，更需要的是學會獨立生活和思考的技能。

無論教保型、幼弱型、優教型或補教型的幼兒均需要呵護和教導，只是對不同需求的幼兒提供呵護或教導的比例有所不同，需考慮幼兒身心靈的發展程度：幼兒身心靈發展得愈成熟，則需要教導的成分往往高於其所需要的呵護。因此，幼兒園教保活動需要密切與家庭結合，補家庭教育之不足，以確保幼兒學習的完整性。

三、教保活動需要強化幼兒的主體性

20 世紀以降，臺灣社會對於幼教相對重視，家長都希望其孩子「不要輸在起跑點」。「不要輸在起跑點」並非錯誤，反而是一種積極性的態度，只是家長、教師，甚至整個社會大多數人認定的「輸」，只是指孩子在認知和技能上的成就，而非以孩子完整人格的圓熟為判準，即家長為了孩子能贏，會想方設法要求孩子或教師讓其子弟在知識技能的學習成就上名列前茅，卻對孩子的天性、德行、人格和需求視而不見，此結果將導致孩子很早就厭倦學習，也可能因此斷送孩子一生的快樂和幸福。

真正呵護幼兒應該尊重其主體性，並傾聽其心聲（Noddings, 2005），而不只是宣稱：我們都為孩子準備最好的。《禮記．學記》提到「玉不琢，不成器」，而民間也有「不打不成器」的說法，在在顯示我們強調的「呵護」只是立於成人的需求和角度看世界，而不是站在孩子的立場。所謂「不讓任何孩子落後」難道就是硬把孩子難以吞嚥的知能強迫他們吞下，以致於能在考試卷上獲得高分？抱持此等主張者並無論據證明這真的是孩子最需要，或是對孩子最好的作法。

擁有傳統或法理權威的教育者，較不會重視孩子的主體性，只強調知性及「標準化」，但是幼兒並不會喜歡一成不變的東西（Noddings, 2005），不僅無法引發其好奇心，更不符合以「遊戲為本」的幼兒學習本性，可見對於幼兒教保應要能激發其關懷他人和周遭環境的素養和情懷（Noddings, 1992）。

貳 幼兒教保發展軌跡呈現呵護與教導雙重思維

一、幼兒教保教育的發展軌跡：兼顧呵護與教導兩大思維

《孩子的世代：家庭生活的社會史》（*Centuries of childhood: A social history of family life*）1962 年被譯為英文（Aries, 1965），該書提出，17 世紀以前的幼兒教育大多由家庭、教會或慈善機構為之，以呵護居多；18 世紀以降，幼兒教育也受到科學啟蒙運動影響，無論 1972 年盧梭（J. J. Rousseau）的《愛彌兒》（*Emile*）、1801 年斐斯塔洛齊（J. H. Pestalozzi）的《葛珠教學法》（*How Gertrude teaches her children*），及其 1805～1815 年依頓學園（Yverdon Institute）之創設，乃至於 1837 年幼兒園之父——福祿貝爾（F. W. A. Fröbel）創辦幼兒園、1909 年蒙特梭利（M. T. A. Montessori）在羅馬推展其幼教理念，幼兒教保已從家庭逐步轉向教保機構。17 世紀之前的幼教以養護為目的，隨著科學啟蒙運動，幼兒的主體性逐漸受到重視。19 世紀以降，除呼籲要呵護幼兒主體需求外，並將教導納入其中，完整化幼兒教保。一言以蔽之，**幼兒教保涵蓋呵護和教導兩大面向**。

幼兒教保不能止於呵護，也需要教導；但無論呵護或教導，均需要審度幼兒身心靈的發展和需求（Wood, 2005: 11）。教導的內容不能僅以成人認定的「價值性」或「重要性」為依歸，必須**圍繞幼兒的生活起居與經驗**；因此，提供幼兒自由探索和自我學習的環境，讓幼兒從探索外在世界的互動經驗中，體驗自我與外在世界的關係，激發其潛能，乃呵護幼兒心靈與強化其主體性不可或缺的一環。

二、融合呵護和教導的教保活動更能符應「遊戲為本」的學習

1970 年代以降，幼兒教保機構林立，無論**杜威的做中學、福祿貝爾的恩物創意，或蒙特梭利的自由活動教學**，均彰顯「以遊戲為主」的教保趨勢（Nolan & Kilderry, 2011）。此等以遊戲為主的教育觀，符應以呵護和教導作為幼兒教育課程規劃的思考維度，成為規劃幼兒教保活動內容和教法的兩大典範，兩者相輔相成相互融通，即呵護中有教導，教導中有呵護。

杜威（J. Dewey）在《民主主義與教育》（*Democracy and education*）中提出「教育無目的論」（Dewey, 1916），此觀點常被曲解為教育不應該有目的；其實杜威是從主體自由的觀點提出，期望教育**不可抹殺個人的個性，更應尊重其主體性，讓兒童自由思想，並從自身的生活和內在價值中尋求學習目標**，即教育應以學習者的需求和興趣為目的，不應強加任何外在目的甚至勉強學習，此即其主張「從做中學」、「經驗連續性」及「經驗的學習」之真諦（Dewey, 1963）。教保活動的主體是幼兒，教師應該扮演**引導者、協助者、示範者及共同學習者的亦師亦友角色**，並在幼兒學習與成長歷程中呵護其主體自由性。

三、教導融入呵護，確保幼兒為主體的學習

「幼兒中心」的教保觀點已蔚為風氣，但此觀點常與社會「萬般皆下品，唯有讀書高」以及「考高分」、「入一流學府」等社會價值觀相互抗衡。克伯屈（W. H. Kilpatrick）是杜威的學生，**提出在同一時間可以學習主要的知識、技能**（主學習，primary learning），**也能學到相關的思想和觀念**（副學習，associate learning），**以及態度和習慣**（輔學習，concomitant learning）**等的「同時學習」理論**，也是今日素養導向教學強調的概念式學習，以及轉化應用能力。

同時學習的理論說明幼兒可以同時學習知識、技能和態度。若以呵護和教導重新詮釋克伯屈的同時學習說，可說明呵護和教導並非截然二分，彼此交融方符合幼兒的學習動機和心理需求。然而，若主學習的知識與副學習的概念未能相輔相成，且輔學習的態度亦未從孩童本身的需求和興趣出發，如此，則教導和學習都將違背幼兒的天性，不但無法激發孩童的學習興趣，更無法使幼兒的學習長久而持續。質言之，**沒有呵護的教導使幼兒「厭倦學習」；欠缺教導的呵護則無法拓展幼兒的經驗和自主的思考空間，更無法開發幼兒的創造力**。

幼兒教保活動必須讓孩子學出自己的思維和價值觀，不能僅有教導，更應讓孩童感受到被呵護。若欲開展孩童的自我意識和自主性，溫暖、尊重和自由的學習氛圍是必要的，此等學習環境正是融合呵護和教導為一體的教保理念，即教師或家長應充分理解孩童心理，尊重並信任幼兒，強化幼兒的主體性和自信心。質言之，此如同蒙特梭利模式，讓孩童感受到被呵護，此對其求知的心靈（absorbent mind）是一大激勵；緊接著的教導也因為和孩童的生命結合，喚起幼兒探索、好奇和求知的慾望，進而自然而然的從無意識的

覺知到有意識的學習（Platz & Arellano, 2011: 56）。幼兒教保必須真心以兒童的需求和興趣出發，而非成人自以為是的呵護，融入呵護的教導是一種詩意的「美學教育學」，是 21 世紀幼兒教保應予重視的發展動向。

參 幼兒教保教育之詩意美學的系譜學建構[2]

Noddings（2002: 39）在《教育道德人：人格教育的關懷取向》（*Educating moral people: A caring alternative to character education*）一書提及，呵護需要批判性思考，因為呵護乃培養幼兒品格的要件，而品格的養成也需要在生活中進行批判性思考的判斷。

「呵護」包含「關心」（caring about）和「關懷」（caring for）兩大類型：前者是同情心的驅使，以及對人或事受到傷害或不公平對待的一種心理、情緒和態度與行為的反應；後者則泛指人的德行，舉凡對一切自然、人類、社會等的關注、仁愛、慈悲等均屬之（Noddings, 2002: 85-86）。可見，前者偏向道德的動機層面，後者則與中國儒家文化的「仁」或佛教思想的「慈悲——無緣大慈，同體大悲」有相同的本質和意涵，也是新課綱強調之「仁」的旨趣。

擴而言之，縱令「關心」涉及對人的關注，也是同情心的表現，但其仍趨於理性的思維，強調客觀正義的對待，所以，無論關心的是事或人，皆偏向視對方為物或事件，而非可以平等對話的「主體」；因此，關心者能對受傷

2 此所稱之「系譜學」（genealogy）兼採尼采（F. W. Nietzsche）和傅柯（M. Foucault）的知識考古學（The archaeology of knowledge），乃指追溯現存事物的歷史起源（genesis）和演變，及探討受到規範和肯認規範的主體到底如何形成——即在與社會習俗同化的「軟弱」情感和「自我肯定並負起責任」的理性意志之混沌狀態的演進與不斷超越（Nietzsche, 1995）。

害或不公之事做出各種反應。相對的，「關懷」兼融理性和情性，但其乃持平等和尊重的「信念」和價值觀，直接和關注的對象接觸，並了解和善待對方。

若將Noddings的關懷類型理論轉用於幼兒教保活動，則家長、親屬及社會他人對幼兒的「關心」，大多基於對固定對象，也協助對方能如自己期望的那般更好；相對的，教師對於幼兒的教導和呵護，則應兼顧一般人的關心和刻意的、有規劃的教導，偏向直接處理和接納其情緒等的「關懷」。

以下舉出實例，說明教師若對「關心」和「關懷」所持的概念和價值觀不夠明晰，在教保活動可能會犯了「誤將關心視為關懷」的迷思：

3 歲的小萌在未上幼兒園時很受左鄰右舍的喜愛，因為其一天到晚臉上掛著微笑，見到人就主動親切的問候，人緣奇佳，是大人眼中的開心果；看到鄰居的小孩，小萌均會親切的向前擁抱，甚至在大人鼓噪其「親一下」時也會照著做，很逗大人們開心。上了幼兒園後，小萌變得很不愉快，不到三天就表示不想去幼兒園了，家長覺得應該幫他轉園，因為教師幾乎天天來告狀，說小萌愛隨便抱人，也不遵守規定，午睡也不睡，又靜不下來，總愛問東問西……，家長每天聽教師「抱怨」也很煩。家長很難理解，在左鄰右舍眼中活潑可愛、聰明又善解人意、聽話又不畏生，也笑容滿面的小萌，怎麼到了幼兒園就變了個人？

由前述的案例，我們可以理解教師對於孩子雖然「關心」，也教導孩子需要遵守幼兒園的規定，然而教師並未真切理解孩子在入園前的價值觀（信念、認知和行為），也沒有以可以理解的語言向孩子說明幼兒園的相關規定，更不曾仔細察覺孩子情感的敏感性，和其情緒與行為所表達的主體意義。反之，教師自認為已經盡力說服或約束孩子，當該作法仍不見功效，便會直覺的告知家長，然後期望家長「管管」孩子，協助達成幼兒能遵守「規矩」、「服從」教師的班級經營規範。

在此歷程中，我們從表面上看到幼兒需要學習社會規範，教師也努力要「馴服」幼兒，期其能謹守成人的社會規範，過著規律的團體生活。這就是正式教育常見的「諄諄教誨」[3]，但此對幼兒的成長卻是一種「宰制」和「傲慢權力的枷鎖」。若成人未能意識到此等權力宰制，則無論呵護或教導，均會對幼兒主體性的彰顯有所傷害。殊不知在此過程中，教師在孩子心目中的「呵護」已經點點滴滴流失了，也消蝕了幼兒對教師的崇敬和尊重。呵護和教導都是教師本色，但若不辨明使用的時機，則可能產生負面效果。從案例中可以看到教師管教歷程中隱含「權力」運作的平靜假象，也透顯著尼采所批判的主人道德的傲慢和獨斷。

孩子上幼兒園後，其在社會互動場域中產生了價值的混亂，以往熟悉的左鄰右舍被隔絕了，行為被要求依照教師的「口令」為之，入園前的生活規範被活生生的分割了，又被迫不斷反覆練習新的動作和適應新的權力機制。表面上這個過程看似「教學與學習」，但從尼采的道德系譜學和傅柯的規訓考古學言之，均是權力的宰制，更是對幼兒主體意義和價值的抹殺。在此情境下，**師生的互動缺乏人味兒，孩子幼小的心靈是空蕩蕩的**，沒有溫度。

教育的終極目的在於完成「人之理念」（即人文性），並化育圓熟的人格。人性的圓熟繫乎個人身心的成熟，以及社會對個人在建構知能上的潛移默化。18 世紀末，德國受**盧梭《愛彌兒》思想的影響，開展出來的泛愛教育理念，即基於人之秉性，開展具備宗教情操之理想德行，進而完成人格之化育和陶冶，而依此理念建立的學校即為「泛愛學校」**（Philanthropium）。兩

3 學校教師或家長常自認為「諄諄教誨」，但實質上僅僅立於成人和規範的立場，設法讓學生服從，表現出成人世界要求的行為。然而此並非以「學生為中心」的行為；反之，無論教師是否意識到此為一種宰制，其行為的本質已經違背了教育的本質。

個世紀前的幼教已經宣揚學生主體性，**呼籲在愛的氛圍中透過自然的學習，培養幼兒自主探索力**（Thomas, Warren, & de Vries, 2011）；教育的目的即在於培養幸福、健康、對社會有用和能促進人類幸福的人，幼兒園應負起完成幼兒人性理念和圓熟人格的責任，呵護幼兒的身心健康及其幸福感。

基於自我認知下所建構的社會規範，既沒有宰制、壓迫，也沒有監督和審核，是強調自願性、認知性和自主性、精神性和文化性的人格創生和熟成（Bildung）[4] 的歷程和結果。總之，創生和熟成歷程中沒有疏離、沒有懲戒、不再壓迫、不會宰制，而是泛著人味兒，沾染自主自在，顯現自由快樂的幸福圖像，融會了個體、社會、文化、宗教、道德、科學及藝術於一體，此乃幼兒詩意美學令人嚮往的前景，亦可拓展幼兒的生命體驗，此乃詩意教育學的旨趣。幼兒教保的詩意美學的圖像可以勾勒如圖 1-3，本節以此詩意美學和所有有志於幼兒教保工作者，共譜動態與創意平衡的喜悅之歌！

依據圖 1-3 可知，幼兒教保區分為呵護（照顧）和教導（教育），呵護要照顧的是幼兒的身心靈，而教導就是透過活動，強化幼兒的知能和行為。無論呵護的照顧或教導的教育，都需要顧及幼兒的天性和身心的成熟度；因此，遊戲、故事、繪本和融入日常生活情境的操作（需要設計個別和合作學習的環境）和對話，讓幼兒能在體驗、互動和自我探索中，逐漸讓純真的自我和規範的社會化平衡發展，並展開其創意，讓幼兒在充滿愛與自尊和榜樣鷹架下長大和學習，最後也能涵養自己對待他人和萬物的愛與尊重的德行。

4　「陶冶」是 W. von Humboldt 新人文主義教育改革的核心理念，乃指完成人性內在最高動力與圓熟創生的目的，也是最和諧、最完整、最全面之人的發展，是自我形成的實踐，此自我形成的實踐歷程排除了政治和國家的干預（Sorkin, 1983）。

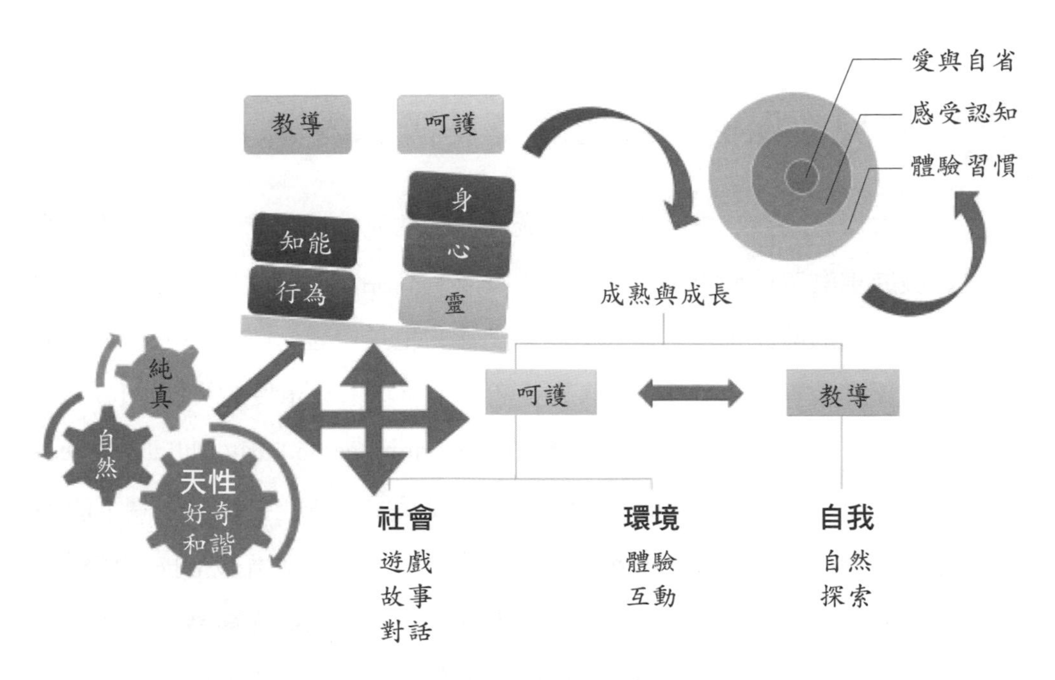

圖 1-3　幼兒教保教育之詩意美學圖：動態與創意的平衡

第二節 幼兒教保的意涵

幼兒教保係一複合概念，泛指以幼兒為對象的一切教保活動總稱；在功能方面，教育及保育併存的發展趨勢已如前述；在範圍方面，只要幼兒可能涉及的活動場域，都可能是此概念探討的範疇。以現況言，可以簡要的分為家庭、機構以及生活等不同場域，都是幼兒教保的可能範圍。本節將就幼兒教保的相關用語、意義，以及發展成因說明如後。

幼兒教保的相關用語及其概念內涵

幼兒教保已成為一專門的學術領域，隨著幼兒教保需求的增加，該學術領域將發展重點定位於專業教保人員的養成、高品質教保環境的塑造，以及教保學術內涵的擴充等，旨在提供幼兒良善的生長機會。雖然歷來幼兒教保的型態經歷許多變遷，但其在華人文化活動中持續占有重要的發展地位。

美國國家研究院幼兒教育委員會（The Committee on Early Childhood Pedagogy, National Research Council）針對幼兒教保進行研究指出，強調不能把保育和教育看做幼兒問題中截然不同的兩件事，充分的保育包括提供較優質的認知刺激、豐富的語言環境，以及促進社會、情感和動作發展的條件。同樣，對幼兒的充分教育也只有在良好的生理照顧和溫暖關愛的關係中才能落實（Bowman, Donovan, & Bruns, 2000）。

前述對幼兒教保功能的省思，也轉化至近年學界對概念和用詞的省思。聯合國教育、科學及文化組織中基礎教育部的學前及融合教育組（Section for Early Childhood and Inclusive Education, Division of Basic Education, UNESCO）曾指出，幼兒領域常因不同用語，各有其目的，也指涉不同對象以及實施內涵。以下釐清幼兒教保常見的用語（UNESCO, 2002a, 2002b）：

1. 幼兒教育（Early Childhood Education, ECE）：這是教育人士或傾向於從教育觀點看待幼兒領域者較喜歡使用的字詞；學習是此概念傳遞的核心主軸。
2. 幼兒保育與教育（Early Childhood Care and Education, ECCE）：是 ECE 加上保育概念的內容擴充。
3. 幼兒教育與保育（Early Childhood Education and Care, ECEC）：同前

項概念，但更側重教育的成分。

4. 幼兒保育（Early Childhood Care, ECC）：只強調保育層面，在開發中國家常與幼兒的保健與營養等議題相連，在已開發國家則側重提供工作的家長其幼兒照顧的社會服務。此概念也曾用於對不利幼兒提供的社會服務。
5. 幼兒保育（Early Child Care for Survival Growth and Development, ECC-SGD）：強調用整合的觀點以及跨部門的合作，以了解幼兒的真實需求並發展實際解決問題的策略。聯合國兒童基金會（United Nations Children's Fund, UNICEF）曾以之推動跨國的幼兒保育政策。
6. 幼兒發展（Early Childhood Development, ECD）：漸獲採用的用語，強調幼兒身體、情緒、社會性，以及認知等層面全面發展，重點放在幼兒身上，有別於其他用語把焦點置於保育或教育。
7. 幼兒保育與發展（Early Childhood Care and Development/Early Childhood Care for Development, ECCD）：此乃將概念分成保育和發展兩層面，後者特別關注影響發展和學習的保育層面。

綜觀前述七項用語，主要由幼兒保育、幼兒發展，以及幼兒教育等三個部分所構成。近年來，國內、外對教保概念的探討，逐漸趨向以幼兒為關照的主體，焦點放在提供幼兒全面性的發展機會，昔日非以幼兒為主體的概念逐漸受到挑戰。對於幼兒教保應側重保育或教育的爭議，似乎受到擱置而暫不談論。

英國、美國、紐西蘭等國家陸續出現幼兒教保（early childhood educare）的新概念，這個新概念挑戰以往將教育與保育分化的想法，藉由合併"education"及"care"等兩概念為"educare"的複合字，將高品質的保育視為教育、高品質的教育也視為保育，提醒及指引幼教工作者應重視教育及保育合一，也希望各界將焦點回到幼兒主體。

尊重幼兒發展、提供幼兒發展所需的適切協助便是良好的教保活動，不僅關乎昔日所稱的保育概念，也包含教育的內容；為使幼兒得到良善的照料，實應藉助教育及保育等工作相輔相成。前述教保並存的呼籲，已成為今日幼兒教保的主流思維。

 幼兒教保的意義

關於幼兒教保的意義可分成以下三項說明之。

一、0～6 歲的幼兒為對象

幼兒處於獨特的成長階段，其身心發展未臻成熟，需要適當協助以滿足其發展之需；「依賴性」（dependence）與「可塑性」（plasticity）則是這個特殊階段的重要特性（朱敬先，1992：2）。所謂依賴性，係指此階段幼兒有尋求協助的需求，但此特質非指幼兒純屬「無能為」的狀態，實則含有生長潛能的積極性；可塑性亦非指幼兒毫無能力，反指幼兒潛藏著各種發展的可能性和獨特性。

關於幼兒時期的劃分，因學者主張不同而有異。有依接受學校教育的年齡為界，將尚未進入學校教育者統稱為幼兒，故認為幼兒時期的範圍因國情不同有涵蓋至 6 歲、7 歲、甚至 8 歲者，臺灣則以 6 歲為劃分，故又有將幼教稱以學齡前教育。其次，有依人類早期發展的特性，將發展階段劃分為產前期、新生兒期、嬰兒期、幼兒期，以及兒童期等，涵蓋的年齡層各不相同；這種劃分的方式較前項精細，在人類學、心理學，以及醫學等領域較為常

見。持此種劃分者，幼兒常指幼兒期或跨嬰、幼兒期而言；此外，也有將前述所指的年齡範圍通稱為幼兒期或兒童期者。

二、朝向全人發展的教育目標

從學科／學門的發展言，幼兒教保逐漸分化／成熟為一個獨特的學科／學門，從內涵的豐富性言，幼教也蘊含著待探討的深度與價值。從學科／學門分化的演進觀之，20 世紀是幼教發展的重要世紀，幼兒教保的獨特性逐漸彰顯且分化，在發展的歷程中，與人類學、社會學、心理學、教育學、生態學、遺傳學、倫理學、語言學等發展相互關聯，甚至在理論的援引與應用方面，與前述學門／學科都有相當程度的聯繫。

幼兒教保學門／學科的發展，一方面呈現其獨特性與內涵的豐富性，另方面也顯示人類文明對幼兒階段的關注與回應。回溯人類文明發展，幼兒／兒童時期的被「發現」，是近幾世紀的事，當我們驚訝的發覺長期對幼兒／兒童時期忽略的同時，如何回應此階段幼兒的需求，便成為當下亟待面對的課題。

我們希望培養什麼樣的幼兒？這個問題雖然可能隨著社會變遷而修正內涵，但希望幼兒能夠身心健全、具備適應環境的能力、具有良好的創造力與思考等能力，乃教保工作不變的方向。近年提出「全人教育」（the whole person）的理想，即希望藉由教育等手段，幫助幼兒在各發展層面均能得到最好的機會與協助。全人發展應關注的層面包含幼兒的身體、情緒、社會能力、創造力，以及語言技巧和心智能力等的健全成長，無論是家庭或幼教機構，均希望協助幼兒在前述層面的能力得到最好的發展。

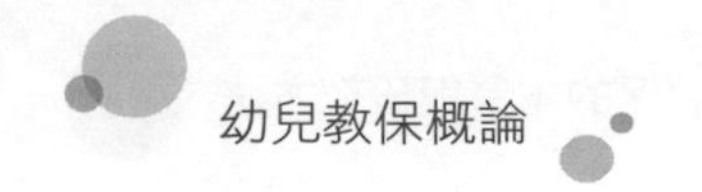

三、範圍有廣狹義之分

家庭是幼兒成長最初接觸且關係最為密切的場所；隨著幼兒逐漸成長，幼兒與社會互動的機會增加，受限於家庭成員的能力無法提供幼兒全面的關注，或由於家庭幼兒數減少以致於缺少互動機會等因素，由幼教機構協助提供教保服務，以彌補家庭教育的不足乃應運而生。惟隨著社會工業化的發展，雙親就業的情形增加，反使幼教機構所提供的教保服務成為主要模式。因此，幼兒教保在狹義的層面上，常指幼教機構所提供的教保服務。

綜觀前述幼兒教保的意義，係指在涵養全人教育的旨趣下，針對 6 歲以下幼兒所提供的教保服務，其範圍涵蓋幼兒的所有生活場域；在狹義方面則有專責性的幼教機構提供專業的幼教服務，協助家庭及社會發揮幼兒教保功能。

參 幼兒教保的發展成因

諾貝爾經濟學獎得主 J. J. Heckman 指出，學習是一個動態的歷程，及早學習才最具效率而且能延續到成人階段；近年心理學和認知研究指出，人的能力和動機受到家庭和非機構環境所影響，幼兒階段對於技能的形成至關重要（Heckman, 1999: 2）。其次，相關研究指出，強化不利幼兒的學習環境，有助於彌補環境對幼兒造成的影響，這證明了幼兒階段的學習環境對於爾後青少年與成年學習成果的影響，此觀點也反駁遺傳決定論（genetic determinism）的主張（Heckman, 2008）。

從人力資本的角度，Heckman 發現在幼兒階段的投資報酬率遠較其他階段可產生更高的邊際效益，他直言：「沒有哪一項政策能夠像幼兒教育一樣，既具有遠高於其他教育階段的投資回報率而受到經濟學家的青睞，又解決公眾的家庭需求而受到社會認同。」（Heckman, 1999）。社會變遷影響幼兒教保需求的改變，幼兒教保一方面做為教育體系的奠基階段，另方面成為滿足公眾需求的重點政策發展領域，不僅鼓舞著幼兒教保研究發展，也促使各國政府陸續針對高漲的幼兒教保需求做出回應。

20 世紀以降，以家庭為主的論述場景轉移到幼教機構，此等轉變不必然表示品質提升，但系統化的正視幼兒需求，並研商幼教功能，實乃重要發展趨勢。李生蘭（2000：319-340）將 20 世紀的幼教發展歸納成下述三階段：

一、20 世紀初期

本時期世俗化的教育方式盛行，對於幼兒教保所持的觀點主要如下：

1. 幼兒的發展是有價值的。
2. 幼兒的發展具有階段性。
3. 環境是制約幼兒發展的因素。
4. 活動是幼兒發展的重要途徑。
5. 適宜的學前教育促進幼兒的發展。
6. 國家法規保證本國幼兒的受教育權。

二、20 世紀中期

本時期科技發展鼎盛，科學實驗提供幼兒教保更具體且精細的解讀觀點，其幼兒教育觀主要有五：

1. 幼兒的發展應全面深入的研究。

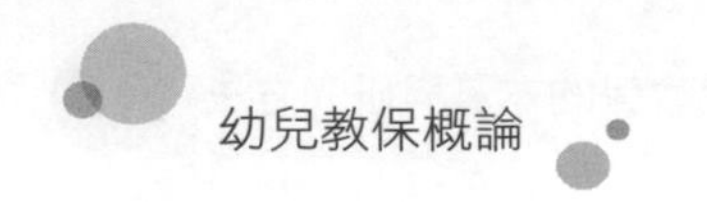

2. 重視幼兒的智力開發和道德教育。
3. 強調幼兒的主觀能動性。
4. 幼兒童有平等的受教育機會。
5. 國際宣言保障各國幼兒的受教育權。

三、20 世紀後期

隨著數位化科技的發展，訊息的處理與傳播產生根本變化，此時期的幼兒教保觀主要有七：

1. 擴大加深對幼兒發展的理解。
2. 學前教育機構多樣化。
3. 全面和諧的學前教育目標。
4. 優質高效的學前教育師資。
5. 家園同步的教育合力。
6. 國際公約保證世界幼兒的受教育權。
7. 學前教育的國際研討交流。

綜觀幼兒教保的系統化發展廣受關注與肯定，主要成因歸結如後（洪福財，2002：3-18）：

一、人權運動與兒童本位思潮的發展

文藝復興以來，人文主義興起及對人權的尊重，幼兒教保也逐漸以人為思考重心。在柯門紐斯（J. A. Comenius）、洛克（J. Locke）、盧梭、斐斯塔洛齊、福祿貝爾、杜威、蒙特梭利等人陸續貢獻，幼教逐漸成為一門思潮完整並廣獲重視的領域。

隨著對人權的尊重，幼兒身心健康發展也成為關切目標。從20世紀聯合國陸續發布《兒童人權宣言》、《兒童權利宣言》，均是對兒童人權的重要宣示；1989年，聯合國大會159個會員國接受《兒童權利公約》，兒童人權已蔚為全球性關注的議題。

二、回歸幼兒本質性需要的人類學趨勢

教育的對象是幼兒，幼兒需要被了解與關懷；唯有從了解與關懷幼兒開始，幼教方有具體實踐的可能。此等重視人類本質與性質的探討，進而致力全人教育的培育與理想，正為人類學應用於教育的重要蘊義。

Morrison（1991）曾歸結相關研究成果，提出七大幼兒觀：小大人（miniature adults）、有能者（competent child）、負罪者（the child as sinful）、空白板（blank tablets）、生長物（growing plants）、所有財（property），以及未來投資（investments in the future）等。這些幼兒觀影響看待幼兒的角色與定位，也影響幼兒接受的教保對待。近年來，人類學的發展逐漸成為形成幼兒觀的主要思維，促使成人轉換看待幼兒的角度與心境，協助建構適合幼兒發展的環境。

三、神經醫學及心理學的實證證據

1998年，《新聞週刊》（*Newsweek*）及《時代》（*Time*）等國際雜誌相繼報導有關研究成果以說明人類早期發展的重要性，《時代》雜誌更以〈發

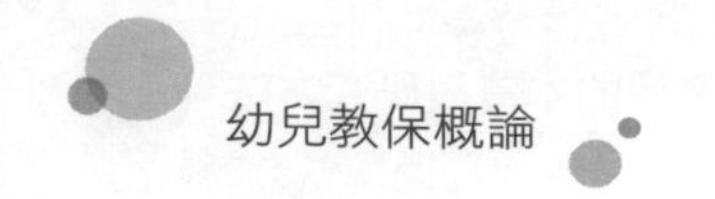

現的幼年〉（*The new age of discovery*）為題出版 1998 年特刊。上述刊物對於幼兒發展重要性的主要論述重點有三：

1. 0～3 歲幼兒的發展存在關鍵期，不容忽視與錯過。
2. 錯過關鍵期的照料，幼兒的發展將無法回溯。
3. 若幼兒於此時期受到良好的照料，將對其未來發展產生影響。

心理學的研究探討範圍涵蓋個體從生命開始到終了的一生，其行為產生擴展性與連續性的改變，其範圍廣泛的包含幼兒與父母的社會、情緒、認知以及身體健康等層面，無論從行為論、心理動力論或認知發展論，相關研究同樣肯定人類早期經驗的重要性，幼教的重要性也備受關注。

四、提供遺傳與家庭之外的成長需要

1970 年代以來在布朗芬布來納（U. Bronfenbrenner）提倡以生態學（ecology）模式探討人類發展，從整全生態的角度探討個體與環境之間的互動關聯及影響。源於生態學研究的啟示，幼教研究也擴及與幼兒互動的一切生態因素。

生態學派典的擴張象徵著人類發展遺傳角色的再概念化。經由分析幼兒的發展，發現早期經驗與幼兒發展間存在密切關聯，家庭背景、父母特性甚至家庭外的社會環境等均為影響幼兒發展的重要因素。源於人類群居的特質，幼兒發展單從遺傳或家庭因素尋找證據顯得薄弱，了解幼兒發展的生態因素，方可就其發展提供更全面性的解釋；即除採行為科學的觀點外，生態學補足解釋幼兒發展另一層面的闕如，幼教內涵亦更受到關注。

五、補償性幼教方案研究的證據

社會階級差異可能影響孩子的早期經驗，甚至影響未來學習成就的研究結果，美國自 1960 年代起實施的「起始方案」（Head Start Program），在聯邦政府奧援下，提供低收入家庭的幼兒學業、社會及健康服務，使孩子得到成功學習的機會。其後並陸續出現「接續方案」（Follow Through Project）等計畫，1960 年代後期並在「績效責任」的要求下，出現大量研究評估各幼教方案的成效。

1960 年代幾個早期介入方案的相關研究發現，幼教方案對不利幼兒在學校表現、發展能力、態度與價值、對家庭的影響等四個領域呈現長期且顯著的影響（Lazard & Darlington, 1982: 55; Schweinhart, 1992; Schweinhart & Weikart，1997）。起始方案的相關研究提供幼教重要性的論據；社會階級差異可能造成教育機會不均的問題，藉消弭幼教機會不均等的差異，促使各界重視幼教的價值，以達教育機會均等的理想。

六、社會與家庭結構變遷的需求與調適

隨著社會與家庭結構變遷，社會的發展促動成員回應，家庭結構的變革也使成員間的互動方式有所調整。關於家庭結構變遷對幼教發展的影響，可歸結出以下三個面向：

1. 女性主義的反思促成幼教本質的再省：女性對自己的生活與幼兒生活方式擁有更多的選擇權，遂要求由社會機構分擔其長期以來的育兒工作與責任，家庭逐漸重視高品質的育兒措施與育兒機會。
2. 雙親就業率增加創造幼教方案的需求：雙親就業率增加，使社會（或

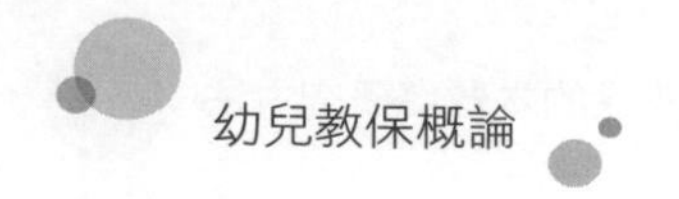

國家）面對雙親外出工作所遺留的育兒難題；而適當幼教方案的規劃與提出正滿足社會變遷衍生的幼教需求。

3. 家庭轉變使幼教回應不同型態的服務：家庭在結構、角色、成員責任，以及生活空間等方面產生不小的轉變。這些轉變促成幼教機構形成並發展多元性的服務內容，以維持家庭功能的正常運作。

七、優質幼教方案影響幼兒的未來表現

研究發現，3 歲起就接受保育的幼兒，高品質且穩定托育經驗可以預測幼兒的學業成就、學校適應，並較少發現幼兒的行為問題（Bredekamp, 1996）。此外，Schweinhart 與 Weikart 針對接受不同幼教課程的幼兒發展進行縱貫研究，結果發現基於幼兒主動、重視幼兒主動的幼教課程模式，顯然較教師主動者具有預防價值（Spodek & Brown, 1992）。各項研究對早期教育重要性的驗證，不僅關注幼教經驗的有無，更要求提供高品質的幼教方案，以確保幼兒未來發展的正向影響。

第三節 幼兒教保的研究方法

研究旨在了解各學門／學科領域的現況或重要議題，期能在相當程度的佐證下，對相關議題提出真實或具公信力的詮釋。幼兒教保的學門／學科發展，隨著加入此研究領域的人才增加，加上社會對幼教領域的益添關切及相關的研究日現，不僅幼教領域的成員關切相關研究的發展，研究成果也常能引起社會其他領域成員的廣泛注意。

一、研究典範的發展

幼教屬於人類行為、社會科學的研究環節，雖然逐漸走出幼教領域的獨特路徑，但在研究方法論與研究方法的發展也經歷相同的發展歷程與困境。「什麼才是真實／真理？」這個困擾、卻也同時吸引社會科學研究者的問題，幼教領域的研究也面臨相同的論證。

當思考的焦點回到對社會實體（reality）的認定上，Burrell 與 Morgan（1979）分析主觀論者與客觀論者兩者對社會實體認定的不同取徑。昔日以自然科學典範為主要代表的客觀主義論者，在實證主義的基礎上，認為人類行為具有相當程度的一致性，試圖藉由研究建立人類行為的普遍通則，故在研究方法上援引實驗或量化研究等，企圖建立客觀且較大規模的行為通則。

相對於客觀論者，主觀論者則反對實證主義的立場，認為人類行為是相當個殊且具有脈絡發展的特性，任何企圖建立人類行為通則的努力不僅無稽且不切實際，研究者應基於理解人類行為個殊性，回到研究對象的生活場域與行為發生的脈絡，了解研究對象行為發生的真實原因，探討研究對象對其行為的主觀詮釋與規則等；故在研究方法上，自然主義取向的了解與詮釋，以了解個體獨特行為與脈絡發展的真實，便成為主觀論者主要擇取的研究方法。

除就主、客觀論者分析社會實體的本質，Habermas（1972）就研究旨趣與知識理解的關係進行分析，提出有價值的知識及理解模式主要有三：

1. 預測與控制：旨在預測人類行為的發展情形，企圖建構人類行為發展的原理原則，進而做為掌握甚至控制行為發生的重要參照。
2. 理解與詮釋：旨在了解人類行為及其脈絡的真實情況，期能呈現個體對行為產生的想法，並詮釋行為的真實意義。

3. 解放與自由：旨在批判潛藏在行為背後的權力運作或意識型態，並說明前述對行為產生的連結；藉由了解與批判，期能有助於了解行為的真實意義，甚至有益於後續行為的發展或選擇。

隨著知識理解發展的轉變，研究典範與旨趣也隨之發展，不僅改變研究發展的取向，也提醒對人類行為應有的理解或詮釋。如此人類行為研究典範的發展，Louis、Lawrence 與 Keith（2000）將其彙整為三個不同取徑，茲表述如表 1-1。

表 1-1　行為研究的不同取徑

規範的	詮釋的	批判的
社會與社會系統	個體	社會、群體與個體
中型／大型研究	小型研究	小型研究
非個人的、不知名的力量	人類的連續性行為	政治、意識型態的因素、權力
規範行為	重建社會生活	利益形塑行為
自然科學模式	非統計的	意識批判及行動研究
客觀	主觀	集體主義
「從外」進行研究	研究者個人涉入	參與研究者、研究者、促進者
從個別現象推論	詮釋個別現象	批判個別現象
解釋行為／尋求導因	了解行為／意義甚於其導因	理解、質疑、批判、轉化行動與目的
視為理所當然	研究理所當然的現象	質疑與批判理所當然的現象
鉅觀概念：社會、機制、規範、地位、角色、期望	微觀概念：個體觀點、個人建構、溝通意義、情境定義	鉅觀與微觀概念：政治的與意識型態利益、權力運作
結構主義	現象主義、符號互動論、俗民方法論	批判理論、行動研究者、實踐研究者
技術的目的	實用的目的	解放的目的

資料來源：修改自徐振邦等譯（2004：5b）。

二、常見的研究類型

藉由社會科學研究典範的發展可以了解研究典範發展的歷程與脈絡，也提醒研究者一方面對自我研究典範應有所設定，在研究方法的選擇及應用也可以了解各種方法的源由與基本設定，這對於研究者的培訓或自我訓練都將是重要的環節。

以下就幼教常見的研究類型簡述如後，讀者若欲深入了解，可另行參閱社會科學研究或教育研究等專題論著。

（一）觀察研究

科學研究起於觀察與描述。觀察研究乃針對所欲觀察行為進行一段時間的觀察與記錄，從而對觀察與記錄的結果提出對觀察行為的詮釋，以了解研究對象及其行為。在幼教研究方面，包含幼兒專注行為、攻擊行為、親子互動，以及課室內同儕互動等議題常使用觀察研究為之。

觀察研究的類型分為自然觀察與控制觀察兩類。所謂自然觀察，係指在自然情境中就觀察行為進行觀察與記錄，雖然自然情境充滿了變動與不可預期等特性，但所呈現的行為卻可能貼近於研究對象的真實表現，有助於了解觀察對象行為的真實意義，但耗時費力且難以大規模進行。

控制觀察指在控制情境下對欲了解之行為的觀察與記錄，採行此類型的研究者通常設法控制行為產生的可能變因，進而對觀察行為的出現提出因果解釋；但囿於觀察行為及場地等，觀察行為未必能反映真實生活情境，對於觀察行為的了解相對受限。

（二）調查研究

若資料難以直接觀察取得，遂蒐集特定時空資料，以了解研究主題，便是調查研究的初衷。調查研究的類型，常見問卷、訪問以及網路調查等方式，其中問卷調查與訪問調查的使用十分普遍。問卷調查受限於填答能力，幼兒並非適合的調查對象，故對象常為家長、教師或社會大眾等；研究者依研究主題需要，事先設計問卷並檢核內容的信效度後，選擇以抽樣或普查等方式委請研究對象進行填答。在訪問調查方面，則是與研究對象進行面對面的溝通，蒐集與研究主題相關的資訊；研究者可在訪問前先依研究目的擬定訪問內容進行結構性調查，亦可選擇不預先設計問題進行非結構性調查。

調查研究應用在幼教研究相當普遍，優點是短時間可以獲得數量可觀的資料，但難以深入了解研究對象對問題的深層感受。

（三）實驗研究

實驗研究常被認為是最嚴謹且科學的研究類型，這種觀點與自然科學典範的發展有關。實驗研究係指研究者依據研究旨趣提出研究假設，在嚴謹的控制相關變項之餘，系統的探討變項之間存在的關係。在幼教研究方面，有關孿生子行為表現、幼教課程的差異比較、父母教養方式，以及教學行為表現等議題常見使用實驗研究。

實驗研究不必然在實驗室進行，但需對研究情境加以控制，研究者的素養與知能是進行此類研究的重要基礎。實驗研究的類型有實驗室實驗與實地實驗（field experiment）、準實驗（quasi experiment）與真實驗、試探性實驗（exploratory experiment）與驗證性實驗（confirmatory experiment），以及初步實驗（pilot experiment）與正式實驗等。精確控制變項是進行實驗研究的重要任務，更由於實驗研究常意圖探究變項間的相關甚至因果關聯，信、效度的考驗也有相當嚴格的規範。

實驗研究在幼教研究的應用必須更加謹慎。由於研究對象常是幼兒、教師或是家長，首先需面臨的是研究倫理的議題；其次，研究對象具有能動性與主動性，在可控制的程度方面有別於自然科學研究，必須更加謹慎；再者，關於人類行為的解釋能否全然僅針對研究歷程中的表現證據，而忽略如文化背景、宗教信仰以及價值觀等影響，也是此研究類型可能引發的爭議。

（四）歷史研究

歷史是由時間、空間以及關注事件所共同交織而成。人類生活在歷史脈絡下，人類行為的產生與發展，如果可以回到歷史脈絡加以蒐證與檢視、回復或重建行為的原貌，對於了解行為本身具有重要意義。所謂歷史研究，便是針對選定的焦點議題，系統且客觀的蒐證，對於焦點議題形成評估或綜合性的詮釋，以忠實的呈現議題的原貌。在幼教研究領域，包括特定脈絡的親子互動、教保問題與因應、幼兒生活史，以及教保機構的發展等都常使用此研究類型。

歷史研究通常包含四大階段：主題選擇、資料蒐集、資料鑑定，以及形成判斷與詮釋；其中，資料蒐集與鑑定攸關歷史研究的正確性與價值性，是研究者應具備的重要素養。資料蒐集可分成初級資料與次級資料，前者指有關研究主題的原始物品，如人工製品或當事人筆記或口述資料等；後者則指與回應研究主題沒有實質關聯的物品資料，如官方記載或非當事人口頭轉述等，其研究價值相對不如前者。

關於資料鑑定方面，主要可分成外在鑑定與內在鑑定等兩類。前者重在檢視資料的真實性與權威性，非著眼在資料內容正確性，如驗證手稿是否為真、所擇資料是否回應研究主題等；後者則在評估資料內容的正確性及其價值，期能透過可靠的資料內容，對研究主題做出正確的判斷與詮釋。總之，一位勝任的歷史研究者必須盡可能保持客觀與忠實的研究態度。

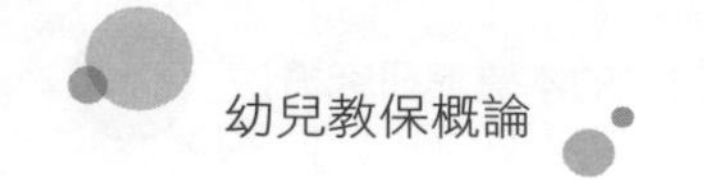

（五）縱貫性與橫斷性研究

若欲探討人類行為發展的歷程或成果，縱貫性研究（longitudinal research）與橫斷性研究（cross-sectional research）均相當常見，例如心理學者 L. M. Terman 針對天才兒童自 1921 年開始持續進行的追蹤研究，即屬縱貫性研究。

所謂縱貫性研究，係指在一段持續性時間內，持續蒐集研究對象的行為資料，以做為分析行為發展的重要依據。此研究類型通常針對相同的研究對象進行持續性研究，甚至在研究告一段落後，還會進行後續追蹤研究。此研究類型的優點在於可蒐集厚實的資料以深入了解行為之發展，但耗時、費力，以及研究對象可能佚失等，則是其最大限制。

橫斷性研究係指針對不同發展時間點的研究對象，就特定的行為發展持續蒐集資料，以做為了解其個別行為發展或分析個體間行為差異的依據。相較於縱貫性研究長期就相同研究對象蒐集資訊，此研究類型係針對不同的研究對象進行研究；其優點是同時可涵蓋不同樣本並獲得多樣本的資訊，但在研究對象行為發展的理解方面，此研究類型所得的資訊則較縱貫性研究為弱，僅能提供研究對象行為發展的概括性了解。

（六）自然研究

有鑑於人會主動建構出情境對其本身的意義，此種意義必須深入人的生活脈絡加以詮釋與理解，絕非在控制或去生活脈絡的情境可能清楚呈現，因此在研究取向上有別於前述研究類型，強調研究者必須參與研究對象的生活，從自然環境中獲取詮釋行為的真實素材。

在幼教研究方面，近年常見有家庭成員互動、新住民子女教養、幼兒園或班級文化，以及教師生命史等議題，都應用自然研究。進行自然研究時，研究者本身就是重要的研究工具，故研究者的訓練與持續的自我反思，是維繫此研究類型正向發展的重要內涵。

就研究典範的發展言，此研究類型逐步走出一條研究取徑與風格，此種企圖呈現人類行為真實面向的努力，也引發幼教研究者對昔日許多去脈絡化研究類型的反思。近年幼教領域使用自然研究的情況日增，關於研究信實度（trustworthiness）的討論也成為幼教研究的重要議題，有意採取此研究類型者，無論在人際互動、資料蒐集與詮釋、報告撰寫以及倫理議題等面向上，都需持續強化自身的研究知能。

（七）行動研究

所謂行動研究，係指行動者為了解實務工作、或企圖解決實務工作現場的困境，由行動者自我促發、實際參與，以及尋求問題解決的一連串歷程。在幼教研究中，有關教師對課程發展、幼兒偏差行為、檔案評量實施與改進，以及專業成長省思等議題，都常見使用行動研究。

幼教行動研究將研究的主導權交回教師，認為教師對於教學現象的了解與問題解決具有迫切性，昔日仰賴理論或應用研究成果以協助解決教學問題的情況並不切實際，教師及時且主動的實施行動研究，將使研究貼近於教師的真實需求，同時也促進教師專業知能的發展，驅動整體幼教發展的精進。

行動研究雖然給予教師研究主導權，但相對增加教師的教學負擔。在實際的教學現場，教師或受限於對行動研究的知能不足，或限於教學繁忙難有餘裕實施，又或是質疑行動研究的效能等因素，行動研究的發展也受到影響。如何提升教師的行動研究知能、強化同儕教師的對話與成長機制，以及改善教師的研究環境等，均是推動行動研究必須正視的課題。

情境式題目

小美 5 歲，弟弟 2 歲，兩人均就讀樂樂幼兒園。和弟弟同年齡的幼兒一共有 8 人，班上只有一位老師；小美班上有 25 人，奇怪的是，幼兒園並沒有把小美的班級分成兩班，但卻有兩位老師，比弟弟的班上還多了一位老師，你知道為什麼嗎？姊弟兩人上同一所幼兒園，對幼兒和家長來說都有「普及近便」的優勢，而且姊弟倆年齡雖然不同，但是幼兒園對姊弟的照顧都兼顧了教育和照顧，簡稱「教育照顧」（Educare），這種教育照顧有什麼特色和優點？幼兒園老師發現小美很專心學習，也樂於幫助同學，但是，弟弟的老師卻發現弟弟和小美除了長得很像以外，大多數的行為都不相同——弟弟調皮搗蛋，上課愛亂跑，常常說「討厭幼兒園、不喜歡學習……」；但是老師也發現，弟弟很喜歡在教室外的花園逗留，喜歡小動物，也喜歡觀察植物的生長等……。如果你是幼兒園老師，就「教育照顧」的觀點，你會如何規劃弟弟的教育照顧活動？

參考文獻

中文部分

朱敬先（1992）。**幼兒教育**。臺北市：五南。

百度百科（2015）。**泛愛主義教育**。取自 http://baike.baidu.com/view/377736.htm

李生蘭（2000）。**比較學前教育**。上海市：華東師範大學出版社。

幸曼玲、楊金寶、丘嘉慧、柯華葳、蔡敏玲、金瑞芝、郭李宗文、簡淑真、林玫君（2015）。**新課綱想說的事——幼兒園教保活動課程大綱的理念與發展**。臺北市：心理。

洪福財（2002）。**幼兒教育史——臺灣觀點**。臺北市：五南。

徐振邦、梁文蓁、吳曉青、陳儒晰（譯）（2004）。**教育研究法**。臺北市：韋伯文化。

翁麗芳（2017）。從《幼稚園課程標準》到《幼兒園教保活動課程大綱》——談七十年來臺灣幼教課程的發展。**教科書研究，10**（1），1-33。

教育部（1987）。**幼稚園課程標準**。臺北市：作者。

教育部（2013）。**幼兒園教保活動課程暫行大綱**。臺北市：作者。

教育部（2017）。**幼兒園教保活動課程大綱**。臺北市：作者。

陳得文（2018）。幼兒園教保課程綱要和十二年國教課綱之核心素養的銜接。**臺灣教育評論月刊，7**（3），65-71。

英文部分

Aries, P. (1965). *Centuries of childhood: A social history of family life.* R. Baldick (Trans.). New York, NY: Random House. (Original wrok published in English

1962)

Aristotle (2009). *Nicomachean ethics.* David Ross (Trans.). Oxford, UK: Oxford University Press. (Original work published 1893)

Blyth, A. (1981). From individuality to character: The Herbartian sociology applied to education. *British Journal of Educational Studies*, *29*(1), 69-79.

Bowman B. T., Donovan M. S., & Bruns M. S. (Eds.) (2000). *Eager to learn: Educating our preschoolers.* Washington, DC: National Academy Press.

Bredekamp, S. (1996). Early childhood education. In J. Sikula (Ed.), *Hand book of research on teacher education* (2nd ed., pp. 323-347). New York: Macmillian.

Burrell, G., & Morgan, G. (1979). *Sociological paradigms and organizational analysis: Elements of the sociology of corporate life.* London: Heinemann.

Chartier, A. M., & Geneix, N. (2007). Pedagogical approaches to early childhood education. Paper commissioned for *the EFA Global Monitoring Report 2007, Strong foundations: early childhood care and education.*

Cutter-Mackenzie, A., Edwards, S., Moore, D., & Boyd, W. (2014). *Young children's play and environmental education in early childhood education: Interfaces contemporary perspectives in environmental education and sustainability with approaches to play based learning*. Paul Hart, Canada: Springer International Publishing.

Dewey, J. (1916). *Democracy and education.* MacmillianCo.

Dewey, J. (1963). *Experience and education.* New York, NY: Collier Books. (Original work published 1938)

Fleet, A., Honig, T., Roberson, J., Semann, A., & Shepherd, W. (2011). *What's pedagpgy anyway: Using pedagogical documentation to engage with the early years learning framework*. New South Wales, Australia: Children's Service Central.

Foucault, M. (1995). *Discipline and punish: The birth of the prison*. New York, NY: Vintage.

Habermas, J. (1972). *Knowledge and human interests*. London: Heinemann.

Heckman, J. J. (1999). *Policies to foster human capital*. NBER Working Paper No. w7288. Available at SSRN: https://ssrn.com/abstract=198970

Heckman, J. J. (2008). Schools, skills, and synapses. *Economic Inquiry*, *46*(3), 289-324.

Heckman, J. J., Lalonde, R. J., & Smith, J. A. (1999). The economics and econometrics of active labor market programs. *Handbook of Labor Economics*, *3*(1), 1865-2097.

Lazard, I., & Darlington, R. B. (1982). Lasting effects of early education: A report from the Consortium for Longitudinal Studies. *Monographs of the society for research in child development*, *47*(2-3), 1-151.

Louis, C., Lawrence M., & Keith, M. (2000). *Research methods in education* (5th ed.). New York, NY: Routledge.

Mitchell, E. D., & Mason, B. S. (1945). *The theory of play*. New York, NY: A. S. Barnes and Company. (Original work published 1934)

Montessori, M. (1995). *The absorbent mind*. New York, NY: Henry and Holt. (Original work published 1866)

Morrison, G. S. (1991). *Early childhood education today*. New York: Macmillan Publishing Company.

Moss, P., & Petrie, J. (2002). *From children'sservices to children's spaces: Public policy, children and childhood*. London, UK: Farmer.

Nietzsche, F. (1995). *On the genealogy of morality*. D. Carol (Trans.). Cambridge: Cambridge University Press. (Original work publishied 1887)

Noddings, N. (1992). *The challenge to care in schools: An alternative approach to education*. New York, NY: Teachers College Press.

Noddings, N. (2002). *Educating moral people: A caring alternative to character education.* New York, NY: Teacher College, Columbia University.

Noddings, N. (2005). *The challenge to care in schools: An alternative approach to education* (2nd ed.). New York, NY: Teachers College, Columbia University. (Original work published 1992)

Nolan, A., & Kilderry, A. (2011). Postdevelopmentalism and professional learning: Implications for understanding the relationship between play and pedagogy. In L. Brooker & S. Edwards (Eds.), *Engaging play* (pp. 108-122). London, UK: Open University Press.

Organization for Economic Cooperation and Development. (2017). *Starting strong V: Transitions from early childhood education and care to primary education.* Retrieved from http://dx.doi.org/10.1787/9789264276253-en

Paul, R. (1993). *Critical thinking: What every person needs to survive in a rapidly changing world.* Rohnert Park, CA: Sonoma State University Press.

Peters, R. S. (1964). Education as initiation. In R. D. Archambault (Ed.) (1965), *Philosophical analysis and education* (pp. 87-111). London, UK: Routledge & Kegan Paul.

Platz, D., & Arellano, J. (2011). Time tested early childhood theories and practices. *Education, 132*(1), 54-63.

Rousseau, J-J. (1979). *Emile, or on educatio*n. A. Bloom (trans. with an introduction). New York, NY: Basic Books.

Schweinhart, L. J. (1992). Early childhood education. In M. C. Alkin (Ed.), *Encyclopedia of educational research* (6th ed., pp. 351-361). New York: Macmillan Publishing Company.

Schweinhart, L. J., & Weikart, P. (1997). The high/scope preschool curriculum comparison study through age 23. *Early Childhood Research Quarterly*, *12*, 117-143.

Sorkin, D. (1983). Wilhelm Von Humboldt: The theory and practice of self-formation (Bulding). *Journal of the History of Ideas*, *44*(1), 55-73.

Spodek, B., & Brown, P. C. (1992). Curriculum alternatives in early childhood education: A historical perspective. In B. Spodek (Ed.), *Handbook of research in early childhood education* (pp. 91-104). New York: The Free Press.

Thomas, L., Warren, E., & de Vries, E. (2011). Play-based learning and intentional teaching in early childhood contexts. *Austrialasian Journal of Early Childhood*, *36*(4), 69-75.

UNESCO (2002a). *An integrated approach to early childhood education and care.* Paris: author.

UNESCO (2002b). *Early childhood care? development? education?* Paris: author. Retrieved from http://unesdoc.unesco.org/images/0013/001373/137337e.pdf

Ward, H., Munro, E. R., & Dearden, C. (2006). *Babies and young children in care: Life pathways, decision making and practice*. London, UK: Jessica Kingsley.

Wood, E. (2005). *Play, learning and the early childhood curriculum.* (2nd ed). Thousand Oaks, CA: SAGE. (Original work published 1999)

Wood, E. (2013). *Play, learning and the early childhood curriculum.* London, UK:

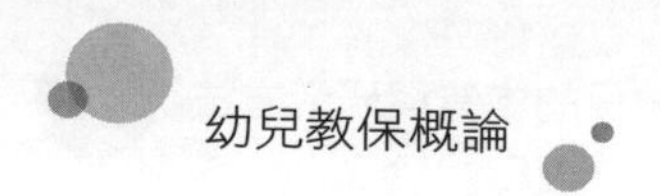

SAGE.

Yelland, N. (2011). Reconceptualising play and learning in the lives of young children. *Austrialasian Journal of Early Childhood, 36*(2), 4-12.

2 幼兒教保政策的核心價值——公平、正義與優質

孫良誠

本章概述

2012 年臺灣實施幼托整合後，大大改變了學前教育生態，其政策目標是整合運用國家資源，健全學前教保機構，以及提供幼兒享有同等教保品質，健全學前教保機構與享有教保品質成為幼托整合政策的核心價值。另依《幼兒教育及照顧法》（2021）第 7 條揭示：「政府應提供幼兒優質、普及、平價及近便性之教保服務，對處於離島、偏遠地區，或經濟、身心、文化與族群之需要協助幼兒，應優先提供其接受適當教保服務之機會，並得補助私立教保服務機構辦理之。」顯示幼兒教保政策的對象為全體幼兒外，並以地區弱勢、經濟弱勢、身分弱勢等三大族群幼兒優先協助對象，反映的核心價值包含有公平、正義與優質。

近年我國政府陸續推動「扶持 5 歲幼兒教育計畫」、「5 歲幼兒免學費教育計畫」、「幼托整合政策」、「幼兒園輔導計畫」，及各項幼兒就學補助計畫等，反應政府關注幼兒教保發展的趨勢，政府與家長共同承擔照顧及教育幼兒的責任，營造有利生育、養育及教育的環境以維持人口穩定。政府透過教保政策執行的結果，達成政府提供幼兒優質、普及、平價及近便性的

教保服務，使每位幼兒都能獲得最基本的教育機會，享有同等的教保品質，亦即反映教保政策具有教育公平、教育正義、教育品質之核心價值。本章首先說明三項核心價值的意義；其次，概述臺灣推動重要幼兒教保政策或計畫的目標與主要工作項目；再次，檢視各項重要政策在教育公平、教育正義、教育品質的落實情況；最後，對於教保政策尚未落實及需改善的部分提出相關建議。

第一節
公平、正義、品質在教保政策發展的意義

1948 年聯合國發布《世界人權宣言》（Universal Declaration of Human Rights），視教育為基本人權並明定「人人皆有受教育的權利」。我國《憲法》及《教育基本法》指出人民接受教育機會一律平等，即強調促進教育機會均等或教育公平的理念。有關保障幼兒接受教育的權利並促進教育公平，已是當今世界學前教育發展所共同追求的價值（龐麗娟、夏婧、張霞，2010）。經濟合作暨發展組織（Organization for Economic Cooperation and Development, OECD）和歐盟（European Union）於 2000～2007 年曾以教育公平為主題共同進行研究；我國國家教育研究院於 2011 年委託學者進行各級及各類教育公平指標的建構研究，都是各國關切教育公平的證據。

其次，聯合國教科文組織（United Nations Educational, Scientific and Cultural Organization; UNESCO）（2005）曾指出，品質是教育的核心，讓每個幼兒得到有品質的教育是其應有的權利；我國行政院教育改革審議委員會（1996）在《總諮議報告書》指示將教育品質列為國家努力的重要方向；另

行政院（2014）也針對學前教育階段建構出幼兒優質教育與安全學習環境等施政方針。綜上可見，提升幼兒教保品質是教保發展的重要方向。

關於公平、正義以及品質在幼兒教保政策發展的意義，茲分別說明如後。

一、教保公平的意義

Williams（1967）將教育公平定義為：「任何人皆不因政治、經濟、社會與文化等因素之差異而有不同的發展和參與學習的機會。」Coleman（1997）針對教育公平提出起點、受教過程，以及未來發展可能性等層面的均等，並認為應包含以下四部分：

1. 入學管道均等：任何兒童都有進入學校系統的可能性。
2. 生存均等：任何兒童在學校中完成不同教育程度的可能性。
3. 產出均等：任何年齡相同的兒童在學校中學習相同事物的可能性。
4. 結果均等：不同社會階層的兒童在學校畢業後過相似生活的可能性。

OECD（2008）指出教育公平包含公正（fairness）和全民性（inclusion）二個維度。所謂公正係指個人或社會環境（如性別、社會經濟水準、種族等），都不能成為學習的障礙；全民性則是指確保所有人都能享有最基本的教育，如每個人都應具備閱讀、書寫和基本運算的能力。陳伯璋、王如哲與魯先華（2014）則認為，教育公平是指個體在接受教育的過程中所被分配到的教育資源（如權利、機會、經費等），能因其差異之背景與需求（如種族、性別、居住地區、社經地位等）獲得相對應的對待，俾透過教育開發潛能及適性發展。

綜上所述，對於幼兒教保政策而言，所謂教保公平係指幼兒在接受教育的過程中，應消除或避免個人或環境因素造成對幼兒發展與學習不利的影響，使每位幼兒都能獲得最基本的教保機會，讓幼兒的潛能得以適性發展。在幼兒教保實務方面，教保制度的設計應讓幼兒獲得公平進入幼兒園的機會，以及享有公平學習過程的可能，並檢視各類幼兒教保服務機構所提供的教學環境、設施設備等是否擁有相同的品質，以及幼兒在接受教保服務後，是否具備進入國民小學階段學習所需之基本能力。

二、教保正義的意義

依據亞里斯多德（Aristotle）的看法，所謂正義可包含以下三種（引自楊深坑，2008：10）：

1. 分配的正義：涉及政治權力、價值及國家給予的經濟資源。
2. 矯正的正義：涉及對不公平待遇者給予應得的補償。
3. 償還的正義：涉及人與人之間的交換關係。

Rawls（1971）在《正義論》（*A theory of justice*）一書中，指出「正義」的概念需考量補償原則（the principle of redress）、互利概念（conception of reciprocity）以及友愛原則（the principle of fraternity）。林火旺（1998）認為教育公平不僅強調機會均等，也涉及社會正義。Rawls（2005）也指出，教育公平應包括平等自由原則、差異原則和機會公平原則。莊勝義（2009）則認為社會正義不僅重視基本人權，同時也重視衍生的權力。王俊斌（2016）彙整「正義」的原則包含「正當的行為」、「公道與正直」、「平等」、「最大幸福原則」等；他認為教育領域中的正義問題有其特殊性，過去關注在保障每個人都有相同的機會接受教育，現今則認為每個人都應該有相等的機會來完成最大可能的成就。由前述分析可見，教育公平並非僅指入學機會或資源分配的公平，還必須確保所有學生都能順利發展潛能，意謂教育公平應包含教育正義的內涵。

「教育正義」（justice of education）係指教育作為和資源分配能符合公平合理，尊重個體發展和權利，保障個體接受教育機會均等，避免個體受到差別待遇，使個體在機會平等的環境下發揮其潛能和價值（吳清山、林天祐，2005）。因此，「教育正義」乃將社會正義的觀點運用在教育上，涉及教育資源的重新分配，補償弱勢學生匱乏的資源以弭平其背景條件的不平等，並須調整課程教學系統的品質，進而提升弱勢學生的學習能力（簡良平，2009）。應用於幼兒教保政策的發展方面，應指政府必須為弱勢族群提供財務資助與教保支持，以協助幼兒適應發展；亦即在教保過程中，提供弱勢幼兒或特殊需求幼兒積極性的差別待遇以促進其發展，方符合教保正義的精神。

三、教保品質的意義

教保品質對國家未來發展有舉足輕重的影響。OECD（2012）的研究指出，投資人力資本必須從幼兒教育及照顧開始，而幼兒教保的品質是影響未來效益的重要關鍵。OECD（2018）再指出，優質的幼兒教育及照顧有助於兒童早期的發展以及其在後續語言、閱讀、計算及社會等領域的表現。美國前總統歐巴馬（Obama, 2015）也指出：「如果希望領導 21 世紀，最重要的是讓每個人都能獲得最好的教育。」

教保品質的概念會受到社會發展、文化價值以及國家教育政策的影響，並非一成不變。聯合國兒童基金會（United Nations Children's Fund, 2000）曾從學習者、學習環境、教學內容、教學過程、教學結果說明教育品質。張芳全（2003）從教育實施的歷程看待教育品質，包含教育輸入的經費、教師的素質、師生比例等；教育過程提供的教學目標、內容、班級經營，以及學生表現的教學成果。另外，結構品質（structural quality）與過程品質（process quality）也是經常被用來評估幼兒園教保品質的兩個層面。結構品質包含師生比、班級的幼兒人數、教師教育程度、教師專業訓練，以及薪資福利等；過程品質則包括教學活動、教學內容，以及照顧者與幼兒的互動品質等（陳雅鈴、高武銓，2011；Cryer, Tietze, & Wessels, 2002; Jones-Branch, Torquati, Raikes, & Edwards, 2004; Solt, 2018）。

孫良誠（2016）彙整重要組織與國家對幼兒教保品質的看法後，提出幼兒教保品質應包含以下五個層面：(1)教學與照顧：考量幼兒學習特質規劃適切的教學與保育活動；(2)學習環境與空間：規劃適合的班級大小，以及提供可協助幼兒發展的學習情境與設施設備；(3)教保人員專業知能：幼教工作者應有專業訓練及具備專業資格；(4)家庭與社區關係：提供家長及社區參與機會，以及運用相關資源；(5)領導管理：幼兒園相關事務的領導與管理等。

綜上所述，教保品質可以定義為教保投入的人力、物力與財力資源，以及教保過程所安排的學習內容、活動形式、學習情境、教學資源等，能滿足幼兒的學習需求，使幼兒的行為與學習表現能應付個人生活、學習與人際互動的問題，並符合國家及社會的期待與需要。

第二節

近年我國重要的幼兒教保政策

近年我國推動的幼兒教保政策主要包括「扶持5歲幼兒教育計畫」、「5歲幼兒免學費教育計畫」、「幼托整合政策」、「幼兒園輔導計畫」、各項幼兒就學補助計畫，以及依據《幼兒教育及照顧法》針對離島、偏鄉及原住民族地區設置的社區互助教保服務中心或部落互助教保服務中心（簡稱互助教保服務中心）等，皆在提供幼兒能接受優質、普及、平價與近便等特性的教保服務。歸納各項教保政策或計畫提出的背景有三項共同特性：(1)政府應付出更多照顧幼兒的責任，協助家長共同承擔育兒的工作；(2)政府應營造有利生育、養育、教育的環境，以維持人口的穩定；(3)關注教育公平與提升品質之學前教育與及保育的國際發展趨勢。

以下針對各項教保政策或計畫目標與主要的工作項目分別說明如後。

一、扶持 5 歲幼兒教育計畫

「扶持 5 歲幼兒教育計畫」有下列三項目標（教育部，2008）：

1. 提供滿 5 足歲至入國民小學前幼兒充分就學機會。
2. 減輕家庭育兒負擔，穩定人口成長。
3. 建構優質之教保環境，確保幼兒所受教保品質。

執行範圍除了推動弱勢地區的幼兒教育外，也透過幼兒園輔導、訪視與教師專業成長等方式，提升一般地區幼兒教育的品質。主要的工作項目包括

「規劃弱勢幼兒輔助教材」、「均衡並調節幼托園所的供應量」、「鼓勵弱勢幼兒入園」、「建構優質硬體環境與設備」、「提升師資水平」、「訪視、輔導、與成效評估」及「溝通與宣導」等七項，同時也進行全國幼托機構供需分析，做為規劃供應不足地區增班設園的參考。

二、5 歲幼兒免學費教育計畫

教育部與內政部（2011）指出「免學費計畫」是採取非強迫、非義務的方式，逐步擴大辦理一般幼兒免學費就學以及經濟弱勢幼兒免費就學。「免學費計畫」有以下三項目標：

1. 減輕家長經濟負擔，提高幼兒入園率。
2. 提供滿 5 足歲至入國民小學前幼兒充足的就學機會。
3. 建構優質之教保環境，確保幼兒所受教保品質。

「免學費計畫」主要工作項目有六項：(1)均衡並調節幼兒入園機會，如增設公立幼兒園；(2)鼓勵 5 歲幼兒入園，如提供就學補助及經濟弱勢幼兒再加額補助、保障經濟弱勢幼兒優先就讀公立幼兒園之機會、補助交通費、提供課後留園服務經費；(3)建構優質硬體環境與設備，如補助國民教育幼兒班（簡稱國幼班）以及公立幼兒園充實與改善教學設備經費；(4)提升師資及教學水平，如成立國幼班教學訪視與輔導小組並辦理教學訪視與輔導事項、補助離島與偏遠地區教師教學觀摩或專業成長研習之代課費及國內差旅費、補助辦理教師專業發展活動等；(5)稽核、評鑑與成效評估；(6)其他行政配套等。

三、幼托整合政策

幼托整合前，幼教機構包含幼稚園及托兒所等兩大類別，各有主管機關與適用的法令規範，造成相同年齡的幼兒在兩種不同的體系下，接受不同品質的教保服務，產生「照顧」與「教育」制度紊亂的現象。茲將幼稚園與托兒所兩類機構比較如表 2-1。

表 2-1　幼稚園與托兒所的比較表

	幼稚園	托兒所
招收年齡	4足歲至入國小前	收托2歲至未滿6歲
主管機關	中央：教育部 地方：教育局（處）	中央：內政部 地方：社會局（處）
法令依據	《幼稚教育法》及相關法令	《兒童及少年福利法》及相關法令
人員資格	依《師資培育法》取得幼稚園之教師資格，人員之進用依《幼稚教育法》及《師資培育法》等相關規定聘任教師，每班置教師二名。	依《兒童及少年福利專業人員資格要點》取得教保人員資格，並依該要點規定進用相關人員。每15名幼兒置教保人員一名。

依據內政部與教育部幼托政策整合推動委員會（2003）指出，幼托整合的工作目標有以下四項：

1. 整合運用國家資源，健全學前幼兒教保機構。
2. 因應現代社會與家庭之教保需求。
3. 提供幼兒享有同等教保品質。
4. 確保立案幼稚園、托兒所暨合格教保人員之基本合法權益。

教育部（2014a）於「幼托整合規劃及執行情形報告」中指出：整合後的工作項目如下：

1. 授權訂定法規作業：幼托整合主要法源為《幼兒教育及照顧法》，法令發布後授權訂定 30 項子法，其中由中央訂定 22 項子法；地方政府訂定 8 項子法。
2. 園所改制作業：幼托整合前，學前教育包含幼稚園及托兒所兩種體系，幼托整合後統一改制為幼兒園。
3. 在職人員職稱轉換作業：幼托整合前後教保機構的在職人員轉換，包括幼稚園園長與托兒所長轉換為幼兒園園長；幼稚園老師以及具備幼教教師證的托兒所教保人員轉換為幼兒園教師；不具備幼教教師證的托兒所教保人員轉換為幼兒園教保員；托兒所助理教保人員轉換為幼兒園助理教保員（2013 年 12 月 31 日止已全數改制為幼兒園並完成人員職稱轉換作業）。
4. 改善教學環境與設施設備品質：為達成「滿足現代社會與家庭之幼托需求」的目標，中央政府對地方政府提供的協助措施，包括：(1)補助地方政府完備改制幼兒園後之人事經費，使幼托整合後的公立幼兒園的人員數額能迅速到位；(2)補助公立幼兒園改善教學環境與設備；(3)補助公立幼兒園增班設園經費，以調節城鄉差距，增加幼兒進入公立幼兒園就學之機會；(4)補助公立托兒所未符法令規定之建築物改善經費，以解決幼兒園園舍建築物使用執照不符法令規定的問題。

四、幼兒園輔導計畫

教育部為落實《幼兒教育及照顧法》建構中央與地方輔導網絡，協助各幼兒園符合基礎評鑑規定、建置合宜的教保環境、執行幼兒園教保活動課程大綱、發展課程特色及教保專業目標，訂定「幼兒園輔導計畫」（教育部國民及學前教育署，2014）。輔導計畫的目標有四：

1. 建立具體明確之輔導目標，逐步提升幼兒園教保服務品質。
2. 建立權責明確之輔導架構，提升輔導效能。
3. 建置各類輔導人員專業培訓制度，形塑輔導專業性。
4. 建立幼兒園及教保服務人員專業發展支持系統。

「幼兒園輔導計畫」工作項目係針對幼兒園的教保發展需求，提供幼兒園選擇不同的輔導類別，包括基礎輔導、專業發展輔導、支持性輔導三類，以及提供輔導所需的業務費（教育部國民及學前教育署，2014；教育部國民及學前教育署補助辦理教保服務機構輔導作業原則，2021）。

1. 基礎輔導：由各縣（市）主管機關負責教保服務業務之行政人員或教保輔導團團員為輔導人員，以實地觀察、提供建議，並檢核其改進情形等方式進行輔導，使幼兒園營運能符合幼兒園基礎評鑑指標及相關法令的規定。
2. 專業發展輔導：由教育部認可資格的輔導人員，以多元的方式進行教學輔導，如入班觀察、小組或團體分享討論、教學示範及實作等方式進行教保環境輔導、實施讀書會或實作報告等，以協助教保服務人員提升教學品質及規劃教保環境之知能。
3. 支持服務輔導：由教育部認可的巡迴輔導教授及巡迴輔導員，以教保訪視及巡迴輔導的方式，對國民教育幼兒班（指偏鄉、離島地區的幼兒園）進行生活教育、實施適當的教保任務、適性的課程教學、幼小銜接及親職教育等面向的輔導，以支持及陪伴教保服務人員穩定教保品質，並協助建構回應在地文化及學習需求之課程。

五、幼兒就學補助計畫

《兒童及少年福利與權益保障法》（2021）揭示政府應協助兒童父母維護兒童健康、促進其身心健全發展。2020 年，我國低收入戶計 146,342 戶，中低收入戶計 114,840 戶（衛生福利部，2021a，2021b），顯示經濟弱勢家庭已是我國社會中為數不少的族群，而政府協助家長照顧幼兒是應盡的責任，尤其照顧經濟弱勢家庭幼兒更是責無旁貸。

我國政府提供幼兒就學補助始於2000年的「幼兒教育券實施方案」，包括三項目標：(1)整合並運用國家總體教育資源，促進資源分配合理效益；(2)改善園所生態與環境，提昇幼兒教育水準；(3)縮短公私立園所學費差距，以減輕家長教養子女的經濟負擔（行政院，2000；謝美慧，2002；羅鳳珍，2012）。幼兒教育券主要針對 5 歲幼兒就讀已立案之私立幼稚園或托兒所，提供每名幼兒每學年一萬元的教育津貼。

我國現行提供幼兒的就學補助，若以補助經費來源可分為中央補助或地方自籌；若依補助對象可分為對一般幼兒的補助以及對弱勢幼兒的補助，對弱勢幼兒補助可再分為經濟弱勢幼兒、原住民幼兒及特殊幼兒三種。中央提供幼兒就學補助，包括幼兒就讀教保服務機構補助、公立幼兒園及非營利幼兒園辦理課後留園服務補助、原住民幼兒就讀幼兒園補助、身心障礙幼兒教育補助、準公共幼兒園補助。地方政府則依據各自財政條件提供不同幼兒就學補助方案，但多以弱勢家庭或危機家庭為對象，提供幼兒就學補助的措施。以下就中央提供幼兒就學補助的五個項目說明如後。

（一）幼兒就讀教保服務機構補助

本項補助主要依據《幼兒就讀教保服務機構補助辦法》（2020）對 5 歲

至入國民小學前之幼兒，以及 2 歲以上至未滿 5 歲之幼兒提供就學補助。教育部（2014b）為了將「免學費計畫」、《原住民幼兒就讀公私立幼稚園學費補助辦法》與「中低收入戶幼童托教補助實施計畫」做一致性的規範，訂定《幼兒就讀幼兒園補助辦法》，其後再修正為《幼兒就讀教保服務機構補助辦法》，其補助的對象、項目及金額如表 2-2。

表2-2 幼兒就讀教保服務機構之補助對象、項目及額度

<table>
<tr><th>對象</th><th colspan="2">項目</th><th>金額</th></tr>
<tr><td rowspan="4">5歲至入國民小學前之幼兒</td><td rowspan="2">學費補助</td><td>公幼</td><td>全額補助</td></tr>
<tr><td>私幼、互助教保服務中心</td><td>每學期最高補助1.5萬元</td></tr>
<tr><td rowspan="2">經濟弱勢加額補助</td><td>公幼</td><td>低收入戶、中低收入戶、家戶年所得50萬元以下最高補助1萬元；家戶年所得50萬至70萬以下最高補助6,000元</td></tr>
<tr><td>私幼、互助教保服務中心</td><td>低收入戶、中低收入戶、家戶年所得30萬元以下最高補助1.5萬元；家戶年所得30萬至50萬元以下最高補助1萬元；家戶年所得50萬至70萬以下最高補助5,000元</td></tr>
<tr><td rowspan="2">2歲以上至未滿5歲之幼兒</td><td colspan="2">低收入戶</td><td>依社會救助法由地方政府視財政狀況補助</td></tr>
<tr><td colspan="2">中低收入戶</td><td>每學期補助6,000元</td></tr>
</table>

（二）公立幼兒園及非營利幼兒園辦理課後留園服務補助

依據《教育部國民及學前教育署補助公立幼兒園及非營利幼兒園辦理課後留園服務作業要點》（2019），政府為了支持婦女婚育，使雙薪家庭之父母能安心就業，並讓幼兒在健康安全的環境中成長，特針對公立幼兒園及非營利幼兒園辦理課後留園服務補助，達成減輕弱勢家長育兒的經濟負擔，以

及提升弱勢幼兒入園率的目標。其補助對象包括低收入戶、中低收入戶及其他經濟情況特殊家庭之幼兒；或家戶年所得新臺幣 30 萬元以下之 5 足歲幼兒；或公立幼兒園及非營利幼兒園收托身心障礙幼兒，參與其辦理的課後留園服務者。採自願參加的方式辦理，公立幼兒園參與人數達十人即得開班，非營利幼兒園得視需求開班。平日課後留園服務以補助二小時金額為上限，補助金額依據縣市政府主管機關所定課後留園服務收費標準所應繳交之費用，服務內容應符合幼兒身心發展並兼顧生活教育，而非課後才藝班。

（三）原住民幼兒就讀幼兒園補助

依據《原住民族教育法》（2021），政府應保障原住民族教育之權利，並於原住民族地區普設公立幼兒園、非營利幼兒園、社區或部落互助教保服務中心，提供原住民幼兒教保服務之機會並保障原住民幼兒接受學前教育之權利。行政院原住民族委員於2007年訂定《行政院原住民族委員會辦理原住民幼兒托教補助作業要點》，補助滿 3 歲至入國小前就讀立案之公私立幼兒園者；2013 年更名為《行政院原住民族委員會辦理原住民幼兒就讀幼兒園補助作業要點》，補助對象為滿 3 歲至未滿 5 歲具原住民身分之幼兒，凡就讀公立幼兒園者每學期最高補助 8,500 元，就讀私立幼兒園者每學期最高補助一萬元（滿 5 歲之幼兒依據幼兒就讀教保服務機構補助進行補助）。

（四）身心障礙幼兒教育補助

《特殊教育法》（2019）第32條指出：就讀學前私立幼兒園或社會福利機構之身心障礙幼兒，得發給教育補助費。教育部發布《就讀私立幼兒園社會福利機構之身心障礙幼兒及招收單位獎補助辦法》（2013），以促進身心障礙幼兒的入學機會，並配合《幼兒教育及照顧法》推展身心障礙兒童之早期療育，將補助對象年齡由 3 歲下降至 2 歲。身心障礙幼兒就讀幼兒園、機構者，每人每學期補助 7,500 元，不得重複申領其他幼兒就學補助；幼兒園或機構每招收一名身心障礙幼兒，每學期獎助 5,000 元。

（五）準公共幼兒園補助

依據《教育部推動及補助地方政府與私立教保服務機構合作提供準公共教保服務作業要點》（2020），地方政府與符合：(1)收費數額不超過規定；(2)園長（中心主任）、教師及教保員薪資，每人每月固定薪資應達 29,000 元以上；(3)基礎評鑑通過；(4)建物公共安全檢查合格；(5)教保生師比符合法令規定；以及(6)私立教保服務機構自我檢核教保服務品質等六項要件的私立教保服務機構合作，提供準公共教保服務，以加速教保公共化、減輕家長教保費用負擔、改善教保服務人員薪資、穩定教保服務品質、提升 2～5 歲幼兒入園率等政策目標（教育部國民及學前教育署，2018）。繳費部分由政府協助家長支付費用，若幼兒就讀準公共幼兒園，一般家庭月繳不超過 4,500 元、第三名以上子女月繳不超過 3,500 元、低收及中低收入戶免繳費用（教育部國民及學前教育署，2021）。

六、互助教保服務中心

政府為照顧離島、偏鄉或原住民族地區幼兒的生活與學習需要，依據《幼兒教育及照顧法》訂定《社區互助式教保服務實施辦法》，凡經過縣（市）主管機關許可設立的社區互助教保服務中心，可提供 2 歲以上至入國民小學前幼兒教育及照顧服務，以解決因地理條件限制難以覓得符合資格的教保服務人員及設立要件之場地的困境，其後更名為《社區互助式及部落互助式教保服務實施辦法》（2019）。社區互助及部落互助教保服務中心（簡稱互助教保服務中心）讓離島、偏鄉地區幼兒園在尚未普及前，提供當地幼兒教育及保育服務；部落互助教保服務中心除了提供原住民族幼兒教育及保育服務外，亦可提供幼兒學習族語、歷史及文化的機會，並發揮部落照顧精神。為了解決離島、偏鄉以及原住民族地區幼兒教保服務需求，同時又兼顧基本的教保服務品質，互助教保服務中心設立的地區範圍、辦理方式、人員資格、環境需求、設施設備、衛生保健、督導管理等皆有相關規定。

第三節
幼兒教保政策核心價值的檢視

提供幼兒優質、普及、平價及近便性的教保服務，讓每位幼兒都能獲得最基本的教育機會並享有相同的教保品質，是近年我國幼兒教保政策規劃的目標，但綜觀各項幼兒教保政策的內容，是否能符應教保公平、教保正義和優質教保品質等核心價值？

就入學管道均等的角度，教保政策規劃以新設幼兒園或增設班級的方式增加幼兒園教保服務的供應量，有助於提高幼兒入園機會；另外，針對離島、偏鄉或原住民族地區，因不易招聘合格教師以及難覓合格場地，採取較寬鬆的規定設立「互助教保服務中心」，使前述地區的幼兒有更多機會進入教保服務中心接受教保服務。另外我國政府提供幼兒就學補助，則可保障經濟弱勢幼兒、原住民族幼兒，以及身心障礙幼兒的就學機會，以提升幼兒入園率。

就受教過程均等的角度，研編弱勢幼兒輔助教材，使在偏鄉服務的教保服務人員能依據輔助教材設計活動，可協助幼兒發展潛能；改善公立幼兒園硬體環境與學習設備、實施各種幼兒園輔導方案等，可協助教保服務人員提升教學專業表現並穩定教保服務品質，皆有助於促進教保公平與教保品質的價值。

就教保正義的角度，我國政府提供就學補助分為一般幼兒就學補助以及經濟弱勢幼兒再加額補助，經濟弱勢幼兒是依據家戶年所得級距，再加額補助雜費及代辦費（包括材料費、餐點費、活動費），此不僅保障經濟弱勢幼兒的就學機會，也可達到促進教保正義的價值。

近年我國政府陸續推動許多幼兒教保政策，戮力實踐教保公平、促進教保正義與提升教保品質的核心價值，但檢視政策執行項目仍有可改善的空間，如林欣佑、曾郁庭與孫良誠（2020）彙整相關文獻指出幼兒園輔導機制運作的困境，包括找不到合適的輔導人員、教保服務人員感受輔導訪視的壓力過大、偏遠地區的幼兒園媒合輔導人員不易等，使幼兒園輔導的成效受到限制，間接影響教育品質的提升。另外，輔導資源分配不均，多集中在都會地區，也影響教保公平及教保正義的價值。

有關幼兒就學補助皆是以經濟補助或津貼的方式為之，未能針對不同特性幼兒規劃不同的補助方式。經濟弱勢幼兒透過經費補助可提高入學情形；原住民幼兒可能需要的是穩定的師資與適合的課程內容；身心障礙幼兒可能更需要早療課程，這些不是提供經濟援助就能解決的問題，政府應該更深刻了解受補助對象的真正需要，才可能實踐具有積極性差別待遇的教保正義。

改善幼兒園教學環境與設施設備，僅以公立幼兒園為主要的補助對象，但對改善私立幼兒園教學環境與設施設備卻少有著墨，以及對「互助教保服務中心」採較寬鬆的空間要求與人員規範，但對於維護幼兒接受教育及照顧品質，應該不分公、私立幼兒園及城鄉地區，以免減損教育公平及教育正義的價值。因此政府應提出更多教保幼兒的配套措施，並需要經常檢視教保服務機構的人員、學習環境及設施設備，以確保所有幼兒能享有相似的結構品質，同時更應關注幼兒在學習中的過程品質，提供高品質的教育及照顧服務則是政府接續的工作與責任。

綜觀近年我國的幼兒教保政策，係以達成教育及照顧幼兒為目標，做為教保政策的合理性基礎。檢視我國目前幼兒政策或計畫的目的，除了提高幼兒就學機會、改善教保環境、提升教保服務人員專業表現、提升教保服務品質等符合教保目的外，另有減輕家庭育兒負擔、穩定人口成長、支持婦女婚育、使父母安心就業等，卻都是由於幼兒教保政策產生的外延效益，但究其本質均非屬教保目的。減輕家庭育兒負擔、支持婦女婚育、使父母安心就業等目的，皆是從成人角度提出的觀點，而非源於幼兒的學習與發展需求，如此政策的正當性就易遭受到質疑。因此，各項幼兒教保政策應回歸以幼兒為本位之政策制訂目標，推動能符合教保核心價值的教保政策或活動，才能讓每一位幼兒都享有均等的教育機會，讓弱勢族群幼兒獲得適合其發展所需的資源，以提升幼兒園的結構品質與過程品質，使幼兒的學習結果都能展現其自身的發展特性，也有益於符應家長、幼兒園、乃至社會對幼兒學習與成長的期待。

情境式題目

1. 我國政府近年提出幼兒教保政策的核心價值為公平、正義及品質。做為一位教保服務人員，在提供幼兒教保服務的過程中，要如何維護幼兒教育及照顧的公平，提供有特殊需求幼兒差別性的服務，以及提升個人教保專業表現，讓幼兒獲得高品質的教保服務。
2. 我國政府近年提出許多幼兒教保政策，期望達成《幼兒教育及照顧法》揭示的：政府應提供幼兒優質的教保服務。請問教保政策的工作項目，是否能達到提升結構品質或過程品質的目標。

參考文獻

中文部分

內政部、教育部幼托政策整合推動委員會（2003）。**幼托整合政策規劃結論報告**。取自 http://www1.nttu.edu.tw/shufang/%AA%FE%A5%F3/%A5%AE%B1% D0%B7s%AAk%AE%D792.3web.htm

王俊斌（2016）。教育制度中的社會正義理論分析：多元觀點與比較基礎建構。**臺灣教育社會學研究，16**（2），29-63。

幼兒教育及照顧法（2021）。

幼兒就讀教保服務機構補助辦法（2020）。

行政院教育改革審議委員會（1996）。**教育改革總諮議報告書**。臺北市：作者。

行政院（2000）。**發放幼兒教育券實施方案**。取自 http://class.ylc.edu.tw/～u08/TEST/kids_law/901212-2.htm

行政院（2014）。**行政院 104 年度施政方針**。臺北市：作者。

吳清山、林天祐（2005）。**教育新辭書**。臺北市：高等教育。

兒童及少年福利與權益保障法（2021）。

社區互助式及部落互助式教保服務實施辦法（2019）。

林火旺（譯）（1998）。**羅爾斯正義論**（原作者：J. Rawls）。臺北市：臺灣書店。

林欣佑、曾郁庭、孫良誠（2020）。幼兒園輔導機制的現況、困境及解決策略。**臺灣教育評論月刊，9**（8），150-155。

原住民族教育法（2021）。

特殊教育法（2019）。

孫良誠（2016）。**幼兒教育品質及其政策評估**。臺北市：五南。

陳伯璋、王如哲、魯先華（2014）。教育公平理論架構模式與指標建構。載於陳伯璋、王如哲（主編），**教育公平**（頁 11-35）。臺北市：高等教育。

陳雅鈴、高武銓（2011）。屏東縣中低收入戶幼兒就讀之幼托園所其結構品質與過程品質關係之探討。**教育心理學報，42**（3），401-402。

教育部（2008）。**扶持 5 歲幼兒教育計畫**。臺北市：作者。

教育部、內政部（2011）。**5 歲幼兒免學費教育計畫**。臺北市：作者。

教育部（2014a）。**幼托整合規劃及執行情形報告**。取自 http://www.ey.gov.tw/Upload/RelFile/26/716422/03簡報_幼托整合執行情形報告103_0403(0401 再修)ok.pdf

教育部（2014b，11 月）。幼兒就讀幼兒園補助辦法部分條文修正草案總說明。**行政院公報**，20（220）。取自 https://gazette.nat.gov.tw/EG_FileManager/eguploadpub/eg020220/ch05/type3/gov40/num13/Eg.htm

教育部國民及學前教育署（2014）。**幼兒園輔導計畫**。臺北市：作者。

教育部國民及學前教育署（2018，5 月 16 日）。**「準公共化幼兒園」107 學年啟動，增加平價教保服務的多元選擇！**取自 https://www.edu.tw/News_Content.aspx?n=9E7AC85F1954DDA8&s=C48AA891713FF810

教育部國民及學前教育署（2021）。**準公共幼兒園**。取自 https://www.ece.moe.edu.tw/ch/subsidy/zgg/

教育部國民及學前教育署補助公立幼兒園及非營利幼兒園辦理課後留園服務作業要點（2019）。

教育部國民及學前教育署補助辦理教保服務機構輔導作業原則（2021）。

教育部推動及補助地方政府與私立教保服務機構合作提供準公共教保服務作

業要點（2020）。
張芳全（2003）。影響開發中國家教育品質因素分析：國際觀點。**國立臺北師範學院學報，16**（2），187-224。
莊勝義（2009）。從多元文化觀點省思「弱勢者」的教育「問題」與「對策」。**教育與多元文化研究，1**，17-56。
就讀私立幼兒園社會福利機構之身心障礙幼兒及招收單位獎補助辦法（2013）。
楊深坑（2008）。社會公義、差異政治與教育機會均等的新視野。**當代教育研究，16**（4），1-37。
衛生福利部（2021a）。**1.1.1 低收入戶戶數及人數**。取自 https://dep.mohw.gov.tw/dos/cp-2972-13779-113.html
衛生福利部（2021b）。**1.1.5 中低收入戶戶數及人數**。取自 https://dep.mohw.gov.tw/dos/cp-2972-13783-113.html
謝美慧（2002）。**教育政策評估理論之研究——以北高兩市幼兒教育券政策為例**（未出版之博士論文）。臺灣師範大學教育研究所，臺北市。
簡良平（2009）。偏遠國小學校課程實踐脈絡分析：教育促成社會正義之觀點。**初等教育學刊，34**，1-24。
羅鳳珍（2012）。我國幼兒教育政策實施影響之初探——以幼兒教育券、國幼班、幼托整合政策為例。**教育行政論壇，4**（1），87-112。
龐麗娟、夏婧、張霞（2010）。世界主要國家和地區學前教育免費政策：特點與啟示。**比較教育研究，10**，1-5。

英文部分

Coleman, J. S. (1997). Social capital in the creation of human capital. In A. H. Halsey, H. Lauder, P. Brown, & A. S. Wells (Eds.), *Education culture, economy, and society* (pp. 80-95). Oxford: Oxford University Press.

Cryer, D., Tietze, W., & Wessels, H. (2002). Parents' perceptions of their children's child care: Across-national comparison. *Early Childhood Research Quarterly, 17*(2), 259-277.

Jones-Branch, J. A., Torquati, J. C., Raikes, H., & Edwards, C. P. (2004). Child care subsidy and quality. *Early Education and Development*, *15*, 327-341.

Obama, B. (2015). *Education knowledge and skills for the jobs of the future*. Retrieved from https://obamawhitehouse.archives.gov/realitycheck/issues/education

Organization for Economic Cooperation and Development. (2008). Ten steps to equity in education. *The OECD policy briefs*. Retrieved from https://www.oecd.org/education/school/39989494.pdf

Organization for Economic Cooperation and Development. (2012). *Starting strong III: A quality toolbox for early childhood education and care.* Paris, France: Author.

Organization for Economic Cooperation and Development. (2018). *Engaging young children: Lessons from research about quality in early childhood education and care*. Paris: Author. Retrieved from https://doi.org/10.1787/9789264085145-en

Rawls, J. (1971). *A theory of justice*. Cambridge, MA: The Belknap Press of Harvard University Press.

Rawls, J. (2005). *Political liberalism*. New York: Columbia University Press.

Slot, P. (2018). Structural characteristics and process quality in early childhood education and care: A literature review. *OECD Education Working Papers*, *176*. OECD Publishing, Paris. Retrieved from http://dx.doi.org/10.1787/edaf3793-en

United Nations Children's Fund. (2000). *Defining quality in education*. Paper presented by UNICEF at the meeting of The International Working Group on Education Florence, Italy.

United Nations Educational, Scientific and Cultural Organization. (2005). *Education for all global monitoring report 2005*. Paris: UNESCO.

Williams, R. J. (1967). *You are extraordinary*. New York, NY: Random House.

第二篇

幼兒學習主體性及其圖像

3

兒童圖像與幼兒發展

王建雅

本章概述

本章分為三個部分探討人們對兒童的觀點與發現。第一節兒童圖像的演進，從歷史文化與人類學的角度，研析人們對兒童的概念，文中採用「兒童」而非「幼兒」一詞，係因早期人們對幼兒的概念相當模糊籠統，直至近百年，我們才發展出成人社會與幼兒世界之別；隨著文明的進展，人類累積長久對意識經驗的省思，整合生物演化、行為觀察、社會文化等多元衝擊後，衍生出更周全、客觀的科學視角來理解幼兒。第二節將隨著嬰幼兒的年齡成長，描繪其生理特徵，包含：身高體重、感官、肢體動覺與大腦的發展，以說明幼兒其獨特的生理特性，而非縮小版的成人，這一連串生理的成長也帶來幼兒心理特質的改變。第三節進一步說明幼兒因發展產生的語言、認知、情緒、人格與遊戲行為的特質，以提供對幼兒完整圖像之理解。

第一節
兒童圖像的演進

童年被定義成從出生跨越至青少年的時期，也是讓孩子學習、玩耍、被愛和鼓勵，及在成人關心下變得堅強與自信的階段（維基百科，2021）。現今「以兒童為中心」的社會，父母費心用思培育小孩，社會制定法令保護兒童，學校建立學習制度，允許兒童不事生產的投入學習，我們區隔「成人社會」與「兒童世界」皆因我們意識到成人與幼兒的差異（王建雅，2011）。但從人類學家與歷史學家的觀點來看，過去真有「童年」存在？我們不妨細理爬梳這得來不易也相當複雜的「兒童圖像」。

壹 中世紀前的兒童圖像

過去醫藥不發達的社會，人類平均壽命不高，一個社會中約有 1/3 以上的人口為青少年及兒童，但從歷史記載到跨文化學者都發現，正式的歷史裡幾乎找不到「孩子」，兒童是集體空白的一部分（熊秉真，2000），也許童年過去根本不存在，是近代才出現的概念。

這觀點從歷史不同民族對待幼兒的方式可得驗證，西元前 9～11 世紀，在斯巴達剛出生的嬰兒必須被檢驗體質，合格者會用酒為其洗澡，並交還給嬰兒母親撫養到 7 歲；體質不合要求者，則被棄至荒山野嶺。考古資料也顯示，迦太基人會將2～3歲的孩童祭奉給太陽神（王建雅，2017；王雪貞、林翠湄、連廷嘉、黃俊豪譯，2006），即便較有法治的古羅馬，嬰兒也必須接受估價，當時羅馬公共市場中設有哺乳柱，做為哺乳棄嬰之用，需要嬰兒者亦可以將其撿走；家庭的核心人物——父親，有權可接受新生命，也可以將其扼殺於搖籃（陳信宏譯，2017）。羅馬《十二銅表法》第四表的家長權中指出：「對畸形怪狀的嬰兒應即殺之」；「家屬終身受家長支配。家長得監察之、毆打之、使作苦役，甚至出賣或殺死之……」（華人百科，2021），對嬰兒友善的態度，改變得非常緩慢，直至西元 318 年，第一位基督徒皇帝君士坦丁才在法律中禁止殺嬰，西元 374 年將殺嬰訂為死刑。

正式開啟西方史學、社會學界探討「兒童圖像」與「童年史」的大門源自法國史學家 P. Ariès，其於深富影響力的著作《童年世紀——家庭生活的社會史》（*Centuries of childhood: A social history of family life*）中指出：中世紀前的人們沒有童年概念，也未曾試圖描繪童年（Ariès, 1962），他分析具象藝術後指出，孩子一旦到了可以獨自行動的年齡，就直接被當「小大人」看待，孩子和大人之間不存在啟蒙和教育的過渡期。

Ariès 依據對中世紀前社會三方面的觀察，聲稱兒童的概念是 16、17 世紀後才逐漸浮現，此乃因為（陳信宏譯，2017；陳怡瑾，2010）：

1. 畫中未見兒童獨特的特徵：12 世紀前孩童的肖像畫僅於尺寸上是孩子的體型，成人臉孔突兀的嫁接在小小的身軀上，身體呈現與「成人」相同的肌肉組織，如縮小版成人。
2. 對兒童的態度淡漠：人們認為孩子沒有自己的個性與靈魂，僅是「不算數」的人，孩子的去世也只是生活小事。
3. 未區隔兒童與成人世界：嬰兒一旦離開搖籃，就直接參與成人的活動（如：賭博、喪禮等），大人也毫無顧忌的在孩子面前使用粗俗用語、猥褻動作，並未在孩子面前而有收斂。

Ariès 的論述引發後續研究學者的激烈爭論，有學者認為中古時期所經歷的事物與現代兒童不同，認定中古時期的人們完全沒有兒童期的概念，不盡正確（王雪貞等譯，2006；Borstelmann, 1983），此外，不同的文化國度，對兒童的態度不盡相同，如：英國考古學家 W. M. F. Petrie 挖掘出埃及中王國時期僅存的金字塔時，找到了大量的古埃及人日常生活資訊，其中包含兒童玩具，如圓球與拖行玩具；熊秉真（2000）也指出，中國過去曾留下數類透露兒童生活情狀或影響童年經驗的文獻，包含：(1)「訓示性」、「指導性」的素材：禮記、幼蒙材料（三字經、百家姓、千字文）等；(2)「描述性」、「記錄性」材料：家譜、族譜（如整個家族如何處理幼齡成員的問題）；(3)「實證性」或「技術面」訊息：「醫書」中記錄診斷幼兒的臨床資料、罹病的症狀、開立的藥方與複診情形等，中國是全世界最早有兒科的地方；「法律檔案」亦記錄孩子犯行後的減免規定，當英國還在當眾吊死 3 歲小孩時，中國對 9 歲以下兒童犯罪已得以減刑；(4)「藝術性」或「想像性」的材料：傳統文學中的《西遊記》、《哪吒》、《封神榜》等，某種程度上繪寫了兒童的特性心態與性格的故事。從中國歷代的繪畫（貨郎圖、嬰戲圖、耕織圖）、瓷器、竹雕等，都有小孩的身影，雖然我們無法確定藝術品呈現的是象徵性的兒童概念或是生活的真實白描，卻顯示當時中國社會對幼兒階段時有關注，此亦佐證 Ariès 童年世紀的論述僅反映對當代歐洲社會的觀察，卻非跨民族性的兒童圖像。

 中世紀至近代的兒童圖像

隨著歐洲 14 世紀文藝復興的發端至 16 世紀達到頂峰，這場思想文化運動被認為是中古世紀和近代的分界，此時期人文主義的昂揚，肯定現世與人

的價值，揚棄中世紀以神為本位的想法，導致後續宗教改革與 18 世紀啟蒙運動。特別是在宗教改革中，馬丁・路德（Martin Luther）提出國家教育的理想與學校計畫，他強調要強化人與上帝的關係，必須人人接受教育，才能讀解聖經去接近上帝，因此國家政府絕不能推卸辦理學校教育的神聖責任（王連生，2000），此一觀點，不僅奠定大眾教育的基礎，也促使國民教育的普及化。

宗教改革推倒教會的桎梏後，歐洲沿襲已久的宇宙觀也開始改變，促發後續唯實主義的形成。在這樣的氛圍下，孕育近代教育思想之父，也是幼兒教育先驅——柯門紐斯，他主張教學上要注重兒童心理，學習應以感官經驗為起始，透過《大教學論》（*The Great Didactic*），建構教育史上最早具有完整體系的論述，並出版第一部有插圖的兒童啟蒙教科書《世界圖解》，這些兒童的觀點與理解，影響後續盧梭、斐斯塔洛齊、福祿貝爾等幼教思想家，開啟人們以更完整的理解走入幼兒的世界。知識分子對幼兒的關注自然也出現在西方的畫作當中，例如印象畫派出現了更多當代孩童的形象，雷諾瓦（P. A. Renoir）於其作品《拿澆水壺的女孩》（A girl with a watering can），不僅透過顏色、筆觸呈現女孩童真的表情與氣息，穿著也開始接近現今對於「童裝」的概念（鄭治桂、林韻丰，2013）。無論從教育論述或藝術描繪，顯現 17 世紀後人們對幼兒的觀察與關注日益增多。

參 走入現代的幼兒圖像

儘管在歷史演進的歷程，兒童從被忽略到慢慢獲得關注，從模糊到慢慢獲得理解，但這些先知先覺的觀點不盡然反映著普羅大眾的作為，即使在 18 世紀，清教徒仍對幼兒的本質抱持著矛盾的情結，他們深感孩子的脆弱，又認同兒童是撒旦化身的說法，認為父母和教師必須採取嚴格的管教，俾能讓兒童遠離罪惡的道路；而工業革命至 20 世紀初，幼兒還成為重要的家庭生產力之一，鞭不離教師之手、背誦與抄寫的學習仍為學校常見的教學樣態。

D. F. Lancy 透過長期進駐部落的蹲點融入，整合分析兩千餘筆關於兒童研究的民族誌資料，檢視省思我們所捍衛的現代兒童圖像，他認為兒童的價值在不同文化與不同社會階級當中有著極大的差異，甚至在單一個家庭內也是如此。我們對童年的概念，無論是通俗或科學性的理解，多奠基在單一、個別的文化經驗，他將這些所謂的主流觀點與世界其他區域歸納比較，認為能充分體現這差異的概念為「老人治理」（gerontocracy）與「幼兒至上」（neontocracy）的思維（陳信宏譯，2017）。

在老人治理的社會，資源、利益與關注皆以長者為優先，兒童被視為一種負債，直到他們成長至能對家庭經濟做出貢獻的年紀，才會開始受到重視；相較之下，幼兒至上的社會，幼兒則是被投注了大量社會資本，人們對孩子的價值不再以基因健康、經濟收益為評判，而是為成人的價值觀增色，成人雖不期望孩童以勞力換取享受的資源，但也開始深度涉入且規劃管理孩童世界、讓孩子接受「專家認可」的課程以及完整的學校教育（陳信宏譯，2017），好得以擁有快樂且豐富的童年。

幼兒至上的觀念也包括一項趨勢，亦即不斷拉伸延長生命中童年的部分，往前，醫學上開始將胚胎細胞集合視為生命的起始，往後則是延緩青年結婚建立家庭擁有子代的時程。此觀點可進一步在2020年波蘭憲法法院對波蘭《家庭計畫法》的裁定獲得印證，在「波蘭禁墮胎釋憲風暴：先天性障礙胎兒的命權？強迫女性生產」（2020 年 10 月 23 日）這篇報導指出，最高法院判決《家庭計畫法》中，針對「因胎兒先天性障礙而墮胎」的人工流產合法放寬規則「違憲」；換言之，波蘭的婦女除了因性侵、亂倫等刑案，或因懷孕影響到健康，否則不准墮胎，這雖保障胎兒的生命，卻也產生強迫產婦必須生下缺陷胎兒的嚴重人權爭議。

波蘭兒童權極端擴張的現象雖屬特例，但近代各國承諾保障兒童權利已成趨勢，聯合國大會於 1989 年 11 月 20 日通過《兒童權利公約》，已有 196 個締約國簽署，是兒童權利發展史上最重要的里程碑，《兒童權利公約》提出四大基本原則，分別為：(1)禁止歧視原則；(2)最佳利益原則；(3)兒童之生存及發展權；及(4)表示意見且意見應獲得考量的權利（兒童少年權益網，2021）。依此，締約國須善盡保障兒童在公民、經濟、政治、社會中的各項權利，以及免於暴力傷害，並使每位兒童皆有發展潛能的機會以為其成年生活預做準備。

肆 再論兒童圖像

綜上所述，在人類社會發展歷程中，一直都存在著各種類型的兒童觀，欲以寬廣的「文化觀」與縱深的「歷史觀」拼湊兒童的圖像並不容易，在本節我們透過人類學的比對與歷史學的回顧，統理出五種兒童圖像：

1. 視兒童為財產：兒童為家庭的隸屬品，既為父母所生，生命權自屬父母，兒童的事情被他人決定，生活被掌控，也可以拿來交易、買賣或幫傭賺取金錢。
2. 視兒童為小大人：兒童是「縮小版」的大人，除了身高、體重不同，本質上與成人並無區別，不需以不同的方式來看待，也可承擔與成人相同的工作。
3. 視兒童為原罪者：兒童雖為上帝所賜，但帶著罪惡出生，其任性正是性惡的特徵，需透過嚴酷的責罰，才能導正其走向正確的道路。

4. 視兒童為未來資源：透過國家社會力量，扶助家庭，制定法令與教育制度，保障兒童接受義務教育就是國家未來最有價值的投資。
5. 視兒童為獨立的主體：各國應在兒童最佳的利益上，尊重兒童身心發展之機會，以實現兒童為權利主體的理念。

兒童圖像係由許多不同的社會勢力和文化因素共同營造而成。歷史與人類學的觀點提醒著我們，當今我們視幼兒為小天使的種種呵護並非自古皆如此，即便在這世代，仍有國家倚賴童工為重要的勞力來源，看似不可或缺的學校教育，也不過是近代才有的事。同一世代各個族群、地域、性別、階級的孩子，可能有著截然不同的際遇；同一群孩子，也存在著不同的「小世界」在他的人生中運行，然令人寬慰的是，在人類文明發展的歷程，已將保護幼兒、尊重幼兒的思維轉為跨界、跨文化的共同信念，也透過更多客觀的研究體現幼兒獨特的價值。

第二節 幼兒的生理發展與特性

上一節從歷史與文化的角度來了解兒童的圖像，本節則從客觀的科學觀察來「發現兒童」，於此，幼兒不再只是縮小版的成人，而有其獨特的生理特性。從科學視角看幼兒與心理學的演進有密切的淵源，1879 年馮特（W. Wundt）在德國萊比錫大學建立第一所專門的心理實驗室，成為心理學的分水嶺，之前為哲學心理學的年代，人們從哲學性的思考與分析來探究人類的本質；1879 年以後，轉以實驗為依據的科學心理學成為主流，在客觀性、驗證性、系統性的基礎上將抽象思維轉化成實際可量化的數據來評估，讓模糊的心理定義與模式有了依託與佐證，隨著心理領域的專業化，開始有不同探討的焦點，發展心理正是以「人類隨著不同年齡所產生的生理與心理的轉變」為焦點，以下分述之。

壹 發展的意義

「發展」（development）係指個體從受孕到死亡的生命全期，身體與心理隨時間改變產生系統性和連續性的改變歷程。成熟（maturation）與學習（learning）乃是影響發展的兩項重要機制；成熟係指個體依據族群遺傳特徵與個體遺傳特質開展之生物性歷程，此機制使得人類在諸多重要的生命階段如：學會走路、說出有意義的語言或是進入青春期的時間等，表現出很大的共同性；學習則指個人透過觀察、與他人環境互動、練習等所習得的經驗，使思考、感受或行為形成長久性的改變。儘管過去心理學時有「成熟」與「學習」孰強孰弱之爭，但現在學者多主張發展的變化是二者交互作用的成果。

貳 發展的原則

發展是連續不斷之量的累積與質的改變歷程，人類的發展呈現以下幾項特徵：

1. 個體成長速率不一，卻有其方向原則：儘管個體生長的速率不同，卻會經歷相似的階段與原則。以動作發展為例，皆循俯臥、坐、爬、站、走的順序，並反映「由頭至尾、中心到邊緣、分化至統整」的發展原則。

2. 是持續性與累進性的過程：早期經驗為日後發展的基礎，人類早期發展有許多的關鍵時期，包含大腦成長、語言習得、人格雛形均在此時奠定（王建雅，2017），前面發展階段的改變是後續發展的重要基礎。

3. 發展速率有快慢的差異：發展是不平均的進程，初期以神經系統（neutral type）的成長最為快速，約至 8 歲，兒童腦部的成熟度與成人幾無差異；淋巴系統與免疫機能有關，通常在 1、2 歲急速發育，12～13 歲間達到巔峰；一般身體成長（general type）則包含骨骼、肌肉、器官等全身組織，嬰兒期與青春期為急速成長的高峰期；生殖系統（genital type）直到青春期才邁入成長巔峰，顯現不同身體系統有其獨特的成長模式。

參 幼兒生理發展的圖像

在掌握基本的發展規律與原則後，以下說明幼兒不同生理發展的特性。

一、身高、體重與頭圍的發展

身體、體重與頭圍發展是學齡前期幼兒極重要的指標，剛出生的足月嬰兒，身高在 46～56 公分間，男嬰約 53 公分，女嬰約 52 公分，平均約 50 公分。體重落在 2,500～4,300 公克，頭圍約 33～35 公分。通常 4 個月大的嬰兒體重約為出生體重的兩倍，一年之中，體重增加到 10 公斤，身高則增長到 75 公分左右。1 歲以後，成長速度趨緩，學齡前幼兒體重每年約增 2～2.5 公斤，並以一年平均 10 公分的速度成長（薛宇慧，2005）。從急速到趨緩的速率，也使得嬰幼兒的身體比例與成人不同，以頭與全身的比例來看，出生前胎兒期兩個月是 1：2；出生時則為 1：4；成人時是 1：8。就整體發育來看，出生到成人的階段，頭部長一倍，軀幹則增長了兩倍，上肢增加三倍，下肢增長了四倍。

醫學上經常使用體重年齡比照的生長曲線圖做為評估生長遲緩的可能，因體重反應營養狀況，也是觀察健康狀況最明顯的指標。生長曲線圖由五條連續曲線組成（3rd、15th、50th、85th與97th）代表群組的變化。若體重的生長曲線低於第三的百分位以下，或體重在六個月內下降了兩個百分位（如由第 75 百分位下降至第 25 百分位），即有生長遲緩的狀況。

二、感官的發展

1. 視覺的發展：視覺是人類學習最重要的管道，在感官中卻成熟較晚，剛出生的新生兒能識別光線明暗，也能追隨物體的移動，然其視覺距離僅在 20～30 公分左右，約至 5～6 歲左右，幼兒才能達到成人視力的標準。研究發現，生命的早期即具視覺區辨的能力（雷若琬等譯，2006），2 個月大的嬰兒已顯現偏好人臉的注視、複雜的圖像與新奇的東西。
2. 聽覺的發展：相較於視覺，出生前胎兒對聲音就會有反應，出生時聽覺就已發育完全，認知神經學家發現，周遭環境的聲音會在嬰兒聽覺皮質中形成感受神經原的知覺地圖，某些特定的神經原會負責特定的聲音，影響日後嬰兒對聲音的辨認（王建雅、陳學志，2009）。嬰兒對不同語音的辨識能力優於成人，一旦開始學會父母的語言，他們將逐漸失去區辨其他語言音素的能力。

3. 觸覺的發展：觸覺意指全身皮膚神經細胞接受外界溫度、濕度、疼痛、振動等方面的感覺系統，也是所有感官中最早發展、分布最廣、最複雜的系統。愛撫、擁抱、輕柔搖晃的觸覺經驗對嬰幼兒非常重要，研究指出，對早產或體重過輕的嬰兒施予按摩療法，會比一般醫療標準療法的嬰兒在體重上增加 47%（雷若琬等譯，2006），經常受到撫觸的嬰兒較少哭泣、脾氣較好。觸覺刺激亦能增進抗壓力荷爾蒙的分泌、減低焦慮感、整合各類感官神經，經常被擁抱的嬰幼兒，往往表現出更機警與更好的認知力，建立起更好的人際關係。

三、肢體動覺的發展

嬰幼兒早期動作發展的變化相當巨大而明顯，對嬰兒而言，動作發展的改變主要在抓握能力（抓取握住物體的能力）的進展和移動能力（從一個地方移到另一處）的成長，而成熟的程度則與神經系統和肌肉的成長有密切的關聯性。

幼兒期的動作發展的重心轉為「粗動作的協調」與「精細動作間的協調」。3 歲幼兒的大肌肉發展已較為成熟，他們喜歡單純動作的活動，能從跳來跳去、跑來跑去這樣反覆性的練習中獲得樂趣；到4、5歲，幼兒能展現的動作能力更趨複雜，從拍、接球、控制彈回的球、單腳連跳四次以上等，成熟的特質主要表現在腿部與手部動作協調上。

精細動作間的協調與良好的視覺、前庭覺、本體覺、觸覺和聽覺等感知覺能力相關，常見的基礎技巧包含抓放物品、手部力道控制、手眼協調、雙手間協調，3～4 歲大的幼兒能剪直線、簡易的仿砌積木、堆疊出高塔，但積木堆疊或剪線往往無法形成精確的直線。4～5 歲孩童可以畫出正方形、剪幾何形狀、仿砌複雜造型的積木，精細動作更協調也更精準。5～6 歲的幼兒著色時已能不超出範圍、也能做出對摺（準）紙張的精細動作（林佩蓉，2007）。整體而言，精細動作通常要到 6 歲左右才夠成熟，肢體動覺的發展應以粗大肌肉（四肢及軀幹）為主，小肌肉（手指肌肉）為輔，這也是為什麼幼兒期不應以訓練寫字為重心的理由。

四、大腦的發展

生命早期，大腦的發育最為迅速，剛出生的嬰兒體重（約 3,000 公克）僅為成人平均體重的 5%，10 歲方達成人體重的 50%，而大腦發育在嬰兒出生後的 6 個月已達成人的 50%。嬰兒出生時已具備和成人大腦相同數量的 1,000 億個神經元，但多數神經元間尚未形成連結；隨著與外界環境互動，3 歲之前，神經元能製造出十億萬兆個突觸連結，是成年人突觸連結的兩倍（Shore, 1997），透過與環境互動，神經元歷經反覆的連結與修剪歷程，經常使用的突觸被增強保留，不常使用的突觸則被刪除。大腦重量的增加，部分即來自突觸、樹狀突的增長，樹狀突不但會變得更茂密，功能也更專業化（王建雅、陳學志，2009；Kandel, Schwartz, & Jessel, 2000）。

若將大腦皮質對應於頭蓋骨位置，可分成「額葉」、「顳葉」、「頂葉」、「枕葉」四區，各區生長的速度和高峰期並不相同（王建雅、陳學志，2009；賴文崧，2007）：頂葉主控基礎感覺（如觸覺、肌肉伸展、關節訊息的處理），也包含空間表徵和數學能力；枕葉掌管視覺，主要由視覺皮質所構成，在嬰兒 3 個月到 4 個月大時，掌管視覺的枕葉會到達高峰，在 4～12 個月之間，神經的密度到達成人的 1.5 倍；顳葉與聽力、語言的理解及視覺的感知（如：臉孔的再認能力）有關，兩側的顳葉也是長期記憶功能的重要區域；額葉被視為大腦的總司令，負責計畫、執行、控制、判斷及了解我們周遭發生的事件，在有意識的情緒上也扮演重要角色，在整體發展的時間上，額葉發展的時間最慢也最久。

綜合大腦發展的特性，幼兒於學習上展現幾項特質：

1. 嬰兒已具備超越成人數量的神經元，發展重點在形成與其他神經元交會的突觸網絡，而突觸的存留取決於被激活的頻率與程度，因此，與生活相關的學習總是被優先保留，並透過「用進廢退」的原則讓大腦的功能更精緻化、專一化。
2. 各區皮質成長速率不同，感官皮質比組織思考皮質優先成熟，從生理發展的觀點，幼兒的各項感官探索與學習應先於思考的訓練。
3. 不斷學習與適應環境是大腦的本質。除了發展既定的成長，環境的刺激是大腦成長的滋養，人類總會隨著經驗修改大腦皮質地圖，這樣的「可塑性」（plasticity）終其一生都會發生，但在嬰幼兒期的彈性與改變最大。

第三節
幼兒的心理發展與特性

人生的前幾年是腦細胞彼此建立連結的關鍵時期，環境提供的刺激在嬰兒的大腦中形成表徵，表徵不斷構成原則、修飾原則以應對外界持續的刺激，如此反覆互動的運作模式，衍生出複雜的認知結構，然而人的生理、認知、情感、社交等能力均會交互作用，好的生理成長支撐認知的發展；情緒則受父母管教、身體健康、人格特質、學校生活的浸染，幼兒如何思維？如何建構知識？如何適應環境？以下將從幼兒心理的發展來理解幼兒圖像。

語言的發展

嬰兒從一出生就會透過哭來傳遞各種訊息，它不僅是表達身體需求的方式，哭聲引發聲帶的振動更是語言的前奏，語言發展始於聆聽周遭聲音，進而模仿語音而形成有意義的語詞學習。一般最常使用 Stern（1924）的語言發展模式來描繪幼兒語言各階段的特徵，列述如下。

1. 準備期：又稱「先聲期」，從出生至 1 歲左右，是嬰兒發音的預備期。嬰兒透過笑聲、哭聲、呀呀等聲音，或是重複發出一些無意義的聲音，如 da da 來吸引別人的注意。6～8 個月開始模仿聽到的聲音，9～10 個月能聽懂成人的簡單命令，且對指令有反應，會使用手勢與簡單的語言結合在一起表達內心想法，此時期的幼兒語言發展，從無意義發音到有意義發音，由無目的發音到有目的發音。
2. 單字句期：約 1 歲～1 歲半，此時期幼兒學會有意義的語言表達，以單字音（如爸、媽）、疊字音（如抱抱、糖糖）較多，或以物發出的聲音取其名稱，如：喵喵代表貓、ㄅㄨ ㄅㄨ代表車，此時期為幼兒也學會指物命名，如：指著球，說出：「球」，但愈到單字句末期，單字已代表整句，如說「球」，代表「我想玩球」。
3. 多字句期：又名為「稱呼期」，約 1 歲半～2 歲，此期幼兒將單字與單詞組合成句子，初期結構鬆散，無文法可言，例如：「媽媽，球」。初始，幼兒最先使用名詞，如「糖糖」、「狗狗」，接續增添動詞，再增加形容詞。此時幼兒語言發展神速，說話不僅會模仿成人的聲音，也逐步掌握語句的意義。

4. 文法期：約 2 歲～2 歲半，此時期幼兒能理解簡短的語句，敘述簡單的經驗，他們開始留意語句的文法，可清晰、正確說出完整的句子，除能活用動詞、形容詞，也漸能使用代名詞「你、我、他」。
5. 複句期：又稱「好問期」，約 2 歲半～3 歲半，此時期幼兒語言表達已出現主句隨副句的現象，使用上雖會遺漏關係詞，但會逐漸改善，由於因果思想開始萌芽，幼兒熱衷探究各方面的知識，對於事物也會追根究柢，此時父母師長應滿足幼兒的求知慾，透過完整的語言互動，輔助其語言與認知的發展。
6. 完成期：約4～6歲，幼兒無論於發音或文法，已具備完整的語言運用能力，他們會好奇發問與學習新詞，也會依不同的對話情境調整說話的內容和口氣，完整敘述自己經歷的事件，語言發展也從好奇發問學習各種詞彙，演變至追求語句的內涵和求知慾望之解惑。

綜合上述，嬰兒從初始無意義的發聲練習、單字、疊字、詞彙到句子，逐步進展，語句從簡單到複雜、由少短到多長、從含糊到精確，形成完整語言的基礎。

認知的發展

認知的發展萌芽於嬰兒期，而在兒童期充分展現思考成長的變化。詮釋幼兒的認知發展，向以皮亞傑（J. Piaget）的認知發展理論影響最為深遠。其理論蘊含著嬰幼兒主動追求與環境交互作用，發展出合宜的行為，並建立在「基模」（schema）、同化（assimilation）與調適（accommodation）、平衡（equilibrium）等概念上。

一、認知的結構與基本概念

1. 基模：是個體與周遭環境事物接觸時，為求了解或認識事物而產生的基本行為模式，是認知的基本單位；例如初生嬰兒會透過抓取與吸吮基模來了解周遭世界。隨著個體發展，基模不但會隨外界環境益加複雜化，也隨心理發展而內在化。
2. 同化與調適：同化與調適是個體認知基模面對外界環境時，兩個相輔相成以達到與外界平衡的要素。當個體接觸新事物時，若無法以原有的認知基模去同化，就得修正調整步驟，形成能容納新事物的基模，此為調適，再以調適後的基模進行同化。換言之，「同化」說明認知發展中「量的改變」，而「調適」則反映「質的修正歷程」，此二者都展現智力適應和認知結構的發展。
3. 平衡：當新的問題出現，個體便處於認知不平衡的狀態，此時個人會透過同化或調整而改變認知結構，以維持平衡的自我調節歷程，因此平衡是連續不斷的動態循環歷程，此機制將使個人的認知結構更為精密複雜化、內在抽象化，就教育而言，教師應善用不平衡的機制促使幼兒認知發展。

二、幼兒認知發展的階段

皮亞傑認為認知的發展是結構組織、再組織的歷程，且隨時間更易而有質的差異，其發展可分為感覺動作期（sensorimotor，0～2 歲）、前運思期（preoperational，2～7 歲）、具體運思期（concrete operational，7～11 歲）與形式運思期（formal operational，11～16 歲），初生到 6 歲的幼兒，在認知

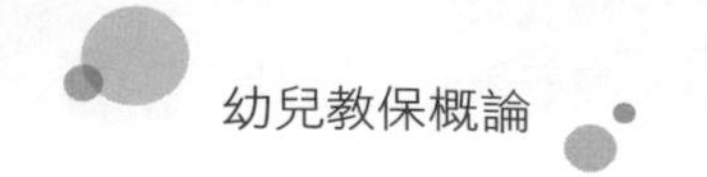

的發展上屬於「感覺動作期」與「前運思期」，其特徵如下：

1. 感覺動作期：嬰兒主要以感覺、知覺及動作適應外在環境，第一個月，嬰兒以既有的反射如：吮吸、抓握基模來了解周遭事物，根據與外界互動的經驗調整基模，逐漸認識這世界，隨著經驗累增，嬰兒主動重複有興趣的行動，以延長有趣經驗，並開始發展物體恆存概念，從隨機嘗試中，結合協調學過的基模，轉為更有目的的行動，並觀察行動產生結果為何（王建雅，2017；張文哲譯，2014）。約18個月左右，幼兒已發展出符號系統（如：語言），運用心像來思考。整個感覺動作期包含六個循環階段反應，認知發展的特色在於：(1)依存感官進行學習；(2)行為受環境的影響與限制，時間概念僅限於「目前」、空間概念則限於「眼前所見」；(3)發展出「物體恆存」概念；(4)開始具備符號表徵的能力。
2. 前運思期：幼兒園階段的幼兒正處於前運思期，有如下的認知發展特徵：
   (1) 符號功能（symbolic function）的應用：此階段的幼兒能使用符號與象徵來代表未具體出現在眼前的事物，象徵性遊戲、語言、延宕模仿的能力都是符號表徵能力的展現，例如：幼兒在家看完巧虎，能在大腦保留對白、動作與劇情並加以模仿，到幼兒園後再表演給其他幼兒和師長觀看。
   (2) 直接推理（transductive reasoning）：成人經常採用演繹或歸納的方式進行推理，然 2～4 歲的幼兒會將物體或事件並置，形成由特殊至特殊的推理方式，此種推理既無因果關係，也不具備邏輯的必要特徵。

(3) 自我中心觀（egocentrism）：幼兒無法從他人立場或辨識他人觀點來思考解釋問題，覺得每個人的想法與他相同，皮亞傑曾以「三山問題」詢問幼兒，若從不同於自己位置的角度觀察，會看到什麼樣景致的圖片？結果發現 3、4 歲的幼兒指出自己位置角度所見的圖片，顯示幼兒仍從自己觀點來觀看世界的特性。

(4) 泛靈觀（animism）：皮亞傑認為幼兒傾向於將無生命的物體，投入情感、賦予都有靈魂的特質，如：相信桌子有腳會走路、山會說話、海會唱歌等。

(5) 集中注意（centering）：指兒童會將注意力集中於單一的影響因素或某個細節，以致於做出錯誤的判斷。此等思考限制經常出現在皮亞傑的保留實驗，例如：將兩杯相同容量的水，在幼兒面前分別倒入瘦高的瓶子與寬矮的瓶子，詢問幼兒哪杯水比較多，幼兒會回答瘦高瓶子的水比較多，因為裡面的水顯得比較高，換言之，幼兒只留意水位的高度，忽略瓶子本身的寬度，以致未能多面向的思考。

整體而言，前運思期的幼兒其認知發展已能使用語言表達概念、用符號代表實物，能思維但不合邏輯，易受物體外表影響，忽略轉換過程而集中注意在特定面向，傾向直覺判斷，且較難以他人角度思考而有自我中心的傾向。

參 情緒的發展

情緒（emotion）同時涉及身體的變化（如：心跳加快）、意識的經驗（如：想到收到禮物的感覺）與行為的表現（如：開懷大笑），三者共構成情緒的經驗。對嬰兒而言，情緒是嬰兒的第一種語言，也是與父母溝通的方式，哭泣為新生兒與外界溝通的重要機制，他們至少有三種哭泣的型態，包含基本哭泣（basic cry）、生氣哭泣（anger cry），與疼痛哭泣（pain cry），通常敏感而有反應的父母會「讀到」嬰兒的情緒表露，對嬰兒做出適當的回應，這樣交互的連結，能幫助寶寶情緒的發展。

從演化的歷程來看，情緒分為兩大類——「基本情緒」與「複雜情緒」。P. Ekman 在 1972 年提出舉世皆然的六種基本情緒：「憤怒」、「厭惡」、「恐懼」、「快樂」、「悲傷」、「驚訝」。基本情緒的表達使人能跨越種族、語言隔閡，解讀他人內在的情緒狀態，反應大腦天生的情感結構（游恆山譯，2002），也與生存本能相連，例如：憤怒是戰鬥的前奏、厭惡是某種危險事務的預警，複雜情緒必須具備基本情緒才能表達，也是由基本情緒混合而成的。

做為傳遞社會溝通的重要訊息，嬰兒何時能了解情緒與表情間的對應關係？剛出生的嬰兒多處於興奮或恬靜的狀態，足月的嬰兒已發展出滿足、驚訝及厭惡的情緒；2個月的嬰兒會出現社會性的微笑及生氣的情緒；3個月大的嬰兒則會注視照顧者並和他們愉快的互動，開始能和照顧者共享正面的情感；6～7 個月大的嬰兒甚至會調整自己的情緒配合他人的情緒，當照顧者以愉悅的音調說話、微笑，寶寶也會顯現快樂的情緒，倘若照顧者表露悲傷或憤怒，寶寶也跟著沮喪（張欣戊、林淑玲、李明芝譯，2014）。由此可見，生命初期的情緒經常是與生理狀態相連結，隨後漸能反應出心理的狀態。

隨著幼兒發展出更高層次的認知與更完整的自我概念，自豪（pride）、罪惡感（feeling of guilt）、困窘（embarrassment）等複雜情緒，也跟著出現，一般推估約在 15～18 個月間有複雜情緒的雛形，例如：當幼兒克服困難完成積木堆疊，會表露自豪；做了不該做的事，如：弄翻水杯，可能自覺困窘，2 歲幼兒已同時具備基本情緒與複雜情緒。

伴隨語言的成長，2～3 歲幼兒在情緒性的字彙使用急速增加，他們能正確標記自己與他人的簡單情緒，連結影響情緒的可能原因與結果；到了 4～5 歲，幼兒覺察情緒的能力增加，了解不同的人對相同事件可能會有不同的情緒反應，也較能在符合社會標準的架構中表達情緒，展現情緒控制的能力。綜言之，幼兒情緒的發展是在自然演化的歷程接受文化修飾的結果，基本情緒讓人類天生就有判別解讀他人相同情緒的能力，但對相同情境卻有不同情緒則反應文化習得的歷程。

肆 人格的發展

美國人格心理學之父 Allport（1937）將人格定義為：個人內在的動態組織，這些心理系統決定了個人對環境的特殊適應方式，包括一組有特徵的思維、感覺型態、行為反應模式與如何看待自己的自我概念，在不同的時間和情境中具有相當的穩定性與一致性，可區別個人與他人。

一、佛洛依德的心理動力論

佛洛依德（S. Freud）認為人格是由「本我」、「自我」、「超我」三個部分組成，彼此交互影響，嬰兒出生即存在「本我」，是人格結構中最原始的部分，包含飢、渴、性的需求，當需求產生，個體會要求立即滿足，依循唯樂原則運作；隨著本我而來的各種需求，往往難在現實中立即獲得滿足，必須遷就現實調整、延宕滿足，於是「自我」因應現實而生，自我是人格的核心，介於本我與超我之間，能平衡本我的衝動與調節超我的管制，依循現

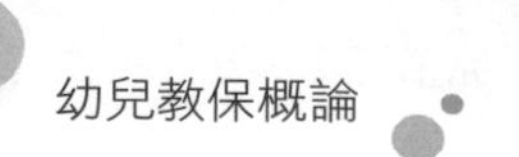

實原則運作；隨著個體在社會化的歷程接受社會規範道德文化的約束，「超我」便逐漸形成，它屬人格結構中的道德部分，是社會教化的結果，包含理想自我與良心兩部分，依循完美原則運作（王建雅，2011）。

佛洛依德的人格發展理論，係以性驅力為核心，將人格發展的順序依次分為口腔期（0～1 歲）、肛門期（1～3 歲）、性器期（3～6 歲）、潛伏期（7 歲至青春期）、兩性期（青春期之後）五個時期，以下就幼兒階段的前三期說明人格的發展（古芸妮，2009）。

（一）口腔期（oral stage）

此階段的嬰兒主要靠口腔部位的吸吮、咀嚼、吞嚥等活動獲得滿足，過度給予或過於匱乏都可能造成口腔固著的現象，包含在行為上表現貪吃、酗酒、吸菸、咬指甲等，或在性格上悲觀、依賴、潔癖、不信任人。「斷奶與餵食」為影響此階段人格發展的重大課題。

（二）肛門期（anal stage）

肛門期主要靠大小便排泄時所產生的舒壓獲得滿足，在生理上，幼兒的肛門括約肌逐漸成熟，衛生習慣的訓練是此時的關鍵，倘若父母管制過嚴求，日後成人將形成冷酷、頑固、剛愎、吝嗇、主觀、獨占性強等行為。

（三）性器期（phallic stage）

進入性器期的幼兒，快感中心由肛門轉至性器官，在心理上，幼兒會愛慕異性父母、嫉妒同性父母，將其視為競爭對手，稱為「戀母（父）情結」，為調適內在的罪惡感，幼兒轉而認同並學習同性雙親之行為，發展出超我與良心，形成認同作用。

二、艾瑞克森的心理社會論

艾瑞克森（E. H. Erikson）是新精神分析學派的代表人物，他接受佛洛依德理論的觀念，但反對以性欲為基礎來解釋人格，主張人生全程為連續不斷的人格發展歷程，「自我成長」為人格發展的動力。透過個體在社會適應上產生的心理挑戰，可分為八個心理社會發展階段。以下僅就學齡前期之心理社會發展階段做為說明：

1. 階段一（0～1 歲，嬰兒期）：發展任務為「信任與不信任」，這個階段母親或照顧者扮演了重要的角色，倘若照顧者能密切的關心嬰兒，並迅速的回應其生理和情緒上的需求，嬰兒即能發展出信任感。否則他會對世界不信任，特別是人際關係的不信任。
2. 階段二（1～3 歲，學步期）：發展任務為「活潑自主與羞怯懷疑」，這階段的幼兒逐漸脫離對父母的依賴，對自己有部分的掌握，他們需要探索和經歷，去嘗試錯誤和檢驗自己的侷限性，倘若此歷程與父母的要求產生衝突，會使幼兒的自主受到抑制，產生羞恥懷疑。父母若能合宜引導幼兒在該做與不該做間取得平衡，給予幼兒合理的探索和控制自己的行為，幼兒才能發展出健康的自主性。
3. 階段三（3～6 歲，兒童前期）：發展任務為「進取創造與害羞內疚」，此期的幼兒在語言、動作、思考大為成長，如果兒童能被鼓勵自由選擇有意義的活動、適時表達自己的主張，發展正向自我概念、並給予適當的保護與指引，此將有助兒童實現自己所訂定的目標，獲得進取創造的能力。反之，會形成被動與罪惡感，讓別人為他們選擇。

伍 遊戲的發展

遊戲在發展中具備獨特的意義，幼兒各項能力的發展，往往經由遊戲自然習得，這樣源自內在需求、自發投入、愉快有趣的形式，是促發幼兒身心發展的最佳動力，福祿貝爾即將遊戲視為起源內在需求的表現；佛洛依德認為遊戲滿足了幼兒的慾望，讓幼兒拋開現實情境，解決內在的衝突；維高斯基（Vygotsy）主張遊戲中之人際互動的歷程能發揮幼兒近側發展區（Zone of Proximal Development, ZPD）的鷹架作用，做為幼兒自我幫助的工具；皮亞傑則相信幼兒從遊戲中練習、強化他們具有的能力；從腦神經科學的觀點，遊戲廣泛激發腦神經網絡間的連結，例如：當幼兒進行扮演遊戲時，他得同時運用語言溝通、認知想像、角色取替與多種感覺，形成整合性的行為（吳麗媛等譯，2005 ；吳鳶儀等譯，2008）。

基於遊戲本身的複雜性，遊戲難有一致性的分類。幼兒會因為是否提供玩物、有無人際互動、遊戲空間大小不同，呈現各種不同的遊戲行為；也可能因年齡的增長，在不同類型的遊戲中出現不同的複雜性（陳淑敏，2016）。遊戲隨著幼兒的發展而改變，但遊戲也反映著發展，和其他心理發展不同的是，某些類型的遊戲會在某些階段中比其他類型遊戲更能彰顯認知或生理發展的特質，但不代表其他年紀就不會出現該類型的遊戲型態。換言之，這樣的類別不全然是互斥的，可能會出現重疊的區塊。皮亞傑和派登（M. B. Parten）的觀點最常被用來解釋幼兒的遊戲發展，以下分述之。

一、皮亞傑對遊戲的分類

皮亞傑認為兒童的遊戲是一種適應周遭環境的方式，也反應出認知發展的層次，說明如下。

1. 練習性遊戲（0～2 歲）：常見於出生到 2 歲，是一種自然發生、以運動自己的身體感官、撥弄簡單玩物、反覆的練習技巧以達成動作協調的遊戲形式，這種因高興而重複的動作遊戲並不涉及符號表徵之運用，卻是運動和其他遊戲的基礎，通常持續到 2 歲以後就大為減少了。
2. 表徵遊戲（2～6 歲）：以「心像」的存在為前提，不同於嬰兒期單調反覆的撥弄，2～3 歲後的幼兒開始運用周遭環境的素材象徵其他事物，進入幻想性、趣味性的操弄與創作角色扮演。起初表徵遊戲為單獨的象徵性活動，幼兒會以某個物件替代另一物件來進行假裝，或者以某個動作代表真實的動作，隨著社會情境的融入，幼兒也會以自己代表現實或虛構的人物（扮演媽媽或艾莎公主），3～4 歲的幼兒尤其熱衷模仿成人的語言和行為，隨著假裝的程序更趨統整且有計畫性，幼兒能在群體中各自扮演成不同的角色，構築互動情節，形成社會性的象徵遊戲，又稱為社會戲劇遊戲，在 5 歲左右達到高峰。
3. 規則性遊戲（7～12 歲）：當進入具體運思期，兒童開始將有邏輯的思維反應到遊戲中，其特徵是遊戲訂有規則，玩的時候需協同合作。規則性遊戲約 6 歲開始，8、9 歲達到高峰。規則可能會被應用在肢體動作類（如：老鷹捉小雞）或益智類（如：西瓜棋、孔明棋、大富翁）等遊戲，規則的來源可能延續成人或師長的教導，也可能由團體自創講定，大家必須遵守規則，任何規則要改變也必須獲得成員的同意。

二、派登的遊戲分類

派登在 1932 年從社會行為的觀點觀察兒童的遊戲，歸納兒童早期的遊戲行為分為以下六種：

1. 無所事事的行為（unoccupied behavior）：幼兒沒有明顯參與遊戲活動，興趣僅止於看別人玩或隨機觀看周遭有趣的事物，什麼活動吸引他，他就去看一下，但也不專注，或從事漫無目的的活動。此類的行為以 2 歲的幼兒居多。
2. 旁觀者行為（onlooker behavior）：幼兒本身並不加入活動，而是花大部分的時間從旁觀看其他兒童遊戲。有時會對遊戲中的孩子說說話、問問題；或提出建議與評論，但自己並不主動參與活動。
3. 單獨遊戲（solitary play）：幼兒獨自一個人玩，沉浸在自己的遊戲中，也不與其他幼兒互動。1 歲半～2 歲半幼兒常出現單獨遊戲。
4. 平行遊戲（parallel play）：平行遊戲是指幼兒在共有的空間各自獨立玩自己的玩具，此種行為多發生在 2 歲半～3 歲半之間，幼兒在遊戲時因與鄰近幼兒的玩具相同、遊戲近似，看似與其他幼兒「一起」玩，實際是各玩各的，依自己的方法進行，彼此並不相互約束，也不影響別人的活動，例如：幼兒一同在積木區玩，但卻各自建構自己的積木。
5. 聯合遊戲（associative play）：指幼兒於遊戲的過程中能進行小群體的參與並與他人互動，但聯合的程度不高。此遊戲多出現在 3 歲半～4 歲半的幼兒，由於此階段的幼兒已逐漸適應團體，但難以合作，常在遊戲過程中稍不如意即退出遊戲，或改變遊戲規則。此階段遊戲仍以自我滿足為主要訴求，不會考慮團體共同目標，若覺得不好玩就隨時脫離。

6. 合作遊戲（cooperative play）：指由兩人以上共同進行的團體遊戲，遊戲的方式多有規則的約束，須協調彼此組織與分工、共同完成遊戲。從發展的過程來看，4 歲半的幼兒在群性與內在化團體規則上已有長足的進步，幼兒也願意依循共同目標而調整個人好惡，簡言之，隨年齡增長，合作遊戲的型態也會愈來愈有組織，規則也更趨嚴密，必須建立在幼兒間更多的協調與團體意識上，分工以達成團體目標。

綜上所述，遊戲是幼兒整合各項生理與心智能力的重要管道，這種源自有趣、自發性的強大動機，除能培養出生存必備的基本運動能力外，對於幼兒未來環境適應、問題解決、團隊合作及人際關係都有極重要的作用，從學者對幼兒的遊戲分類呈現一項趨勢：即初期的遊戲以獨立性、功能性為主，隨動作發展與心智能力的成熟，逐漸更趨社會性、規則化與目的性的遊戲，例如：幼兒在表徵遊戲中，從獨自的佯裝扮演，走向群體的共同扮演；遊戲歷程也反應心智歷程的涉入，從鬆散無組織的遊戲走向複雜的組織競賽。總之，遊戲反應幼兒的需求，而後在遊戲的過程促發其心智能力的成熟。

情境式題目

1. 從 Ariès 的觀點，他認為「中世紀前沒有童年的概念」，假如你有機會穿越時空與 Ariès 對談，你會提出哪些證據說明在中國早就有兒童異於成人的概念？
2. 學習區時間有四位幼兒選擇積木區，小平老師記錄這四位幼兒的搭建遊戲，發現幼兒似乎坐在「一起」玩，但彼此間幾乎無其他互動，各自建構自己的積木。依據派登的遊戲分類觀點，這屬何種遊戲類型？最可能發生在幾歲幼兒？特性為何？

3. 在學期初的幼兒園課程發展會議中，星星班老師決議以「大家來運動」做為本學期主題課程，但教保組長提醒老師星星班為中、大混齡班，需考量動作發展的差異，請問 4～6 歲幼兒在肢體動作發展各有何特性？教師可以設計哪些合宜的活動增進幼兒動作發展？請試舉一例。
4. 黃老師在扮演區觀察時，發現佑佑會假裝她上課説故事的動作與口吻，或在踢到桌腳時説：「桌子先生好痛喔，幫你呼呼」。從皮亞傑的認知發展理論來看，佑佑可能處於何種認知發展階段？該階段在認知思考上具備哪些特徵？

參考文獻

中文部分

王連生（2000）。**路德的教育計畫**。取自 https://terms.naer.edu.tw/detail/1312606/?index=8

王建雅（2011）。**嬰幼兒教保概論**。新北市：群英。

王建雅（2017）。**幼兒教保概論**。新北市：群英。

王建雅、陳學志（2009）。腦科學為基礎的課程與教學。**教育實踐與研究，22**（1），139-168。

古芸妮（2009）。從佛洛伊德的潛意識世界探討其人格理論發展。**諮商與輔導，279**，38-46。

王雪貞、林翠湄、連廷嘉、黃俊豪（譯）（2006）。**發展心理學**（原作者：D. R. Shaffer）。臺北市：學富文化。

林佩蓉（2007）。**解開孩子成長的密碼——0-6 歲嬰幼兒發展手冊**。臺北市：教育部。

兒童少年權益網（2021）。**兒童權利公約介紹**。取自 https://www.cylaw.org.tw/about/crc/introduce/107

波蘭「禁墮胎釋憲」風暴：先天性障礙胎兒的命權？強迫女性生產？（2020）。**聯合新聞網**。取自 https://global.udn.com/global_vision/story/120867/4958678

吳麗媛、楊淑朱、楊丞達、楊曉苓、林妙徽、林玉霞、梁柏華（譯）（2005）。**幼兒遊戲與發展理論**（原作者：J. L.Frost, S. C. Wortham, & S. Reifel）。臺北市：華騰。

吳鶯儀、張佩玉、蔡其蓁、林聖曦、陳雅惠、林玉霞、梁珀華（譯）（2008）。**幼兒遊戲**（原作者：J. E., Johndon, J. F. Christie, & F. Wardle）。

臺北市：華騰。

陳怡瑾（2010）。**Philippe Ariès《童年世紀》童年論述之研究**（未出版之碩士論文）。臺北市立教育大學，臺北市。

陳信宏（譯）（2017）。**童年人類學**（原作者：D. F. Lancy）。臺北市：貓頭鷹。

陳淑敏（2016）。**幼兒遊戲**。臺北市：心理。

游恆山（譯）（2002）。**情緒心理學——情緒理論的透視**（原作者：K. T. Strongman）。臺北市：五南。

雷若琬等（譯）（2006）。**人類發展學**（原作者：J. W. Santrock）。臺北市：滄海書局。

張文哲（譯）（2014）。**心理學導論：核心概念**（原作者：P. G. Zimbardo）。臺北市：學富文化。

張欣戊、林淑玲、李明芝（譯）（2014）。**發展心理學（上）**（原作者：D. R. Shaffer & K. Kipp）。臺北市：學富文化。

熊秉真（2000）。**童年憶往——中國孩子的歷史**。臺北市：麥田。

維基百科（2021）。 **童年**。取自 https://zh.wikipedia.org/wiki/%E7%AB%A5%E5%B9%B4

華人百科（2021）。**十二銅表法**。取自 https://www.itsfun.com.tw/%E5%8D%81%E4%BA%8C%E9%8A%85%E8%A1%A8%E6%B3%95/wiki-3937926

鄭治桂、林韻丰（2013）。**360°感覺雷諾瓦：法國美好年代的女人味**。臺北市：原點。

賴文崧（2007）。腦區與功能。載於**國立台灣師範大學教育心理與輔導學系舉辦「腦與教育」研習營課程講義**，未出版。

薛宇慧（2005）。**不同出生體重兒童至八歲生長發展與飲食營養之研究**（未出版之碩士論文）。國立臺灣師範大學，臺北市。

英文部分

Allport, G. W. (1937). *Personality: A psychological interpretation.* New York: Holt.

Ariès, P. (1962). *Centuries of childhood.* New York: Random House.

Borstelmann, L. J. (1983). Children before psychology: Ideas about children from antiquity to the late 1800s. In P. H. Mussen (Ed.), *Handbook of child psychology* (Vol. 1, pp. 1-40). New York: Wiley.

Kandel, E. R., Schwartz, J. H., & Jessel, T. M. (2000). *Principles of neural science.* NewYork: MacGraw Hill.

Shore, R. (1997). *Rethinking the brain: New insight into early development.* New York: Families and Work Institute.

Stern, W. (1924). *Psychology of early childhood.* New York: Henry Holt & Co.

4

特殊需求幼兒的教保服務

宣崇慧

本章概述

本章以《幼兒教育及照顧法》及《特殊教育法》與其他相關法規為依據，說明學前階段提供特殊需求幼兒「早期發現，早期介入」的相關機制與作法，以符合融合教育的精神與預防勝於治療的積極效果。根據前述主旨，本章共分四節，分別探討特殊需求幼兒教保的理論依據、鑑定與安置、特質與學習需求，以及幼兒融合教育的理念與教保服務現況，最後歸納總結進行整體說明。

第一節
特殊需求幼兒教保的理論依據

依據《幼兒園教保活動課程大綱》（教育部，2017），幼兒在孝悌仁愛文化的幼兒園環境下接受陶冶，發展其自我照顧、社會溝通與適應以及認知學習等多面向的能力。教保人員基於教育信念與法規規範，協助特殊需求幼兒在此環境中獲得適性的發展與學習機會。本節主要說明特殊幼兒教保的理論背景與執行的法源依據。

一、服務特殊需求幼兒的理論依據

根據相關法規，絕大多數學前階段特殊需求幼兒安置於普通幼兒園，教保人員需具備相關專業能力以滿足其學習需求。以下說明此安置與教保服務的理論依據。

（一）特殊需求幼兒安置的理論依據

特殊需求幼兒安置的理論與實踐，可由維高斯基的「文化—歷史活動理論」（cultural-historical activity theory）加以說明（Vygotsky, 1983, 引自 Gindis, 2003）。根據維高斯基的社會文化觀點，幼兒的學習與發展與其所成長的社會文化脈絡密不可分，發展遲緩或身心障礙幼兒是整個社會系統中的一份子，此乃社會常態。隔離身心落後或缺陷者，並不會為整個社會帶來益處，反之，應思考身心落後或缺陷者在所處環境中所面臨的困境，進而從人的心態與軟硬體環境上著手改善。基於此觀點，在教育上應將融合班級視為一個異質性團體，考慮學習個體在班級中適應與學習所需的基本能力，針對有需求者，進一步評估其身心狀況與個別化需求，著手教育策略的計畫與落實（Vygotsky, 1983, 引自 Gindis, 2003）。

（二）教導特殊需求幼兒教保服務的理論依據

引導特殊需求幼兒在環境中逐漸適應並擴展學習機會，可從皮亞傑的「認知發展理論」、維高斯基的「近側發展區」與「鷹架」（scaffolding）以及心理學家華生（J. B. Watson）對行為做系統化觀察、操弄與測量的「行為理論」來說明。

根據皮亞傑的「認知發展理論」，2～6 歲階段的學前兒童正處於「前運思期」階段，幼兒正以非常直覺的感知與有限的語言能力來認知與理解周遭的各種事物。進入幼兒園後，面對每日固定（如：一日作息）或變化活動或事物，例如：不同主題不同形式的課程活動、以及不同的同儕互動關係等，專業的教保人員透過環境規劃與教學技巧，根據幼兒在融合情境中的能力現況進行需求評估，提供適當的教導方式。大部分的幼兒經引導、學習、適應，其認知「基模」與思考能力日趨成熟；少部分發展遲緩或身心障礙的幼兒，在認知發展上尚處於「感覺動作期」（sensorimotor thought），導致他們對環境刺激的反應比一般幼兒弱，例如：因較差的認知及語言能力，而對老師指令沒有適當反應；有需求或情緒產生的時候，會直接以哭鬧或身體動作表達等。根據維高斯基的心理教育觀點，此等幼兒在認知、語言溝通、社會情緒或知覺動作等廣泛或特定能力的最近發展區與一般幼兒不同，在教學引導上的特殊需求，需要由不同專業人員（包括：學前特教老師、相關治療師等）與教保人員共同評估該幼兒在融合環境中的最近發展區與特殊需求，根據此評估結果給予符合其需求的「鷹架」與「中介引導」。

有些幼兒因情緒與行為問題需接受行為介入輔導。根據我國《特殊教育法施行細則》第 9 條第 4 款，需為具有行為與情緒問題之特殊需求幼兒發展並執行行為功能介入方案，並記錄在其個別化教育計畫中。「行為功能分析」技術的理念是建立在「行為理論」的「刺激—反應」關係與行為建立的機制上。「刺激」來自於個體所處環境中的情境事件，「反應」則是其所引發的行為，而此行為後果則決定該行為的穩固建立或消失；例如：點心時間老師為每位幼兒盛一碗豆漿，語言發展遲緩的安安不喜歡喝豆漿，卻因表達能力較弱而無法跟老師說明，所以安安故意打翻自己的豆漿，之後老師便讓安安離開現場並協助清理桌面。在此例子中，安安故意打翻豆漿即是所謂的

「問題行為」，而此行為是由於「不想喝豆漿」這個前事情境刺激所引起，並得到「不用喝豆漿」的行為目的（結果）。在行為功能分析時，老師要能夠從系統化的行為觀察、記錄、資料分析等歷程中，找出此問題行為的功能（即：行為目的）為「逃避喝豆漿」；由此例子可看出，若安安打翻豆漿，則可成功達成目的，這使得打翻豆漿的行為對安安來說是有功能的，故會在該情境中時常出現。

老師除了需透過行為功能分析做有效的行為管理，在融合教育的情境中，也會在「行為理論」的原理脈絡下，透過情境的建構給予適當的刺激，引導幼兒建立適切的行為，並經由增強來穩固之。例如：融合班級教師蔡怡芳（2018）利用午餐排隊打菜時，讓全班幼兒跟老師說出自己的菜名和分量，在情境中提供該班語言發展遲緩幼兒模仿說話溝通的刺激，成功誘發引導該名幼兒在情境中建立正確的說話溝通行為反應，並透過增強穩固該行為能力。

二、學前特殊教育的法源依據

我國特殊幼兒教保服務的法規依據主要包含《幼兒教育及照顧法》（2021）、《特殊教育法》（2017）以及《身心障礙者權益保障法》（2021）。在基本受教權方面，《幼兒教育及照顧法》第 7 條以及《身心障礙者權益保障法》第 31 條均規定，對於處在經濟、文化、族群及區域不利條件之幼兒，應優先提供其接受教保服務的機會，因種種不利條件均為導致幼兒成為發展遲緩的高危險因子，而相關法規保障此等幼兒得以入學及早接受教育的保障。

《特殊教育法》對特殊需求幼兒的鑑定、安置與教育有完整的規範。該法第 17 條規定，幼兒園應主動或依申請發掘具有特殊需求之幼兒，依規定接受鑑定後予以安置，並提供特殊教育及相關專業服務。《特殊教育法》第 23 條規定，年滿 2 歲幼兒經診斷鑑定其因發展遲緩或身心障礙而有特殊教育需求者，則可接受特殊教育。在教育輔導方面，《特殊教育法》第 33 條規定，學校、幼兒園及社福機構，應依身心障礙學生在校學習及生活需求，提供相關支持服務。《身心障礙者權益保障法》第 31 條則規定，各級教育主管機關應依身心障礙者的教育需求，規劃辦理學前教育，並獎勵民間辦理。《幼兒教育及照顧法》第 13 條亦規定，直轄市、縣（市）政府對接受教保服務之身心障礙幼兒提供專業團隊形式的服務，加強早期療育與學前特殊教育的相關服務；同法第 17 條則規定，幼兒園得視需要配置學前特殊教育教師及社會工作人員。

第二節 特殊需求幼兒的鑑定與安置

幼兒的特殊教育需求的鑑別與特殊教育服務的提供，乃根據《特殊教育法》與《身心障礙及資賦優異學生鑑定辦法》（2013）的規範予以保障與落實。其相關規範與鑑定及安置的程序說明如下。

一、特殊需求幼兒的鑑別

老師在兩種情形之下需為班級幼兒尋求或配合辦理特殊教育服務，其一是透過一段時間的觀察與行為記錄，即使老師已經調整班級環境或課程教學，還是無法幫助該幼兒在環境適應與學習上有明顯進步時，須依《特殊教育法》第 17 條[1]相關程序申請鑑定；另一種情形是該幼兒已具有發展遲緩或身心障礙之身分，入學前已接受過早期療育介入，經由教育主管機關評估分發入園。負責鑑定、安置與輔導各校特殊教育的人員，是由各縣市教育主管機關根據《特殊教育法》第 6 條規定，邀集學者專家、教育行政人員、學校行政人員、同級教師組織代表、家長代表、專業人員，以及相關機關（構）團體等跨領域代表，組成鑑定及安置輔導委員會（簡稱「鑑輔會」），每學年進行定期與不定期的鑑定、安置，與輔導會議。

依據《特殊教育法》第 3 條規定，學生若因生理或心理之障礙，經專業評估及鑑定後確認有特殊教育需求者，則具有接受特殊教育服務的資格。該法根據學生特殊狀況與需求，將身心障礙學生分成十三類，包括：智能障礙、視覺障礙、聽覺障礙、語言障礙、肢體障礙、腦性麻痺、身體病弱、情緒行為障礙、學習障礙、多重障礙、自閉症、發展遲緩，以及其他障礙。各障礙類別的鑑定原則，乃根據醫療診斷證明與《身心障礙及資賦優異學生鑑定辦法》進行鑑定。另依據「教育部特殊教育資料網」109 學年度的資料顯示，學前特殊需求幼兒中有 84.35%依《身心障礙及資賦優異學生鑑定辦法》[2]第13條，鑑定為「發展遲緩」類（教育部特殊教育通報網，2020）。由「發

---

1 《特殊教育法》第17條：「幼兒園及各級學校應主動或依申請發掘具特殊教育需求之學生，經監護人或法定代理人同意者，依前條規定鑑定後予以安置，並提供特殊教育及相關服務措施。各主管機關應每年重新評估前項安置之適當性。監護人或法定代理人不同意進行鑑定安置程序時，幼兒園及高級中等以下學校應通報主管機關。主管機關為保障身心障礙學生權益，必要時得要求監護人或法定代理人配合鑑定後安置及特殊教育相關服務。」

2 《身心障礙及資賦優異學生鑑定辦法》第13條：「本法第三條第十二款所稱發展遲緩，指未滿6歲之兒童，因生理、心理或社會環境因素，在知覺、認知、動作、溝通、社會情緒或自理能力等方面之發展較同年齡者顯著遲緩，且其障礙類別無法確定者。前項所定發展遲緩，其鑑定依兒童發展及養育環境評估等資料，綜合研判之。」

展遲緩」類別的規範可知，此類別僅限於特殊需求幼兒，主要是由於幼兒年紀較小，類別症狀並不明顯，若幼兒有疑似其他類別的症狀但並非典型而難以確定時，則多鑑定為「發展遲緩」，有時診斷或鑑定人員會在資料中加註疑似其他類別（如：注意力缺陷及過動或自閉症等），供教育服務需求評估與介入之參考。依據《身心障礙者鑑定作業辦法》第 9 條規定，特殊需求幼「發展遲緩」之身心障礙類別的期限為幼兒滿7歲後90日，需於有效日期60日內重新申請鑑定。老師需協助留意大班特殊需求幼兒的身心障礙類別期限，並協助在有效期限內協助向鑑輔會提出重新鑑定，以提早確定該幼兒入國小後的特殊教育鑑定類別，保障其繼續接受特殊教育服務的權益。

幼兒特殊教育需求的申請與鑑定程序與執行原則，是根據《身心障礙及資賦優異學生鑑定辦法》第 21 條的規定辦理。幼兒園老師與行政人員合作，協助完成轉介、申請與蒐集幼兒相關資料等工作。鑑輔會收到申請資料後，進行初步類別判別、教育需求評估以及綜合研判，繼而完成教育安置及幼兒所需相關服務之評估報告。各級主管機關鑑輔會於每學年上、下學期至少召開一次會議，辦理鑑定安置與輔導工作，需要時也會召開臨時會議。在此工作歷程中，老師及行政人員主要工作包括：發現與轉介疑似有特殊需求的幼兒、蒐集幼兒在適應學習或行為問題上的觀察紀錄或學習檔案資料、統整有助於鑑定安置人員判別鑑定的所有資料（如：家長訪談、醫療診斷書、測驗評量結果等）、陪同家長參與鑑定會或於鑑定會議中針對學生學校學習狀況做口頭說明等。

二、特殊需求幼兒的安置服務

根據教育部（教育部特殊教育通報網，2020）的《特殊教育統計年報》，學前階段約有 19,801 位幼兒在普通學校、幼兒園的特殊教育服務，約占總幼兒園人數的 3.5%，其中超過九成的特殊需求幼兒安置在融合班，接受學前特教巡迴輔導或駐校的特殊教育服務。可見，老師在協助特殊教育鑑定與配合特殊教育需求進行教保服務上扮演重要角色，故有必要在職前具備特殊需求幼兒鑑別與安置服務的相關知能。

老師接到鑑定安置結果後，即需要依照鑑輔會的輔導建議著手進行特殊教育準備，重要工作內容包括：進行融合環境評估、研擬個別化教育計畫，與召開個別化教育計畫會議，以形成特殊教育相關專業平臺提供相關支持服務。個別化教育計畫是每一位特殊需求幼兒特殊教育的目標、內涵與成果評鑑的主要依據，也是重要的法定文件。依據《特殊教育法》第 28 條規定，幼兒園應以團隊合作的方式訂定之，訂定時應邀請幼兒家長參與，必要時家長也得邀請相關人員陪同。目前各縣市特殊需求幼兒的個別化教育計畫，多由幼兒園教保服務人員與學前特教老師共同擬定，再召開個別化教育會議邀集其他相關專業人員與家長一同討論訂定，進而由老師與學前特教老師商討教學與評量的合作方法與進行方式。另依據《特殊教育法施行細則》第 10 條規定，新生及轉學生的個別化教育計畫應於開學後一個月內完成；其餘學生的個別化教育計畫則應於開學前訂定完成。

第三節
特殊需求幼兒的特質與學習需求

特殊需求幼兒因發展遲緩、身心障礙或生長環境不利等因素，使其在一般幼兒園的環境與課程下，在適應與學習上遇到不同程度的障礙，而有特殊教育的需求。幼兒是否需要接受特殊教育及其相關內容，是經由縣市主管教育行政機關鑑輔會，透過跨專業合作評估幼兒的需求與障礙類型而共同決定。雖然多數有特殊需求的幼兒的鑑定報告為發展遲緩類別，但若醫療診斷或報告內容有描述其他相關問題，如：自閉症、注意力缺陷及過動症（Attention Dificit and Hyper-activity Disorder, ADHD），或語言發展遲緩等，老師可參考此等問題了解該幼兒的成因、特質，與滿足需求的介入方法。建議老師可從以下兩個面向著手：(1)與學前特教教師或相關專業人員合作提供特殊教育及相關專業服務；(2)在融合班級中增加環境學習機會並進行課程、教學與教材教法的調整（Sandall, Schwartz, Joseph, & Gauvreau, 2019），以滿足其特殊需求。

以下分別就發展遲緩、自閉症、注意力缺陷及過動、語言發展遲緩、感官與肢體及動作障礙等類型，說明成因特質與特殊教育需求的滿足。需求滿足方面，分別從提供特殊教育及相關專業服務與融合脈絡中的支持策略來論述。

一、發展遲緩

（一）發展遲緩幼兒的成因與特質

幼兒發展遲緩可能由生理、心理以及外在環境三個層面的因素所造成。此等原因可能來自於先天的遺傳、染色體異常、身體機能代謝異常或疾病；也可能是後天教養過程中，因疾病、外傷、營養不良、文化殊異、學習刺激不足等，進而影響胚胎或嬰幼兒的腦神經發展遲緩或障礙。幼兒因上述一項或多項因素，所造成的大腦發育遲緩或障礙，會導致幼兒在同儕之間的各項表現顯得落後或異常，而呈現發展遲緩或發展障礙的情形。

前述情形影響層面相當廣，包括：知覺、認知、動作、溝通、社會情緒與生活自理等，使得其在幼兒園一日作息的適應與學習等各項表現均表現落後。知覺與認知方面的障礙，使得幼兒在注意力、記憶力與理解力較弱，對各種學習訊息刺激反應較弱，無法主動探索、蒐集整理、理解思考以及吸收習得。動作發展方面的障礙會影響幼兒大小肌肉發展，影響幼兒在生活自理、工具操作以及體能韻律表現。此外，認知與語言溝通發展障礙，也會阻礙幼兒的社交溝通能力發展，連帶導致過度退縮、攻擊，抑或對情緒認知、理解、表達與情緒管理等問題。

整體而言，發展遲緩幼兒不論在認知、語言或生活自理各方面都較一般幼兒遲緩，更多時候也伴隨動作與社會情緒障礙。由於各方面的遲緩甚或障礙，幼兒在同儕間學習能力弱、自理能力差、沉默無反應、缺乏學習動機、自我退縮或缺乏自信等。

（二）滿足特殊需求

1. 特殊教育及相關專業服務

經過專業團隊評估安排學前特殊教育及相關專業人員，為發展遲緩幼兒進行認知、語言溝通或生活自理訓練之相關課程，並以團隊合作的方式在融合教育環境中進行不同形式的協同教學，使特殊教育相關專業課程技能在融合情境中練習與類化，逐步達成個別化教育計畫所訂定的長短期目標。

2. 融合環境中的支持策略

根據前述特質，老師透過情境引導及課程調整，擴大其參與學習的機會，從適合幼兒起點行為的目標往上鷹架，在學習過程中透過小目標的訂定，創造成功的機會（Sandall et al., 2019）。在融合班的課程調整部分，老師需要在一日作息的情境中，隨時給予生活自理訓練與情境練習的機會，以增加其生活自理能力與獨立性。時間調整方面，延長其操作活動的時間（如：進食、梳洗、裝／喝水、如廁等）。在引導的過程中，老師可給予更多的說明引導或具體提示，不同程度的提示依序可為肢體引導、提供示範給予模仿、口頭說明等。在團體課程中，可加入更多具體的提示或說明，如：增加重要詞彙所對應的實物或圖畫，或以補充說明或簡化的句子提問，協助該幼兒能聽得懂問題，並有自信回答；在分組或選區課程活動中，可根據興趣、能力或幼兒能力，調整引導幼兒選區或分組討論的互動方式，例如：讓每個幼兒有清楚的小組任務，以及支持發展遲緩幼兒達成任務的教學策略。

二、自閉症光譜

（一）自閉症光譜幼兒的成因與特質

自閉症主要原因來自於生物因素，但源自哪一種生物因素卻無法確實掌握，目前資料顯示，染色體異常、大腦神經化學物質或結構異常、腦部結構與功能異常等現象，造成神經發展異常（楊蕢芬，2005）。《精神疾病診斷與統計第五版》（*The fifth edition of the Diagnostic and Statistical Manual of Mental Disorders*）對於自閉症光譜的診斷向度包括：社會溝通和社會互動能力缺損以及狹窄反覆固定的行為與興趣兩類。在社會溝通和互動方面，自閉症者常表現出逃避眼神接觸、透過眼神與人相互注意或協調能力缺陷、展現溝通意圖、根據人際社會情境做有效溝通等；此外，自閉症幼兒多出現語言溝通能力發展遲緩的現象。自閉症幼兒的語言社會溝通特徵包括：仿說、代名詞反轉、缺乏臉部表情，以及與其他幼兒進行日常語言對話等。狹窄或反覆的刻板動作或興趣，常使得自閉症幼兒表現出以下固執行為：依戀執著某類特定物品或玩具，並出現非一般功能性的玩法，如：將車子翻轉不斷轉動輪胎、堅持只將玩具排成長長一排等；固定堅持某種生活作息或遊戲，如：玩弄翻轉自己的手以及轉圈圈等（楊蕢芬，2005）。

（二）滿足特殊需求

1. 特殊教育及相關專業服務

針對自閉症光譜幼兒的社會溝通困難，需要直接學習不同情境中的社會溝通技能，因此特殊教育服務常需排入社會溝通的課程，以建立幼兒的社會溝通技能，並幫助其類化在融合班級中。此外，若伴隨智能及情緒等多面向的問題，則需將諸等學習需求一同加入個別化教育計畫的評估考量中，以決定各種特殊課程的選擇與優先考量。

2. 融合環境中的支持策略

在融合班級中，針對不同程度之自閉症光譜幼兒，老師應與學前特教教師及相關專業人員有充分的溝通，讓相關專業人員了解該幼兒在普通班的學習環境與課程內容，以及該幼兒在不同情境的重要技能發展情形，並在一日作息中評估可增進幼兒的社會互動或情緒管理的情境，讓幼兒有機會將外加的社會溝通或情緒管理技能應用在融合班級情境中。

在環境、課程與教學的調整方面，自閉症幼兒對於結構化有系統的訊息特別敏感，且會固著遵循，而老師反而可利用此特質，在教室環境或課程中增加視覺性的結構化提示系統，像是操作性活動（如：美勞工作流程圖）或例行性活動（如：圖示視覺化的一日作息）。此外，由於多數自閉症幼兒在感官知覺上的殊異性與刻板固定的行為興趣，老師一方面需注意教室環境中的光線、背景聲音或溫度等調節，避免自閉症幼兒因感官上的不適而出現抗拒的情緒行為問題；另一方面，透過行為管理策略，逐步建立合宜的活動來替代固定刻板的行為興趣。

三、注意力缺陷及過動

（一）注意力缺陷及過動幼兒的成因特質

注意力缺陷及過動症（Attention Deficit and Hyperactivity Disorder, ADHD）的臨床特質包括：注意力缺陷、過動，及衝動。ADHD 幼兒呈現的問題與其大腦神經傳導物質分泌不平衡有關，如多巴胺與正腎上腺素（台灣兒童青少年精神醫學會，2021），前述診斷與病因都需要由專科醫師執行與確認。根據《DSM-5 精神疾病診斷準則手冊》的診斷標準，專業人員也會判斷以上行為出現的時間、地點、持久性與經常性。包括：12 歲以前即出現、常出現在兩種情境以上（如學校及家庭生活中）、症狀持續六個月以上，排除其他障礙或疾病原因（如：發展遲緩、精神異常或情緒障礙等）。此外，有時也會與自閉症光譜的相關症狀特質類似的行為表現（台灣精神醫學會譯，2014）。

關於 ADHD 症狀幼兒的行為特質，茲說明如下：

1. 注意力缺陷

注意力缺陷幼兒在幼兒園中，常出現的行為表現包括：在勞作、生活自我照顧或體能動作上，未注意小細節而常發生錯誤、敷衍了事，或做到一半就放棄的情形；或是面對需要持續思考專注的活動（如：閱讀、依照設計圖組合建築或積木等）時，容易逃避或拒絕；在團討或活動或與人溝通時，顯得沒有注意聽人說話或答非所問；無法完整組織日常活動，常遺失物品玩具或衣物、忘記遊戲規則、書包或個人置物箱顯得零亂、老師告知的事項未轉達家長，也不會主動將聯絡簿或作品給父母查閱等。

2. 過動及衝動

若幼兒的過動及衝動行為在班級中比其他幼兒顯得明顯，在班級中常見的行為則包括：動來動去坐不住、隨意離開座位、在教室中動作過於活躍；在排隊等待的過程中（如吃點心、回答問題或玩遊樂器具）顯得沒有耐心，常出現插嘴、推擠或打斷他人遊戲或活動等；思緒跳躍缺乏組織，經常話很多卻沒針對主題發揮、不假思索的衝動行事而闖禍（如：與人合作任務時推翻積木或任意在海報上添加自己的想法、大動作翻東西等）。

（二）滿足特殊需求

1. 特殊教育與相關專業服務

對於 ADHD 學生來說，藥物配合認知行為介入，是可幫助學生適應學校生活與學習最佳方式。但目前醫療上，較少對 6 歲以前的 ADHD 幼兒做藥物治療，因此正向行為支持與認知行為介入在學前階段顯得更為重要。一方面可以及早介入讓幼兒大腦建立自我管控情緒與行為的迴路，另一方面可避免幼兒在失敗的社會互動及人際挫折情境中，對於自我概念或人際認知上產生負面的影響。學前特教老師應根據幼兒個別化教育計畫的目標，提供外加的專注力訓練、社會技巧、自我行為管理的課程，亦需要提供普通班老師有關認知行為介入與行為功能分析技術的諮詢。

2. 融合環境中的支持策略

普通班老師應在融合情境中，詳細記錄幼兒的學習、社會活動與行為，根據行為觀察與記錄的資料，讓幼兒在各種活動的參與中學習管理自己的專注力與行為。例如：讓 ADHD 以轉移注意活動來學習等待的技巧（如：唱完一首歌），並在不同的日常情境中練習此技巧，當幼兒運用老師教導的等待策略後，給予立即的增強。老師需針對幼兒的個別化教育計畫目標，評量幼兒在各種情境中的進步表現。

老師可透過調整融合班級環境刺激或給予適當的提示，並搭配行為介入技巧，來改善 ADHD 幼兒的分心與行為問題。在環境調整方面，教室布置與區域分配應從刺激簡單與提示清楚兩個原則來規劃進行。簡單俐落的環境，可彌補 ADHD 幼兒對於過濾干擾刺激的弱點；區域布置清楚俐落可提供 ADHD 幼兒清晰可循的環境脈絡，彌補其容易失去規律與結構的弱點。而老師在團討或對話時，可透過口頭或眼神提示來提醒 ADHD 幼兒注意聽，進而透過行為管理介入，透過增強增加其專注聆聽的時間。

四、語言發展遲緩

（一）語言發展遲緩的成因特質

語言發展遲緩的相關因素包括：大腦語言區發展障礙、語言發聲的生理結構發展異常以及其他外在環境因素（錡寶香，2006）。語言發展遲緩或語言障礙幼兒，會在融合情境的不同情況下，於語言的理解與表達上有障礙。學前融合班級中，語言理解障礙常見的行為特質包括：對老師簡單的指令沒有反應，或只聽得懂簡單的指令、少與同儕互動、在許多語言情境下常有疑惑不解的表情或反應、聽故事後對於故事內容的回憶與理解表現困難（古玲瑛，2017；劉如恩，2017）。語言表達困難的幼兒則常出現以下行為特質：

使用的詞、句比同儕淺顯簡短；以簡單詞彙代表一整句話或一個意圖（如：以「蠟筆」表示「我想拿蠟筆畫畫」）；常找不到想要說的詞彙；句子順序或語意錯誤（古玲瑛，2017；劉如恩，2017）。

（二）滿足特殊需求

1. 特殊教育與相關專業服務

語言發展遲緩幼兒需及早接受語言治療，並能在融合的情境創造實際溝通的機會。專業團隊成員會根據幼兒語言障礙的原因與特質，由學前特教教師設計外加或入班協同的特殊需求課程，並在生活環境中，創造幼兒使用語言溝通的機會。

2. 融合環境中的支持策略

語言的學習應著重幼兒在環境中可實際使用與練習的機會。老師可在語言治療師或學前特教老師的諮詢協助下，銜接個別語言治療課程與融合班中應用的內容，以及在融合班級中引導語言障礙幼兒，在各種情境下練習使用語言的機會。尤其在一日作息中，老師隨時創造可讓幼兒使用語言溝通的機會。例如：先讓幼兒說出想要的食物名稱與分量，並練習使用完整的句子（如：我要吃三塊雞塊）；或配合幼兒的活動或情緒引導幼兒說出完整的句子描述（如：我今天在積木區蓋了一座公園，裡面有池塘和草地）。

在課程調整方面，老師在團體說故事活動裡，可透過教材教具或教法的調整，幫助語言障礙幼兒故事理解，例如：使用較簡單的詞彙或句子輔助說明意義；特別標出比較難的詞彙事先說明或輔以圖畫表意；也可以漫畫形式呈現故事的重要情節，幫助幼兒理解或回憶故事內容。在專業團隊合作方面，若幼兒有接受個別的語言治療或針對語言方面介入的課程，教保人員需協助幼兒將相關語言技巧類化於融合情境中，例如：將幼兒被矯正的構音放入詞彙中讓幼兒在不同詞彙中發音；將學習的詞彙或句子運用在討論的課程中，讓幼兒有機會在不同情境中理解及表達該詞彙或句子的使用方式。

五、感官障礙

根據《特殊教育法》第 3 條身心障礙的類別，感官障礙主要包括聽覺及視覺障礙等兩類。針對聽覺障礙及視覺障礙幼兒需求，老師應在幼兒園的環境規劃、教學情境以及課程教學等方面進行調整。茲將前述兩類障礙幼兒的成因特質與特殊教育需求說明如下。

（一）聽覺障礙的成因與特質

聽覺障礙的原因是聲音從人耳到大腦傳遞過程中，因先天或後天因素使得外耳、中耳或內耳部分機能缺損。不論是單耳或雙耳不同程度的聽力缺損，都會影響幼兒在日常生活中的社交參與及學習。我國《身心障礙及資賦優異學生鑑定辦法》對 6 歲以下聽障幼兒的鑑定，是指優耳在 500 赫茲、1,000 赫茲及 2,000 赫茲的平均聽力未達 21 分貝，或是根據電生理聽力檢查結果確定有聽覺障礙者。

聽覺障礙幼兒受聽力而影響語言發展，故在聽、說、讀、寫的發展與學習上遇到困難；此外，由於少了聽覺感官，幼兒在環境中會依賴大量視覺訊息，而顯得左顧右盼或不專注的行為表現；在心理行為方面，由於長久的溝通失敗，故有時會逃避溝通，讓旁人覺得幼兒個性孤僻或不尊重他人。幼兒聽力也有可能因生病或外傷等因素，造成暫時性或永久性的聽力損失，大人卻無法立即察覺，教保人員若發現幼兒有以下行為跡象，就有可能發生聽力受損的情形，應及早發現並接受醫療檢查：常常抓耳朵或抱怨耳朵不適、對於來自後方的談話沒有反應、回應問題答非所問、與同儕互動的時間較少、將電視或電腦或手機聲音開得很大聲、聽電話有困難、發生構音錯誤或理解困難、認知表現良好卻在溝通表達、情緒行為或遵循指令等方面顯得明顯較弱（鈕文英等，2017）。

（二）聽覺障礙的教育需求

在特殊教育資源的提供方面，聽障幼兒需要經由相關專業評估配戴適合的助聽器，並接受外加的聽能訓練與溝通訓練課程，這些課程是經由有接受相關專業訓練的聽語治療師或學前特教老師來進行，一般幼兒園的脈絡下，可利用巡迴輔導或資源班的時數安排，給予適量的相關專業課程。

相關專業支持策略方面，聽覺障礙幼兒需要在班級環境及一日作息之中，比一般聽覺正常幼兒更需要安靜的教室環境、清晰明確的聽覺指令或視覺訊息。因聽障幼兒有配戴助聽器，故老師應隨時協助幼兒建立正確使用與管理其助聽器的良好習慣，包括：配合特教老師或相關專業人員建議使用調頻輔具，讓聽障幼兒能透過調頻的訊息發射輔具，更清楚的聽到老師說話的訊息，並依課程需求提醒幼兒開關助聽器、簡單保養（如：流汗後立即擦乾，避免潮濕影響助聽器正常功能），或監督管理（如：電池更換、發出雜音，或發現幼兒反應聽力不適）等。

在課程調整方面，老師應擴大提供上課過程中的視覺訊息，並充分運用其殘餘的聽力，例如：團討課程中，讓幼兒聽覺較好的一方靠近聲源；教師說故事或討論中，給予幼兒完整的面部訊息（包括唇形、說話表情及眼神等）與肢體語言訊息。此外，由於聽障幼兒的整體語文發展亦較弱，教師可在教學過程中，以具體及直接的方式提供幼兒詞彙、句法及理解等各層面學習與精熟的機會。可用的策略包括：常以鷹架的方式幫助即時的理解；透過示範、提問、提示或引導複述等各種技巧，幫助聽障幼兒鞏固與類化學習到的詞彙及語句。

（三）視覺障礙的成因特質

視覺障礙幼兒依其障礙程度，有分全盲與弱視。主要是由於先天或後天的原因，導致視覺器官構造缺損或機能發生障礙，經過眼科專業人員診斷及矯正後，仍有明顯的視覺辨識困難者。根據《身心障礙及資賦優異學生鑑定辦法》，視覺障礙的鑑定是依據矯正後的優眼視力未達萬國視力檢查表的0.3，或視野在20度以內者，或依其他醫學途徑診斷認定。

在日常生活與學習中，視覺障礙幼兒在環境的探索上缺少視覺訊息，故相當依賴聽覺、觸覺、平衡覺以及身體動作等其他知覺系統，使其在日常溝通或活動中，視障者的面部神情、肢體動作表現、對外在事物（如：顏色、物件等）的形容與表述方式等異於一般幼兒。在融合環境中，視覺障礙幼兒常會有以下行為特質：可因眼球顫動而在團體或個別活動中出現不停眨眼或斜視的動作；看書或操作性作業時，距離過近或經常揉眼睛；進行肢體動作活動時，顯得小心翼翼或缺乏安全感；對於色彩、光線或空間知覺等較不敏感或非常敏感；眼睛容易疲勞等。教保人員也需注意，若一般幼兒出現經常揉眼睛、眨眼睛、遮住一隻眼睛、閱讀時斜著頭、貼近書本寫字、逃避精密工作的勞作、經常頭痛、容易跌倒碰撞，或伴隨注意力變弱或發呆放空時，也要注意是否發生視力減弱的跡象（鈕文英等譯，2017）。

（四）視覺障礙的教育需求

視覺障礙幼兒需要視覺障礙有關的專業人員或特教老師，提供外加專業

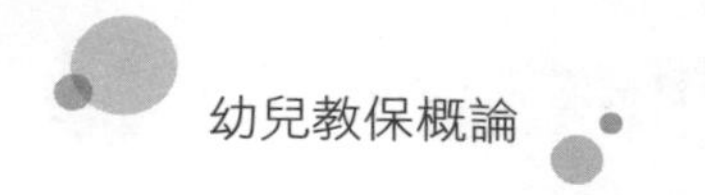

課程，包括：點字符號的學習、盲用輔具使用，以及定向行動訓練等。此外，由於視力的限制，幼兒園也需要為盲生申請放大的、聲音輔助的，或可以觸覺探索的教材教具，例如：放大或有聲的繪本、立體地圖或地球儀、放大鏡與桌燈等，此等教材教具均由專業團隊評估需求，並可向地方教育主管行政機關的特殊教育資源中心申請借用。

相關專業支持策略方面，融合班教師根據視障幼兒的狀況，並參照鑑輔會的建議以及相關專業團隊的諮詢建議，為視障幼兒規劃與執行班級環境調整與一日作息能力需求評估。若班級中有視障幼兒，應減少班級噪音、調整合宜的光線、增加擴大視覺或聽覺提示或點字、立體、觸覺提示等。例如：以不同顏色、亮度、地面材質或視覺提示等，標明教室各活動區的規劃與日常生活區域（如：盥洗、飲水進食器具、教具教材的分類與擺放等）的擺設，以增加幼兒生活自理的獨立性。

課程與教學上，老師可利用聲音、光線、器具質地等多元刺激，幫助視障幼兒接收環境訊息與建立有效參與及學習的管道，如：團體討論時，老師直接說出發言幼兒的姓名，豐富討論內容的描述，同時提供視障相關輔具協助，以幫助其參與課程活動。

六、肢體及動作障礙

（一）成因與特質

肢體障礙是根據《身心障礙及資賦優異學生鑑定辦法》（2013）第 7 條而定義，其障礙狀況包括上肢、下肢或軀幹的機能，經專科醫師診斷有部分或全部的障礙。造成肢體障礙的成因包括先天、疾病或意外而導致神經、肌肉、骨骼等功能經鑑定有不同程度的障礙，包括：上、下肢關節移動、肌肉力量、肌肉張力、不隨意動作、肢體結構缺損以及軀幹之脊椎韌帶骨椎之變化等情形（身心障礙者鑑定作業辦法，2020）。此外，腦性麻痺（cerebral palsy）也會造成肢體障礙並伴隨感覺、知覺、認知、溝通、學習、記憶與注意等神經心理障礙。其主要原因為個體腦部在發育過程中，掌管動作控制的大腦神經區塊受到分進行性、非暫時性之腦部損傷（身心障礙及資賦優異學生鑑定辦法，2013）。

肢體動作障礙可能因教室中的空間規劃及無障礙環境限制，造成幼兒在日常生活自理、課程活動配合、環境探索與學習動作上造成不同程度的影響。例如：依賴他人協助如廁、進食及空間活動等生活自理工作，抑或是在幼兒園各種課程活動顯得落後，如：律動或體能等大肢體活動的參與、操作使用各種美勞工具或玩具的精細體動作技能等。而長期在他人協助之下，也會阻礙其自我效能與獨立性的養成，造成依賴或自卑的心理。

（二）特殊需求

1. 特殊教育及相關專業服務

特教資源方面，幼兒園須配合鑑輔會報告的建議，規劃無障礙環境及各種生活或學習輔具的借用或購買。早期無障礙環境是針對身心障礙者需求而規劃，包括：建築物中的電梯、廁所、導盲磚、出入口坡道等，或各種工具（如：交通工具、按鍵高度等）及參與（如：演藝場所的助聽器感應線圈、手語翻譯、聲音旁白等）的可及性，現今的無障礙環境概念則是以通用性為考量的全方位設計概念為主（邱上真，2007）。《特殊教育法》（2019）第18 條採全方位設計概念規定，特殊教育與相關服務措施之提供與設施應符合適性化、個別化、社區化、無障礙及融合之精神。針對肢體動作障礙幼兒，幼兒園除了基本設施朝向全方位規劃外，亦要根據幼兒障礙情形與鑑輔會的評估建議，在幼兒入學前提早規劃準備。例如：幼兒使用的輪椅輔具在教室中使用時，其擺位固定上的安全性、活動空間是否適當、生活學習相關輔具的評估與使用（如：加長好握有角度的湯匙、滑鼠的調整、特製鍵盤、操控搖桿等）。此外，肢體障礙幼兒也可能需要外加或融入相關機能復健課程，此類課程主要由職能治療師或物理治療師到校，透過外加個別復健課程或與幼教師採協同的方式進行。

2. 融合環境中的支持策略

融合班相關支持策略方面，老師可透過教學設計或同儕合作，讓肢體障礙幼兒也能參與各種包括體能及非體能之所有課程活動，若幼兒在活動參與上因肢體的限制而有困難，教保人員則應依其個別化教育計畫目標，透過提示、引導或支持達成目標（宣崇慧、曹純瓊，2019）。在日常生活自理方面，老師可將一日作息裡的生活自理清單列出，評估肢體動作障礙幼兒可完成的自理活動與身體限制，同時排出環境中的障礙因素，配合機能訓練與日常生活自理動作，逐步引導幼兒落實在實際生活中，例如：將手眼協調的機能復健活動應用於日常開關水壺、使用器皿餐具喝水或進食、如廁自理動作訓練以及確實洗手等。其他課堂活動也是如此，以律動課程為例，雖然肢體障礙幼兒有肢體活動上的限制而無法像一般幼兒完成各種動作或姿勢（如：舞蹈、體適能等），但老師可調整活動目標，評估肢體障礙幼兒可完成的程度與所需要的協助（如：給予較寬廣的個人空間，讓幼兒可以坐輪椅移動參與團體舞蹈）。

第四節 幼兒融合教育的理念與教保服務現況

融合教育（inclusive education）是指讓身心障礙幼兒有最大的機會安置在普通教育環境中，接受公平與適性的教育。融合教育目前是教育的主流趨勢，世界各國立法秉持零拒絕、最少限制環境的安置以及提供適性與個別化教育品質，做為推動融合教育的目標。

一、融合教育的理念

融合教育的理念立基於身心障礙者參與主流社會的基本人權理念，始於聯合國 1948 年的《普世人權宣言》（Universal Declaration of Human Rights）。早在 1950 年代以前，身心障礙幼兒均以隔離的教養機構或特殊學校為主要安置場所，直到1960年代，在世界人權運動的影響下，1970～1980年代身心障礙學生回歸主流的安置與普通教育革新的運動隨之興起，希望藉由提升普通教育的品質來提升對身心障礙學生的服務。1994 年聯合國教科文組織發表《薩拉曼卡宣言》（The Salamanca Statement），重申身心障礙者的教育權利，並提出融合教育的理念（吳武典，2020）。

關於融合教育有以下五個基本主張（吳武典，2020）：

1. 每個兒童均有機會達到適當的學習水準。
2. 每位兒童有其獨特性、興趣與學習需求。
3. 教育應充分考慮兒童的獨特性與特殊需求。

4. 特殊需求兒童應安置在普通教育環境，而學校應滿足兒童學習需求。
5. 融合導向的學校對社會融合有利。

關於融合教育的實踐在於以下四點（吳武典，2020）：

1. 兒童學習及活動的場所提供全方位設計，所有幼兒都有參與融入的機會。
2. 所有兒童在班級級學校環境中，均得到充分的尊重、接納、協助與支持。
3. 學校課程應考慮所有學生的學習需求，透過課程調整、教學策略的應用、多元評量的措施，協助每位幼兒達到適當的學習水準。
4. 學校及教師在輔導特殊需求兒童時，需有充分的支持體系，包括：行政體系、特殊教育、專業整合與社區化及家長參與。

二、融合教育下的幼兒教保服務

根據相關法規，學前特殊需求幼兒的教保有三大功能：其一是延續 0～2 歲階段接受早期療育的幼兒之教育服務；其二是擴大提供所有2～6 歲有不利因素之發展遲緩或身心障礙幼兒，以及未經正式鑑定但有遲緩或身心障礙之高危險因子幼兒，及早發現及早接受適當的介入；第三大功能則是以融合教育為主，讓大部分特殊教育需求的幼兒也能在普通教育的環境中成長與學習。

目前學前特殊教育服務主要採融合班安置並外加特殊教育相關服務為主。各縣市在安置上，主要考量幼兒需求與交通，經多元充分的評估，以零拒絕與就近入學的原則安置經通報轉介的幼兒。服務方式是由學前特殊教育教師以巡迴輔導的方式，根據鑑輔會評估報告與幼兒需求評估結果，給予適性化的特殊教育服務。此外，亦有少數縣市學校有設立學前資源班，提供學前特殊教育服務。

截至 2020 年 10 月教育部特殊教育統計資料顯示（教育部特殊教育通報網，2020），具有特殊教育需求身分的幼兒共有 20,007 人，其中僅有 206 人適性安置於特殊教育學校，其餘 19,801（占 98.97%）名幼兒安置於一般學校。學前階段一般學校的特殊教育服務以安置於普通班並接受分類、不分類巡迴輔導（14,781 人）、一般特殊教育服務（3,300 人），以及不分類資源班（224 人）為主，接受此等特教服務方式者占所有學前特殊需求幼兒 92.44%。前述資料顯示，目前特殊需求幼兒接受特殊教育服務的方式以安置在普通班，並根據幼兒需求提供不同程度的特殊教育相關服務。

本章主要介紹特殊教育需求幼兒所需的特殊教育服務內涵，依序探討特殊需求幼兒教保的相關理論依據、法規、特殊需求幼兒的身心特質與教保需求以及融合教育的精神與我國融合教育的執行脈絡。目前有九成以上的特殊需求幼兒安置在普通班級，此種作法已推動超過 20 年，在此過程中，老師在相關專業上遇到極大的挑戰與成長。老師不但要能在融合教育的脈絡下進行多元與異質性高的班級經營、課程與教學調整以及行為觀察與記錄，也要在相關特殊教保的專業上精進知能，包括：了解向鑑輔會提出特殊需求幼兒轉介的資料蒐集與轉介程序、在跨專業合作的工作脈絡下與學前特教老師合作，針對特殊需求幼兒進行個別化教育計畫中的幼兒需求評估、學期與學年學期目標擬定、環境與教學的調整、在學習中進行多元評量等。此外，當特殊需求幼兒有情緒行為問題時，老師需進行幼兒的行為功能分析，與規劃有效的行為管理方案。期待在融合教育精神與落實的脈絡下，能為特殊教育需求幼兒提供即時且專業的教育服務，達到教育預防的理想。

情境式題目

陳老師為某公立幼兒園中班的主教老師，他發現班上的翔翔在同儕之間的學習與適應明顯落後，包括：翔翔對老師日常指令的反應時有時無，通常要觀察其他幼兒後才會跟著做；在團體說故事活動中，翔翔每每看似安靜在聆聽，可是當回答老師提問時，陳老師卻發現翔翔常忘記故事角色的名字、對於故事內容順序與情節也無法掌握。陳老師認為翔翔可能有特殊教育的需求。請根據以上描述，回答下列問題：

1. 若翔翔尚未經過正式鑑定為具有特殊需求的學生，陳老師應採取哪些措施？
2. 翔翔最大的困難似乎表現在不同情境中的語言理解障礙，故其可能產生哪些困難特質？
3. 在獲得相關特殊教育資源前，陳老師在進行說故事課程時，可以進行哪些課程調整，以幫助翔翔理解及參與？

參考文獻

中文部分

古玲瑛（2017）。**學前融合場域裡的行動研究：一位特殊需求幼兒的成長足跡**（未出版之碩士論文）。國立嘉義大學，嘉義市。

台灣兒童青少年精神醫學會（2021）。**ADHD 注意力不足過動症資料網**。取自 http://www.adhd.club.tw/Faq/ugC_Faq.asp?hidFaqCatID=1

台灣精神醫學會（譯）（2014）。**DSM-5 精神疾病診斷準則手冊**（原作者：American Psychiatric Association）。新北市：合記經銷。

幼兒教育及照顧法（2021）。

吳武典（主編）（2020）。**特殊教育導論**。臺北市：心理。

身心障礙及資賦優異學生鑑定辦法（2013）。

身心障礙者權益保障法（2021）。

身心障礙者鑑定作業辦法（2020）。

邱上真（2007）。**特殊教育導論——帶好班上每位學生**。臺北市：心理。

宣崇慧、曹純瓊（2019）。**特殊幼兒教育導論**。臺北市：五南。

特殊教育法（2019）。

特殊教育法施行細則（2020）。

教育部（2017）。**幼兒園教保活動課程大綱**。臺北市：作者。

教育部特殊教育通報網（2020）。**一般學校及特殊學校身障類學生特殊教育安置班級、類別、與人數資料統計**。取自 https://www.set.edu.tw/Stastic_Spc/STA2/default.asp

鈕文英（總校閱），何美慧、張萬烽、程鈺菁、陳麗圓、王亦玲、程鈺雄、詹孟琦、李淑玲（譯）（2017）。**融合教育課程與教學實務**（原作者：

M. Friend & W. D. Bueauxk）。臺北市：華騰。

楊蕢芬（2005）。**自閉症學生之教育**。臺北市：心理。

劉如恩（2017）。**提升融合班發展遲緩幼兒語言表達之個案研究**（未出版之碩士論文）。國立嘉義大學，嘉義市。

蔡怡芳（2018）。**自然情境教學對融合班發展遲緩幼兒語言能力之個案研究**（未出版之碩士論文）。國立嘉義大學，嘉義市。

錡寶香（2006）。**兒童語言障礙：理論、評量與教學**。臺北市：心理。

英文部分

Gindis, B. (2003). Remediation theory education: Sociocultural theory and children with special needs. In A. Kozulin, G. Boris, V. S. Ageyev, & S. M. Miller (Eds.), *Vygotsky's educational theory in cultural context* (pp. 200-224). Cambridge, UK: Cambridge University Press.

Sandall, S. R., Schwartz, I. S., Joseph, G. E., & Gauvreau, A. N. (2019). *Building blocks for teaching preschoolers with special needs* (3rd eds.). Baltimore: Paul H. Brookes Publishing Co.

5 幼兒教保的主體性與批判性思考

溫明麗

本章概述

活得最精彩的人是對生活感受最多的人

～盧梭，《愛彌兒》

我的成功多半源於我母親的培養和她特立獨行的品行

～埃隆・馬斯克（Elon Musk）

沒有自由就無法創造，創造本身一則突破既有次序，再者呈現多元彈性，故亦為詩意的源泉。幼兒以其感官和充滿想像的思維直接觸及大自然，直接與世界邂逅，可見幼兒是最富有詩意的人。教育不僅不能斲傷之，更應呵護之。詩意的心靈萌生詩意的主體；詩意的主體顯現多元、自主、獨特和創意，而關注幼兒主體性的教育就是激勵幼兒的個性、自主、獨特和創意，讓幼兒的心靈和思維翱翔在充滿想像的蔚藍天空中，和陽光相輝映而綻放多彩多姿的雲朵。因此，呵護幼兒心靈的詩意就是對其主體性的守護。

本章說明幼兒教保必須呵護幼兒的主體性和自主思維，教師首先要看到幼兒的思考；其次，呵護幼兒主體的教育必須超越教室的學習模式和內容；

最後，探討批判性思考的本質和幼兒批判思考能力的開展，以及介紹 STEAM 的專題探究與問題解決教學及其教學原則，據以說明前述對於促進幼兒主體性發展的蘊義。

第一節 幼兒的思考需要被看見

被接受、被彰顯和被鼓勵乃幼兒自由權、自主權的宣示，也是對幼兒主體性的尊重（Wassermann, 1992）。**幼兒的思考被看見就是維護幼兒思想的自由和學習的自主，並在學習歷程中強化自主學習力。**

一、主體的定義、意義與自然教育理論

主體性就是人展現其自主性、能動性和自由意志的整體表現：自主性強調自由意志下的自我決定（Wassermann, 1992）；「能動性」（agency）係指能確定行為之目的，依據自由意志進行選擇，且能自我調節具創造力等特質。

強調幼兒主體性即強化其獨立思考，思想能自由地表達，不因為強制性的外部力量而「妥協」或「容忍」。可見，具主體性的人可以充分自由地思考，依其判斷自由抉擇。此等獨立思考、判斷、抉擇與反思涵蓋信念、意向和行為實為一體（Ajzen, 2012），逐步圓熟的整體即為主體性的滋長，且主體性的滋長也同時需要強化幼兒的責任感。總之，人的主體性是個演化和發展的動態歷程（郭湛，2001），可見主體性也顯示人的生命意義。

主體性的本質就是以人為主體，彰顯人之自主性、能動性和創造性。幼

兒在發展過程中，會經歷占有性／破壞性和生產性／建設性等主體交互作用的歷程（郭湛，2001）；**占有性主體乃基於自身生存需求；生產性主體則是一種文化和德行的成熟與昇華**。質言之，幼兒主體性發展會有兩種看似矛盾、卻又彼此交互作用的主體存在。幼兒教保在促使幼兒善用其占有性主體，也發展能為他人設想的生產性主體，以發揮幼兒的良善本性，懂得尊重人、愛護人和服務他人。

盧梭（J. J. Rousseau）在《愛彌兒》（*Emile*）中**提出三種教育，分別為自然的教育、事物的教育，以及人的教育**；無論理性主義的康德（I. Kant）或進步主義的杜威（J. Dewey），均對《愛彌兒》持高度評價，主要乃因為盧梭**是要把兒童培養成自由及獨立自主的人**。盧梭（Rousseau, 1979）強調，兒童是大自然的學生，教育必須遵循自然法則，讓兒童在大自然中自由的成長；意指人的主體性發展乃從幼兒**自在的主體性**，逐漸轉化為**自然的主體性，進而發展為自覺的主體性**，均不能離開自然發展的規律。隨著身心的成熟和對環境的認識與體悟，自然的主體性進而發展出自我反省，知道自己在做什麼，知道什麼該做、什麼不該做的規律，即**自知或自覺的主體性**（郭湛，2001）。

盧梭認為主體性教育**應回歸自然，意即在自然狀態下，人人都享受自由和平等，教育應該尊重幼兒的自由，不能對幼兒強加任何限制**（Rousseau, 1979）。可見，培育幼兒的主體性需要讓幼兒身心可以自由自在，幼兒的主體性也在自由自在的氛圍下隨著身心的發展、生活經驗的豐富和認知基模的拓展等，進而邁向圓熟。**依循自然法則，讓幼兒身心自由發展，將身體的鍛鍊與思想的鍛鍊結合起來，透過生活和實踐，促進人的全面發展**（Rousseau, 1979）。

簡言之，幼兒是學習和發展的主體，幼兒教保必須維護幼兒追求其人生

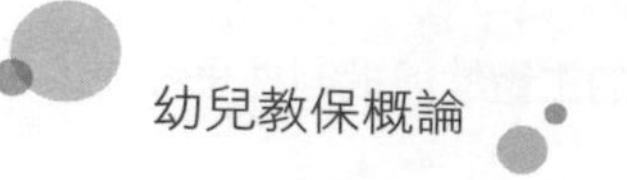

目標的主體性地位，尊重幼兒主體就是開展其自由意志，順其自然地發展其獨立的人格與見解。

二、自主學習與全人教育乃主體教育的理想樣貌

幼兒主體性的教學，就是讓幼兒以本有的特色去觸摸世界、認識世界，確保幼兒成為他自己，是自主學習和全人發展的縮影。

「自主學習」乃個體發展不可或缺的要件，教保任務應在於引發幼兒自主學習，並促使其發揮主體的獨立性和殊異性。**自主學習可分為「主動探究」與「學習歷程自主」**；「主動探究」乃幼兒認識世界的關鍵途徑，「學習歷程自主」則指教師應依據幼兒的需求與成長步調，提供多元的探究機會，做為幼兒探索世界的鷹架，俾誘發其內在特質。可見自主學習既強調學習歷程的自主性，也強調學習應立於經驗，方能使學習產生意義。

教師有協助和引導的責任，但是教師必須體認幼兒才是學習和發展的主體，即**幼兒應被視為實踐者、行為者和自由選擇的決定者**，而非讓幼兒學習成人期待的技能為教學和學習的目的（李德順，1988）。教師準備物件、規劃空間給幼兒，都只是促進幼兒心智發展的客體，幼兒可以自由選擇用或不用、以及如何用等，絕非依照教師準備的軌道一步步前行。教師本身必須具有自由的意識，營造師生良好的互動和學習環境，守護幼兒的自由和其獨立發展之人格，**讓幼兒真正成為學習的主人**。

佛洛姆（E. S. Fromm）認為主體性乃動態發展的歷程。首先，幼兒成長過程中必然會有保留、維護和需求而出現**「占有性主體」**（being of having），但幼兒教保也涉及品格或道德行為的養成，因此**需要兼顧個體的主體性，透過社會生活以及和環境的互動，讓幼兒逐漸體悟人我關係，進一步**

學習奉獻自我、服務他人，有助於讓幼兒主體性發展逐漸提升至「存有模式」（mode of being）（Fromm, 1976）。

囿於身心的發展，幼兒未必能抵達存有模式，但是建立幼兒此等超越自我中心的價值觀和人生的理想，乃追求經驗圓熟的人生理想（Fromm, 1968b）。教保活動應視幼兒為學習主體，若教師誤以為幼兒心智尚未成熟、無法自己學習，勢必抹殺幼兒獨立思想和人格的養成。若此教師權威的迷思不被點醒，則幼兒主體性的發展就可能被壓抑，其思考力和創造力也會隨之被弱化。

綜上所述，規劃的計畫式操作教育難以看到幼兒的生命，那只是成人或專家的思想，完全蔑視幼兒的獨特性和需求；幼兒的思考力、能動性、好奇心和探索慾均猶如被高效鋼絲卷磨損的不沾鍋，流失其不沾的功能。不呵護幼兒主體的教育，無論其成效有多高，到頭來都只將如失效的不沾鍋一樣，是捨本逐末的作法。

第二節 超越教室的學習才是真素養

所謂超越教室的學習，主要包含兩大意涵，茲分述如後。

一、超越教室旨在融入生活實踐，是讓幼兒主動接觸環境的真學習

常聽到家長抱怨幼兒的學習不夠積極或不專注，甚至認為幼兒感興趣的大都不是家長期望的。前述抱怨其實隱藏著對幼兒主體性的貶抑，長期忽略幼兒的主體性，將來卻反過來要求孩子要有批判性思考、想像力，這就本末

倒置了。無論判斷力、批判力或創意都是主體和其社會互動的產物，是主體和周遭環境交互作用下激發出來的火花。**沒有主體，就沒有思想**；有主體的想像才是具生命意義的真創意（馮建軍，2001）。

幼兒自由的創發遊戲是主體性教育最典型的表徵。在遊戲中，沒有教師或成人設定的遊戲規則，沒有被分配的角色，更沒有教師刻意安排的「預定目標」。同理，主體性的活動看似缺乏規範，但只要教師細心觀察，則會發現幼兒的情感和想像的角色會浮現出來。幼兒的學習絕非限縮於教師或教室的角落，應開放其和大自然和社會接觸，增加開啟其潛能的可能觸角，俾誘發其內在豐富的生命力。

教師能為幼兒做的最重要的事，就是幫他們創造一個充分自由發揮的環境，耐心準備幼兒可能需要的各種「鷹架」，然後靜靜的陪伴與觀察。然而教室內的活動大多偏向認知性活動，且囿於空間，以及教師「企圖」讓教室「看起來井然有序」，故對幼兒活動的限制在所難免（Wassermann, 1992）。有鑑於此，盡力提供空間開闊的自由學習環境，讓幼兒和教師都易於放開自我，也較能讓幼兒的學習和實際生活連結起來，讓幼兒的主體性順利滋長。無論真實的接觸大自然，或不受限於教材和成人提供的方法，均提醒著教師應尊重幼兒的主體性，多培養幼兒自主學習的能力和習慣，俾促進幼兒的全人發展。

二、超越教室意味超越「課本」和走出成人中心的學習洞穴

幼兒的判斷乃以其感官知覺為基礎，故教育應始於感覺（Rousseau, 1979）；批判思考能力的培養需要關注幼兒感知的事物，再從之推演而生。教保**不以書為本，應以自然世界為教材，以生活世界的事實，讓幼兒觸摸得**

到、感受得到，激發其探索慾，開展其內在生命力。幼兒的想像力必須透過感官知覺被確認（Rousseau, 1979），促進感官知覺最佳的刺激物不是教師的諄諄教誨，而是大自然和生活世界中的偶遇和驚豔。

其次，自愛和自尊是人類與生俱來的慾念（Rousseau, 1979）。人以感性的想像建構出一個獨特的意義世界，而超越教室的學習即以貼近生活經驗的方式，把天地萬物帶入幼兒心靈。**「走出教室」的學習就是要走出成人設定的框架，以符合自己興趣、需求、能力和特性的方式建立學習目標，選擇學習內容，並自行摸索出達成目標的路徑**。

走出教室能和實際生活結合在一起，走出教室也意味著強調自主的學習。幼兒的學習**不能僅以書本為其學習的素材，生活的世界才是啟發其學習不可或缺的教材**。超越教室學習的典範，不能被誤解為「放任式」教育，只是弱化教師的「專家」角色，轉而深切掌握幼兒發展的情境脈絡、思維歷程和身心需求，並營造適切的學習機會和團隊「共學」的經驗交流，以豐富幼兒的生命經驗，拓展幼兒的視野。可見**主體性教育鼓勵幼兒參與團隊活動，幼兒社會化方向和內涵抉擇不是成人的責任，是幼兒自己的自主決定**。

主體性教育並非反對幼兒社會化，幼兒仍須融入社會，畢竟人除了需要有個性外，也需要具有社會生活的「共性」（commonality）。幼兒在成長歷程中需要和他人互動，也需要成人的協助和支持；無論幼兒自主學習或融入團體生活，均應依據身心發展的需求和特色，多讓幼兒依照其意願自我抉擇，俾培育其獨立的人格特質。

想看看自己的教學是否尊重幼兒的主體性嗎？以下提供「幼兒主體性教學檢核表」（如表 5-1），您可自行檢核，做為改進教學之參。從「非常同意」到「非常不同意」依序為 5 到 1 分，檢核後自行計算分數；分數高於 50 分者，您就需省思教學理念是否過於「成人中心」。

表 5-1　幼兒主體性教學檢核表

題號	題目	非常同意	同意	有些不同意	不同意	非常不同意
1	幼兒在幼兒園中，每天必須有固定安排好的進度要學習。					
2	幼兒必須依照教師指定的進度，精熟已學過的知識。					
3	教師必須用井然有序的系統，規劃幼兒學習的具體任務。					
4	教師必須遵守既定的教學進度，並確定可以達成課程目標。					
5	幼兒在教室內安靜且守秩序的聽課是最好的學習。					
6	幼兒的心智尚未成熟，不能讓他們自己去探索。					
7	幼兒應儘速學會成人世界的遊戲規則。					
8	幼兒應在教室內學習才能確保其安全。					
9	協助幼兒學習最好的方法就是讓他們一直重複一個動作。					
10	幼兒無法學習批判性思考的方法。					
11	教師必須協助跟不上進度的孩子，讓他們跟上其他小朋友的進度。					
12	教師放任幼兒自行探索是不負責任的作法。					
13	幼兒在教師監督下學習是自然的學校教育方式。					
14	幼兒教育最重要的就是讓幼兒獲得知能。					
15	無論幼兒心智是否成熟，均不能給他們太大的自由。					
16	幼兒從遊戲中無法學到知識或獲得知能。					
17	幼兒仍在自我中心期，不能讓他們進行團隊活動。					
18	STEAM 是跨領域的概念應用，幼兒不可能學會。					
19	幼兒不可能進行獨立思考。					
20	給幼兒正確的答案比提問更重要。					

第三節 STEAM、PBL、批判性思考及遊戲學習對幼兒自主學習的蘊義

遊戲乃符合天性的活動，讓幼兒自由自在的遊戲，就是引導幼兒的心靈自由遨翔。幼兒在遊戲中無拘無束，能以最純真的感覺去感受周遭的世界；透過遊戲學習既能呵護幼兒感受，亦是尊重幼兒主體性的方法。此外，透過遊戲可呼喚幼兒內在的自由心靈，更可提升幼兒高層次的思考能力（Wassermann, 2021），讓幼兒更深入認識自我。

一、STEAM、PBL 及批判性思考的定義

STEAM 代表科學（Science）、技術（Technology）、工程（Engineering）、藝術（Art）、數學（Mathematics）。STEAM 的教學就是集科學、技術、工程、藝術及數學之多學科融合的綜合教育。PBL 是指「問題導向學習」（Problem-Based Learning）或「專案導向的學習」（Project-Based Learning），無論 STEAM 或 PBL 的教學，均是對知識及概念通透理解後，將知識轉化應用於解決問題；因此，在此歷程中涵蓋探索、思考、討論、資料蒐集與分析、嘗試及創新等高層次的思考，和批判性思考對知識的質疑、反省、自我概念的解放，以及重新建構價值觀等思維相通（Miller, 2017; Ruggiero, 1988）。是以，STEAM 或 PBL 有益於促進幼兒批判性思考能力，亦能激發幼兒的主體性。

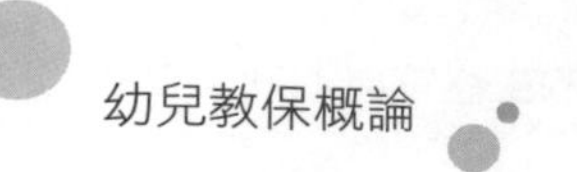

溫明麗（1997：94）分析相關研究後，提出批判性思考的統整性定義如下：

批判性思考即一位自主性自律者心靈的辯證活動，此辯證活動包括質疑、反省、解放和重建，而此辯證性的心靈活動最終的指向，乃人類更合理的生活。

批判性思考是**21世紀強調公民之「5C」（critical thinking, communication, collaboration, creative problem solving, & citizenship characteristics）**素養之一。人類之所以需要批判性思考，終極目標乃為了追求合理的幸福生活。幸福生活涵蓋個人自主心靈活動，也包括個人融入社群生活，而**辯證的心靈活動主要包括質疑、反省、解放和重建四大心理活動和歷程**。基於此四大心靈活動，人類精確辨別訊息，經過比較、分析和推理後，進行抉擇和行動；而行動後的不斷省思，消極的可避免長時間受到矇騙，積極的可儘速偵誤及解決問題，俾邁向和諧的美好生活（Ennis, 1996）。

批判性思考既是一種思考模式，也是有效分析問題、解決問題、改善生活和重建價值觀的方法（Browne & Keeley, 1998），更是自主自律、自我反省及自我重建的歷程（Mayfield, 1997）。STEAM 教學透過批判性思考，整合科學、技術、工程、藝術與數學等跨領域的知能和概念，融會貫通至可觸類旁通之境，進而能轉化應用於解決日常生活的問題，讓自己生活更美好，亦符應 PBL 的學習歷程，此也是批判性思考的歷程和旨趣（Miller, 2017）。

廣義言之，主體性教育是人文關懷的教育。人文關懷即尊重人之主體性，捍衛人之自主性，故主體性教育既強調批判性思考對幼兒學習的重要性，也重視主體對問題解決的自由意志和決定，並期透過探索、分析等科學方法、工具和邏輯思維，創造具美感的產品，以嘉惠人類和社會（Bailin,

Case, Coombs, & Daniels, 1999）。前述再度闡明 STEAM、PBL 及批判性思考教學三個概念和教學具相似特質，呈現出「家族相類」（family resemblance）的關係。

教育目的及內涵應具認知性、倫理性和審美性，而教學活動必須讓幼兒體現**自主、批判和創造等能動的主體性**，並讓幼兒習慣統整其所學，展現其學習和生命的整體性，而不僅僅是學會若干破碎的知識和片段的概念或技能（Raths, Wasserman, Jonas, & Rothstein, 1986）。

為確保教學活動能尊重幼兒的主體性，教師應適當讓幼兒參與討論學習的內容和方式，並在討論過程中透過關鍵提問、理性對話和意見的分享與比較，培養幼兒的批判性思考能力和理性對話及問題解決的能力和習慣（Vygotsky, 1967）。無論批判性思考或 STEAM 教學，均具有建構式課程與教學的特質，讓幼兒善用自己的感官和思維去發現世界的變化，組織自己的認知和建立自己的價值觀。

幼兒在提升思考的學習過程中，愈需要教師做為協助者、提問者、支持者、討論者與參與者，做為學習「鷹架」，同時也需要教師有更大耐心，等待幼兒學習歷程的「破繭」。STEAM 的學習既是透過跨領域的知能，其學習也和批判性思考的學習一樣，無論針對科學的假設、分析或推論，抑或運用科技，美化產品的美感和合乎數學邏輯等的學習歷程中，想像力均扮演舉足輕重的作用；透過專案的探索及深入剖析，甚至觀察、實驗和討論與分享等活動，有助於創發兼具創意與美感的作品（Miller, 2017）。呈現出來的作品乃幼兒以探究者的角色，打開其生命的扉頁，故具有幼兒生命的獨特性和其存在的意義和價值。

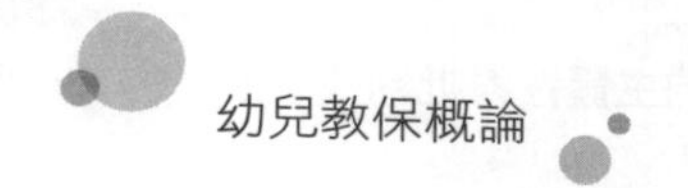

二、STEAM、PBL 及批判性思考的教學原則

由 STEAM、PBL 及批判性思考的本質、內涵和彼此的關係可知，其共通性教學原則具有以下特質：

1. 以學習者／幼兒為中心。
2. 以問題解決和探索為主要學習模式。
3. 強調超越教室和書本的學習精神和課程模式。
4. 將所學統整運用於生活中並解決生活問題。
5. 強調自主學習和全人發展。

以下的案例讓教師更清楚，**STEAM、PBL 及批判性思考教學等重視幼兒主體性教育的啟發式教學方法**。啟發式教學歷程如次：引導（提問）→理解（討論、對話）→實作（探究、操作、遊戲）→分享（說故事、遊戲、成品展示）→修正（自省、再嘗試）→熟練（習慣、轉化）。

> 教師在課堂上絮絮叨叨，而臺下的幼兒卻聽得不明不白，搖頭晃腦，有的孩子乾脆我行我素，把玩自己的遊戲……

當教室內發生上述情景，您看到哪兒出了問題？從幼兒的反應或許可以推知幼兒心中的想法，但是我們真的知道幼兒心中的想法嗎？如果幼兒對教師的教學不滿意或不喜歡，教師能否仍鼓勵幼兒說出自己的想法？教師能否解決幼兒對課程和教學產生的抗拒或厭倦感？

教師需要思考：「我該問怎樣的問題才是適切的關鍵問題？」「知識的關鍵概念如何確定？」簡單的回答是：需要引發幼兒去融合舊經驗，建構新知識，再以之進行科學的觀察和探索，並善用各類技術和數學邏輯，進行思考並解決問題，進而統整認知、技能、態度與情意，且強化行動力（Wassermann, 2021），此新知識與舊經驗的融合、探索和建構乃一螺旋式循環流程。

STEAM 的教育理念和教學方法就是讓知識和生活產生碰撞，並在此歷程中激盪和生成智慧。因此，STEAM 的教學必須具民主性和開放性，且盡量避免讓幼兒沿著預定的軌道進行思考和學習，應讓幼兒有充分獨立思考空間（Wassermann, 1992）。為了開創更多思考的軌跡，腦力激盪、團隊討論、關鍵問題提問（Wassermann, 1992; 2021），都是常用的方法；前述有助於拓展幼兒思考的廣度和深度，創意也會更多元。

教師在啟發式學習歷程最需掌握的是維繫幼兒的好奇心，和幼兒一起動手做，攜手探索新世界，以激勵幼兒對新事物的探索慾，並培養不怕難、不怕失敗的心理（Wassermann, 2021）。此時，批判性思考的「**質疑（提出疑問）—反省（蒐集相關資訊）—解放（反思與比較新舊知識後，進行問題的探索和解決）—重建（依據問題解決結果重新思考或改造自己的價值觀）**」（如圖 5-1 所示），或 Wassermann（2012）的「**遊戲（透過遊戲的設計和提供，讓幼兒對事物進行探索）—解說與傾聽（經過探索後，引導幼兒說出自己的想法，並聽取其他幼兒的分享後提出問題討論）—再遊戲（經過大家的分享和表述及討論後，重新定位問題，並進行創意的遊戲**」等思考力培養歷程，均是激發幼兒主體性和自主學習的策略。

教學是多面向、多任務的藝術（Wassermann, 2020），培養"Can-do"思維就是培養主體性的教育，即讓幼兒能通透理解，且能轉化應用，又能創造增值效果的思考和行動力。故培養"Can-do"就是培養幼兒的實踐力素養。析言之，若欲鼓勵幼兒獨立思考或提升其批判性思考能力，則教師不能扮演給處方的醫師，而要為幼兒鋪設讓其發展思考力和創造力的「錨」，俾引導幼兒去

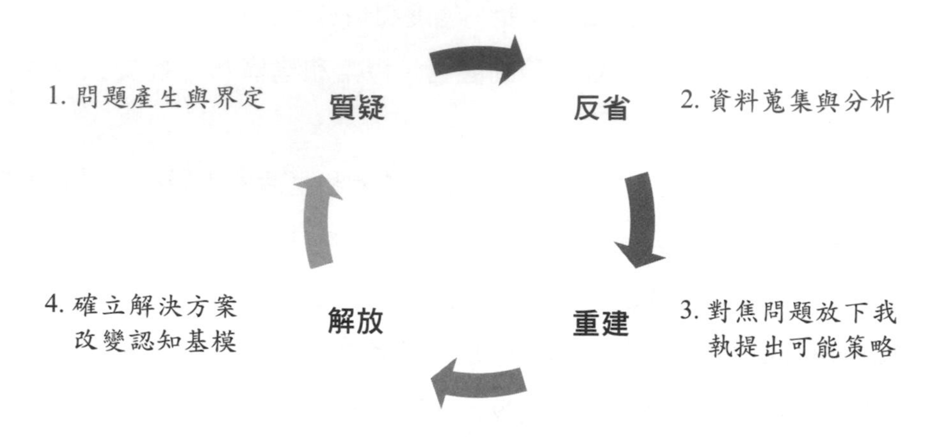

圖 5-1 批判性思考歷程與流程圖

感知、探索和嘗試錯誤，進而建構自己的認知和價值觀。

為了讓幼兒投入學習，就要讓幼兒表現他自己，例如，說出自己的想法，設法讓他人了解自己的想法，並透過語言表達自己的感受，也傾聽他人的意見等溝通、表達與分享活動。此外，教師仍要引導幼兒去「想一想」和「說一說」自己的想法為什麼是合理的？幼兒也需要「知道」自己何以會這麼想？是否會將看到、聽到的內容納入自己的認知基模，並不斷改進自己的想法？此過程就是批判思考的過程，也是培育批判性思考力的歷程。

總之，強化以幼兒為主體的探究性、體驗式之啟發式學習，可以為幼兒學習搭建成長及適應的階梯。綜上所述，PBL 和 STEAM 就培養批判性思考能力上，扮演深化和廣化學習內容、學習方式的橋接鷹架，將幼兒的學習從教室內帶到教室外和大自然及社會中，也脫離傳統教學方式並邁向素養導向教學（如圖 5-2）。

教學活動的組織形式應注重操作性和遊戲性，教師必須準備充足、豐富的操作性材料，並設計具有遊戲性、趣味性和探索性的活動組織方式和主

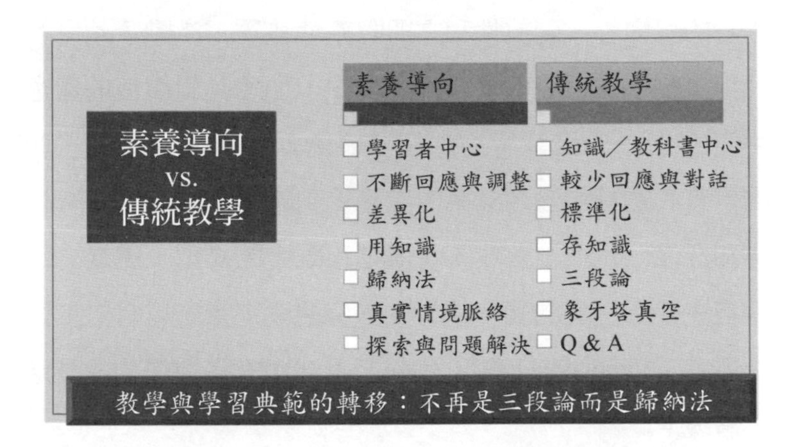

圖5-2　傳統與素養導向教學之區別圖

題，以引導幼兒進行主動積極的有效學習（香港教育局課程發展處幼稚園及小學組，2021）。在幼兒學習活動過程中不僅要獲得知識，更重要的是看幼兒是否積極主動參與活動，是不是動腦筋去思考，是否在原有基礎上有所進步。

幼兒的學習應源自其自身的興趣和需求，遊戲活動也因此成為最能激發幼兒主體性發展，也最能尊重幼兒學習興趣和身心發展需求的活動方式。無論是集體教育活動或幼兒的個別自主性活動，幼兒教保均期望以遊戲活動貫穿在幼兒園一日的活動中。

遊戲是彰顯幼兒內在需求的自發性活動，幼兒也可以在遊戲中充分體現獨立思考和團隊合作，以及自我規範和自主判斷力等（香港教育局課程發展處幼稚園及小學組，2021），可見在遊戲活動中，幼兒更容易成為真正的主人，其身心也最輕鬆、最自然、最舒適又愉快。幼兒的學習和思考只有在幼兒樂於嘗試，敢於思考，喜歡動手操作下的發現才是彰顯其獨立思考和獨到見解（香港教育局課程發展處幼稚園及小學組，2021；Vygotsky, 1967）。

遊戲本身的可變性、開放性和立即獎勵性特質，激勵了幼兒的自主性、內在動力及競爭性，並自覺的參與到遊戲中，加速其對環境的適應、世界的探索和自我認識等（香港教育局課程發展處幼稚園及小學組，2021）。再者，遊戲的本質和過程均體現幼兒的主體受到尊重和呵護，沒有教師「專家式」的指導和評價，也最沒有成人的僵化和既定的標準。總之，幼兒在遊戲中充分表現自主性和主體的獨特性，沒有負擔與拘束，只有自主選擇、自由想像和自由思考（Vygotsky, 1983），學習生活中充滿快樂的成長足跡和多彩多姿的人生體驗。

綜合前述，開展幼兒探索和運用批判性思考以解決問題的課程與學習設計，可依循下列原則：

1. 創設激發幼兒發揮想像和探索空間的學習環境：教師應設計良好的學習氛圍，採用各種適當的方式，以具遊戲性和趣味性之活動形式的探索主題，活躍幼兒的思維，激發幼兒的探索熱情。
2. 投其所好、依其所長：所有活動均需依據幼兒的身心發展、學習興趣、特質和學習需要進行準備，包括提供鷹架、備用工具、素材和空間等。
3. 設計主題式的學習：此可涵蓋 PBL、STEAM 及批判性思考的學習活動或遊戲，引導幼兒對問題好奇，並對尋求答案歷程中的觀察、資料蒐集、分析、比較、歸納等設計引導式提問或情境，以促進幼兒思考，並規劃需要團隊合作的學習；如此不僅能激發幼兒對學習的興趣，也能引導其積極、主動的學習，強化自我思考而獲得自我實現的成就感。教師在幼兒遊戲中引導其進行深度和高層次思考，有助於促進幼兒成為「嚴謹／認真」的遊戲者（serious player）（Wassermann, 2000），也可確保幼兒的遊戲非休閒式或無目的性的隨性活動。

總之，觀察幼兒學習時，教師不是單純的旁觀者，必須是積極的、專注的，以及具同理的細心旁觀，仔細聆聽，並設身處地感受幼兒的所思、所感、所想、所知和所行，陪伴幼兒一起探索和學習，適時提供幼兒需要的鷹架、心理的支持或心靈的啟迪。

情境式題目

愛愛幼兒園中有三位小朋友，貝貝認識很多字，看了很多故事書；達達喜歡玩手機，樂樂天真無邪，總喜歡跟著貝貝和達達。三個小朋友從小班起就經常黏在一起，樂樂和達達都只聽貝貝的話，而貝貝因為讀很多繪本故事書，也會講故事給小朋友聽。貝貝無疑的很聰明，因此，他有自己的一套形式規律，教師和學校的規律只要和他的規則不符合，他就不會遵守。

有一天，貝貝正為小朋友講故事，但是已經到了午休時間，教師很生氣，就要求貝貝收起故事書停止說故事，並回到自己座位午休。午休後的下課時間，貝貝對達達和樂樂說：「我們有自己的規則，只有到我們自己的『幼兒園』，我們才能訂定自己的生活和遊戲規則……」達達說：「那我們怎麼能有自己的幼兒園？我們沒錢、沒教室，也沒有能力……」貝貝說：「我們只要離開這裡，一定能找到我們自己的幼兒園。」（樂樂在旁邊安靜的聽著，猛點頭，而且還很興奮。）達達說：「那我們現在要做什麼？」貝貝說：「聽我的，等一下我喊『跑』的時候，大家一起跑出去。」

請分析或說明：

1. 請分別描述貝貝、達達和樂樂的等三人的特質。
2. 你鼓勵他們用此方法解決問題嗎？理由何在？這三位小朋友是在彰顯自己的主體性及捍衛自己的權益嗎？

3. 請用 PBL 的理念，提問貝貝、達達和樂樂跑出幼兒園之後可能遭遇的三個問題，引導幼兒共同思考，俾釐清問題解決的適切性。

參考文獻

中文部分

李德順（1988）。**價值論**。北京市，河北：人民大學出版社。

香港教育局課程發展處幼稚園及小學組（2021）。**「以遊戲為」的學與教的示例**。取自 https://cd1.edb.hkedcity.net/cd/k_and_p/play-based/contact-us.asp

郭湛（2001）。**主體性哲學——人的存在及其意義**。昆明市，雲南：雲南人民出版社。

陶行知（無日期）。**生活教育**。取自 http://www.bwsk.net/mj/t/taoxing-zhi/000/005.htm

陶行知全集編輯委員會（1991）。**陶行知全集**。成都，四川：四川教育出版社。

溫明麗（1997）。**批判性思考教學：哲學之旅**（修訂二版）。臺北市：師大書苑。

馮建軍（2001）。**當代主體教育論**。南京市，江蘇：江蘇教育出版社。

蘇明勇（2003）。批判思考之思考批判：科學教育中的批判思考教學與評量。**科學教育研究與發展專刊**，88-120。

英文部分

Ajzen, I. (2012). The theory of planned behavior. In P. A. M. van Lange, A. W. Kruglanski, & E. T. Higgins (Eds.), *Handbook of theories of social psychology* (pp. 438-459). New York, NY: Lawrence Erlbaum Associates.

Bailin, S., Case, R., Coombs, J. R., & Daniels, L. B. (1999). Common misconception of critical thinking. *Journal of Curriculum Studies*, *31*(3), 269-283.

Browne, M., & Keeley, S. (1998). *Asking the right questions: A guide to critical thinking* (5th ed.). Englewood Cliffs: Prentice-Hall.

Costello, P. J. M. (2000). *Thinking skills and early childhood education.* London, UK: David Fulton Publishers.

Destination Imagination. (2021). 5 Free STEAM activities for kids of any age. Retrieved from https://dihq.app.box.com/s/4v5e1ioaz0aljfcfyernzq5n5ozh436q

Ennis, R. H. (1996). *Critical thinking*. Upper Saddle River, NJ: Prentice-Hall.

Fisher, R. (1998). *Teaching thinking: Philolsophical enquiry in the classroom.* London, UK: Casell.

Foucault, M. (1995). *Discipline and punish: The birth of the prison*. New York, NY: Vintage.

Fromm, E. (1968a). *Escape from freedom.* New York, NY: Farrar & Rinehart. (Original work published 1941)

Fromm, E. (1968b). *The revolution of hope: Toward a humanized technology.* New York, NY: Harper & Row.

Fromm, E. (1976). *To have or to be?* New York, NY: Continuum.

Maslow, A. H. (1987). *Motivation and personality* (3rd ed.). New York, NY: Harper and Row. (Original work published 1954)

Mayfield, M. (1997). *Thinking for yourself: Developing critical thinking skills through reading and writing*. Belmont, CA: Wadsworth Publishing Company.

Miller, A. (2017). PBL and STEAM: A natural fit. Retrieved from https://www.edutopia.org/blog/pbl-and-steam-natural-fit-andrew-miller

Nietzsche, F. (1995). *On the genealogy of morality*. D. Carol (Trans.). Cambridge: Cambridge University Press. (Original work published 1887)

Peno, J. D., & Wallender, H. W. (1977). *A contingent approach to technology policy proposing a cost/benefit analysis: In transfer of technology: The future of regulation*. New York, NY: Council of Americas.

Peters, R. S. (1966). *Ethics and education.* London, UK: Routledge.

Piaget, J. (1953). *The origins of intelligence in children.* M. Cook (Trans.). New York, NY: International University Press.

Piaget, J. (1954). *The construction of reality in the child.* London, UK: Routledge & Kegan Paul.

Piaget, J. (1971). *Genetic epistemology.* E. Duckworth (Trans.). New York, NY: W. W. Norton & Company.

Quinn, J. B., Philip, A., & Finkelstein, S. (1996). Managing professional intellect: Making the most of the best. *Harvard Business Review, March-April*, 71-80.

Raths, L. E., Wasserman, S., Jonas, A., & Rothstein, A. M. (1986). *Teaching for thinking: Theory, strategies and activities for the classroom* (2nd ed.). New York, NY: Teachers College Press.

Rousseau, J.-J. (1979). *Emile, or on education*. A. Bloom (Trans.). New York, NY: Basic Books.

Ruggiero, V. R. (1988). Teaching thinking across the curriculum. New York, NY: Harper & Row.

Siegel, H. (1999). What (Good) are thinking disposition? *Educational Theory*, *49*(2), 207-222.

Stantikarn, M. (1981). *Technology Transfer-A case study.* Singapore: Singapore University Press.

Vandenberg, D. (1995). Phenomenology in educational discourse. In P. Higgs (Ed.),

Metatheories in philosophy of education (pp. 175-176). Johannesburg: Heinemann.

Vygotsky, L. S. (1967). Play and its role in the mental development of the child. *Soviet Psychology*, *12*, 62-76.

Vygotsky, L. S. (1983). School instruction and mental development. In R. Grieve & C. Pratt (Eds.), *Early childhood development and education* (pp. 263-269). New York, NY: Guilford.

Wassermann, S. (1992). *Asking the right question: The essence of teaching.* Bloomington, IN: Phi Delta Kappa Educational Foundation.

Wassermann, S. (2000). *Serious players in the primary classroom*. New York, NY: Teachers College Columbia University.

Wassermann, S. (2012). *Serious play in the classroom: How messing around can win you the Nobel prize*. Retrieved from https://www.tandfonline.com/doi/abs/10.1080/00094056.1992.10522562

Wassermann, S. (2020). *Mastering the art of teaching: Meeting the challenges of the multi-dimensional, multi-faceted tasks of today's classrooms.* Lanham, MD: Rowman & Littlefield Publishers.

Wassermann, S. (2021). *Opening minds: A parents' guide to teaching for thinking at home.* London, UK: Rowman & Littlefield Publishers.

Wassermann, S., & Ivany, J. W. G. (1996). *The new teaching elementary science: Who's afraid of spiders?* (2nd ed.). New York, NY: Teachers College Press. (The first edition published 1994)

第三篇

幼兒教保的發展演進與主要國家概況

6 幼教源流與我國幼兒教保發展概況

段慧瑩

本章概述

幼教歷史淵源流長，豐厚哲思蘊含於古今中外，然而成為正式系統制度的發展，卻是晚近。

本章首先從 17 世紀以降之西洋哲史論述，包括捷克教育家柯門紐斯（J. A. Comenius, 1592-1670）、法國啟蒙思想家盧梭（J. J. Rousseau, 1712-1778）、瑞士教育改革家斐斯塔洛齊（J. H. Pestalozzi, 1746-1872）、德國幼教之父福祿貝爾（F. W. A. Fröbel, 1782-1852），以及義大利教育改革家蒙特梭利（M. T. A. Montessori, 1870-1952）等人。其次，相近時期約為清末民初的東方思潮以日本為媒介，吸收西方幼教思維後，在張雪門（1891-1973）、陳鶴琴（1892-1982）等人的倡議下，陸續奠定我國教保發展的重要藍本。

1949 年國府遷臺後，轉型日據時期之零星發展，分從托兒所與幼稚園體系開展制度，2012 年實施《幼兒教育及照顧法》，成為亞洲地區第一個將幼兒教育與照顧實施整合體制的國家。東西方不同文化背景與各自幼兒教保體系歷史，可以看見舉世各國逐漸看重童年的重要性，共同揭示推動教保專業價值新境界的目標。

第一節
幼兒教保先哲思潮

早在西元前三、四世紀，柏拉圖（Plato）即以《理想國》（*Republic*）揭櫫6歲前幼兒普及教育的觀點（江宜樺，2005）；亞里斯多德（Aristotle）提出 5 歲前注重遊戲、自發的運動及身體的養護的幸福公民教育計畫（王連生，2000）。反觀中國以儒家思潮為核心的社會，西周時期即設立「孺子室」，專門教育帝王諸侯世子，萌發幼教思潮；隋初顏之推所著《顏氏家訓》，主張早期教育，其後如《三字經》、《弟子規》等蒙學教育與幼學讀本，至今仍是受到後人誦讀不已。鑑古知今，東、西方教保先哲思想對後世持續產生影響，探討舊思想隱含有當代教保新觀點，仍是方興未艾。

然而，對於「幼年階段」教育的重視與倡議，從來不是理所當然。英國維多利亞時期的教養警語「孩子要被看見，而不被聽見」（Children should be seen and not heard）（Parker, 2015）。臺灣諺語也有「囝仔人有耳無喙」（小孩子有耳無嘴），傳統觀念認為小孩什麼都不懂，不應該發表自己的意見，只需要好好順從成人的命令，才是良好的教養行為，與當下鼓勵兒童能表達溝通的核心素養教育理念截然迥異。本節將列舉西方與中國幼教先哲的思想，藉以闡明幼兒教保演進蹣跚辛勤足跡。

一、西方幼教先哲思想

關於西方幼教先哲思想部分，本節列舉具代表性的五位幼教先哲：分別為柯門紐斯、盧梭、斐斯塔洛齊、福祿貝爾，以及蒙特梭利等，分就其生平、幼教思想，以及對後世的影響與貢獻等，說明如後。

（一）柯門紐斯

柯門紐斯（J. A. Comenius, 1592-1670）被後世尊為「近代教育思想之父」（The Father of Modern Education），其代表著作《大教學論》（*The Great Didactic*）（1632）提出從出生至成人四大階段的完整學校制度。另一本為兒童書寫的書籍《世界圖解》（*The visible world in pictures*）（1658），以圖片與文字相對照，被公認為開啟兒童插畫圖書教材之先河，陸續被翻譯成多國語言，從此教育有革命式的改觀，從成人觀點具體轉化為兒童價值中心思潮（Norlin, 2020）。

柯門紐斯童年生活坎坷備嘗孤苦，雙親與姊妹先後離世，及長遭逢戰亂，妻兒亡於瘟疫，仍堅持一心向神的宗教虔誠理念，深信人人平等，慈愛關懷婦幼，主張不分男女、智愚、貧富、貴賤，皆應一視同仁接受教育；唯有致力教育普及，使人人皆有知識，人類才能和平相處。這些感官主義（sensationalism）與泛智論（pansophism）等教育學說，在柯門紐斯戮力書寫教育相關著作百餘種的推動下，陸續點燃後世教育改革的熱火。

1. 母親膝下學習的幼兒學校

林玉体（1990）指出，柯門紐斯的《大教學論》，明確揭示出生至 6 歲主要在母親膝下的學習，也是學校教育學制的基礎階段，可謂是舉世第一本討論「學前」教育的書。嬰幼兒期的母親是名符其實的教師，更是幼兒的啟蒙師，母親對孩子的教育負有特殊的責任和義務，在其照顧與關心下，培養各種生活常規，具備生活所需之基本知識與技能習慣。母親膝下（at mother's knee）就是實施教育的場所，家庭就是人類的第一所學校。主要課程則是以

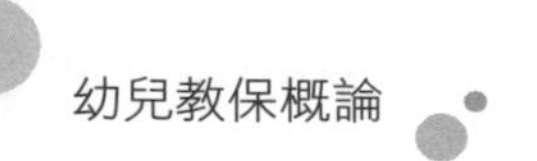

學習語言、動手勞作活動、認識物體、培養道德品行、陶冶信仰、保持身心健康等活動（段慧瑩、徐庭蘭，2000）。

為此，柯門紐斯撰寫《幼兒學校》（*The school of infancy*）做為幼教的重要指導教材，詳細說明隨著嬰幼兒成長逐年應授予的教育。首先必須盡量給予嬰幼兒溫暖、安全感，抱在懷中輕搖，聽成人的細語歌謠，接觸大自然；第二年以後，透過幼兒的自由遊戲及在遊戲中學習的價值，遊戲培養幼兒的感官知覺能力，利用合宜圖片及音樂，增進愉快的心情，提供幼兒自主探索、操弄與學習的遊戲活動。這些三百多年前的育兒寶典，在後世科學研究一一驗證其價值，與柯門紐斯倡議的感官主義教育觀點密不可分。

2. 感官主義的教育觀點

柯門紐斯虔誠信仰宗教，尊崇自然法則，將 6 歲前的教育比喻為四季之春、生命之始，猶如植物萌芽欣欣向榮。養育幼兒身心靈的健康，需要提供足夠營養、充裕睡眠、新鮮空氣、良好運動，以及刺激其感官的練習，培養其感官知覺能力，讓幼兒經由感官與真實事物接觸、實際操作後，具體感受之後才能理解事物（徐宗林，1992）。

柯門紐斯提出的良好教育，首先要掌握「確切」：適合幼兒年齡與發展能力的教材，以實例為先，教學步驟按部就班，讓幼兒能徹底完整學習；其次為「容易」：學習程序從已知至未知，由近至遠，由淺至深，促進學習者具備信心，發揮潛能；再者為「徹底」：書本知識不是唯一的權威，從自然現象中實際感受融會驗證，才能有始有終；最後需要「簡速」：教材選用以實用為準則，同一位老師教授相同科目，讓所有學生都可獲得相同機會的教育（朱敬先，2004）。最能表達其感官唯實的教育觀點，莫過於1658年出版的《世界圖解》，詳細記載其泛智教學需要學習的百科典籍，以圖畫對照描述說明內容，看圖識字的方式幫助兒童認識世界和語言訓練，更是從具體至抽象感官教學的實踐。

3. 泛智論的教育學說

柯門紐斯主張通用智慧（pansophy），認為人應該學習與具備現實生活中所有必需要的有用知識。因此，幼兒應該具備百科全書知識的基礎，舉凡日月星辰天文、水火土石物理、山川村落史地名稱、詩謠散文語詞、大小輕重數量數學、音韻演唱歌謠音樂涵養，以及日常生活用具名稱與行為規範等，都是教育重點，而主要的教學途徑就是藉實物操作或實施感官教學。林玉体（1990）引述柯門紐斯的健全學習，不僅是要能知道這些現象或百科名稱，還要能將這些知識實際運用，諸如數學的運算；最後也要能運用修辭文法適當的說話表達。「能知、能做、能說」三位一體才是完整的學習。

泛智教育的論點，主張人人皆有智性、德性及虔誠的潛在能力，具備認識外界事物的能力。幼兒時期的可塑性非常明顯，順著幼兒自然發展的天性，如同樹木自成長初期即加以培植，全心教育即可以有卓越的成效。如果忽視這時期的教育，樹幹歪斜後，再大的力氣也無法使其豎直。

泛智教育的實施對象不是針對富人或其他菁英，而是針對所有人，男孩和女孩，窮人和富人，城鎮和農村，所有國家都盡可能普遍發展教育。以當地語言（母語）以及拉丁語（當時歐洲的通用語言）教導幼兒。這樣的教育體系既保留了在地文化的獨特性，又促進了人類各族群的團結（Lukaš & Munjiza, 2014）。

4. 影響與貢獻

柯門紐斯是第一位明確提出從幼教到大學完整教育體系的教育家，並規劃各級學校相互銜接與課程連貫的內容。他除了奠定學校教育階段基石之外，極力鼓吹教育普及，支持終身學習，認為每個人的一生都是從搖籃到墳墓的學校；學習應該是一生的過程，學校應當在泛智教育精神的引導下，讓所有人都要受教育，要學習所有通用性、實用性的知識與技能。透過柯氏的大量著述與各國傳學，柯門紐斯被認定為教育改革的先驅、現代教育之父。

柯門紐斯重視 6 歲前母親膝下教育，主張嬰幼兒期教育應透過感官知覺為媒介，首次在教科書中使用圖片，以圖像或實物放在嬰幼兒眼前認識百科事物，使得幼兒教育方式有了革命式的改變。日後如盧梭強調兒童應提供實際觀察、嗅聞、觸摸的感官訓練教育；斐斯塔洛齊力倡普及母子教育基礎；福祿貝爾鼓吹兒童遊戲精神；蒙特梭利創辦的兒童之家，處處都能看見受到這位幼教先哲影響的痕跡。印證於當代，仍是不斷提醒幼兒教保工作者，透過教材本、學習單等紙筆練習，能獲得的也僅是內容記憶的短暫知識；唯有透過實際操作、親身體驗後，才是印象深刻的真實知識能力。

（二）盧梭

盧梭（J.-J. Rousseau, 1712-1778）一生傳奇且具爭議性，在西方哲學史上占有重要一席之地，他的理念翻轉理性思想世代，轉向為浪漫思潮，廣泛影響政治、文學、社會、宗教、道德、藝術、音樂及教育等方面。盧梭以「自由」、「民主」、「自然」等核心思想，貫穿其兒童本位的教育主張，完全迥異於當時教育是以成人權威、人性本惡為核心的信仰。盧梭認為人類天生是善良的，人性趨於敗壞乃是受到社會文明的腐蝕；兒童天性與人格需要尊重，教育需要依循良善的自然天性發展，而不是阻擾壓抑。這些論點在當時掀起了巨大的風暴，甚至視為邪說異教，後世認為是「教育上的哥白尼革命」（林玉体，1990）。

盧梭順應自然以兒童為中心的「消極教育」、「自然主義」等教育思想，主要在教育小說《愛彌兒》（*Émile*）中闡述。其他如《不平等起源論》（*Discourse on the origin of inequality*）表達原始的人雖然孤獨，卻是快樂、善良和自由。苦難根源於社會的形成，導致「人天生善良，但種種制度才把人弄壞」的結果。1762 年的《社會契約》（*The social contract*）（或譯為《民約論》）提出了人生而自由，如何恢復自由，主權在民的思潮，深刻影響逐步廢除君主權力的運動。晚年著述《懺悔錄》（*Confessions*）開啟後世傳記文學自傳體作品形式（Christopher, 2020）。

1. 教育應順應自然以兒童為本位

盧梭主張不違反兒童天性，兒童天性極為善良，教育原則就是順著這樣良善的天性去發展，而不是強行束縛兒童改變成大人的模樣。他在《愛彌兒》書中開宗明義指出：「出自造物主之手的萬物，都是好的，但一經人手，就全變壞了！」盧梭所指的人手，就是當時歐洲社會著重形式的教育方式，要求正值好動期的兒童，時時處於靜默，動輒施以體罰，以調教為成人的縮影為目的。

盧梭認為要發揚兒童自然天性中的純真（德）、好奇（智）與好動（體）的本性，只要沒有後天人為不良環境與作為的阻礙，讓兒童的求知本能與反璞歸真本性顯現出來，就是「自然」的高度教育價值。其次，兒童也有無善無害的自然表現，例如：喜歡嘻笑胡鬧、不停的潑水玩沙土等，一旦發洩夠了，就會逐漸消失或改正，不須刻意理會。所謂順應自然，是經過詳細觀察與研究兒童後，滿足兒童身心的自然需求，兒童就不會做出不當的作為。例如：提供兒童剛好食量的食物，兒童不會吵鬧要再吃或拒吃，成人也不需要強制兒童多吃或禁食。成人與兒童順應「自然」的引領，對於不符合自然或是違反自然秩序的情形，會受到「自然的懲罰」，也就是盧梭主張的消極教育。

2.「由自然產生懲罰」的消極教育方式

盧梭鼓勵放開對兒童教育的過度約束與強制性典籍課本記誦，教育應以消極（negative education）、兒童本位（child-centered）出發，在自然環境下孕育兒童，諸如：嬰兒出生後不需要包覆太多衣物，讓他身體能夠充分的自由運動，以訓練其強壯靈活的身手。兒童天生的好奇心，看到有興趣的書籍，會翻了又翻、自願性的閱讀，經由自由思考後，就能有自己獨特的見解與想法。消極教育並非反對教育，而是重視兒童本位的主動性，借力引導兒童有用與有趣的活動，取代大量文字教育。

消極教育降低成人對兒童的過度保護。例如，與其嚴厲禁止兒童破壞物品，不如讓兒童接受自己破壞物品導致沒有物品可用、生活不便的懲罰。生活沒有規律，狼吞虎嚥大吃大喝，天冷不加衣保暖，自然導致腸胃不適、感冒昏沉的痛苦。說謊後果的自然懲罰，是以後說真話也沒人相信了！兒童是能夠從生活中的感官訓練經驗，自然的應用於生活情境，教師的職責就是要摸清楚兒童研究（child study）的天性。盧梭晚年以小說人物《愛彌兒》的故事，清楚描繪理想的教育體系。

3. 以《愛彌兒》闡述理想教育

《愛彌兒》出版時雖飽受攻擊，卻是教育哲學上重要作品。該書詳述男童愛彌兒從出生至成人各階段的成長特性，以個別化因材施教方式的理想教育方式，甚至對於妻子的職責，也以女子教育專章闡述。2 歲前襁褓的嬰兒、學步兒，以哭來表達語言，成人要多加觀察，分辨嬰兒各種哭聲表達的不同意義。照顧者以「語言」與肢體動作回應，嬰兒依著聲音「音調」與表情來獲得慰藉與模仿。從漸有語言到 12 歲的兒童期，這個階段是理性沉睡期，屏除制式文字書籍的理性說教，讓兒童實際接觸萬事萬物，透過自己主動的感官經驗教育以體驗自然生活，從真實情境中觀察自然變化，以消極教育與自然的懲罰，逐漸修正行為。

盧梭提出教導者必須要根據人的自然本性，融會身體感官機能內在的「自然」教育，進而從自然中獲取萬事萬物具體經驗的「事物」教育，以及教導人運用這些發展成為「人」的教育，自然、事物和人，這三種教育相對和諧而不相衝突，最終培養出全人的公民。

4. 影響與貢獻

盧梭重視兒童天性並倡議民主教育，認為教育最大錯誤，是以社會中人為的形式化規則取代了自然的運作法則。教育需要走出狹隘教室與制式文字，以順應自然，讓身體自由活動，親身體驗自然事物，接受自然的懲罰，徹底翻轉當時教育主流；其次，教師需要仔細觀察兒童的個別特質，才能因材施教，也開啟兒童研究的重要性。然而，他的許多主張與作為也受到批評，例如一方面呼籲母親要自己養育子女，卻又將五名親生子女送往育幼院；自然制裁效應，有時不會立即出現，導致錯誤行為無法糾正，而有些自然懲罰也存在高度危險性；12 歲前隔絕於社會，忽視人類文化遺產，以及男女不平等的教育觀，都不適用於現代社會。但盧梭提出的教育理論與著作，至今仍是發人省思，引發的批判與討論，深深影響後世如康德、杜威等多名思想家。

（三）斐斯塔洛齊

教育沒有以「愛」為基礎，所有的教育都僅止於教「書」。受盧梭影響也同為瑞士人的斐斯塔洛齊（J. H. Pestalozzi, 1746-1827），一生實踐教育愛的作為，展現「育人」的真諦，特別對於貧困癡愚、頑劣不堪，條件差不受歡迎的兒童，為了還給這些兒童良善面貌，用盡方法讓他們感受到教育愛、信賴教師，進而喚醒努力的動機，勤奮學習得以展現心智潛能。斐斯塔洛齊真正的貢獻不僅在學說典籍，他創辦貧民學校、熱愛與實踐教育的奉獻精神，正如同其墓誌上「不為自己，一切為了眾人」（All for Others, Nothing for Himself），顯現他一生慈愛兒童的苦心孤詣。

1. 教育愛的踐行

當兒童因為貧窮、缺陷等各種因素沒有機會被良善對待，甚至被視為難雕朽木時，斐斯塔洛齊卻視之為「英才」樂於教導，認為每個人都有學習能力，每個人都應有受教育的權利，也是社會責任的實踐。因此，他創辦多所學校，踐行教育愛，營造學校具有家庭（home）的氛圍，而不只是一幢建築物（house）。學校是自然界的花園，兒童如同花草樹木，能力的種子早已存在，身為園丁的老師，需要提供安全溫馨與支持的環境，讓兒童不受外力妨礙，嚴峻的寒冬過後，循著自然秩序，春天到來時，自然引發強大生命力，茁壯成為可以改造社會有用之人。

斐斯塔洛齊數十年親身實踐教育愛，創辦的學校是充滿慈愛的大家庭，一反當時對兒童冷酷嚴厲的打罵管教方式，受到當時各國矚目。為了讓老師在教育愛基礎下，進一步能依據兒童特質，以直觀（intuitive）的教學方法引導兒童知識與品德。他著述多本著作，闡述獨有的斐斯塔洛齊教學法（Pestalozzi Method），將教學視為一門值得獨立研究的學科，因此被尊稱為現代教學法之父（Father of modern pedagogy）（林玉体，1990；徐宗林，1992）。

2. 知識的直觀

簡單的說，「直觀」就是讓兒童充分運用感官，自由的接觸自然真實事物特徵與變化的直接觀察，這樣的理念一脈相傳柯門紐斯的感官主義、盧梭的自然教育等主張。直觀是教學的根基，直接和自然環境互動獲得第一手經驗的知識，和大自然發展一樣是持續穩定且循序漸進；依據心理認知原則，教材的排列提供是由易至難、由簡入深、由近及遠，以符合兒童心智發展。

此外，自然知識由三個基本元素組成，分別是數目（number）、形狀（form）和名稱（language），呼應兒童認識這三個要素的能力是計算（算）、測量（寫）和表達（讀）。換言之，由自然真實獲得的感覺印象，要和語言連結，之後又有實際操作，知識才能和能力結合一起；有了智育、道德和身體能力一併發展成為真正的人，也是裴斯塔洛齊認為的教育必須是對全人兒童（whole child），具備智育—頭（head）、德育—心（heart）、體育—手（hand）等三 H 和諧發展的教育。

3. 品德的直觀

裴斯塔洛齊的教育愛，也展現在品德的直觀。當教師以身作則，耐得住性子循循善誘頑劣兒童，兒童直觀到教師的殷切期許與慈愛，即便犯了錯，仍然信賴教師不失安全感，也願意接受懲罰。當兒童愛的需求滿足後，道德發展也會從重視生理需求的原始動物人（animal man）狀態，進而意識到社會規範的集體生活的社會人（social man）樣貌，最終達到不求回報的道德人（moral man）境界。

4. 影響與貢獻

裴斯塔洛齊主張與實踐教育愛的事蹟，讓弱勢兒童也有公平受教育機會，影響後世教育普及化、平民化與機會均一化的思潮。著作《林哈德與葛篤德》（德文 *Lienhard und Gertrud*）（或譯《賢伉儷》），借用這個家庭與周遭人物發生的故事情節，闡述其教育愛、教育方法等理想學校的觀點。此外，從自然直觀的教學方法，以 15 封信件體撰述而成的《葛篤德如何教育她的子女》（*How Gertrude teaches her children*），指出德育、智育與體育的重要性，認為教育需滿足兒童學習心理等觀點，奠基了現代教育方法學。以植物比喻兒童是充滿潛能的小種子，需要自由生長，教師須尊重個別兒童的特質，保護不受侵害的教育園丁論，更是影響福祿貝爾創辦專門讓幼兒自然生長、遊戲學習的幼兒園。

（四）福祿貝爾

福祿貝爾（F. W. A. Fröbel, 1782-1852）熱愛自然，早年所學與工作多與林務自然有關，因緣際會曾在斐斯塔洛齊所設立的實驗學校任職，深受其自然主義教育思想的影響，逐漸開展其教育學思實踐之旅。55 歲時，創辦了 3～7 歲幼兒的專屬教育機構，名為「幼兒園」（kindergarten），並設計幼兒專屬教材恩物（gifts）以培育幼苗。這些創舉贏得舉世公認福祿貝爾為幼教先鋒，享有幼教之父（the father of kindergarten）的尊稱。

福祿貝爾的教育思想核心為開展說（Theory of Unfolding）（林玉体，1990），強調兒童天生擁有內在潛力，不應加以束縛，也不應揠苗助長，而是順應其本性，以適當的教育方式「開展」，即可獲得成就。「適性揚才」（nurture by nature）的開展途徑為「內在外在化」（inner-outer），成人以讚美鼓勵方式，讓兒童表現其內在創造力；另一個途徑為「外在內在化」（outer-inner），教師提供各類可操作玩具恩物（gifts）、布置可操作活動（occupation），藉由外在環境的刺激引導兒童內在潛能的發展。前述內外在相輔相成，達到開展潛能的目的，這些理念都在其創辦的「幼兒園」一一實踐。

1. 創辦「幼兒園」倡議幼兒教育

幼兒園意旨「兒童的花園」（children's garden），兒童宛如朵朵小花，需要園丁照顧，每朵都有獨特樣貌的美麗。在幼兒園中，兒童與大自然互動，自由遊戲、種植、探索、觀察和發現，是充滿和諧、快樂的園地。

福祿貝爾希望改變家庭，使遊戲成為人類教育的重點，幼兒園是為了提供母親示範遊戲的場所，在幼兒園中可以看到如何實踐遊戲教育的觀念；他原來強調透過遊戲學習的重要思潮漸被轉移至幼兒園，使得幼兒園成為專門提供幼兒遊戲活動的代名詞。例如，福祿貝爾設計從嬰幼兒階段就開始玩代表和諧「球」的遊戲教材，藉由這些球體（spherical）教育材料，啟發新的人類之春（spring of mankind）。而這些教學活動成為日後幼兒園教師照顧幼兒遊戲的核心。

2. 彰顯兒童遊戲的價值

福祿貝爾堅信幼兒園的主要重點應該放在遊戲上，強調教師和兒童一起遊戲的重要。遊戲是幼兒表達他們內心的想法，需求和慾望的過程，和當時傳統觀念認為遊戲是無聊、無序、無價值的生活元素，形成了鮮明對比。福祿貝爾重視「神」性的宗教主張，認為從遊戲中，兒童得以發現神的意旨與自然奧妙，自然也是神力的表現。對福祿貝爾而言，遊戲促進了兒童對當前社會文化的重演，模仿成人社會和經濟活動，兒童透過遊戲得以逐漸融入更大的群體生活世界。幼兒園提供了遊戲與工作的環境，鼓勵幼兒在教師的引導下與其他兒童互動，使得內在逐漸外在化，言行中蘊含豐富的象徵（symbolism）、符號（mysticism）與想像（imagination），視為萬物皆有神性，也是「神的兒童」（林玉体，1990）。

福祿貝爾強調透過教材或「自然物質」（natural objects）的自我教育功

能，與其教學架構與教學原則息息相關。遊戲與工作都是以活動為基礎，沒有成人提供材料與空間，幼兒不可能全部都是想像性的遊戲。遊戲本身主要目的就是遊戲，活動則是透過工作達到活動結果為目的；換言之，完全放任自由，則難有成果的滿足；過度限制，則工作變成勉強無趣。因此，善用自然界恩物，諸如沙、水、小石子等，幼兒好奇探索操弄，自然發展感官知覺；加上福祿貝爾以其建築工程背景專長，設計人為恩物，讓幼兒自動自發操作外在環境所提供的教材，使得外在內在化，培養日後有用的知識與能力（張碧如，2005）。

3. 發明「恩物」引導兒童潛能

恩物是福祿貝爾為鼓勵幼兒連結知識與技巧等學習的專門設計，他相信兒童的自我活動和動手學習。恩物是上帝恩賜給幼兒的玩具，1～10 項是遊戲恩物（play gifts），引導幼兒去觀察發現；11～20 項是操作活動（occupations），主要在引導幼兒的發明與創作。

第 1 項恩物是紅、綠、藍、黃、紫、橙六個顏色的絨線「球」，展現萬物的整合，在母親的引導下，讓還不具備說話能力的嬰兒觀察、抓弄這些柔軟的小圓球，讓他初步熟悉它們的形狀、顏色和動靜狀態，發展兒童的辨色能力等。第 2 恩物是「圓、圓柱與立方形」象徵動、靜與兼備的想像遊戲。第3～6恩物是各種大小立方體積木，讓幼兒奠下數學幾何基礎。引導概念順序從立體延伸認識平面（第 7 恩物），再探究線（第 8 恩物）與環（第 9 恩物），最後為點（第 10 恩物），對應具體到抽象的歷程。

11～20項的操作恩物，則是由點（第11、12恩物：打洞與縫工），擴展成平面（第 13、14 恩物：繪畫與編織工），進而漸成立體（第 15、16 恩物：摺紙與剪紙，第 17 恩物：豆工，第 18 恩物：厚紙工，第 19 恩物：沙，第20恩物：黏土），對應抽象至具體的歷程。恩物間具系統關聯性，但不一定要按順序操作，遊戲恩物引導幼兒對內在的發現，操作恩物則促發幼兒創造的力量。

4. 影響與貢獻

福祿貝爾深知從學習者的角度出發的重要性，認為兒童是自主學習者（autonomous learners），教師的角色不僅是教學（instruct），卻是增能與引導（facilitate and guide），經由細心觀察後，鼓勵與回應個別幼兒的興趣。

他以濃厚宗教情懷的教育理念，展現對兒童無私的愛，不僅實踐斐斯塔洛齊的教育愛「教育之道無他，愛與榜樣而已！」（Education consists of example and love, nothing else.）的概念（楊禮義，2007），並從自然主義出發，倡議遊戲能展現兒童內在本能，且具創造力的價值。他獨創恩物，鼓勵兒童自由快樂的遊戲操作，進而智慧萌生。創辦幼兒園與定位幼教師的專業角色，影響遍及世界。其後，如蒙特梭利亦以其醫學專業，設計獨有的教具供幼兒自主活動，可自由遊戲操作的教具從此成為幼教不可或缺的一環。

（五）蒙特梭利

採用蒙特梭利（M. T. A. Montessori, 1870-1952）教學法（Montessori method）的幼兒園遍及全球，各類體系的蒙氏教師證照培訓課程多樣化，大抵依循蒙氏教育精神，推廣蒙氏教具的應用。然而，蒙特梭利以其專業醫學背景，設計專供幼兒工作的教具，僅是其教育理念中的一環，更重要的是「要看到兒童，而不是教學法！以確保兒童自然發展無障礙」（seeing the child, not the method and ensured that the child developed naturally, without hindrances）（李田樹譯，1992）。

蒙特梭利延續盧梭、斐斯塔洛齊與福祿貝爾等人的消極主義、自然主張與神學色彩，肯定與尊重兒童的主動性，認為兒童就是自己的老師（the child as a teacher）具有自我校正學習的能力。教師與準備好環境（prepared environment）、教具三者為教學方法之核心，以兒童為主體，教師的角色首在觀察與回應兒童的需求。著有《吸收性心智》（*The absorbent mind*）、《童年之密》（*The secret of childhood*）、《蒙特梭利教學法》（*The Montessori method*）等專書，詳細說明其教育理念與方法。

1. 醫學、科學兼具的教育學理念

身為義大利首位女醫學博士，蒙特梭利除了對於科學探究具有高度的精準研究精神，植基於對社會弱勢特殊兒童的關愛與實際接觸，主張以教育的力量，協助兒童發揮其內在自然本能，學習自我控制、獨立活動，幫助兒童能幫助自己（help me to do it by myself）。這樣的特色具體呈現在蒙氏能自動工作與自我校正的各類教具應用。

蒙特梭利歷經兩次世界大戰，認為教育是維護和平的方法，對於和平的追求與實踐，從教師尊重兒童的意願開始。兒童有機會以自己的自由意志來從事任務，並有能力完成這些任務，教師應讓這些自動自發學習的兒童不受干擾或是過度支持。當兒童在學校環境中自由行使意志與做出決定時，同時承擔起做決定的責任，直接體驗自主選擇的自然結果或後果。

換言之，蒙特梭利認為唯有自由才能獨立與顯現其心智能力。這樣自我教育的過程中，教師提供身教的示範，沒有特別的讚美，更應避免懲罰。這些理念在其創立的「兒童之家」一一呈現。

2. 成立兒童之家以展現兒童特質

兒童之家（Casa de Bambini，英譯 Children's House）以兒童為主人，照顧羅馬貧民區低收入家庭稚齡子女，也是蒙特梭利教育實踐研究的第一個場

所（林玉体，1990）。蒙特梭利透過大量實地觀察與實驗研究兒童行為，分析兒童各階段發展特徵，出生至 3 歲為人類發展最重要的敏感基礎期，吸收力最強，應著重感官訓練。延續至 6 歲兒童的動作、語言與認知，更展現在記憶、理解與思考力等創造性表現。

兒童之家安置符合兒童使用的小型傢俱設施與器材，讓兒童參與日常生活照顧自我與環境的活動，練習社交行為，培養良好生活習慣，有秩序節奏感的作息與工作。在這樣的學習環境中，兒童自然內化其心理秩序，養成專心和自律的精神。

兒童之家的教師不需要太多的語言，卻要掌握以兒童為主體，當兒童準備學習新技能時，以精確方式提供與引導兒童自由選擇獨一無二的單項教具。當兒童被該項教具吸引開始專注時，教師要保障兒童不受干擾，不受時間或封閉性課程步調限制，兒童因此從環境經驗中獲得的學習與新發現，這樣的欣喜，建立兒童邁向希望與持久和平的生命價值感。

3. 獨創教具以實踐教育精神

蒙氏教室的環境特有的秩序感，激發兒童自發性工作，如家庭般不同年齡兒童混合，彼此相互學習，年長兒童自然產生照顧幼小，社會行為與情感交流油然而生。蒙氏教具與其教育宗旨相輔相成，每一種教具皆為孤立具特殊屬性，能自我糾正，由簡單到複雜，由具體到抽象，前階段與下階段教具彼此銜接。概分為五大領域（單偉儒，1988）。

(1) 日常生活練習（practical life）：學習如何照顧自己和環境。這些活動有助於幼兒變得更加獨立，從而增強自信心，並有能力面對新的挑戰。

(2) 感官（sensorial）：幫助兒童表達和分類他們的感官體驗。感覺活動的目的是幫助兒童智力發展，從而提高觀察和比較能力。有一些感官材料集中於視覺感知、觸覺印象、聽覺以及嗅覺和味覺感知。活動通常包括匹配和分級的材料，以隔離視覺、聲音、觸覺、味道和氣味。

(3) 數學（mathematics）：使用具體的感官材料介紹數學概念。經由感官材料的初步探索鼓勵兒童理解基本的數學概念。

(4) 語文（language）：旨在增強詞彙量並探索書面和口頭語言。透過砂紙字母和可移動字母等語言本位的活動，兒童可以學習語音發音以及如何在語音上撰寫單詞，進而逐步使用具體的材料撰寫自己的書面作品，閱讀他人的作品，並學習交流自己的獨特思想和感受。

(5) 文化（culture）：體驗來自其社區、社會和文化背景的音樂、故事、藝術品和物品。地理、科學、動物學和植物學領域均包含在該領域中。

4. 影響與貢獻

蒙氏教具提供兒童動手操作體驗的第一手經驗，操作結果並非蒙氏教育的目的，工作歷程才是兒童獲得喜悅的泉源。尤其，兒童之家展現兒童們盡心、忙碌與喜悅的生活學習方式時，受到各方矚目，發現兒童（discovery of the child）的教育精神一時形成蒙特梭利風潮（The Montessori Movement）。半個世紀後，全球已超過百餘國家設有兩萬多所蒙氏幼兒園。蒙氏教育分別從出生至 36 個月的托嬰、3～6 歲學前班與 12 歲小學階段，發展至中學（middle and high school）18 歲完整學校體系，甚至蒙氏在家自學（Montessori homeschool）也在私立學校教育體制中占一席之地。

邁入 20 世紀後，歐美興起兒童心理學研究風潮，教育心理學、教學方法、教育學等快速創新多元體系。諸如，維高斯基、杜威、皮亞傑等人的研究更是直指幼兒教育的重要性。而中國、日本等東方國家受到西方科學文明衝擊影響下，透過典籍翻譯，也漸次引進科學實踐的學前教育方向。

二、中國教保先哲思想

中國學前教育的基礎制度漸顯於清末，於1904年合併頒布「家庭教育法章程」與「奏定蒙養院章程」，堪稱中國第一部幼兒教育法規，從此將「蒙養院」幼兒階段教育正式列入學制。民國政府成立後，幼教漸獨立於家庭教育，1922 年改革新制稱為「幼稚園」，彰顯幼教機構於國民教育基礎的重要性（翁麗芳，1998，2011；賴春金，2000）。此時期學前教育最具代表人物，首推活躍於江南倡議「活教育」的陳鶴琴，與華北地區實踐「行為課程」的張雪門，同時被譽為「南陳北張」。

（一）陳鶴琴的生平與教保思想

陳鶴琴（1892-1982）於民初留學美國，並曾赴歐、俄、東南亞多國考察教育，對中國本土幼教實務推動與科學研究教育奠基先鋒。他雖歷經戰亂或國民政府與共黨政府，皆能不遺餘力推展幼稚園普及設置，建立師資培育機構，進行課程實驗與著述研究，一生引領幼教發展，被譽為中國幼教之父、中國的福祿貝爾。

1. 做中學、做中教、做中求進步的活教育

華人社會素以儒家思想為核心，容易流於以教師主導，陳舊僵化的知識灌輸。陳鶴琴受西學如杜威之實用主義、克伯屈（Kilpartrick）等教育學者影響，提出活教育理論，其根基回歸於「兒童生活需要」、「兒童學習興

趣」為教學活動的兩大原則（翁麗芳，1998，2017）。活教育（living education）強調兒童具有主動性與創造性的觀點，教學應取自自然與社會生活等活教材的直接刺激，由親身體驗觀察中活的知識和經驗。其基本論點就是「做中學，做中教，做中求進步」。

活教育重視兒童思維能力的培養，教師教學要有充分準備，其教學過程首先是實驗觀察，其次為閱讀思考，進而能創作發表，最後進行批評研討等四步驟。陳鶴琴亦將活教育的課程內容具體轉化為健康、社會、科學、語文和藝術等五大領域，命名為五指活動課程，實際應用推廣。

2. 研創五指活動課程

五指教學活動對應陳鶴琴起草的幼稚園課程標準與小學學科歸併為健康、社會、科學、語文與藝術等看似分科的學習活動，卻是教材同掌連結，統整融合，重要相同的幼兒園課程。五指教學法將各項活動都圍繞著單元進行，漸次與日後「單元教學法」一脈傳承。

陳鶴琴「一切為兒童」的教育理念，力推農村幼稚園，期望平民幼兒教育能普及每個地區。1923 年在自家寓所創辦中國最早的幼教試驗園地——南京鼓樓幼稚園，一方面實驗「五指法」的幼兒課程教學，另方面展現跳脫模仿國外，實踐本土化的幼兒教育模式（霍力岩、高宏鈺，2013）。

3. 倡導幼師專業培育

陳鶴琴以其嚴謹的科學研究訓練，從子女出生起即為其觀察研究對象，記錄兒童身心發展的特點，強調以兒童主體，提出活教育主張。身體力行實踐幼教專業，鼓吹設置幼稚園，積極參與幼教研究會、組織專業研究社群，開辦幼教研究雜誌、演講與著述多套專門書籍，更關注幼稚園教師專業質量之提升。1940 年在江西省泰和縣，創辦中國第一所公立幼教師資培育機構，建立起從專科部、師範部、附屬小學及幼稚園、嬰兒園完整組成的幼兒師範教育體系，開創一系列本土幼兒教育研究與實踐。

（二）張雪門的生平與教保思想

張雪門（1891-1973）初始投入小學教育，偶然機緣目睹幼稚園活潑有趣活動，產生濃厚興趣研究，經北京大學學術涵養薰陶後，終生投入幼兒教育事業。隨國民政府遷臺，陸續建置幼稚園與慈善機構典範，積極培育師資，倡議行動教育、行為課程。晚年飽受眼疾與身體羸弱之苦，仍透過口述堅持論述，傳承幼教理念，為臺灣幼教發展奠定穩固基礎。

1. 倡導生活即教育的行為課程

張雪門深受杜威的生活即教育思潮影響，認為幼稚園就是透過自然生活幫助兒童成長的地方，其教育實踐應本於幼兒興趣與能力，以幼兒生活為中心，內容必須考慮國情切合時代需要。而課程就是人類的經驗，提供適應生長有價值的教材，充實兒童生活；行為即是課程，教育原本就是生活。

行為課程理論強調透過兒童的實際行為，實際教材的應用，使兒童獲得直接經驗。同時根據兒童的能力、興趣和需要，以單元設計組織教學，打破各種學科的界限。張雪門認為這樣的課程源起於生活，從生活而來，開展與結束於生活，進而具備生活能力（翁麗芳，1998；黃常惠，2001）。

2. 貫徹行動中學習、實習與做學教合一培育幼教師資

張雪門從行為課程出發的主張，貫徹於行動中學習。尤其，幼教的推動不能僅限於幼稚園教育，須扎根於「學」必須配合師資培育「教」以及幼稚園實地「做」的實踐性師資培育，彰顯師範生實習教育的重要性。設計有組織、有計畫的幼稚師資訓練，幼稚園實習與課堂授課各半，扭轉當時「從書

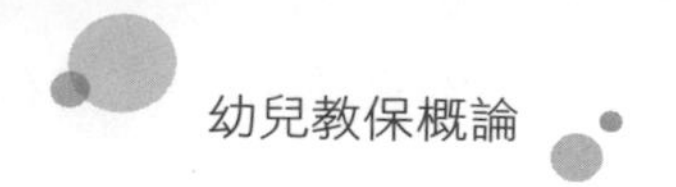

本中學知識」的師範教育，代之以深具實效的「從行動中獲取經驗」，取徑「為用而學」、「為用而教」。

張雪門從實習中學習的場域分別是幼稚師範學校附設的中心幼稚園，幼稚園的幼兒教師也是師資生的導師，以師徒方式傳授幼師典範；其次，為服務貧困家庭子女的免費平民幼兒園，由師資生分別負責園內各項課程與行政事務，以培養其獨立經營管理幼稚園能力；此外，收托出生至 4 歲的嬰兒保育園實習，則可以練習嬰幼兒衛生保健、營養膳食等保育技巧。最後於小學的實習，幼師資生則可以及早為幼兒進入小學階段的學習做好準備。這樣系統性的實習機制，呼應當今師資培育實習，具有高度價值。

3. 奠基臺灣幼教發展的典範

張雪門不論是在中國大陸時期或是臺灣階段，皆已樹立實踐幼教精神之哲人典範。受託實際幫助孤貧兒童，戮力為慈善教育奔波之餘，重視師資培訓，仍汲汲營運開辦各類幼教師資班，以講學、著述的方式，提倡行為課程，以兒童興趣出發，幼兒於生活中學習，改變當時以「教師主體」的幼稚園教學現象，實際提升當時的幼教環境，奠基臺灣幼教課程發展基礎。

第二節 臺灣幼兒教保發展演進

臺灣幼兒教保發展，可溯源為日據時期以及1949年國民政府遷臺，大抵不脫仿日或取經西學。在社會經濟型態的轉型下，農業社會躍入經濟起飛的輕工業發展，幼兒教保服務需求大幅增長，托兒所、幼稚園甚至未立案機構的數量快速增加，亦形凸顯質的不足，研議多年幼托整合，於2012年正式實施《幼兒教育及照顧法》，2017 年實施《幼兒園教保活動課程大綱》，幼兒教保制度轉進另一新里程。以下分從歷史演進與制度變革等兩部分加以探討。

一、歷史演進

（一）日治時期

根據史料，1897 年於臺南設立的「關帝廟幼稚園」是臺人所設的第一所幼稚園（翁麗芳，1998，2011）。日治時期的幼兒照顧機構係採日、臺分制，「幼稚園」較屬於權貴與日人子弟受教處所，之後農漁村開始出現因應季節性勞動力需求設置短期性農繁期「託兒所」。1928 年臺東「鹿野村托兒所」為愛國婦人會為協助保育日本村子女所設立，推測為日治時期臺灣最早托兒所（李雄揮，2007；翁麗芳，1998）。

此外，專為濟助貧童的私人出資的財團法人崇文廣義團於1932年更名為「新竹州銅鑼莊三座厝農繁期托兒所」，收托佃農、貧困農家農忙時子女之托育，是第一所為臺人創立的最早的托兒所（翁麗芳，1998；賴怡瑾，2011）。其後，加入教保功能成為地方性固定設施「保育園」日增，其教保內容以讀寫算知識為主，設備簡陋，照顧者僅為保母性質。至日治結束前，數量將近 1,800 所，照顧七萬名幼兒，而幼稚園僅將近百園。

日人結束臺灣統治至國民政府遷臺 1945～1949 年間，幼兒教育處於放任狀態，除延續日治與遷臺前經驗外，尚有重組制度之步伐（洪福財，2019；黃怡貌，1995）。諸如，1948 年張雪門於省立臺北育幼院實施幼稚園「行為課程」，熊慧英則在省立臺北女子師範學校指導「五指活動課程」等，翁麗芳（1998）將階段定位為臺灣幼教發展過渡期。

（二）政府遷臺

1945 年光復後，教育政策重心主要在初等教育，幼稚園係附帶於國民教育項下，翁麗芳（1998）認為1950～1967年階段屬於自立時期，或有認為係介於1953～1964年間（洪福財，2019；黃怡貌，1995）。該時期多沿用遷臺前訂定的《幼稚園課程標準》（1932），而《幼稚園設置辦法》（1943）亦數年未修正。教學與課程則側重數位大陸來臺的學者興辦，諸如：張雪門於1946 年創辦「臺灣省立兒童保育院」，提倡行為課程，於軍眷區興辦「幼兒團」；熊芷推動大單元設計教學；熊慧英等人倡導「興趣中心」實驗課程，奠下臺灣本土幼教課程基礎。1961 年私幼數量首度超越公幼，公立幼稚園數量少且未積極擴增，幼稚園的發展轉向以私幼為主體（段慧瑩，2011）。

此外，幼稚園限收滿 3 歲以上幼兒，未能滿足核心家庭與雙生涯家長需求。以社會福利為導向，得收托出生至 6 歲的托兒所，快速補足家庭需求，內政部遂於1955年發布的《托兒所設置辦法》做為開辦依據，從此幼稚園與托兒所分列雙軌體制運行。

二、制度變革

（一）托兒所與幼稚園體系分立

托兒所為學齡前的慈幼機構，著重慈善與補充家庭的托育照顧需求，緣起於農忙季節各鄉鎮成立之「農忙托兒所」，漸次成為長期性的「農村托兒所」、「村里托兒所」，兼具經濟與福利功能（林勝義，2019）。其後，又有示範托兒所，同時兼具人員訓練之功能，以及少數「公立托兒所」。因經費限制，場地與人員都多屬臨時因應，1955 年制訂的《托兒所設置辦法》尚屬行政命令，遲至 1973 年《兒童福利法》頒布才正式納入法律規範，1979 年訂定「托兒所教保手冊」為課程唯一參考。然而，托兒所在社會福利功能之外，實則等同幼稚園教育性質，而在法律制度、機構設置、師資培育等皆與幼稚園混淆不清。

幼稚園發展雖在課程與教學層面迭有更新，但就制度與經費投注也不若其他教育階段受到重視。臺灣社會因為經濟發展以致幼兒送托幼稚園的需求提高，幼稚園逐漸轉向市場化的民營為主流，衍生了收費與品質落差等問題。1981 年頒布《幼稚教育法》奠定幼兒教育之基本法律位階，促使臺灣幼教邁入繁盛期之里程（洪福財，2019）。

1979 年頒布《師範教育法》臚列師範專科學校培育幼稚園教師事項。1987 年教育部在「幼兒教育十年發展計畫」將普設國小附幼、加強幼稚園評鑑與獎勵等列為目標。此外，於「發展與改進幼稚教育中程計畫」（1993、1999 年），以及 1998 年通過的「教育改革行動方案」，將普及幼稚教育列為 12 項教改工作重點之一（蔡佳純，2003；謝子元，2005；饒欣秀，2008）。

之後，為提高 5 歲幼兒入園率，2000 年首度對就讀私立機構滿 5 歲幼兒發放「幼兒教育券」，以補足就讀公私立園所費用支出的差距，促進公平教育資源之合理效益。2005 年公布「扶持 5 歲弱勢幼兒及早教育計畫」，以期弱勢幼兒獲得平等學習機會，減輕家長育兒負擔，並由公幼承擔扶助弱勢的任務，也使各公私立教保機構的招生互有消長（張嘉芙，2010；饒欣秀，2008）。2010 年整合「幼兒教育券」、《原住民幼兒就讀公私立幼稚園學費補助辦法》、「中低收入家庭幼童托教補助實施計畫」、及「扶持 5 歲幼兒教育計畫」等各類補助計畫，提出「5 歲幼兒免學費教育計畫」，以期漸次達成 5 歲幼兒普及入學的目標。

長期以來，幼稚園與托兒所收托對象重疊，但幼稚園不論是設置標準或是師資課程等規範要求更高。其次，托兒所的立案條件相形寬鬆，例如室外面積得全數由室內面積抵充、又不需教師資格者任職等，幼托品質不一且私立托兒所成為提供教保服務的大宗。以 2010 學年度為例，幼稚園總計 3,283 園，包括公立 1,560 園，私立 1,723 園，共收托 183,901 名幼生（教育部，2011）。同期，托兒所總計 4,818 所，包括公立 287 所，私立 3,538 所，社區 12 所，以及托嬰中心 169 家與課後托育中心 824 家，共托收托 272,463 名幼兒（內政部統計處，2011），收托人數約為幼稚園的 1.5 倍。由於幼稚園與托兒所分屬教育與福利體系，設置人員、管理及標準不一，加上以才藝或補習班為名的未立案或名不符實機構，更加劇品質良莠不齊的現象，亟待制度變革與資源統整以發揮效益。

此外，近年來臺灣社會也面臨少子女化、貧富差距及家庭成員核心化等社會結構變遷嚴峻挑戰。幼兒教保朝向擴大提供、普及近便，同時兼具教育與保育一致性綜合服務，以兒童教育與照顧（Early Childhood Education and Care, ECEC）的精神整合幼稚園與托兒所於單一行政體系，終成執政或在野政黨的一致目標。

（二）幼托整合

幼托雙軌併存，常見於早期各國學齡前教保服務，隨著兒童神經科學研究的日益受到重視，及早介入兒童學習，融合教育與保育的教保合一（edu-care）體制成為焦點趨勢。我國幼托整合起步於 1997 年行政院提出研議，列為重要政策。2001～2003 年間教育部與內政部協同政策規劃，陸續研提「托兒與學前教育整合方案」、「幼童托育與教育整合方案」等方案，確立幼托整合後的各項基本法制草案，逐步統整幼稚園與托兒所共同負擔之幼兒教保發展重責。

2005 年成立諮詢小組與法治研修、立法推動、師資及人員權益、輔導及範例建構、教保綱要研編、宣導及溝通、績效評核等七個工作小組整備工作，推出幼兒教育及照顧法草案，2006 年研修為《兒童教育及照顧法》，陸續召開公聽會，聽取各界意見，於2009年函送立法院審查。該法案規範的對象為0至12歲的兒童，規範服務的教保類型包含托嬰中心、幼兒園、居家式照顧服務、課後照顧中心及社區互助式教保服務等。但各界意見分歧，最終於 2011 年立法通過《幼兒教育及照顧法》，2012 年起實施。藉由該法解決長年幼托體系分流所衍生之問題，幼稚園及托兒所走入歷史，整合為「幼兒園」，提供 2 歲至入國小前幼兒接受教育及照顧服務，並由教育部門統籌監督管理，可謂為幼兒教育史上一重大變革，也是亞洲地區率先採行幼托整合制度的國家（段慧瑩，2011）。

《幼兒教育及照顧法》頒布後，復於 2013、2015、2018 及 2021 年數度修正，分別對幼兒園、社區互助式、部落互助式，以及職場互助式等機構，規範其教保服務組織、機構管理、輔導及獎助等基本原則；並以專章羅列幼兒權益保障、家長權利與義務、服務人員資格及權益等事項。

至於攸關課程品質部分，將 1932 年頒布的《幼稚園課程標準》，屢經1953 年、1975 年以及 1987 年數度修正後，於 2017 年起實施《幼兒園教保活動課程大綱》揭櫫臺灣學前教育立基於「仁」的教育觀，從人的陶養出發，培育幼兒擁有愛人愛己、關懷環境、面對挑戰、踐行文化的素養，並奠定終身學習的基礎為其宗旨；使幼兒成為重溝通、講道理、能思考、懂合作、有信心、會包容的未來社會公民。

人員培育與素質層面，則於2017年訂定《教保服務人員條例》；又依據1994 年頒訂 2017、2019 年陸續修正的《師資培育法》，2020、2021 年修訂《中華民國教師專業素養指引——師資職前教育階段暨師資職前教育課程基準》；此外，於2020年修訂《國內專科以上學校教保相關系科認可辦法》，回應各教育階段課綱以素養導向做為課程發展主軸，教保專業課程不再明定其科目名稱及學分數，係應包括教育基礎課程、教育方法課程及教育實踐課程等面向。

其他，尚有如為提升公共化服務訂定《非營利幼兒園實施辦法》；以及以《職場互助式教保服務實施辦法》，做為擴大職場互助教保服務中心的準則；涉及幼童安全之專用車輛管理事項訂定《幼兒園幼童專用車輛與其駕駛人及隨車人員督導管理辦法》，明載車齡不得逾出場十年等安全條件；依據《幼兒園評鑑辦法》，以每五學年為一週期實施基礎評鑑，以維護基本的幼兒教保品質。種種措施均指向提升國家幼苗擁有優質教育環境的終極目標。

情境式題目

1. 瑞典 1968 年設立的知名諾貝爾獎，為全球公認最高榮譽，五大獎項中，唯獨遺漏教育項。於若干年後，終於幡然醒悟，幼兒教育才是人類最重要的基礎資產，因此增設幼教獎。請就已知之教育史哲，依序提名三位，並具體寫出獲得諾貝爾幼教獎之緣由。
2. 臺灣為亞洲地區實施幼托整合之首，實施後，幼教人才投入或生育率仍是低落不彰。請就過往制度或史哲主張，提出可以取材於現代應用的方向。
3. 無人駕駛車輛，已從過往影視情節，真實呈現於現代科技。可以穿越時空的時光機，如果也在若干年後實現。最希望自己的童年，穿越進入哪位哲人的幼教時空？或是絕不搭乘，不想回到過去，緣由是什麼？

參考資料

中文部分

王連生（2000）。亞里斯多德之人的教育計畫。**教育大辭書**。取自 http://terms.naer.edu.tw/detail/1306057/

內政部統計處（2011）。**內政統計通報 100 年第 26 週**。臺北市：作者。

幼兒教育及照顧法（2021）。

幼兒園幼童專用車輛與其駕駛人及隨車人員督導管理辦法（2019）。

教育部（2017）。**幼兒園教保活動課程大綱**。臺北市：作者。

幼兒園評鑑辦法（2019）。

朱敬先（2004）。**幼兒教育**。臺北市：五南。

江宜樺（2005）。從博雅到通識：大學教育理念的發展與現況。**政治與社會哲學評論，14**，37-64。

李田樹（譯）（1992）。**童年之秘**（原作者：M. Montessori）。臺北市：及幼文化。

李雄揮（2007）。**鹿野鄉志上冊。文教篇。鹿野村托兒所**（頁 519）。取自 http://ttdoc03.aeweb.com.tw/article-detail.asp?item=4&doc_id=25329

林玉体（1990）。**一方活水：學前教育思想的發展**。臺北市：信誼。

林勝義（2019）。**兒童福利概論**（六版）。臺北市：五南。

非營利幼兒園實施辦法（2021 年 7 月 12 日）。

段慧瑩（2011）。**我國幼兒教育發展之議題與興革**。收錄於我國百年教育回顧與展望（頁 105-120）。新北市：國家教育研究院。

段慧瑩、徐庭蘭（2000）。母親學校（Mother school）。**教育大辭書**。取自 http://terms.naer.edu.tw/detail/1304022/

洪福財（2019）。**台灣幼教史**。臺北市：五南。

師資培育法（2019）。

徐宗林（1992）。**西洋教育思想史**（五版）。臺北市：文景。

翁麗芳（1998）。**幼兒教育史**。臺北市：心理。

翁麗芳（2011）。從臺灣史觀點論臺灣幼兒教育的發展。**教育資料與研究，104**，1-26。

翁麗芳（2017）。從《幼稚園課程標準》到《幼兒園教保活動課程大綱》——談七十年來臺灣幼教課程的發展。**教科書研究，10（1）**，1-33。

國內專科以上學校教保相關系科認可辦法（2020）。

張嘉芙（2010）。**扶持五歲幼兒教育計畫之實施現況研究——以台中市為例**（未出版之碩士論文）。國立嘉義大學，嘉義市。

張碧如（2005）。福祿貝爾理念應用於幼兒園生命教育之探討。**幼兒教育年刊，17**，153。

教育部（2011）。**中華民國教育統計（89年版）**。臺北市：作者。

教保服務人員條例（2017）。

單偉儒（1988）。**蒙特梭利——教學理論與方法簡介**。臺北市：遠流。

黃怡貌（1995）。**光復以來臺灣幼兒教育發展之研究（1945-1981）**（未出版之碩士論文）。國立臺灣師範大學，臺北市。

黃常惠（2001）。**張雪門幼兒教育思想及實踐之研究**（未出版之碩士論文）。國立臺灣師範大學，臺北市。

楊禮義（2007）。博學慎思，明辨篤行。**通識在線，9**，3-5。取自 http://www.chinesege.org.tw/geonline/html/page4/publish_pub.php?Pub_Sn=60&Sn=355

蔡佳純（2003）。**國民教育向下延伸一年政策分析之研究**（未出版之碩士論文）。中原大學，桃園市。

賴怡瑾（2011）。**西湖賴家與苗栗沿山地區之拓墾**（未出版之碩士論文）。國立中興大學，臺中市。

賴春金（2000）。家庭教育法章程。**國家教育研究院辭書**。取自 https://pedia.cloud.edu.tw/Entry/Detail/? title=%E3%80%94%E5%AE%B6%E5%BA%AD%E6%95%99%E8%82%B2%E6%B3%95%E7%AB%A0%E7%A8%8B%E3%80%95

霍力岩、高宏鈺（2013）。中國一位幼兒教育家的特質及其啟示——陳鶴琴。**教育資料集刊，53**，1-22。

謝子元（2005）。**近代台灣幼教政策發展之研究——比較福利國家觀點**（未出版之碩士論文）。元智大學，桃園市。

職場互助式教保服務實施辦法（2021）。

饒欣秀（2008）。**幼兒教育政策的發展與影響研究**（未出版之碩士論文）。國立臺中教育大學，臺中市。

英文部分

Christopher, B. (2020). Jean Jacques Rousseau. *The Stanford Encyclopedia of Philosophy*. Retrieved from https://plato.stanford.edu/archives/win2020/entries/rousseau/

Lukaš, M., & Munjiza, E. (2014). *Education system of John Amos Comenius and its implications in modern didactics*. Retrieved from https://eric.ed.gov/?id=ED556095

Norlin, B. (2020). Comenius, moral and pious education, and the why, when and how of school discipline. *History of Education*, *49*(3), 287-312. DOI: 10.1080/0046760X.2020.1739759

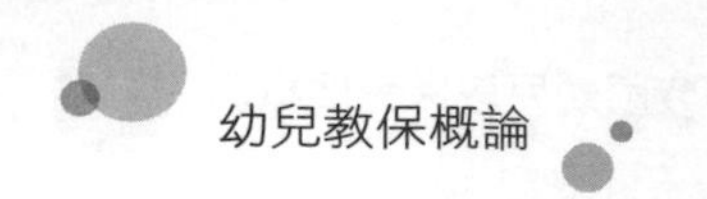

Parker, N. (2015). Children should be seen and not heard [online]. *Every Child, 21* (1), 6-7. Retrieved from https://search.informit.com.au/documentSummary;dn=947664101360998;res=IELAPA

7 美英兩國的幼兒教保發展概況

洪福財、葉郁菁

本章概述

關於幼兒教保，從先進國家的發展情形可獲得不同的理解進而汲取有利於我國發展或學習的經驗。

臺灣的幼兒教保發展，除了本土的努力以外，也獲得諸多國外的經驗，才有今日的樣貌（關於臺灣幼兒教保發展的歷史，請參閱後續章節）。從先進國家的幼兒教保發展經驗言，無論在教保政策、機構發展、教保內容、師資培育等，都經歷了一段長時間的演進與調整，不僅在幼兒教保理念或實務等方面，都產生了數量與品質的實質變化。

近年臺灣的幼兒教保無論在學術或實務等面向，都受到先進國家的實質影響；積極的了解各國的幼兒教保發展及其趨勢，也是教保工作者必須努力鑽研的重要課題。本章將以美國與英國為例，介紹兩國的幼兒教保發展演進、現況與趨勢等，供讀者了解兩先進國家的幼兒教保發展情形，除提供讀者掌握兩國幼教發展的脈絡外，期能有利於讀者從先進國家的幼教經驗，思考臺灣幼教發展的可能發展與徑路。

第一節
美國教保發展概況與特色

大不列顛現任國王的歷史是一部重複著傷害和篡奪的歷史，其目的旨在建立一個絕對暴政的體制，藉以統治各州。（取自“The Declaration of Independence”）

17 世紀初期英國政治動盪，屬於「清教徒」（Puritans）的分支——「朝聖者」（Pilgrims）在 1607 年和 1608 年從英格蘭逃到荷蘭，他們擔心繼續容忍的代價將被同化成荷蘭人，遂於 1620 年拓墾了普利茅斯殖民地（Plymouth Colony），以尋求保護其宗教與原有的文化。另一方面，來自英格蘭的清教徒則在 1630 年移居到「麻薩諸塞灣殖民地」（Massachusetts Bay Colony），他們也像朝聖者一樣尋求保護自己的宗教與文化特性，希望能找出在神的秩序之下建立基督教聯邦（Christian commonwealth）的本質與可行性（Lascarides & Hinitz, 2011）。當時許多貴族和菁英贊助且提供經費給這些移民地，提供移民獲得自己的土地和商店，其中為數最多的移民者是自耕農、農夫、工匠和商人等，移民者家庭成為此時期的組成核心。

源於英格蘭移民所組成的殖民社會，陸續在美國大西洋沿岸建立了 13 個英屬北美殖民地，各殖民地不僅在氣候、地理環境有所差異，在經濟型態、政治制度與觀念上也呈現明顯的差別；各殖民地與英國間裂痕日現，是以萌生獨立的念頭。1775 年北美獨立戰爭爆發，1776 年發表《獨立宣言》（The Declaration of Independence），宣布「美利堅合眾國」（United States of America）正式成立（Anderson, Ehrenhaft, & Nouraee, 2011）。

一、先家庭後學校的幼兒教保機構發展

建國初期移民的兒童教育都由家庭或教會實施（Lascarides & Hinitz, 2011: 172）；各州的學校制度則是建國之後逐漸發展而成，且各州的發展進程不甚一致。以印第安納州為例，Walter（1998）指出印州的教育發展是一項草根性的活動，該州第一批移民進入就要求公眾支持教育，無論是教師、傳道者和政治人物都支持教育發展，其中 C. Mills 被視為印州學校教育之父（the father of Indiana's public schools），致力於推動該州學校教育的發展（Reese, 1998）。在大眾的支持下，Mills 將早期社會存在的私人學院、各宗派的宗教機構，以及由 R. Owen 和 W. Maclure 等人在該州新哈莫尼鎮（New Harmony）帶領的激進教育實驗等都匯入；R. G. Boone 曾描述印州學校教育的發展是階段性的緩慢但確實的成長，1851 年從各種競爭對手中獲得勝利，1865 年建立了璀璨的學校教育體系（Walter, 1998）。

美國「幼稚園」（kindergarten）一詞約略與公立學校體系的發展同時期出現。H. Barnard 在 1856 年指出，他曾在 1854 年倫敦的國際教育系統展看到幼稚園；其次，1859 年 11 月「唯一神教派」（Unitarian Church）發行《基督檢視者報》（*Christian Examiner*）中亦曾刊載〈德國的幼稚園〉（*Kindergarten of Germany*）一文，介紹福祿貝爾的思想。雖然幼稚園的制度引進甚早，但幼稚園並未受到太大關注，主要原因有四（Lascarides & Hinitz, 2011: 235）：

1. 美國教育正在改變。
2. 當時教育被認為是強調讀寫算而不是在發展全人，幼稚園的學理很難被接受。
3. 以自主和自我展現的目標和教法，和當時的教學法落差甚大。

4. 美國很晚才承認幼教的價值，對幼稚園的發展已不大顯出意義。

幼稚園在 19 世紀末的 20 年到 1930 年代之前，才進入美國的公立學校體系中。許多革新者將幼稚園視為拯救孩子和父母免於貧窮和忽視，可以邁向正常公民的路徑；幼稚園免費和商業幼稚園兩股勢力彼此競爭，在缺乏資金奧援下，商業幼稚園的發展相對占優勢。之後，許多慈善機構辦理的幼稚園陸續出現，有些慈善幼稚園後來轉型成為公立幼稚園，波士頓便是其中一例。

第一次世界大戰期間，幼稚園大量轉為公立學校；由於幼稚園能直接和外國出生的家庭接觸，1918～1919 年之間，聯邦政府對於提倡美國化展現高度興趣，還發出傳單指出「透過幼稚園教育進行美國化」，強調此階段要強化英語教育和公民責任。隨著幼稚園轉型成為公立學校的數量增加，領導者也從以前女性而改為男性居多（Lascarides & Hinitz, 2011: 252）。幼稚園被視為提升黑人能力、美國原住民教育、外來移民教育，以及減少城市問題的解方，無論教育工作者、改革者、政治人物都提及幼稚園，開始關心幼兒的學習了。

在政黨政治的競爭環境裡，支持幼兒教育發展是美國當前政黨競爭環境下少見的共識。美國聯邦政府從 20 世紀陸續推出許多幼兒教保方案，伴隨而來的巨額經費補助，不僅資助幼兒教保發展，同時左右幼兒教保的政策走向，其中以提升弱勢幼兒入園率與教保品質是近年美國教保政策發展的主軸方向（洪福財，2015）。

二、缺乏全國一致性的幼兒教保政策

美國採地方分權制，教育權限屬於各州政府，聯邦政府並不直接管理教育，各州對於教育的規範不盡相同。一般而言，聯邦政府制定全國性之教育法案，各州則由州議會（state legislature）訂定行政管理、專業人員證書種類與人員任免等規範，再由州教育委員會（State Board of Education）、學區教育委員會（Local School Board）等負責實務執行。

美國社會對於女性及其家庭角色，以及政府和家庭角色等態度仍存在衝突，此也一再顯現在幼兒教保政策的討論上；對於政府參與幼兒教保一事，許多人依舊認為是政府對公民私生活的侵犯（Kamerman & Gatenio, 2003）。從歷史發展的演進觀之，幼兒保育與幼兒教育各自獨立發展，直到今日仍未能完整的整合。

美國一方面欠缺國家層級的幼兒或家庭教育政策，也沒有全國一致性的幼兒教保（ECEC）政策，聯邦政府過去多採取計畫性補助的方式，協助各州發展特定任務的幼兒教保服務。各界對於幼兒教保成效的期盼，主要包含如下：提高現有與未來勞動力的成效、預防與減緩社會問題（如福利依賴、青少年犯罪、少女懷孕、求學失敗等）、從福利層面支持父母投入就業與支持並協助低收入父母達成經濟自主、強化幼兒的發展、提供雙親教養訓練以實現養育和教育子女的角色等（Kamerman & Gatenio, 2003）。是以，相關幼兒教保政策則分散於勞動力市場政策、公共協助政策、教育政策、兒童福利政策等層面中。

三、多元的幼兒教保機構類型

美國的幼教機構包含托育中心（nursery school）、兒童中心（children's center）、托兒所（preschool）、學前班（pre-kindergarten）、幼稚園（kindergarten）等不同型態。20 世紀初期幼教簡單劃分為較高或中高社經家庭提供幼兒照料的「托育中心課程」（nursery school programs），以及為貧窮幼兒服務的「日照育兒課程」（daycare program）兩種；1980 年代早期，中產階級家庭要求全日托兒的需求大增，以前的托育中心開始轉型為托兒所，且延長收托時間，也同時更名（Fuller, 2008; Tobin, Hsueh, & Karasawa, 2009）。

其次，「托兒所」和「學前班」等機構相當普遍，「學前班」這個詞經常和“day care”和“child care”交換使用，主要是滿足家長因上班而無法照顧孩子的需求，通常會形成有組織性的課程和教學目標，該機構和「托兒所」的功能相近；但「托兒所」通常指私人或教會成立的學校，「學前班」則指附設在公立學校並且受到公立學校行政監督。

最後，「幼稚園」通常指進入小學前一年的教育，主要由小學附設；幼稚園在 19 世紀末開始逐漸納入公立學校的體系中，許多都市的革新者將幼稚園的設置視為拯救孩子和父母免於貧窮和忽視、可以邁向正常公民的路徑（Lascarides & Hinitz, 2011）。

四、聯邦政府以計畫性補助方式協助各州推動幼兒教保服務

幼兒教保服務由各州政府主責推動，但20世紀以來，聯邦政府多次採取計畫性補助的方式以促進各州的幼教發展，所擬的補助方案都列有特定的補助對象。綜觀當前聯邦政府補助的幼教方案，主要仍是以掃除貧窮、促進幼兒的教育機會均等，以及提升弱勢幼兒的入學準備度等為主軸，該等方案也成為弱勢幼兒入園的重要緣由。茲以 21 世紀聯邦政府提供計畫性補助的幼兒教保方案為例，概述如後（Family and Social Services Administration, 2014; SCCAP, 2014a; Will, 2015）：

1.「起始方案」（Head Start Program；1964 迄今）：是美國 20 世紀最著

名的幼兒教保方案，與後來延伸服務對象到年齡三歲以下幼兒的「提早起始方案」（Early Head Start Program），都是由聯邦政府透過直接經費補助的方式，提供特殊條件家庭的幼兒可以獲得教保服務。此方案源於前總統 L. B. Johnson 的內閣「經濟計畫辦公室」（Office of Economic Opportunity, OEO）的規劃，主要策劃人物為 R. S. Shiver。參與家庭的收入必須符合聯邦貧困指引的條件，服務內容包含幼兒發展、家庭支持，以及家庭和社區成員成長等綜合性服務。2014 年方案的規模達到總經費 86 億美元，其中有 5 億美元用在「提早起始方案」。

2. 「兒童照顧與發展經費計畫」（Child Care and Development Block Grants）：於 1990 年推出，主要提供經費資助各州幫助低收入工作家庭的幼兒教育開支。此項方案在 2014 年的預算規模約為 53 億美元，比前一年度的預算增加 1.54 億美元，但除了聯邦出資外，也要求各州必須提出配合款。
3. 「個別化特殊教育法案」（Individuals with Disabilities Education Act）：源於 1975 年聯邦政府補助各州提供特殊教育服務的方案，針對特殊幼兒提供早期介入的療育服務。此項方案的特殊教育服務對象主要為 3 歲到 5 歲幼兒，但也協助各州對於 3 歲以下幼兒提供早療服務。
4. 「初等與中等教育方案」（Title I of the Elementary and Secondary Education Act, ESEA）：始於 1965 年的《初等與中等教育方案》，是「別讓孩子落後計畫」（No Child Left Behind）的前身，Title I 主要是針對高度貧窮的學區和學校，依據聯邦政府擬定的分配公式提供經費挹注。學區和學校可以利用補助經費針對符合條件的幼兒提供教保服務，也可以利用此經費來協助起始方案的實施。

5. 歐巴馬（Obama）政府時期的幼教方案：

(1)「全民的托兒所方案」（Preschool for All）：2013 年歐巴馬總統在「國情報告」（State of the Union）宣布推出為期 10 年、經費規模 750 億美元的幼教方案，以擴增各州的幼教計畫，經費來源將從增收聯邦菸草稅（tobacco taxes）。

(2)「追求卓越與及早學習挑戰方案」（Race to the Top, Early Learning Challenge）：追求卓越方案是針對各州提出的競爭型補助方案，各州可以提出改善情形以爭取補助。及早學習挑戰方案方面，2014 年底有 20 州獲得約 10 億美元補助。

(3)「托兒所發展補助」（Preschool Development Grants）：2014 年 12 月，有 18 州因此項方案獲得 2.5 億美元的補助經費。

(4)「提早起始—兒童照顧夥伴方案」（Early Head Start—Child Care Partnerships）：規劃增加 10 萬個 3 歲以下低收入家庭嬰幼兒接受高品質教保服務的機會，由政府資助符合高品質標準的全日性中心或家庭式幼托機構。

前述聯邦政府提供計畫性補助的幼兒教保方案可歸納以下五項特色（洪福財，2015）：

(1) 經費補助為主要策略：從起始方案到歐巴馬政府時代的競爭型計畫，聯邦政府均以經費補助為主要策略，以協助承擔各州的教育責任。聯邦政府必須覓得更多的財源因應，有關政府的財政負擔與補助經費項目間的消長情形值得持續關注。

(2) 各州應承擔經費責任：各項方案提出的背景不同，各州政府應承擔（或配合）的經費責任也有所不同。聯邦政府補助方式從單純的提供資費供各州應用（如「緊急托育中心」、「個別化特殊教育法案」），轉而要求各州承擔部分經費（如「兒童照顧與發展經費計畫」），甚至採競爭性計畫方式要求各州承擔更多規劃或責任。強化績效責任雖然有助於經費執行效能，但州政府的配合意願與實際能力如何？是否因各州可負擔能力不同而讓經費過度集中於特定州？值得觀察。

(3) 弱勢幼兒為主要對象：近年聯邦政府的幼兒教保服務方案主要仍以弱勢幼兒為主要的服務對象，即除了家庭社經條件不利的幼兒外，特殊幼兒也列為照顧的對象。

(4) 關注的面向加廣加深：以「提早起始方案」為例，關注的對象已向下延伸至 3 歲以下的幼兒，許多州別的方案甚至於針對懷孕女性提供服務（SCCAP, 2014b）。照顧的面向除個別幼兒以外，家庭、幼托機構，乃至社區民眾都逐漸納入方案的關注對象，逐漸取代昔日單純提供幼兒教保服務。

(5) 補助條件不限定就讀公立者：「緊急托育中心」實施時，單以公立學校為合作對象造成對其他托育中心的排擠，在後續的幼兒教保方案已未見此情形。機構品質成為各方案主要的關注點，各州必須對於幼教機構品質訂有認可的指標或機制，做為舉證並據以爭取各項方案補助。

五、入園率隨幼兒年齡增長而漸增

依據「全美教育統計中心」（National Center for Education Statistics）的統計指出，2018 年的幼兒入園率如下：5 歲兒童（84%）高於 4 歲兒童（68%），4 歲兒童（68%）又高於 3 歲兒童（40%）；但 2018 年（84%）5

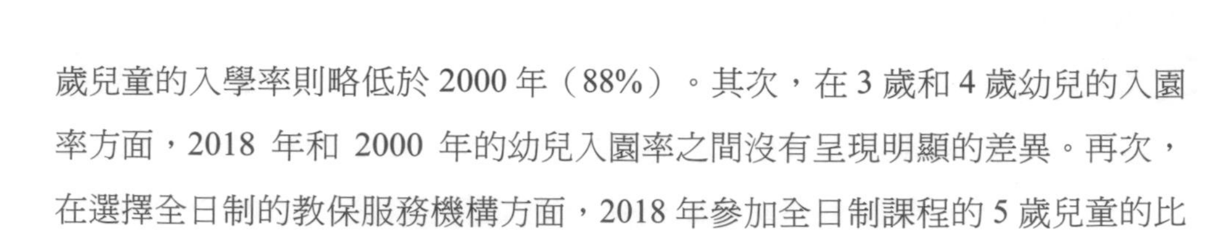

歲兒童的入學率則略低於 2000 年（88%）。其次，在 3 歲和 4 歲幼兒的入園率方面，2018 年和 2000 年的幼兒入園率之間沒有呈現明顯的差異。再次，在選擇全日制的教保服務機構方面，2018 年參加全日制課程的 5 歲兒童的比例（77%）高於 3～4 歲兒童的比例（55%）（Hussar et al., 2020）。

六、以多元標準類型思考幼兒教保服務品質

在美國，可以用幼兒教保服務品質的不同等級來思考教保品質的標準（見表 7-1）。機構立案是所有幼兒教保服務方案必須符合的品質底線，各方案必須將品質維護在基準線之上，以避免對師生產生傷害。其次，政府會提供經費補助給一些幼兒教保服務方案，透過補助標準來訂出比立案要求更高的品質。此外，許多私人協會發展出更高品質的認可標準，例如「美國幼兒教育協會」（National Association for the Education of Young Children, NAEYC）、「美國家庭育兒協會」（National Association for Family Child

表7-1　幼兒教保服務標準的不同等級

標準類型	適用對象	使用的合法權力	品質等級（由低到高）
立案要求	依法令規範的所有市場方案	政策權力	品質必須達到相當的基本要求
補助標準	接受公部門經費補助的所有方案	合約協議	必須符合補助的規格要求
認可標準	申請認可的所有方案	自願性協議	必須達成高品質的要求
目標標準（例如由全美小兒科學院所訂的標準）	所有希望獲得實務建議的方案，係自願申請	用來做為機構參考	基於專家意見提供品質建議

資料來源：整理自 Morgan (2003)。

Care, NAFCC）等，提供各方案自願性申請前述組織的品質認可。

許多州則提供高品質的幼兒教保服務方案較多補助款，但通常要結合經費補助規格的認可。例如，奧克拉荷馬州設有「追星計畫」（Reach for Stars），訂出一到三顆星的評定等級，給予獲得不同星級的幼兒教保服務方案有差異的補助款；北卡羅來納州立法要求申請幼兒教保服務機構的立案時，要同時獲得一到五顆星之間的評比，用等級來評定方案的品質而非採取認可制；許多州則並未對於獲補助款的方案多設比立案標準更高的門檻，以避免產生方案間的區隔效應；但也有許多州開始採取「美國幼兒教育協會」（NAEYC）的認可，當作公立學校與想要獲得品質認可的方案能否獲得補助的門檻（Morgan, 2003）。

七、幼兒教保服務的師資認可標準由各州自主規範

美國沒有全國一致性的師資認可系統，各州發展各自的教師認證並訂有認證標準，聯邦政府則只有為了執行「起始方案」而設定師資標準。關於各州幼兒教保服務人員資格要求的概要情形，詳如表 7-2。相關人員資格主要可分如下三個系統（Morgan, 2003; Morrison, 2009）：

1. 起始方案人員資格：該方案任用人員不強調擁有大學的學分資格，1965 年開始，相關人員也不要求擁有教育或社工等學位文憑。該方案主要理念是強化兒童社群的家長和相關人員的能力，並非要求有嚴格的學術訓練；1971 年由兒童發展聯合協會（Child Development Associate, CDA）所推動的「全國性認證方案」（National Credentialing Program），為教保工作者建立一套有別於高教培育的能力取向替代性認證證照系統，俾鼓勵大量培育投入方案工作的人員。

表7-2 各州ECEC人員應具的資格概覽

學歷水平	托育中心和托嬰中心	起始方案	家庭式育兒	學齡兒童照顧方案	醫院	早期介入方案	育兒資源中心	公立學校
碩士學位	領導教師	替代教師6級						校長
州教育局的幼教認可	領導教師、替代教師5級				專家	專家		方案主任教師
學士文憑兒童生活認證	領導教師、替代教師4級、主任2級				兒童生活遊戲專家		幼兒照顧資源與轉介中心主任	實習教師
副學士	領導教師、替代教師3級、主任1級	主任2級主任1級				主任		助理教師
勞動部兒童發展專家認證	領導教師、替代教師2級	家長協調員		主任				
兒童發展相關四門課程	領導教師、替代教師1級	教師						
公共部的嬰幼兒健康認證				學齡兒童照顧中心協調員、學齡兒童照顧幼兒園協調員		保母、早期介入家訪員		
專門課程（通常是30小時的家訪課程）	教師	家訪員	合格家庭兒照員	學齡兒童照顧督導			幼兒照顧資源與轉介中心協調員	
定向協助	助手教師	助手教師	家庭兒照員	助手教師				

資料來源：整理自Morgan (2003)。

2. 公立學校體系人員資格：各州的公立學校系統、相關組織，以及教育主管機關共同建置了教師資格認證體系，教師至少要有教育專長的學士文憑，甚至部分要求有碩士文憑，此體系強調教師的角色認證；相對的，私立機構、起始方案，或是服務購置體系的師資，就不要求有前述高文憑。
3. 服務購置體系人員資格：此體系是由聯邦或州政府提供經費「購置」幼教機會，讓符合資格的幼兒得以進入立案的托育中心、家庭式育兒機構等接受教保服務。有些州簽署一定區域提供相當教保服務數量的合約，有些州則透過教育券讓個別幼兒與教保服務機構簽約；前述合約會規範教保服務設施的標準，其中也包含人員資格。通常在合約會規範三種訓練：職前訓練、每年在職進修時數，以及基本的定向訓練等，此體系對職前人員訓練的要求通常不高；有些州要求合格人員要至少接受大學兩門課程，有些州甚至不做規範。

八、美國幼兒教保政策的重要議題

美國的幼兒教保服務存在相當的多元性，無論在制度、師資、機構經營、經費補助等，都有相當多元的作法，也存在許多亟待探討與變革的議題。關於美國幼兒教保政策的發展，以下提出四項待研商的重要議題，說明如後：

（一）幼兒教保服務提供者方面

美國有多元的教保服務提供者，如起始方案、公立學校體系、兒童照顧網絡等，這些服務提供管道各自獨立，也缺乏相互溝通和協調。以政府預算支持的幼兒教保服務究竟提供多少入園機會？隨著時間變遷，前述提供數量的差異情形如何？由政府預算提供的教保服務和高收費者之間品質有何差異？逐年提升政府預算究竟對幼兒教保服務的品質產生哪些影響？這些問題都值得持續關注。

（二）教保服務機構的師資方面

幼兒教保服務機構的師資來源與規範相當多元，隨著愈來愈多的證據顯示，受過專業訓練的高品質教師將有助於引導幼兒產生好的學習成果，改善生師比也有助於提升教保服務品質；其次，如果無法提供更長的帶薪親職假（paid parental leave），家長勢必要將孩子安置到教保服務機構，若欲提升幼兒教保服務的品質，師資素質的改善則刻不容緩。

（三）教保服務費用的來源方面

美國多數的幼兒教保服務開支仰賴家長支付，政府有複雜的系統可以提供某些符合條件家庭的幼兒接受教保服務的經費補助，但仍有若干方案還是要向家長收取部分費用。近年政府提供教保服務方案的經費逐年增加，但如何讓提升的經費能達成提升服務品質的目標，也是另一個亟待討論的課題。

（四）幼兒教保服務的事權方面

美國幼兒教保服務缺乏全國性的一致作法，在地方分權制度下，聯邦、各州以及地方政府對於教保服務對存有程度不一的影響；尋求各級政府間領導角色的共識其實相當迫切，即使多數人認為教保服務的決策執行多仰賴州政府與地方政府，但仍有專家呼籲能召開全國性的委員會議來討論並解決相關問題。

第二節
英國教保發展概況與特色

17 世紀中期，英國的社會和政治氛圍開始出現應該提供幼兒某些形式的基本教育，17 世紀末成立的「監督」學校（“Monitorial” schools）成立，至 18 世紀，National Society 建置全國的教育系統，1870 年開始，接受政府補助。18 與 19 世紀之後，學校不再只由教會系統建置，社會與政治團體介入，因為他們相信提供幼兒教育將使社會更進步。1870 年公布《佛斯特教育法案》（Forster's Education Act），推動教育普及化，尤其在初等教育建置率較低的區域設置教育委員會。因為《佛斯特教育法案》開始討論義務教育的年齡，英國議會也出現下降學童入學年齡的聲音。1911 年的《哈道報告書》（Hadow Report）更支持學校應該提供幼兒教育，以改善童年期健康不良的情況。1918 年立法通過提供 2～5 歲幼兒教育，不過當時許多家庭仍依賴童工掙取額外的家庭收入，雖然政策鼓勵幼兒接受學前教育，相對輟學率也偏高。第一次世界大戰是英國幼兒教育的蓬勃發展階段，許多母親到戰場縫製戰衣，家中幼兒需要有人可以照顧，間接促成大量設置托育單位（Nutbrown & Cloough, 2014）。英國極早開始重視教育對幼兒的長期影響，不論是幼兒園的課程規劃和教育視導均與國定課程和小學銜接，更呈現其發展脈絡的一致性。

一、幼兒教育制度

英國幼兒教育階段涵蓋的幼兒年齡從出生到 5 歲，稱為幼兒基礎階段（Early Years Foundation Stage, EYFS）。幼兒基礎階段為幼兒進入國小階段的學習和學業成就奠定基礎，幼兒基礎階段強調應給予幼兒快樂、主動、安全的學習，並且支持幼兒的發展、照顧和個別幼兒的學習需求。

英國幼兒教育的目標涵蓋如下要點（Department for Education, 2012）：

1. 幼兒享有社會福利的基本權益，因此教保人員必須確保幼兒的安全，並保障其福祉。安全的規範包含教保人員可以照顧的幼兒人數比、給藥的標準流程、環境安全評估等。
2. 幼兒教育階段涵蓋學習和發展的七大領域[1]，指引教保人員透過遊戲和活動，使幼兒學習新的知識和技能。七大領域中，又以「溝通和語言發展」、「身體動作發展」、「個人、社會和情緒發展」三大領域最重要，此三大領域同時發展如下四項重要技能：識字、數學、理解世界（understanding the world）、藝術表現和設計。
3. 教保人員應對幼兒實施評量，並告知家長幼兒的學習現況。因為幼兒教育相當有彈性，教保人員可以依據幼兒的學習表現和個別需求彈性調整適合的教學活動和課程。
4. 幼兒滿 5 足歲時，通常在預備階段（reception year）結束之前，幼兒應達到幼兒學習目標（Early Learning Goals, ELGs）。

英格蘭幼兒滿 2 足歲開始，都可以獲得每年免費幼兒教育和照顧時數，通常為一週 30 小時、一年 38 週，但家長也可以選擇彈性的上課時數和週

1 七大領域包含：識字；溝通和語言發展；數學；理解世界；身體動作發展；藝術表現和設計；個人、社會和情緒發展。

數，惟一年內不得超過 52 週、且幼兒進入預備階段時即停止。前提是家長必須選擇經過認證的托育人員或機構才有免費的托育服務。申請者須符合下列條件，包含家長必須有工作或者長期病假、夫妻雙方輪流照顧幼兒；其次，家長收入必須至少達到全國最低工資，且接受照顧的幼兒必須與家長同住，家長仍需負擔餐費、尿布等費用（GOV.UK, 2020）。

多數滿 4 足歲兒童開始接受正式的學校預備教育（reception year），當幼兒滿5足歲時，就會進入小學一年級（Year 1），小學階段從5歲到11歲，11 歲之後進入中學階段直到 16 歲，表 7-3 說明各教育階段與重要基階（key stage）的分期。英國一學年有三個學期，滿 4 歲的幼兒在 12 月底、3 月底或 8 月底均可申請就讀預備階段（又稱為 pre-Year 1）。英國的義務教育直到中學 16 歲為止，之後學生可以選擇進入社區學院（college）兩年，直到 18 歲、或參與實習、或從事每週 20 小時的工作或志願服務（GOV.UK, n.d）。

表 7-3　英國教育階段與重要基階分期

重要基階	學童年齡	年級
Key stage 1	5～7 歲	Year 1 & 2（一、二年級）
Key stage 2	7～11 歲	Year 3, 4, 5, 6（三到六年級）
Key stage 3	11～14 歲	Year 7, 8, 9（七到九年級）
Key stage 4	14～16 歲	Year 10, 11（十到十一年級）

二、幼兒七大領域的學習目標

教保人員依據幼兒教育的七大課程領域，分別描述課程的內涵與其學習目標，從觀察幼兒的每日活動中，試圖蒐集、歸納整理幼兒與該項學習目標的表現成果，並詳細記錄（表 7-4）（Department for Education, 2020a）。

表7-4　英國幼兒教育的七大課程領域、內涵與學習目標

課程領域	內涵	學習目標
溝通和語言發展	提供幼兒口說和傾聽的機會，發展其表達自己的自信和技巧。	1. 傾聽和注意 2. 理解 3. 表達（口說）
身體動作發展	提供機會讓幼兒發展協調性、身體控制和移動性能力。了解體能活動的重要性，並選擇對健康有益的食物。	1. 移動和操作 2. 健康與生活自理
個人、社會和情緒發展	協助幼兒發展對自己與他人的正向情感，從正向關係發展對他人的尊重，發展社會技巧和學習如何管理情緒、理解團體中的適當行為、對自己的能力具有自信。	1. 自信與自我覺察 2. 情緒和行為自我管理 3. 建立社會關係
識字	鼓勵幼兒閱讀和書寫，透過傾聽他人、鼓勵幼兒開始閱讀和文字書寫。幼兒廣泛的接受各種語文型態，包含繪本、詩詞，和其他文字形式。	1. 閱讀 2. 寫作
數學	提供幼兒數字運算，簡易加減法的練習，幼兒可以描述形狀、空間和測量。	1. 數字 2. 形狀、空間和測量
理解世界	引導幼兒理解他們所處的外在世界和社區，透過探索、觀察，發現社區的人、事、物，景點、科技和環境。	1. 人類與社區 2. 世界 3. 科技
藝術表現和設計	透過不同的媒介和素材，支持幼兒探索和遊戲。在藝術、音樂、舞蹈、戲劇、設計和工藝等課程中，提供和鼓勵幼兒分享他們的想法、概念、感覺。	1. 探索和使用媒體和素材 2. 賦予想像

資料來源：整理自 Department for Education (2020a)。

英國教育部指出有效教學應該包含七項基本原則（Department for Education, 2020b: 5-8）：

1. 考量所有兒童的最佳利益：每個兒童都應有機會獲致成功，對社會不利家庭幼兒特別重要。社會不利兒童進入正式教育體系時，相較同儕的學習表現約落後四個月，需要縮短此落差。高品質的幼兒教育和照

顧極為重要，尤其對有特殊需求的幼兒更是有明顯的改善。

2. 高品質的教保服務：教保人員應隨時關注幼兒的經驗，當幼兒感受被愛與關懷時，他們才能有良好的發展。教保人員需要將時間投注在幼兒身上，不論與幼兒眼神交流或語言互動。
3. 規劃幼兒學習的課程：教保人員規劃課程，協助幼兒發展語文能力；幼兒的學習通常受其興趣引導，因此教保人員的課程規劃需要有彈性。
4. 引導幼兒學習的教學方法：教保人員運用直接教學等多元方式引導幼兒學習，讓幼兒成為有力的學習者。妥善規劃的室內和戶外學習環境，也屬於教保人員需留意的教學方式的一部分。
5. 評估幼兒學習的評量方式：評量是關注幼兒能力可及，以及他們理解的範圍，教保人員必須對幼兒發展有足夠理解才能有效執行評量。準確的評量可以得知幼兒是否有早期療育的需求。
6. 自我監督和執行的機制：幼兒的執行能力包含專注、行為自控、工作規劃，上述能力的發展將有助於幼兒自我監控能力，包含集中思考、覺察自我的行為、調節強烈的情緒表現、學習耐心等候、遭遇挫折時可以盡快恢復。
7. 與家長共同合作：幼兒園與家長應該建立密切和彼此尊重的夥伴關係，包含傾聽家長的意見，提供家長有關幼兒學習和發展的清楚訊息，鼓勵家長和幼兒說話互動、遊戲和閱讀，並盡可能提供家庭額外的協助。

三、幼兒學習評量

依據《兒童照顧法案》（The Childcare Act）第 39 條規範，教保人員應確保其教學活動符合 EYFS 中規定的幼兒學習和發展需求，確保幼兒在進入小學之前，已經達到教育部所訂定的幼兒學習目標。幼兒學習評量包含每日的形成性評量和在機構的總結性評量，同時教保人員必須在總結性評量中明確指出幼兒學習表現對應全國的幼兒學習目標（Department for Education, 2020a）。

幼兒學習評量的實施原則如下（Department for Education, 2020a）：

1. 評量是基於教保人員對幼兒的了解，因此主要從每日教保活動的觀察和互動做為評量的依據。
2. 教保人員必須執行有效的教學方式，使每位幼兒都能充分獲致合理的學習與發展。
3. 教保人員從每日活動觀察幼兒的表現具有一致性和持續性。
4. 有效的評量是對幼兒學習和發展呈現全觀的觀點。
5. 正確的評量結果參採不同訊息來源，包含幼兒、家長和其他相關的成人。

教保人員可以運用下列訊息說明他們的評量結果：

1. 教保人員對幼兒的了解。
2. 幼兒的作品，足以說明幼兒的學習歷程。
3. 每天互動的觀察紀錄。
4. 錄影帶、影片或其他電子影像紀錄。
5. 幼兒對自己的作品或學習歷程的描述。
6. 從家長或其他相關成人對幼兒的觀點和訊息。

四、教育視導

教育視導（inspection）的法規依據為《2005 年教育法案》（Education Act 2005）的第 5 條、《2008 年教育與技能法案》（Education and Skills Act 2008），以及《2006 年教育與評鑑法案》和《2006 年教育法案》（Ofsted, 2019）。

「教育視導架構」（education inspection framework）設定視導原則，對象包含獲政府補助的中小學、學術單位、非協作的獨立學校（non-association independent schools）、繼續教育和註冊的幼兒教育機構等（Ofsted, 2019）。

教育視導涵蓋的面向如下（Ofsted, 2019）：

1. 教育的品質：學校和學前機構提供的教育品質是否完善。課程符合所有學習者的需求，尤其是特殊和社會不利的兒童。課程規劃與教學過程提供充分的知識和技巧。
2. 教育實施：教師對於課程與兒童發展擁有專業知能，園長或園主任提供教保人員有效的專業支持。教學活動與教學目標清楚扣連，教學者對學習者提供直接的回饋，辨識與釐清錯誤概念。教學者運用教學評量，持續檢視學習者對於課程的了解程度。透過教育實施，讓學習者預備下一教育階段的學習。
3. 行為與態度：教學者對於學習者的行為有合理期待，學習者對於他們的訓練和學習成就持正向態度，積極投入學習活動。不論教學者或同儕均可以營造正向學習氛圍。
4. 個人發展：課程提供學習者廣泛的發展，鼓勵學習者發掘自己興趣與性向，透過課程引導學習者成為自信和獨立的個體，保持身心平衡健康。

5. 領導與管理：園長或主任對於教育目標、擬定的政策和策略，達到全園共識，並據以實踐。園長或主任扮演教學領導者的角色，引導教保人員透過在職進修和持續專業發展，在課程設計和教學方法符合國家制定的幼兒教育學習目標。

五、重要幼教政策及發展動向

（一）預防危機事件、保障兒童福祉

臺灣幼兒園的兒童虐待和不當照顧事件頻傳，兒童除受到《兒童及少年福利與權益保障法》保障其基本安全外，對於幼兒園和教保人員的聘任、監督與管理，教育部制定更為周密的管理機制。

英國教育部（Department for Education, 2020c）的教育標準局（Ofsted）針對註冊托育人員、保母和其他日間照顧者，若發生危機事件時，必須在 14 天內向教育標準局通報，通報採線上方式進行。經通報後，教育標準局依照通報內容檢閱紀錄並評估意外傷害可能的影響程度，教育標準局對托育人員加強訪視輔導。

危機事件包含照顧的幼童死亡、托育人員不適任（包含被警政單位判刑或裁罰或嚴重影響照顧者身心的事件）。危機事件包含三類：第一，據以嚴重的幼童意外事故、傷害或重大疾病，包含新冠肺炎感染個案或兩位以上幼童的食物中毒案件。第二，眼睛部位的受傷則必須通報教育標準局，包含眼睛穿刺傷、因化學或金屬灼傷。第三類則為侵入性物質傷害，包含幼童因為吸入或被注射有害物質，遭受電擊或電器灼傷，以及暴露於有害物質、毒物等情況。

教育標準局對於意外事件的判定原則如下：幼童需要急救、護送至醫院且就醫時間超過 24 小時、骨折、脫臼、意識模糊、嚴重呼吸困難、任何可能導致失溫的現象、確診為新冠肺炎個案。若為輕微的意外事故則不需要通報，包含：動物或昆蟲咬傷、瘀青或扭傷、擦傷或切割傷、輕微燙傷、輕微（如手指或腳趾）脫臼、傷口感染。

國內對於兒童不當照顧事件需要依照《校園安全及災害事件通報作業要點》通報校安事件，此法適用幼兒園及幼童，通報的事件類別涵蓋意外、安全維護、暴力與偏差行為、管教衝突、兒童及少年保護、天然災害、疾病與其他事件等八類，應於知悉事件的 24 小時內於校安通報網通報（教育部，2019）。英國目前對於不當照顧與疑似兒童虐待案件未有具體作法，而國內教育部已經研擬修正《幼兒教育及照顧法》和《教保服務人員條例》，除將罰鍰從 30 萬元提高到 60 萬元之外，也比照《教師法》訂定教保服務人員的消極條件，包含教保服務機構的相關人員不得對幼兒有身心虐待、體罰、霸凌、性騷擾、不當管教或其他不正當行為，否則可以處行為人最高 60 萬元罰鍰。修正案也取消過去先限期改善的規定，一律採罰鍰並限期改善並行（教育部，2020）。同時在全國教保資訊網也公告過去曾被裁罰的幼兒園和行為人的紀錄，供家長和民眾查詢（網址：https://ap.ece.moe.edu.tw/webecems/punishSearch.aspx）。

（二）擴大教保服務與鼓勵家長自行照顧的育兒政策爭辯

依據英國教育部委託牛津大學的調查結果顯示（Melhuish & Gardiner, 2020），英國 2 歲以上幼兒家長使用非正式的幼兒照顧與教育（包含交由親戚或朋友照顧），幼兒進入國小一年級之後，其語言發展較佳，此發現與 3 歲與 4 歲幼兒的研究結果有相當一致性。但非正式的教保服務與幼兒的認知發展、社會情緒發展，並無顯著相關。接受正式機構化教保服務（例如托育班、幼兒園和遊戲團體）的 4 歲幼兒，其認知能力發展較佳，尤其是非口語的能力，幼童就讀小學一年級之後，也發現口語表達能力與正式機構化教保服務的相關性，尤其對家庭學習機會較少的幼兒效果更為明顯。由保母照顧的幼兒，則較難找到與能力發展之間的相關性，Melhuish 與 Gardiner（2020）認為，越是社會不利家庭，選擇的保母品質相對也較不理想。研究結果也指出，通常小學一年級被診斷為社會情緒能力表現較有問題的學童，控制人口變項和家庭環境因素之後，學童的認知能力測量結果也是較差的。研究結果顯示，2 歲以上幼兒在正式教保機構的時間愈久，社會情緒的問題也可能較多。

Melhuish 與 Gardiner（2020）進一步比較使用幼兒教保服務的時間起始早晚和時間持續，對照組為較晚開始且低度使用（每週不超過10小時），另一組則為使用密集（每週 10 小時以上），且幼兒接受教保服務的時間介於37～44 週。家庭環境較佳的家庭（占 60%），提早就學、低度到中度使用教保服務，幼兒在數學和社會能力的表現最優。但 40%的社會不利家庭傾向提早就學、高度使用（超過每週 20 小時以上）教保服務，這一組幼兒的七項學習能力測量分數結果較佳，且國小一年級的口語表達溝通能力較好，不過這一組幼兒的社會情緒能力表現，包含外顯行為、情緒的自我調節則較不理想。研究者建議，對於社會不利幼童，提早介入對其能力發展極為重要，尤其是正式機構的教保服務。

國內對於幼兒學習能力的表現，因為缺乏國小一年級的入學評量和有關學童學習發展的長期追蹤資料，因此也較難了解不同型態幼兒園（公立、私立、非營利幼兒園）和不同的教學模式，對兒童發展的長期影響，尤其進入小學之後，幼兒園的認知教學、數學和注音符號學習，對學童的學業成就、個人情緒與社會能力表現是否有影響則尚未有定論。

當政策不斷朝向公共化推進的過程，幼兒接受教保服務的年齡不斷下修，幼童入學率在 2 歲和 3 歲兩個年齡層增加幅度最快，也是私立幼兒園招生的主要來源（葉郁菁，2020）。參照英國長期追蹤不同家庭社經群組與接受教保服務的時間長短，分析結果顯示，提早就學對社會不利家庭幼兒的整體能力發展有所幫助，且其中又以口語溝通能力進步最為明顯。顯然幼兒園的課程和人際互動，可以彌補上述家庭的文化和語言刺激不足的問題。反觀國內育兒補助加碼的政策論述，政策目標為「減輕育兒家長經濟負擔」，提出的政策口號為「0～6 歲國家一起養」，但較少從幼兒的角度論述提早讓幼兒進入教保服務機構之後，對幼兒的能力發展有何長期的正面效益。

英國牛津大學的調查結果指出，小學一年級被診斷為社會情緒能力表現較有問題的學童，其認知能力也偏弱（Melhuish & Gardiner, 2020）。學童自我情緒調節能力差、社交能力不佳，這些社會情緒能力對學習產生負面影響，但是卻很容易被國小教師忽略，其結果也提醒幼兒園教師需要強化幼兒在情緒領域和社會能力的發展。

此外，托育服務機構提供的教保服務品質如何提升？臺灣幼兒園基礎評鑑每四年辦理一次，評鑑項目包含「設立與營運」、「總務與財務管理」、「教保活動課程」、「人事管理」、「餐飲與衛生管理」、「安全管理」等類別進行評鑑，以確保幼兒園的合法性和基本品質（教育部，2018），當教保服務大幅度擴充的同時，幼兒園如何在快速擴充教保服務的情況下兼顧品質，則是另一項值得注意的問題。

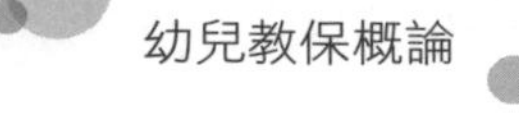

情境式題目

1. 「美國沒有全國一致性的師資認可系統，各州發展各自的教師認證並訂有認證標準，聯邦政府則只有為了執行『起始方案』而設定師資標準。」美國的幼教師資培育制度和臺灣有所差異，請說明彼此的差異為何？美國的幼教師資培育制度有何優點和缺點？請說明你的看法和理由。
2. 「起始方案」（the Head Start Programs）是美國 20 世紀最著名的幼兒教保方案，該方案的精神和作法也陸續被世界各國仿效。請以臺灣為例，說明有無類似「起始方案」的政策或制度規劃？你認為前述台灣的作法適當嗎？還有什麼值得改善的方向或建議？
3. 英國多數滿 4 足歲幼兒開始接受正式的學校預備教育（reception year），當幼兒滿 5 足歲時，就會進入小學一年級（Year 1），小學階段從 5 歲到 11 歲。近年臺灣社會也在討論「國民教育向下延伸」，請問你對此議題有何看法？你認為臺灣如果實施「國民教育向下延伸一年」的政策，對目前的幼兒園生態會產生哪些影響？對幼兒園有何因應的建議？
4. 英國教育部（Department for Education, 2020c）的教育標準局（Ofsted）針對註冊托育人員、保母、和其他日間照顧者，若發生危機事件時，必須在 14 天內向教育標準局通報，通報採線上方式進行。」在臺灣，對於兒童不當照顧事件，幼兒園則是適用《校園安全及災害事件通報作業要點》通報校安事件，應於知悉事件內的 24 小時內於校安通報網通報。請說明英國和臺灣對於幼托機構危機事件處理的規定，有何優點和缺點？臺灣的法規雖然規定通報的時限較短，但幼兒園的意外或校安事件仍是頻傳，請說明你的看法和理由。

參考文獻

中文部分

丁志權（2018）。**六國教育制度分析：美德英日法中（三版）**。臺北市：麗文文化。

洪福財（2015）。美國聯邦政府的幼教方案與幼兒入園狀況：Quality Counts 2015 的調查報告。**教育研究與發展期刊，11**（3），115-142。

教育部（2014）。**教育部電子報 606 期**。取自 http://epaper.edu.tw/old/print.aspxprint_type=topical&print_sn=868&print_num=606

教育部（2018）。**107 學年至 111 學年基礎評鑑指標**。取自 https://www.ece.moe.edu.tw/ch/preschool/administrative/evaluation/

教育部（2019）。**校園安全及災害事件通報作業要點**（2019 年 11 月 19 日修正通過）。取自https://edu.law.moe.gov.tw/LawContent.aspx?id=FL028684

教育部（2020）。**教育部推動幼照法與教保條例修正草案　幼教品質再提升**。取自 https://www.edu.tw/News_Content.aspx?n=9E7AC85F1954DDA8&s=B5305EAFFCDEFC1A

楊思偉（2015）。**比較教育**。臺北市：心理。

葉郁菁（2020）。**幼兒園、家庭與社區**。新北市：心理。

英文部分

Anderson, J. L., Ehrenhaft, D., & Nouraee, A. (2011). *Americapedia: Taking the dumb out of freedom*. New York: Walker Publishing Company.

Department for Education. (2012). *Parents' guide to the early years foundation stage framework*. Retrieved from https://www.foundationyears.org.uk/files/2015/01/

EYFS_Parents_Guide-amended1.pdf

Department for Education. (2020a). *Early years foundation stage profile 2021 Handbook*. London: Author.

Department for Education. (2020b). *Development matters: Non-statutory curriculum guidance for the early years foundation stage*. London: Author.

Department for Education. (2020c). *Report a serious childcare incident*. Retrieved from https://www.gov.uk/guidance/report-a-serious-childcare-incident

Family and Social Services Administration. (2014). *About first steps*. Retrieved from http://www.in.gov/fssa/ddrs/4685.htm

Fuller, B. (2008). *Standardized childhood: The political and cultural struggle over early education*. Palo Alto, CA: Stanford University Press.

GOV.UK (2020). 30 *Hours free childcare*. Retrieved from https://www.gov.uk/30-hours-free-childcare

GOV.UK (n.d). *School leaving age*. Retrieved from https://www.gov.uk/know-when-you-can-leave-school

Hussar, B., Zhang, J., Hein, S., Wang, K., Roberts, A., Cui, J., Smith, M., Bullock Mann, F., Barmer, A., & Dilig, R. (2020). *The Condition of Education 2020* (NCES 2020-144). Washington, DC: National Center for Education Statistics. Retrieved from https://nces.ed.gov/pubsearch/pubsinfo.asp?pubid=2020144.

Kamerman, S. B., & Gatenio, S. (2003). Overview of the current policy context. In D. Cryer, & R. M. Clifford (Eds.), *Early childhood education and care in the USA* (1-30). Baltimore: Paul H. Brookes Publishing Co., Inc.

Lascarides, V. C., & Hinitz, B. F. (2011). *History of early childhood education*. New York: Routledge.

Melhuish, E., & Gardiner, J. (2020). *Study of early education and development (SEED): Impact study on early education use and child outcomes up to age five years*. NatCen Social Research, University of Oxford, and Action for Children (Reference: DFE-PR953). Retrieved from https://assets.publishing.service.gov.uk/government/uploads/system/uploads/attachment_data/file/867140/SEED_AGE_5_REPORT_FEB.pdf

Morgan, G. G. (2003). Regulatory policy. In D. Cryer & R. M. Clifford (Eds.), *Early childhood education and care in the USA* (pp. 65-85). Baltimore: Paul H. Brookes Publishing Co., Inc.

Morrison, G. S. (2009). *Early childhood education today* (11th ed.). New Jersey: Pearson Education, Inc.

National Center for Education Statistics. (2014). *Percentage of the population 3 to 34 years old enrolled in school, by age group: Selected years, 1940 through 2013*. Washington DC: U.S. Department of Education. Retrieved from http://nces.ed.gov/programs/digest/d14/tables/dt14_103.20.asp

Nutbrown, C., & Clough, P. (2014). *Early childhood education: History, philosophy and experience*. London: Sage.

Ofsted (2019). *The education inspection framework*. Manchester: Office for Standards in Education.

Reese, W. J. (Ed.) (1998). *Hoosier schools: Past and present*. IN: Indiana University Press.

SCCAP. (2014a). *About SCCAP*. Retrieved from http://www.insccap.org/pages/ABOUT

SCCAP. (2014b). *SCCAP head start*. IN: Author. Retrieved from https://tinyurl.com/

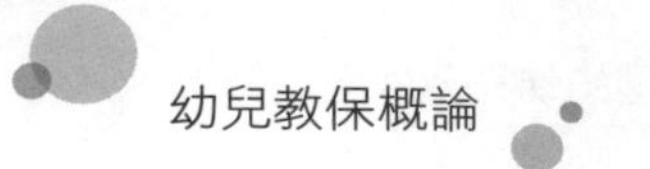

y9chgyuv

Tobin, J. Jay, Hsueh, Y., & Karasawa, M. (2009). *Preschool in three cultures revisited: China, Japan, and the United States*. Chicago, IL: University of Chicago Press.

Walter, S. (1998). "Awakening the public mind": The dissemination of the common school idea in Indiana, 1787-1852. In W. J. Reese (Ed.), *Hoosier schools: Past and present* (pp.1-28). IN: Indiana University Press.

Will, M. (2015). *Government programs undergird early-ed. priorities*. Retrieved from http://www.edweek.org/ew/articles/2015/01/08/government-programs-undergird-early-ed-priorities.html?intc=EW-QC15-TOC

第四篇

幼兒園組織與人員養成

8 幼兒教保服務機構的性質與相關法規

孫良誠

本章概述

臺灣於2012年推動「幼托整合政策」，將幼稚園及托兒所改制整合為幼兒園。其次，教育部2012年訂定《非營利幼兒園實施辦法》，開始設立「非營利幼兒園」；另教育部（2016a）提出《擴大幼兒教保公共化計畫》，以增設非營利幼兒園為主、公立幼兒園為輔的方式，提供四成幼兒有機會進入公共化的幼兒園就讀。行政院2018年核定《我國少子女化對策計畫》，擴大公共化及建置準公共機制，以達到擴展平價教保的目標（教育部等，2018），透過政府與私立幼兒園合作轉型成為「準公共幼兒園」。幼兒教保服務機構依機構性質可分為四種類型：「公立幼兒園」是由政府出資、由公部門經營管理的幼兒園；「私立幼兒園」是私人出資自主經營管理的幼兒園；「非營利幼兒園」與「準公共幼兒園」則為公私協力治理的幼兒園，此兩種幼兒園具有幼兒教保服務公共化的屬性，是目前政府促進幼兒教育公共化的主要方式。

本章先說明幼兒教保服務公共化的概念，作為進一步闡述不同教保服務機構種類的差異，並說明負責管理教保服務機構的主管機關與機構經營的相

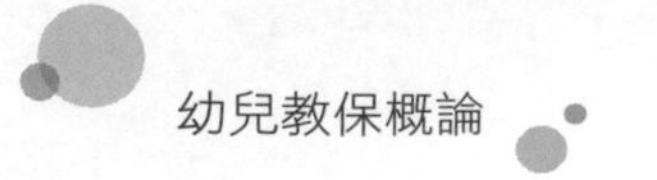

關規範。其次從教保人員應有的專業表現，包括專業知識、專業實踐及專業參與三個層面，說明教保服務的專業內涵；以及就教保服務人員職前培訓與在職訓練的相關規定，實施幼兒教育及照顧的法規，如《幼兒教育及照顧法》、《幼兒教保及照顧服務實施準則》、《兒童及少年福利與權益保障法》，政府公告的相關文件，如《幼兒園教保活動課程大綱》、《中華民國教師專業標準指引》、《幼兒園教保服務人員工作倫理守則參考資料總說明》、《幼兒園課程與教學品質評估表》，說明教保服務的專業規範。

第一節 幼兒教保服務機構的種類、組織與主管機關

本節擬先介紹幼兒教保服務公共化的概念，其次分析各類教保服務機構的性質、組織及其主管機關，茲分別說明如後。

一、幼兒教保服務公共化的概念

依據教育部統計處（2021）統計，109 學年度臺灣（含金門、馬祖地區）幼兒教保服務機構共計 6,447 所，其中私立幼兒園、非營利幼兒園及準公共幼兒園為私人或私人團體設立；公立幼兒園、非營利幼兒園、準公共幼兒園有政府資源的挹注，是具備公共性質的教保服務機構。「公共」（public）與「私人」（private）是對立的概念，所謂公共部門即政府部門，以公共權力為基礎，依法對公共事務進行管理，以增進公共利益為目的；私部門係指私人所擁有的組織或單位，是以自身利益為基礎從事投資生產，以創造組織最佳利潤為目的。

幼兒教保服務公共化是學前教育發展的趨勢。將幼兒視為公共財，是家庭和國家社會的幼兒，因此培育幼兒的工作則劃歸為公共事務，認為政府應協助家長支付育兒費用或提供平價優質的教保服務，與家庭共同分擔育兒的責任。但由於臺灣都會地區土地取得困難，無法普設公共化幼兒園，因此近年政府提出準公共化機制並配合公共化兩種策略，推動幼兒教保服務公共化。例如，在「擴大幼兒教保公共化計畫」政策中，以增設非營利幼兒園及公立幼兒園的方式提升公共化幼兒園比例（教育部，2016a）；在「我國少子女化對策計畫」中提出建置準公共化機制，由政府與私立幼兒園合作，由政府與家長共同分擔費用，加速提升平價教保服務機會，而與政府合作簽訂契約的私立幼兒園則稱為準公共幼兒園（教育部等，2018）。可見政府將營利取向的幼兒園轉變為非營利取向的幼兒園，提供幼兒教育及照顧的服務（邱志鵬、劉兆隆，2012；黃馨誼，2018），是政府促進幼兒教育公共化的方式。

公立幼兒園是公立化的幼兒教保服務機構，但公共化幼兒園不必然是公立化的學前教育機構，卻是公有化的學前教育機構。教保服務公共化必須藉由公共投資或政府介入，以取得服務供應的主權，並進行公共事務的監督與管理，以達到分享公共利益的目的。因此公部門資金投入私部門具有可行性，也可能是較佳的選擇（邱志鵬、劉兆隆，2012）。林凱衡（2018）認為公共化並非單一的概念，是反市場化、反商品化和反私有化三個概念的複合狀態。可見，公共化是政府以控制價格或供需的方式干預市場提供的服務，減少因價格機制對市場運作的影響，以及將個體接受的服務視為基本權利，由政府補助或承擔部分經費的方式介入市場，減少公共服務私有化。臺灣推動幼教公共化的方向，應該在於改善「高市場化」、「高商品化」、「高私有化」的幼教生態（侯孟志，2018），以提供優質、平價的幼兒教保服務並

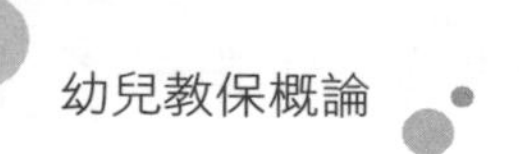

減輕家長的托育重擔。

二、教保服務機構的種類及其組織架構

就現況而言，臺灣目前的幼兒教保服務機構主要有「公立幼兒園」、「私立幼兒園」、「非營利幼兒園」、「準公共幼兒園」等四種類型，其性質與適用的相關法規分別說明如後。

（一）公立幼兒園

依據《幼兒教育及照顧法》（2021），公立幼兒園包括公立學校附設幼兒園、直轄市、縣（市）、鄉（鎮、市）及直轄市山地原住民區設立者。簡言之，由政府出資、公家機關設立的幼兒園即為公立幼兒園，其中公立學校附設幼兒園較為常見，如臺北市忠孝國民小學附設幼兒園、新北市江翠國民中學附設幼兒園、國立新竹科學園區實驗高級中等學校附設幼兒園等。直轄市、縣市鄉鎮設立的幼兒園，一般稱為專設幼兒園或獨立幼兒園，如臺北市立南海實驗幼兒園、新竹市立幼兒園、新竹縣竹東鎮立幼兒園、宜蘭縣三星鄉立幼兒園等。109學年度臺灣公立幼兒園總計2,104間，其中專設幼兒園計251間（教育部統計處，2021）。

「公立幼兒園」是由政府出資、由公部門經營管理的幼兒教保服務機構。依據《幼兒園行政組織及員額編制標準》（2019）第6條規定，幼兒園組織員額編制包含：園長、組長、教保服務人員、護理人員、社會工作人員或學前特殊教育教師、廚工、職員、人事、主（會）計等（公立學校附設幼兒園之人事、主計及總務由學校之人事室、會計室及總務處辦理）。《幼兒教育及照顧法》第16條規定公立學校附設幼兒園及分班免設置園長外，專設幼兒園園長應為專任；幼兒園教師、教保員或助理教保員也應為專任。《幼兒園行政組織及員額編制標準》第 3 條規定按招收幼兒人數或班級數設置不同組別。

1. 教務組：負責事務包括招生、註冊、教學活動之安排、教學設備之規劃、管理與運用調配及其他教務相關事項。
2. 保育組：負責事務包括幼兒保育、衛生保健、疾病預防、親職教育、社工與特殊幼兒輔導及其他保育相關事項。
3. 教保組：綜理教務組及保育組事項。
4. 行政組：負責主（會）計、人事、廚工、幼兒經費補助及其他一般行政業務事項。
5. 總務組：負責出納、文書、公文收發、採購、財產管理、事務管理及其他庶務相關事項。
6. 特殊教育組：負責協助幼兒鑑定安置、輔導、轉銜、通報及其他學前特殊教育相關事項。

（二）私立幼兒園

私立幼兒園是完全由私人投資營運辦理的幼兒園，只要符合現行相關法令規範與「幼兒園基礎評鑑指標」要求即可，在經營上具有最大的自由度，如臺灣高等法院附設臺北市私立員工子女幼兒園、財團法人信誼基金會附設臺北市私立實驗幼兒園、新北市私立新佳美幼兒園等。109 學年度臺灣私立幼兒園共計 2,894 間（教育部統計處，2021）。

依據《幼兒教育及照顧法》第 8 條：排除公立學校附設幼兒園，以及直轄市、縣（市）、鄉（鎮、市）及直轄市山地原住民區設立的幼兒園，其餘皆為私立。臺灣目前的幼兒教育並非義務教育，一般對私立幼兒園經營常以自由市場、經濟效率的觀點加以批判，認為社會愈趨向自由民主，國家對於教育的介入應當愈少愈好，以確保幼兒教育市場自由開放及自由運作，使家長有更多為其子女選擇教保服務的權利（蔡其蓁，2000），但實際上，政府對幼兒教保服務機構介入的情形愈來愈多。私人企業經營目標是追求最大的利潤，私立幼兒園追求經濟效率亦屬常態，然市場自由競爭或可達成最大的經濟效益，但也易造成教育商品化，導致教育資源分配不均，擴大教育不公平，阻礙教育的發展。

幼兒園提供幼兒教保服務兼具社會責任與社會價值，教育本質與市場邏輯的差異，包括教育關注受教者與社會獲得的益處，市場重視顧客需求的滿足；教育活動是以受教者的發展為目標，市場活動是以迎合市場需求、創造更高利潤為目標；教育並非單純交換（易）的行為，市場強調金錢買賣的行為（顏秀如，2003）。可見幼兒園提供幼兒的教育及照顧服務必須以教保理念為圭臬，以促進幼兒身心發展為目標，以尊重家長教養期望為原則，以實現社會價值為理想。

（三）非營利幼兒園

依據《非營利幼兒園實施辦法》（2021）第 8 條：公家機關委託辦理非營利幼兒園，應於委託辦理計畫中說明所需土地、建築物及設施、設備的取得方式，而地方機關經管之地方公有土地、建築物，應以無償方式提供，若非地方機關經管之土地、建築物，以依法租用或其他方式提供；第 9 條及第 10 條：政府採委託方式辦理非營利幼兒園並依規定進行甄選，經核准後與非營利法人締結行政契約。換言之，由政府提供非營利機構場地、建築物及設備，非營利機構必須依照政府的規範經營管理幼兒園。

非營利幼兒園是指由非營利法人辦理的私立幼兒園，非營利法人包括學校財團法人、幼兒教保相關工會組織，以及章程中載明為幼兒與兒童、家庭、教保服務人員福祉、教育或社會福利事務相關事項之財團法人或非營利社團法人（非營利幼兒園實施辦法，2021），如委託社團法人新竹市教保人員協會辦理的新竹市陽光非營利幼兒園、財團法人國立成功大學文教基金會辦理的國立成功大學員工子女非營利幼兒園、財團法人彭婉如文教基金會辦理的高雄市五甲社區自治非營利幼兒園等。109 學年度臺灣非營利幼兒園共計 232 間（教育部統計處，2021）。

非營利幼兒園概念來自非營利組織（non-profit organizations, NPO），是政府與市場之外的第三個力量或稱第三部門（the third sector）。非營利組織係因市場機制或利益團體干預等因素，導致未能達成預期的公益或經濟效益，應運而生的組織（王億仁，2007）。非營利組織係指不以營利為目的組織或團體，其核心目標是處理公眾關注的議題或事件並以公益為優先，積極擔負起彌補社會需求和政府供給間落差的角色。非營利組織雖然不以營利為目的，但仍必須收取合理的費用以維持組織的生存，若有盈餘也要運作在有利於達成組織宗旨的活動上，而不會將利潤分配給組織成員及管理人等（馮燕，2000）。

非營利組織的特徵包括：是正式的且為私人性質的組織、不能分配利潤、能自我管理不受外在團體的掌控、志願人員的參與、具有公共利益的性質（Salamon, 1999）。據此，非營利幼兒園為私人經營管理的幼兒教保服務機構，是獨立運作的正式組織，其運用政府部門提供的經費與資源，並在政府的規範下提供幼兒教育及照顧服務，營運產生的利潤必須運用在實踐幼兒園教保宗旨有關的事務上，如增加教保服務人員的人事費、改善教學設施設備費用等。非營利幼兒園存在的目的是實踐教育及照顧幼兒的公益使命，包含經濟價值和社會效益：經濟價值如減輕家長經濟負擔、協助家長安心就業、落實財務透明處理及降低委託辦理成本；社會效益則包括保障弱勢教育機會、擴大公共托育服務、鼓勵發展優質特色及導引經營正向發展等（戰寶華、陳惠珍，2015）。

（四）準公共幼兒園

依據《教育部推動及補助地方政府與私立教保服務機構合作提供準公共教保服務作業要點》（2020）第 3 條，私立幼兒園符合「收費數額」、「教師及教保員薪資」、「基礎評鑑」、「建物公共安全」、「教保生師比」及「教保服務品質」等六項要件，與政府簽訂合作契約後，即可成為「準公共幼兒園」。除規範「收費數額」以及保障「教師及教保員薪資」外，其他四項都是現行法令的規定（教育部國民及學前教育署，2019）。簡言之，政府透過與符合要件的私立幼兒園合作，協力提供平價的托育服務以減輕家長育兒費用的負擔（教育部等，2018）。109 學年度臺灣準公共幼兒園共計 1,262 間（教育部統計處，2021），如國防醫學院附設臺北市私立愛德幼兒園、臺灣高等法院附設臺北市私立員工子女幼兒園等。

準公共幼兒園是政府與私立幼兒園共同承擔對幼兒教育及照顧的社會責任，尋求資源整合、合作經營，以及創造彼此共享利益的成果，即採取公私協力治理（public-private collaborative governance）方式，由公部門及私人機構或一般民眾等多元利害關係人，透過開放、對等溝通與對話，參與公共事務或提供公共服務，以提升行政效率並減輕國家財政負擔（曾冠球，2011；詹鎮榮，2003，2016）。公部門控制相關法令與政府資產，私部門則帶入外部資本與專業技術，共同承擔社會公益的責任、分享資源、協力管理（張奕華、劉文章，2012；曾冠球，2017；Trafford & Proctor, 2006），此作法不僅可增進公部門與私部門之間的交流互動，也有助於提升組織績效。

公私協力治理可以實踐教育正義、促進教育機會均等（張奕華、劉文章，2012），此外，公私協力的效益包括擴大政策參與決策落實民主化治理精神、統整資源互補交流協力達成教育目標、適時適切回應教育政策有利解決教育問題，以及平等自主相互學習促進教育政策創新等（施又瑀，2018）。換言之，公私協力治理強調政府、學校等公部門與其他私人部門共同協助合作參與教育相關事務的治理，在多元互動及平等互惠下，提供教育政策規劃的建議及擴大參與決策的部門，廣納教育的新觀點、回應教育的挑戰、解決教育的問題、分享教育的成果。

私立幼兒園組織編制，包括園長、組長、教保服務人員、護理人員、社會工作人員或學前特殊教育教師、廚工、職員、人事、主（會）計等，其中園長、教師、教保員、助理教保員等必須為專任、社會工作人員或學前特殊教育教師、職員、人事、主（會）計得視需要配置，與公立幼兒園有些許不同。

四種類型的幼兒教保服務機構，公立幼兒園是公立化的幼兒園；私立幼兒園是私人經營管理的幼兒園；公立幼兒園、非營利幼兒園與準公共幼兒園是公共化教保服務機構；私立幼兒園、非營利幼兒園及準公共幼兒園是私立教保服務機構；非營利幼兒園及準公共幼兒園是與政府協力治理的幼兒園。

三、幼兒教保服務機構的行政主管機關

臺灣現行的教育行政組織系統分成中央政府及地方政府二個層級，中央主管幼兒教保服務機構的行政機關為教育部；地方主管的行政機關則為各縣市政府教育局（處）。以下概述中央及地方負責幼兒教保服務業務的主管機關。

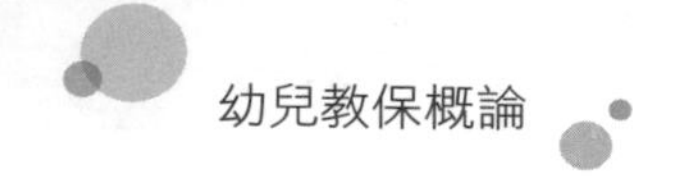

（一）中央教育行政機關

依據《教育部組織法》（2021）第 2 條，教育部掌理與幼兒教保有關的事項，包括師資培育及藝術教育司負責的教保服務人員的培育政策、師資職前教育課程、教師專業證照與實習、教師在職進修、教師專業組織輔導、教師專業發展與教師評鑑、學前教育政策之規劃、輔導及行政監督等，以及由國民及學前教育署的學前教育組負責學前教育政策及制度的規劃、推動、督導、協調等業務。

《幼兒教育及照顧法》第 5 條具體說明中央教育主管機關掌理的事項如下：

1. 教保服務政策及法規之研擬。
2. 教保服務理念、法規之宣導及推廣。
3. 全國性教保服務之方案策劃、研究、獎助、輔導、實驗及評鑑規劃。
4. 地方教保服務行政之監督、指導及評鑑。
5. 全國性教保服務基本資料之蒐集、調查、統計及公布。教保服務基本資料至少應包括全國教保服務機構之收費項目與數額、評鑑結果、不利處分及其他相關事項。
6. 協助成立教保服務人員組織及家長組織。
7. 其他全國性教保服務之相關事項。

（二）地方教育行政機關

依據《地方制度法》（2016），地方自治事項的教育文化及體育事項，包括學前教育、各級學校教育及社會教育之興辦及管理；藝文活動；體育活動；文化資產保存；禮儀民俗及文獻；社會教育、體育與文化機構之設置、營運及管理。

《幼兒教育及照顧法》第 6 條指出地方教育主管機關掌理事項：

1. 地方性教保服務方案之規劃、實驗、推展及獎助。
2. 教保服務機構之設立、監督、輔導及評鑑。
3. 公立幼兒園、非營利幼兒園、社區、部落或職場互助式教保服務之推動。
4. 親職教育之規劃及辦理。
5. 地方性教保服務基本資料之蒐集、調查、統計及公布。教保服務基本資料至少應包括直轄市、縣（市）主管機關主管之教保服務機構之收費項目與數額、評鑑結果、不利處分及其他相關事項。
6. 其他地方性教保服務之相關事項。

臺灣教育行政組織分為二個層級系統，彼此分工合作共同推動許多幼兒教保重要的計畫及業務，如我國少子女化對策計畫、非營利幼兒園、幼兒園輔導及評鑑、教保服務人員專業成長研習等等。依《幼兒教育及照顧法》第 7 條指示：「推動與促進教保服務工作發展為政府、社會、家庭、教保服務機構及教保服務人員共同之責任。」彼此扮演各自的角色行為，努力保障幼兒接受適當教育及照顧之權利，使幼兒身心能獲得健全的發展。

第二節 幼兒教保服務機構的專業性質

學齡前幼兒發展未臻成熟及學習的特殊性，需要成人提供較多的照顧，且幼兒教育是各教育階段的啟蒙，需要具備專業知能的人員提供幼兒教保服務。以下從教保服務的專業內涵及專業規範闡述幼兒教保服務機構的專業性質。

一、教保服務的專業內涵

《幼兒教育及照顧法》第 1 條立法目的是為了保障幼兒接受適當教育及照顧的權利，確立幼兒教育及照顧方針，健全幼兒教育及照顧體系，以促進其身心健全發展；第 12 條揭示教保服務的內容主要提供幼兒教育、保育照顧，以及可促進其發展的服務等；第 15 條規範教保服務機構應進用具教保服務人員資格者從事教保服務，即是保障幼兒接受專業教保服務的權利。

國家未來的關鍵在教育，教育品質奠基於良師（教育部，2012），經濟合作暨發展組織（Organization for Economic Cooperation and Development, OECD, 2012）指出專業的教育人員是提供高品質教育與照顧的關鍵因素；聯合國教科文組織（United Nations Educational, Scientific and Cultural Organization, UNESCO, 2018）認為提供專業教師是學生受教的權利。世界主要國家或重要的幼兒教育組織紛紛提出教保人員專業表現的看法，如美國幼兒教育協會（National Association for the Education of Yong Child, NAEYC, 2020）提出幼兒教育工作者應具備的專業標準和能力、英國教育部（Department for Education, 2017）提出《幼兒階段法定架構》（Statutory Framework for the Early Years Foundation Stage）指出幼教工作者應有的專業表現、加拿大艾柏塔省政府（Government of Alberta, 2018）提出實踐教育專業的內涵、新加坡政府（Government of Singapore, 2020）規範幼兒教師及教保員應有的專業知能、我國教育部（2016b）公告《中華民國教師專業標準指引》，包括專業知能及專業態度二個層面，十項專業標準，二十九項教師專業表現指標，引導教師專業發展及專業表現。歸納教保人員應有的專業表現包括以下各項，以確保幼兒全方位的發展。

1. 理解幼兒發展及教學專業知識做為課程設計的基礎，並引導幼兒了解基本的知識與技能。

2. 規劃有利幼兒學習的環境，並提供多元且豐富的學習材料，促進幼兒學習。
3. 評估幼兒學習表現，並依據評估結果規劃幼兒學習經驗。
4. 營造尊重及信任的氛圍，引導幼兒發展積極正向的人際關係。
5. 維持與家長和社區緊密、有效的合作關係，共同協助和支持幼兒學習。
6. 應保護幼兒安全、健康並促進其福利。
7. 應表現出專業行為並持續專業成長等。

綜整上述，教保服務人員展現教保專業的內涵可以分為專業知識、專業實踐及專業參與三個層面。專業知識層面包含教育專業、教學專業及幼兒發展等知識，教保服務人員應了解與幼兒教育有關的哲學思想、教育理論、教學原理及幼兒發展等基本知能，作為規劃課程、實施教學、照顧幼兒的基礎。專業實踐層面指教保服務人員應掌握教學內容、蒐集教學資源，運用多元的教學策略及統整的方式實施教學，營造適合幼兒學習的班級氣氛，定期評量幼兒學習表現，並告知家長相關訊息，共同協助幼兒成長，以達成教學目標。專業參與層面則指教保服務人員應遵守倫理規範，負起對幼兒教育與照顧的責任，並以敬業精神和態度與幼教專業人員合作，以及持續專業成長提升專業表現。

二、教保服務的專業規範

UNESCO 於 1966 年提出「教師地位建議案」（Recommendation concerning the status of teachers），強調教學應被視為是一種專業（伍振鷟，

1975）。臺灣政府對教保服務人員的專業規範，從職前培訓、教保實踐以及在職進修皆訂定相關規定及公告相關文件，以確保幼兒可以接受高品質的教保服務，或改善教學問題、提升專業知能。以下分別就教保服務人員培訓的相關規定，以及教保服務實踐的相關規定及文件說明如下。

（一）教保服務人員培訓的相關規定

1. 教保員的職前培訓

《教保服務人員條例》（2017）第10條，修習幼兒園教保專業課程須經過教育部認可，且取得專科以上學校教保相關系科畢業證書者即具備教保員資格。教保員培訓則依據《國內專科以上學校教保相關系科認可辦法》（2020）應修畢教保專業課程至少 32 學分，且成績及格。教保專業課程包括：教育基礎課程至少 10 學分；教育方法課程至少 12 學分；教育實踐課程至少 10 學分，課程規劃的內涵應培養學生具備以下五項專業素養：(1)了解教育發展之理念與實務；(2)了解並尊重學習者之發展與學習需求；(3)規劃適切之課程、教學及多元評量；(4)建立正向學習環境並適性輔導；(5)認同並實踐專業倫理等，並符合 16 項專業素養指標的要求。

2. 幼兒教師的職前培訓

依據《師資培育法》（2019）第11條，幼兒教師需取得學士以上學位，除了修習幼兒教育專業課程外，還需通過教師資格考試並修習教育實習成績及格者才核發教師證書。幼兒教師培訓則依據《師資職前教育課程教育專業課程科目及學分對照表實施要點》（2013）規定：幼兒教育專業課程包括教學基本學科課程、教育基礎課程、教育方法課程、教學實習課程及教保專業知能課程，至少應修 48 學分，內含教保專業知能課程 32 學分，教保專業知能課程依《國內專科以上學校教保相關系科認可辦法》辦理。另《中華民國教師專業素養指引——師資職前教育階段暨師資職前教育課程基準》（2020）規定，幼兒教師職前課程須培養幼兒教師具備五項專業素養（與培育教保員的專業素養相同），達成 17 項專業素養指標的要求。

3. 園長的職前培訓

《教保服務人員條例》指出幼兒園園長應同時具備三項資格：(1)幼兒園教師或教保員資格；(2)在幼兒園擔任教師、教保員，或幼兒教育、幼兒保育相關科、系、所畢業之負責人，並實際服務滿五年以上；(3)經政府自行辦理或委託主管機關認可之專科以上學校辦理的幼兒園園長專業訓練及格。《幼兒園園長專業訓練辦法》第 5 條：園長訓練課程時數至少需 180 小時，包括學前教保政策及法令、園務行政專題與實務、教保專題與實務、人事管理專題與實務、文書及財物管理與實務、健康安全管理與危機處理、園家互動專題與實務等七個科目，且要求每一科目學習成績須達 70 分以上。

4. 教保服務人員的在職訓練

《師資培育法》第20條指出：主管機關得採不同方式提供幼兒園教師進修；《教保服務人員條例》第27條規定教保服務人員每年應參加教保專業知能研習 18 小時以上；又基於保障幼兒生命安全，規範幼兒園必須對新進用的教保服務人員，應於任職前二年內，或任職後三個月內接受基本救命術訓練八小時以上；任職後每二年應接受基本救命術訓練八小時以上、安全教育相關課程三小時以上及緊急救護情境演習一次以上。《幼兒園教保專業知能研習實施辦法》（2020）第 5 條闡明研習課程的規劃應符合教保服務人員專業成長需求，範圍包括學前教保政策及法令、幼兒園主管人員領導及行政管理、幼兒園課程及教學、幼兒園空間規劃及環境設計、幼兒學習評量及輔導、幼兒觀察解析及應用、幼兒健康及安全、學前融合教育、教保專業倫理、幼兒園園家互動及親師關係、勞動權益知能，以及其他有助於教保專業知能發展之課程。每年度各縣市政府皆會公告提醒尚未完成教保專業知能研習時數的教保服務人員於規定時間內完成相關的研習時數，幼兒園主管可以進入「全國教保資訊網填報系統」查詢該幼兒園是否有教保服務人員未達研習時數。

良好的在職訓練可以提升教保人員教育與照顧幼兒的專業能力，協助幼兒適性發展（蔣姿儀、林亞萱，2013；Girard, Girolametto, Weitzman, & Greenberg, 2011）。我國教保服務人員職前培訓都有嚴謹的規範與審查標準，確保教保服務人員具備教育與保育的專業知識，實踐教學與照顧幼兒的專業技能，以及遵照專業倫理規範與持續專業成長的態度，提供幼兒專業的教保服務。在職訓練提供教保服務人員解決教學問題的知能與精進教學的引導。

（二）教保服務實踐的相關規定及文件

教保服務人員實踐教育及照顧幼兒的相關規定及文件，包括《幼兒教育及照顧法》、《幼兒教保及照顧服務實施準則》、《兒童及少年福利與權益保障法》、《幼兒園教保活動課程大綱》、《中華民國教師專業標準指引》、《幼兒園教保服務人員工作倫理守則參考資料總說明》、《幼兒園課程與教學品質評估表》，茲概述如下：

1. 幼兒教育及照顧法

《幼兒教育及照顧法》第11條說明教保服務機構實施之教保服務，應與家庭及社區密切配合，達成維護幼兒身心健康、養成幼兒良好習慣、豐富幼兒生活經驗、增進幼兒倫理觀念、培養幼兒合群習性、拓展幼兒美感經驗、發展幼兒創意思維、建構幼兒文化認同、啟發幼兒關懷環境等九項目標；第

12 條指出，幼兒園實施教保服務的內容包括以下七項，提供幼兒教育及照顧活動的依據。

(1) 提供生理、心理及社會需求滿足之相關服務。

(2) 提供健康飲食、衛生保健安全之相關服務及教育。

(3) 提供適宜發展之環境及學習活動。

(4) 提供增進身體動作、語文、認知、美感、情緒發展與人際互動等發展能力與培養基本生活能力、良好生活習慣及積極學習態度之學習活動。

(5) 記錄生活與成長及發展與學習活動過程。

(6) 舉辦促進親子關係之活動。

(7) 其他有利於幼兒發展之相關服務。

條文的其他規定，包括教保服務機構應就環境、食品安全與衛生及疾病預防、安全管理、設施安全與安全演練、緊急事件處理機制等，訂定管理規定確實執行，並定期檢討改進；建立幼兒健康管理制度，將幼兒健康檢查、疾病檢查結果、轉介治療及預防接種等資料，載入幼兒健康資料檔案；訂定處理幼兒緊急傷病的施救步驟、護送就醫地點，呼叫緊急救護專線等注意事項，及父母或監護人未到達前之處理措施等，以保障幼兒權益。

2. 幼兒教保及照顧服務實施準則

《幼兒教保及照顧服務實施準則》第 2 條規範幼兒園提供幼兒教保及照顧服務應以幼兒為主體，遵行幼兒本位精神，秉持性別、族群、文化平等、教保並重、尊重家長及以下原則辦理：

(1) 營造關愛、健康及安全之學習環境。

(2) 支持幼兒適齡適性及均衡發展。

(3) 支持家庭育兒之需求。

第 3 條規範教保服務人員對幼兒實施教保及照顧服務的辦理原則：

(1) 尊重、接納及公平對待所有幼兒，不得為差別待遇。

(2) 以溫暖、正向之態度，與幼兒建立信賴之關係。

(3) 以符合幼兒理解能力之方式，與幼兒溝通。

(4) 確保幼兒安全，不受任何霸凌行為，關注幼兒個別生理及心理需求，適時提供協助。

(5) 不得基於處罰之目的，親自、命令幼兒自己或第三者對幼兒身體施加強制力，或命令幼兒採取特定身體動作，致幼兒身心受到痛苦或侵害。

條文中其他規範，包括依據幼兒年齡需求安排規律作息；每日提供幼兒 30 分鐘以上之出汗性大肌肉活動時間；每學期至少為每位幼兒測量一次身高、體重與定期對幼兒實施發展篩檢；保持全園及幼兒個人用品及寢具的整潔及衛生；準備充足且具安全效期之醫療急救用品、訂立託藥措施與協助幼兒用藥的規定；提供符合幼兒年齡及發展需求之餐點；教保活動課程設計原則與實施教保活動課程規定；校外教學規定；設置多元學習區域供幼兒自由探索；舉辦親職活動並提供幼兒之法定代理人教養相關資訊等，做為幼兒園實施教保及照顧的準則。

3. 兒童及少年福利與權益保障法

《兒童及少年福利與權益保障法》（2021）立法目的係為了促進兒童及少年身心健全發展，保障其權益，增進其福利。條文指示政府及公私立機構、團體應協助兒童及少年之父母、監護人或其他實際照顧兒童及少年之人，維護兒童及少年健康，促進其身心健全發展，對於需要保護、救助、輔導、治療、早期療育、身心障礙重建及其他特殊協助之兒童及少年，應提供所需服務及措施，並以其最佳利益為優先考量處理相關事務。法條中指示建立跨部會的合作機制，如第 7 條：主管機關及目的事業主管機關應就其權責範圍，針對兒童及少年之需要，尊重多元文化差異，主動規劃所需福利，對涉及相關機關之兒童及少年福利業務應全力配合之。

法條內文指示：直轄市、縣（市）政府應與民間建立整合性服務機制或自行辦理對兒童的福利措施，包括早期療育服務、托育服務、家庭諮詢與親職教育服務、托育津貼、生活扶助、醫療補助、安置服務、兒童課後照顧服務等；對兒童的保護措施，包括任何人不可提供有害兒童身心健康的物質、影像、遊戲軟體、網路內容、從事危險工作、進出不當場所，以及遺棄、虐待之行為，亦不可使 6 歲以下兒童或需要特別看護之兒童獨處或由不適當之人代為照顧，以及處理兒童相關事務應依其心智成熟程度權衡其意見等。內文也規範教育人員、保育人員、教保服務人員等執行兒童及少年福利業務的人員有通報的責任。綜言之，《兒童及少年福利與權益保障法》將兒童的身分權、生存權、健康權、受教權、社會權、表意權等以法令規範之，使社會大眾更關注幼兒的權益，提供更完整的保護。

4. 幼兒園教保活動課程大綱

教育部（2016c）公布《幼兒園教保活動課程大綱》，係立基於「仁」的教育觀，秉持孝悌仁愛的文化價值，宗旨在於陶養幼兒擁有愛人愛己、關懷環境、面對挑戰、踐行文化的素養，以及奠定終身學習的基礎；使幼兒成為重溝通、講道理、能思考、懂合作、有信心、會包容的未來社會公民。課程大綱強調以幼兒為中心，重視幼兒有親身參與、體驗各式社區活動的機會。因此教保服務人員要有計畫並考量幼兒能力和興趣，規劃課程、營造健康安全的學習環境，提供幼兒學習機會，使幼兒能自我照顧、自我悅納，藉由與他人及環境的互動，體驗文化的多元現象，培養身心健康幼兒。

課程大綱指出：教保服務人員扮演班級文化和學習情境的經營者、幼兒生活與學習的夥伴、幼兒學習的引導者、幼兒家庭的合作夥伴等多元角色，透過身體動作與健康、認知、語文、社會、情緒、美感等六大領域的統整課程設計，運用團體、小組及個別活動等多元的教學型態，培養幼兒具備覺知辨識、表達溝通、關懷合作、推理賞析、想像創造及自主管理等六項核心素養，使幼兒能具有適應現在生活及面對未來挑戰的知識、能力與態度。

5. 中華民國教師專業標準指引

教育部（2016b）公告《中華民國教師專業標準指引》，展現我國對教師專業知能與態度的期許，及彰顯教師為專業工作者的形象。教師專業標準指引的架構，包括專業知能及專業態度二個層面；教育專業、學科教學、教學設計、教學實施、學習評量、班級經營、學生輔導、專業成長、專業責任及協作領導十項專業標準；二十九項教師專業表現指標。

教師專業標準指引強調教師應具備教育基礎理論；領域專門知識與科教學知能；了解教育發展趨勢及重要教育議題；具備課程與教學設計、善用教學方法及運用多元學習評量等教學實踐的能力；熟悉學生個別差異與學習需求、營造支持學生有效學習的環境；承擔教育責任並展現教育倫理；積極並持續專業成長；與同儕、家長及社區間建立良好的夥伴關係，分享及精進教學等內涵，做為引導教師專業化及精進教師表現之依據，達到「師道、責任、精緻、永續」的核心價值，以及「教育愛人師、專業力經師、執行力良師」的目標。

6. 教保服務人員工作倫理守則

教育部（無日期）公告《幼兒園教保服務人員工作倫理守則參考資料總說明》，內容雖無強制力，但可提供幼兒園教保服務人員及其組織表現出專業的倫理關係。倫理守則將教保服務人員面對的對象及專業關係區分為：服務倫理（對幼兒及其家庭）、組織倫理（對同事、機構及部屬）及社會倫理（對專業及社會）等三項，並提出幼兒園教保工作人員工作倫理的四個核心價值：尊重接納、公平正義、負責誠信、關懷合作，建構出 12 種類型的倫理守則，提供教保服務人員在工作場域中可共同依循的原則。

7. 幼兒園課程與教學品質評估表

教育部公告《幼兒園課程與教學品質評估表》，該表基於幼兒自主、遊戲為本與全人發展的理念，以系統化、層級化、具體化的概念設計（林佩蓉，2020）。品質評估表期望能提供教師及教保員課前準備與規劃環境的參考，或提供幼兒園主管檢視各班的教學情形以提升教學品質。其架構分為三個構面、十二個子構面：(1)學習環境規劃構面包含學習區整體規劃、學習區教師角色，以及各學習區環境規劃三個子構面；(2)班級經營構面包含作息規劃、師生及同儕關係的增進、常規的制定與執行、幼兒適應問題或困難的輔導、班級文化的形成、親師關係的建立與經營六個子構面；(3)課程規劃與實施構面包含課程與教學規劃、教學實施，以及學習評量與教學評鑑三個子構面。

師資良窳是教保品質的關鍵，幼兒園教保服務人員應以幼兒為主體，考量幼兒發展、學習特徵與學習興趣，以其生活經驗設計統整性的課程，兼顧家長期待、社會文化價值與在地資源，以做中學的方式鼓勵幼兒動手操作，以遊戲的方式提高幼兒學習興趣，以公平的態度對待每一位幼兒，同時也關

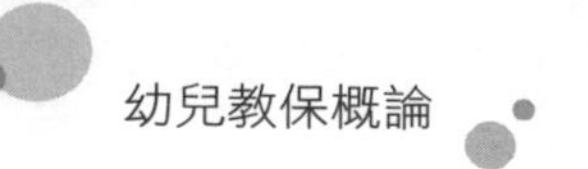

注幼兒個別差異，並參酌、了解幼兒教保相關法令規範與運用相關文件，以追求提供幼兒高品質的教學與保育服務。

情境式題目

1. 政府設立公共化幼兒園對提升幼兒就學機會及擴展平價教保服務，確實有幫助，但對於提供優質的教保服務，似乎力有未逮。請問幼兒園及教保服務人員可以做哪些努力，提供幼兒及其家長優質的教育及保育服務。
2. 政府對提升教保服務人員專業表現一直不餘遺力，如公告《幼兒園教保活動課程大綱》、《幼兒園課程與教學品質評估表》等教保相關文件。教保服務人員如何運用教保相關文件，強化專業內涵及專業表現。

參考文獻

中文部分

中華民國教師專業素養指引——師資職前教育階段暨師資職前教育課程基準（2021）。

王億仁（2007）。非營利組織與公民參與之關係初探。**應用倫理研究通訊，41**，58-64。

地方制度法（2016）。

幼兒園行政組織及員額編制標準（2019）。

幼兒教育及照顧法（2021）。

幼兒教保及照顧服務實施準則（2019）。

幼兒園教保專業知能研習實施辦法（2020）。

伍振鷟（1975）。**聯合國文教組織關於教師地位建議案**。臺北市：中華民國教育學會。

邱志鵬、劉兆隆（2012）。**我國幼兒托育制度之研究**。行政院研究發展考核委員會專題研究計畫成果報告（RDEC-RES-100-015）。臺北市：臺北市立教育大學幼兒教育系。

林佩蓉（2020）。**幼兒園課程與教學品質評估表（2020 版）**。教育部國民及學前教育署委託專案報告。臺北市：臺北市立大學幼兒教育系。

林凱衡（2018）。**何謂「公共化」？從反市場化、反商品化和反私有化三個概念談起**。The News Lens 關鍵評論。取自 https://www.thenewslens.com/article/90644?utm_campaign=sharebtn&utm_medium=facebook&utm_source=social2017

兒童及少年福利與權益保障法（2021）。

非營利幼兒園實施辦法（2021）。

施又瑀（2018）。公私協力模式推動非營利幼兒園之探究。**臺灣教育評論月刊，7**（7），20-28。

侯孟志（2018）。落實幼教公共化，不應虛晃一招。**通識在線，76**。取自 http://www.chinesege.org.tw/geonline/html/publish/publish_pub.php?Pub_Sn=163&Sn=2406

師資培育法（2019）。

師資職前教育課程教育專業課程科目及學分對照表實施要點（2013）。

教育部（2012）。**中華民國師資培育白皮書——發揚師道、百年樹人**。臺北市：作者。

教育部（2016a）。**擴大公共化教保服務，教育部規劃增設公共化幼兒園 1,000 班**。取自 https://www.edu.tw/News_Content.aspx?n=9E7AC85F1954DDA8&s=9BD8BE46F97CACFB

教育部（2016b）。**中華民國教師專業標準指引**。臺北市：作者。

教育部（2016c）。**幼兒園教保活動課程大綱**。臺北市：作者。

教育部（無日期）。**幼兒園教保服務人員工作倫理守則參考資料總說明**。臺北市：作者。

教育部、衛生福利部、勞動部、內政部、財政部、經濟部、科技部、交通部、人事行政總處、國家發展委員會（2018）。**我國少子女化對策計畫（107 年至 111 年）（核定本）**。臺北市：作者。

教育部統計處（2021）。**幼兒（稚）園概況表（80～109 學年度）**。取自 https://depart.moe.edu.tw/ed4500/cp.aspx?n=1B58E0B736635285&s=D04C74553DB60CAD

教育部國民及學前教育署（2019）。**2019 準公共機制說明**。取自 https://

www.doe.gov.taipei/News_Content.aspx?n=F51117419574D4FE&sms=78D644F2755ACCAA&s=A4894FA8605E7490

教育部組織法（2012）。

教育部推動及補助地方政府與私立教保服務機構合作提供準公共教保服務作業要點（2020）。

教保服務人員條例（2017）。

國內專科以上學校教保相關系科認可辦法（2020）。

張奕華、劉文章（2012）。教育正義的實踐觀點與個案分析。**教育資料與研究，106**，1-22。

曾冠球（2011）。協力治理觀點下公共管理者的挑戰與能力建立。**文官制度季刊，3**（1），27-52。

曾冠球（2017）。良善協力治理下的公共服務民間夥伴關係。**國土及公共治理季刊，5**（1），67-79。

馮燕（2000）。非營利組織之定義、功能與發展。載於蕭新煌（主編），**非營利部門——組織與運作**（頁 1-42）。臺北市：巨流。

黃馨誼（2018）。幼教公共化。**台灣教育，714**，1-19。

詹鎮榮（2003）。論民營化類型中之「公私協力」。**月旦法學雜誌，102**，8-29。

詹鎮榮（2016）。**公私協力與行政合作法**。臺北市：新學林。

蔣姿儀、林亞萱（2013）。中部地區幼兒教師參與學士後在職進修與教師專業發展之調查研究。**師資培育與教師專業發展，6**（2），141-168。

蔡其蓁（2000）。**幼兒教育國家介入：一個批判的觀點**。南華大學教育社會學研究所碩士論文，嘉義縣。

戰寶華、陳惠珍（2015）。非營利幼兒園的經濟價值與社會效益。**師友月**

刊，**580**，10-14。

顏秀如（2003）。教育市場化的省思與反思。**學校行政雙月刊，27**，99-109。

英文部分

Department for Education. (2017). *Statutory framework for the early years foundation stage: Setting the standards for learning, development and care for children from birth to five*. London, England: Author.

Government of Alberta. (2018). *Alberta education teaching quality standard*. Retrieved from https://education.alberta.ca/media/3739620/standardsdoc-tqs-_fa-web-2018-01-17.pdf

Girard, L. C., Girolametto, L., Weitzman, E., & Greenberg, J. (2011). Training early childhood educators to promote peer interactions: Effects on children's aggressive and prosocial behaviors. *Early Education and Development*, *22*(2), 305-323.

Government of Singapore. (2020). *Skills framework for early childhood care and education*. Retrieved from https://www.skillsfuture.sg/skills-framework/ecce

National Association for the Education of Yong Child. (2020). *Professional standards and competencies for early childhood educators*. Washington, DC: NAEYC.

Organization for Economic Cooperation and Development. (2012). *Starting strong III: A quality toolbox for early childhood education and care*. Paris, France: Author.

Salamon, L. M. (1999). *America's nonprofit sector: A primer*. New York: The Foundation Center.

Trafford, S., & T. Proctor (2006). Successful joint venture partnerships: Public-private partnerships. *International Journal of Public Sector Management*, *19*(2), 117-129.

United Nations Educational, Scientific and Cultural Organization. (2018). *The right to education means the right to a qualified teacher*. Retrieved from https://en.unesco.org/sites/default/files/wtd2018-agenda-en.pdf

9

幼兒園的學習環境

胡玉玲

本章概述

幼兒園是孩子成長的樂園，環境與設施應如何規劃才能達多元化與功能性，滿足幼兒發展需要且有利於自主活動和經驗積累，是經營的一大要務。如果環境設施與教育理念能完美結合，幼兒園便能成為一個「會說話」的空間，滿足親師生的使用功能；提供幼兒好的環境與設施，將有助於幼兒在認知、情感、個性等層面獲得全面發展。杜威說：「想改變一個人，必先改變他的環境，環境改變了，他自然也就跟著改變。」。幼兒園除了正式課程外，更強調「潛在課程」（hidden curriculum）對幼兒的影響，適當的環境有利於幼兒學習好品格的行為意義和價值（胡玉玲，2019）。規劃適合發展的環境對人的一生極為重要，尤其是在幼兒快速成長的階段；從幼兒師資培育課程中將「幼兒環境規劃與設計」列為必修，可知是教師必備的專業能力。

本章分成三節。第一節說明幼兒園學習環境的意義與重要性；第二節分析現行幼兒園設施設備的相關規範；第三節探討幼兒學習區的設置與規劃。

第一節
幼兒園學習環境的意義與重要性

環境指圍繞著人群的空間，且直接或間接影響人類生活和擴展的各種自然與社會的因素，包含所有空間、設施和設備（Aguilar, 1985）。廣義而言，幼兒園學習環境包含室內、外各項學習空間，以及提供師生使用的各項設施與教學素材等之總和。對幼兒而言，生活與學習環境如社區、教室、遊戲室與遊戲場等，配合教學的需要與學習目標，有益於進行統整性的規劃與教學應用，期達成幼兒全人格的養成，都是幼兒園環境與設施探討的範圍。

為滿足幼兒的探索與感官需求，教師必須除去危險障礙並滿足其學習慾望，布置具有多元且豐富之學習環境，以幫助幼兒的身心健康，增進其社會行為的發展（林朝鳳，1994）。維高斯基認為，若要幼兒獲得較高的學習成果，成人必須提供豐富的環境且積極的協助以引導幼兒（引自阮慧貞，2003）。提出場地論的 K. Lewin 曾說：「行為會隨著環境的改變而變化，所以個人行為與環境有直接的關係。關於幼兒園學習環境的重要性，茲分述如下。

一、環境有助於鼓勵幼兒發展潛能

幼兒生性喜歡探索新事物、充滿想像力，幼兒階段正處於發展的急速成長期，發展中的幼兒是連續不間斷的，具有自我中心性及需藉由直接的操作和知覺經驗來思考，幼兒也會不斷尋求外界「刺激」，因此，應提供環境的刺激，引起幼兒的好奇心與學習動機。「環境」必須和幼兒的成長與需求配合；以幼兒為主讓幼兒參與環境規劃，幼兒的潛能就容易自然展現（黃麗錦等，2014）。

二、透過環境有助於幼兒心智建構

蒙特梭利明確的指出環境對幼兒學習的重要性。她認為想要幫助幼兒就必須提供他們自由發展的環境，因為幼兒是發展的個體，需要有一個屬於自己的特殊環境來完成其具體化的過程（許惠欣，1990）。廣義來說，玩具、教材與教學者都是幼兒環境設計的重要元素。幼兒有依附主要照顧者的天性，剛進一個新的環境時可能害怕陌生人，因此在新的情境中表現壓抑，當幼兒開始探索環境，操弄環境時，會變得更自信。幼兒天生就具有對環境發生改變的知覺能力，透過適當的環境接觸，給予自由探索的機會，不斷的激勵，以促使其心智發展，建構自我。

三、環境影響包含學習與氣質涵養

「身教、境教、言教」三者皆會影響幼兒的品格與學習。幼兒園是教保場所，更應該重視境教對幼兒的影響，從幼兒園整體的建築，到園內的一草一木，都是幼兒學習的對象（斯偉義，2005）。境教是一種潛在課程，成人必須為幼兒慎重選擇環境。創造一個充滿關愛的學習環境。而高品質的幼兒園除了有符合幼兒身心發展的課程外，更要規劃一個適齡與適性的環境，因為環境規劃與課程影響幼兒的身體、社會、情緒與認知的發展。

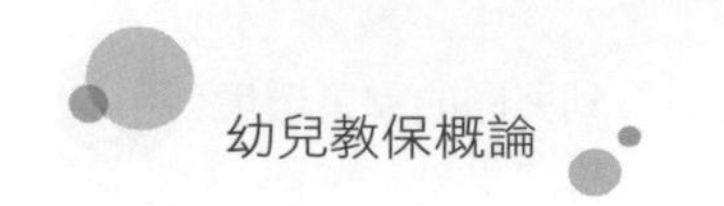

四、環境功能有賴於教師規劃善用

許多幼兒園學習環境的規劃普遍較少考量到幼兒發展上的需求和意義，大多是依照成人的角度所規劃與設計（盧智敏，2003），環境不只是物理空間或建築相關專業者的構思，它必須以教學者與幼兒在使用的實務面為設計原則（田又方，2005）。以往的課程革新大多從教學模式、技術與教材資源的改善著手，對於學習環境所構成的潛在課程並未重視（陳伯璋，1993）。幼兒園的環境與設施之運作，必須考量可提供師生互動的空間面積，以及幼兒年齡、興趣與需求等加以規劃；教師透過計畫、實行、分享、回饋、檢討並理解幼兒在環境中的發展方向發展課程，並依據回饋檢討，以營造出不同的教學情境，衍生出不同的學習意義與目標。

關於幼兒園環境規劃，要掌握以下七項原則：

1. 教育性：在布置學習中心選擇器材時，應考慮到適齡和適性。
2. 探索性：適切的空間設計，如：門、窗、地板、家具和裝飾物，都能引起幼兒的好奇，增進幼兒學習的潛力。
3. 安全性：安全與衛生乃所有環境設計中的必要條件。
4. 舒適性：幼兒園的建築對於幼兒身心發展產生積極的影響，但同時設備也應具有使用之耐久性，以達成經濟原則。
5. 參與性：幼兒乃學習活動的主體，讓幼兒參與設計，可從建構區域、收納器材、彩繪牆飾和植栽養殖等方面著手。
6. 可變性：可變性的設計可從彈性空間、彈性學習、變化器材和變化功能等方面著手。
7. 多樣性：幼兒學習環境多樣性的設計，可從活動的內容、方式、性質、器材、對象等方面著手。

第二節
幼兒園設施設備的相關規範

關於幼兒園應具備的設施設備等條件，在《幼兒教育及照顧法》（2018）的規定下，由教育部另外頒行《幼兒園及其分班基本設施設備標準》（2019）做為各園的依循準則。有關幼兒園的空間規劃、設施、設備等基本需求，都要依據前述標準辦理，不僅在新設幼兒園或是進行幼兒園評鑑等，也都依據此標準做為基本設施設備的參照標準。

所謂設施，係指提供幼兒學習、生活、活動之建築、附屬空間及空地等；在設備方面，則是指必要之遊戲器材、教具、媒體器材、教具櫃、儲藏櫃、桌椅等用品及器材，兩者在概念上有著不同的界定。以下依據《幼兒園及其分班基本設施設備標準》的規範，將幼兒園的空間規劃、設施、設備等基本要求說明如後。

空間規劃

幼兒園的空間規劃包含下述六項：

1. 室內活動室。
2. 室外活動空間。
3. 盥洗室（含廁所）。
4. 健康中心。
5. 辦公室或教保準備室。

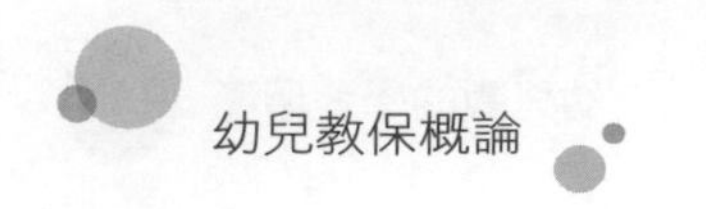

6. 廚房。

設置於國民小學內之幼兒園，其盥洗空間應獨立設置，第 4 項至第 6 項之空間得與國民小學共用；設置於國民中學以上學校之幼兒園，除第 6 項得與學校共用外，其餘均應獨立設置。設置於公寓大廈內之幼兒園及其分班，各項空間均不得與公寓大廈居民共用。

貳 基本設施

室內活動室之設置，應符合下列規定：為樓層建築者，其室內活動室之設置，應先使用地面層一樓，使用面積不足者，始得使用二樓，二樓使用面積不足者，始得使用三樓，且不得設置於地下層。

室內活動室之面積，應符合下列規定：

1. 招收幼兒 15 人以下之班級，其專用之室內活動室面積不得小於 30 平方公尺。
2. 招收幼兒 16～30 人之班級，其專用之室內活動室面積不得小於 60 平方公尺。每人室內活動空間不得小於 2.5 平方公尺。

室外活動空間之設置，應符合下列規定：

1. 加強安全措施，所設置之欄杆，其高度不得低於 110 公分，欄杆間距不得超過 10 公分，且不得設置橫條；其為裝飾圖案者，圖案開孔直徑不得超過 10 公分。
2. 室外活動空間經直轄市、縣（市）主管機關審核符合幼兒學習環境及行徑安全者，得使用毗鄰街廓之土地做為室外活動空間；其土地面積應完整，且不得小於 45 平方公尺；每人室外活動空間面積不得小於 3 平方公尺。

健康中心之設置，應符合下列規定：招收幼兒人數達 201 人之幼兒園應獨立設置；其餘幼兒園或分班得設置於辦公室內，但應隔出獨立空間，並注意通風、採光。

走廊應符合下列規定：連結供幼兒使用空間之走廊，若兩側有活動室或遊戲室者，其寬度不得小於 240 公分；單側有活動室或遊戲室者，其寬度不得小於 180 公分。

樓梯應符合下列規定：扶手之欄杆間隙不得大於10公分，且不得設置橫條，如為裝飾圖案者，其圖案開孔直徑不得超過 10 公分。

<table>
<tr><th>類別</th><th>樓梯寬度</th><th>級高尺寸</th><th>級深尺寸</th></tr>
<tr><td>供幼兒使用之主要直通樓梯</td><td>140 公分以上</td><td rowspan="2">14 公分以下</td><td rowspan="2">26 公分以上</td></tr>
<tr><td>設置於室內活動室或室內遊戲空間內部使用之專用樓梯</td><td>75 公分以上</td></tr>
</table>

基本設備

室內活動室之設備，應符合下列規定：

1. 室內照度均勻，學習活動區桌面照度至少 350 勒克斯（lux）以上，黑板照度至少 500 勒克斯以上，並能有效避免太陽與燈具之眩光，及桌面、黑（白）板面之反光。
2. 室內遊戲空間，應規劃玩具、器材、桌椅等收納及儲存空間；並得設置大型固定或小型移動型遊戲器材。前項室內遊戲空間之設備，自地面以上至 120 公分以下之牆面，應採防撞材質。

衛生設備之數量，應符合下列規定：

1. 便器：衛生設備之數量，不得少於下列規定——大便器男生每 15 人一個、女生每 10 人一個；小便器男生每 15 人一個。

	大便器（坐式）	小便器	大便器（蹲式）
高度	高度（含座墊）25±4公分。	不得逾30公分。	
備註		不得採用無封水、無防臭之溝槽式小便設施。	應在其前方或側邊設置扶手。但2歲以上未滿3歲幼兒應使用坐式大便器。大便器旁應設置衛生紙架。

2. 水龍頭：間距至少 40 公分，水龍頭得採分散設置。但至少有 2/3 以上設置於盥洗室（含廁所）內。水龍頭：每 10 人一個。

	水龍頭出水深度
2歲以上未滿3歲幼兒	不得逾24公分
3歲以上至入國民小學前幼兒	不得逾27公分

3. 洗手臺：洗手臺前應設置鏡子。

	高度
2歲以上未滿3歲幼兒	不得逾50公分
3歲以上至入國民小學前幼兒	不得逾60公分

健康中心之設備，應符合下列規定：幼兒園招收人數在 100 人以下者，至少設置一張床位，101 人以上者，至少設置二張獨立床位。

 現行法規的幼兒園設施設備規範

一、立案設施設備標準依據

成立時間	原立案名稱	立案設施設備標準依據
2012年前（已改制者）	幼稚園	《幼稚園設施設備標準》
	托兒所	《兒童及少年福利機構設置標準》
2012年後	幼兒園	《幼兒園及其分班基本設施設備標準》

二、空間

類型	幼兒園空間	獨立必要空間	得增設空間
幼兒園隔間	室內活動室	●	
	寢室		●
	幼兒專用盥洗室	●	
	室內遊戲空間		●
	室外遊戲空間	●	
	辦公室或教保準備室	●	
	職員廁所盥洗室		
	廚房及其附屬空間	●	
	健康中心	●	
空間連結通道	走廊	視幼兒園情形設置	
	樓梯		
其他			●

三、幼兒園空間規範

（一）空間位置及面積的規範

幼兒園空間	規範內容及說明
建築基地位置	幼兒園及其分班之用地，應符合《都市計畫法》及都市土地使用分區管制或區域計畫法及非都市土地使用管制等相關法規之規定。
	距加氣站100公尺以上；距公共危險物品及可燃性高壓氣體30公尺以上；距殯葬設施30公尺以上。
使用樓層	幼兒園及其分班，其為樓層建築者，除位於山坡地或因基地整地形成地面高低不一，且非做為防空避難設備使用之地下一層，得做為室內遊戲空間使用外，應先使用地面層一樓，使用面積不足者，始得使用二樓，二樓使用面積不足者，始得使用三樓；四樓以上，不得使用。但設置於直轄市高人口密度行政區者，其使用一樓至三樓順序，不在此限。
建築內部空間	應依《建築法》等相關規定辦理建築物公共安全檢查簽證申報，查核合格且在有效期限；有關室內裝修部分，應依《建築法》77條之2提報申請，經獲准後始得辦理。
室內活動室	室內活動室應設置兩處出入口，直接面向避難層或走廊。
	2歲至未滿3歲幼兒之室內活動室應獨立設置，且不得與其他年齡幼兒混齡。
	為樓層建築者，其室內活動室之設置，應先使用地面層一樓，使用面積不足者，始得使用二樓，二樓使用面積不足者，始得使用三樓，且不得設置於地下層。
	2歲以上未滿3歲幼兒之室內活動室，應設置於一樓。
面積	招收幼兒15人以下之班級，其專用之室內活動室面積不得小於30平方公尺。
	招收幼兒16人以上30人以下之班級，其專用之室內活動室面積不得小於60平方公尺。
	室內活動室面積不包括室內活動室內之牆、柱、出入口淨空區等面積，設置於室內活動室內之盥洗室（包括廁所）面積，不得納入計算。面積得採個別幼兒人數計算方式為之。每人室內活動空間不得小於2.5平方公尺。

在《幼兒園及其分班基本設施設備標準》第10條，室內活動室之面積，應符合下列規定：

1. 招收幼兒 15 人以下之班級，其專用之室內活動室面積不得小於 30 平方公尺。
2. 招收幼兒 16 人以上 30 人以下之班級，其專用之室內活動室面積不得小於 60 平方公尺。

第一項室內活動室面積，得採個別幼兒人數計算方式為之。每人室內活動空間不得小於 2.5 平方公尺。

第 12 條，室外活動空間之設置，應符合下列規定：

幼兒每人室外活動空間面積不得小於 3 平方公尺。但設置於直轄市高人口密度行政區之私立幼兒園及其分班，不得小於 2 平方公尺。室外活動空間面積，不包括一樓樓地板面積、騎樓面積、法定停車面積、道路退縮地及依法應留設之公共開放空間等。室外活動空間面積不足部分，得以室內遊戲空間面積補足。但室外活動空間面積仍不得小於 22 平方公尺及招收幼兒人數 1/2 所應具有之面積。

（二）幼兒園活動室（兼寢室）及收納規範

活動室內各學習區域	應設置多元學習區域，供幼兒自由探索，並配置學習區及幼兒作品展示空間。
	符合幼兒身高尺寸，並採用適合幼兒人因工程，且可彈性提供幼兒集中或分區活動之傢俱。
	設置可布置活動情境之設備器材、教具、活動牆面、公布欄、各種面板等。
	招收2歲以上未滿3歲幼兒之室內活動室，應設置符合教保服務人員使用高度之食物準備區，並得設置尿片更換區；其尿片更換區應設置簡易更換尿片之設備、尿片收納櫃及可存放髒汙物之有蓋容器。

室內活動 環境照明 噪音	室內照度均勻，學習活動區桌面照度至少350勒克斯以上，黑板照度至少500勒克斯以上，並能有效避免太陽與燈具之眩光，及桌面、黑（白）板面之反光。
	均能音量（leq）大於60分貝之室外噪音嚴重地區，應設置隔音設施。樓板振動噪音、電扇、冷氣機、麥克風等擴音設備及其他機械之噪音，應予有效控制。
	考量教學器材及各學習區單獨使用之需要，適當配置開關及安全插座（幼兒活動室內電插座應加遮蓋）。
寢室 （活動室 兼寢室）	寢室出入口應設置紗門、紗窗。
	幼兒園提供過夜服務時，應提供專用寢室。
	設置於一樓，幼兒每人之寢室面積不得小於2.25平方公尺，教保服務人員或護理人員每人不得小於3平方公尺。
	幼兒及教保服務人員或護理人員均應有專用床具。幼兒專用床具應符合人因工程，床面距離地面30公分以上，排列以每行列不超過兩床為原則，並有足夠通道空間供幼兒夜間行動，及教保服務人員巡視照顧及管理。
	幼兒寢具應一人一套不得共用，且定期清潔及消毒，注意衛生。
	應安裝紗窗紗門，及配置兼顧安全與睡眠舒適之照明設備。
	幼兒每人應有獨立區隔及通風透氣之棉被收納空間。
	設置簡易衣物更換區，並兼顧幼兒之隱私。

依據《幼兒園課程與教學品質評估表》（教育部），所定義之幼兒園的學習區角主要分成「基本區」、「特別區」及「戶外區」。又可以細分為不同的區域：

1. 基本區：扮演區、積木區、組合建構區、美勞區、語文區、數學區。
2. 特別區：科學區、生活自理區、烹飪區、鬆散材料區、木工區、童玩區、音樂律動、室內沙土區、環境觀察區。
3. 戶外區：飼養、種植、玩沙、玩水、大肌肉遊戲區。

學習區評估標準為配置學習區及幼兒作品展示空間。學習區內擺設之玩具、教具及教材，應滿足適齡、學習及幼兒身體動作、語言、認知、社會、情緒及美感等發展之需求。空間大小要充足：16～30 人的班級，教學空間至少要有 60 平方公尺。學習區數量要夠：一個班級至少要有四個學習區角，若一班15人以下，可減少至三個區角。學習區要做到「乾濕分離」、「動靜分明」的基本原則，連結性的區角安排在一起，讓小朋友可以順利「跨區」運用區角的資源，有創意的空間布局。各學習區的定位、標示要清楚：基本上學習區內的教具、工作盤或學習單等要能符合該主題；能依照主題的細項做分類，例如數學角可以分成測量教具、邏輯教具或圖形與空間教具等；或按照「難易度」來分門別類擺放材料教具。提供足夠幼兒使用之個人物品置物櫃，及收納玩具、教具、書籍等儲存設備，考量教學器材及各學習區單獨使用之需要，適當配置開關及安全插座。

室內活動室之設備，應符合幼兒身高尺寸，並採用適合幼兒且可彈性提供幼兒集中或分區活動之傢俱，設置可布置活動情境之設備器材、教具、活動牆面、公布欄、各種面板等。平均照度至少 500 勒克斯，並避免太陽與燈具之眩光，及桌面、黑（白）板面之反光，音量大於 60 分貝之室外噪音嚴重地區，應設置隔音設施。樓板振動噪音、電扇、冷氣機、麥克風等擴音設備及其他機械之噪音，應予有效控制。應使用耐燃三級以上之內部裝修材料及附有防焰標示之窗簾、地毯及布幕。

寢室（活動室兼寢室）不得設置於地下層，應安裝紗窗紗門，及配置兼顧安全與睡眠舒適之照明設備，幼兒每人應有獨立區隔及通風透氣之棉被收納空間，幼兒寢具應一人一套，除要定期讓幼兒帶回家清潔及消毒，每名幼兒均有獨立區隔及通風透氣之棉被收納空間，注意衛生避免交叉感染。

（三）幼兒專用盥洗室的規範

幼兒專用盥洗室	2歲以上未滿3歲幼兒使用之盥洗室，應設置於室內活動室內，並設置冷、溫水盥洗設備等。2歲以上未滿3歲幼兒應使用坐式大便器。
	3歲以上至入國民小學前幼兒之盥洗室得設置於室內活動室內；其採集中設置者，應避免位置偏僻、動線過長及通路無遮蔽。
	照顧2歲以上未滿3歲幼兒之教保服務人員，其使用之廁所應併同幼兒盥洗室設置。
	大便器男生每15人一個；女生每10人一個。以坐式為原則，其高度（含座墊）為25公分（得正負加減4公分）；採蹲式者，應在其前方或側邊設置扶手。大便器旁應設置衛生紙架。
	小便器男生每15人一個。高度不得逾30公分，且不得採用無封水、無防臭之溝槽式小便設施。
	水龍頭每10人一個。得採分散設置。但至少有2/3以上設置於盥洗室內。水龍頭高度供2歲以上未滿3歲幼兒使用者，不得逾24公分；供3歲以上至入國民小學前幼兒使用者，不得逾27公分，水龍頭間距至少40公分。
	洗手臺高度供2歲以上未滿3歲幼兒使用者，不得逾50公分；供3歲以上至入國民小學前幼兒使用者，高度不得逾60公分。
	洗手臺前應設置鏡子（及洗手乳或肥皂放置處）。
	盥洗室應有隔間設計，依幼兒不同年齡發展之特質，兼顧幼兒隱私及安全原則。（個別大便器、小便器、淋浴設備之間）雙側應以軟簾或小隔板隔間，及前側應以門扇或門簾隔間。但供2歲以上未滿3歲幼兒使用者，其前側得不隔間。
	隔間裝設門扇者，不得裝鎖；隔間高度不得高於教保服務人員之視線120公分。
	淋浴設備：每樓層至少一處盥洗室設置冷、溫水淋浴設備（蓮蓬頭及幼兒扶手）。2歲以上未滿3歲幼兒班級內淋浴設備得計入每樓層之數量。
	設置清潔用具之清洗及儲藏空間。
	盥洗室之地面應採防滑裝置，避免積水或排水不良。
	兼具通風、排水、防滑、採光及防蟲等功能。

每層樓至少應設一盥洗室；在兼顧幼兒隱私及安全之原則下，盥洗室有隔間設計，並依據幼兒不同年齡發展之特質，在兼顧幼兒安全之原則下，以軟簾或小隔間及門扇或門簾為之，隔間設計之高度，不會遮蔽教保服務人員之視線；隔間裝設門扇者，不得裝鎖。但供 2 歲以上未滿 3 歲幼兒使用者，其前側得不隔間。隔間高度，不得逾 120 公分。但淋浴設備設置於專供教職員工使用之廁所內者，不在此限。盥洗室地面採防滑裝置，未有積水或排水不良之情形。

（四）室內外遊戲空間之規範

室內遊戲空間	室內遊戲空間獨立設置，面積不得小於30平方公尺。
	室內遊戲空間應規劃玩具、器材、桌椅等收納及儲存空間；並得設置大型固定或小型移動型遊戲器材。
	室內遊戲空間自地面以上至120公分以下之牆面，應採防撞材質。
室外遊戲空間	室外活動空間應設置於幼兒園基地之地面層，且集中留設。
	幼兒每人室外活動空間面積不得小於3平方公尺。但設置於直轄市高人口密度行政區之私立幼兒園及其分班，不得小於2平方公尺。
	因基地條件限制，室外活動空間無法符合前款規定者，得設置於二樓或三樓之露臺（直上方無頂蓋之平臺），其面積不得小於22平方公尺。
	室外活動空間面積，不包括一樓樓地板面積、騎樓面積、法定停車面積、道路退縮地及依法應留設之公共開放空間等。
	室外活動空間面積不足部分，得以室內遊戲空間面積補足。但室外活動空間面積仍不得小於22平方公尺及招收幼兒人數1/2所應具有之面積。
	室外活動空間經直轄市、縣（市）主管機關審核符合幼兒學習環境及行徑安全者，得使用毗鄰街廓之土地做為室外活動空間；其土地面積應完整，且不得小於45平方公尺。毗鄰街廓之土地以行進路線100公尺以內，且路徑中不得穿越12公尺以上道路之用地為限。

室外遊戲空間	加強安全措施，地面層、露臺所設置之欄杆，其高度不得低於110公分，欄杆間距不得超過10公分，且不得設置橫條；其為裝飾圖案者，圖案開孔直徑不得超過10公分。
	2歲以上未滿3歲幼兒與3歲以上幼兒共同活動時，其活動空間應有適當之區隔。
	幼兒園基地內設置之停車空間，應與室外活動空間做適當之安全區隔，並應減少進出噪音及排放廢氣。
室外遊戲設施	戶外遊戲場地面應無障礙物。
	戶外固定式遊戲設施應標示使用者年齡。兒童遊戲場設施安全管理規範設施開放使用前，應檢具兒童遊戲場基本資料（包含設置位置、範圍、遊戲設施種類及數量、設置平面圖、使用者年齡、管理人等資料）陳報該管兒童遊戲場主管機關備查；變更或增設時亦同。

（五）幼兒園走廊樓梯辦公室空間之規範

走廊	連結供幼兒使用空間之走廊，若兩側有活動室或遊戲室者，其寬度不得小於240公分；單側有活動室或遊戲室者，其寬度不得小於180公分。
	走廊之地板面有高低差時，應設置斜坡道，且不得設置臺階。
	確保走廊之安全且順暢之動線機能，轉角處應注意照明。
	使用適當之遮雨設施，避免走廊濕滑。
樓梯	樓梯臺階級高14公分以下，級深26公分以上。
	供幼兒使用之樓梯寬度，（房間外）主要直通樓梯140公分以上，（房間內）設置於室內活動室或室內遊戲空間內部使用之專用樓梯75公分以上。
	樓梯應裝設雙邊雙層扶手，（雙層上層：大人用）一般扶手高度應距梯級鼻端75公分以上，（雙層下層：幼兒用）供幼兒使用之扶手高度，應距梯級鼻端52～68公分範圍內。
	扶手之欄杆間隙，不得大於10公分，且不得設置橫條，如為裝飾圖案者，其圖案開孔直徑不得超過10公分。扶手直徑應在3～4公分範圍內。扶手外側間若有過大之間隙時，應裝設材質堅固之防護措施。

辦公室或教保準備室	辦公室及教保準備室得合併或分別設置。
	設置於私立國民小學校內之幼兒園，辦公室或教保準備室、廚房、健康中心之空間得與國民小學共用。
	滿足教保服務人員準備教學、製作教材教具及交流研討之使用。留設可供教保服務人員與家長或幼兒單獨晤談之空間。
	應依需要設置教材教具製作器材、辦公桌椅、電腦及事務機器、業務資料櫃、行事曆板、會議桌及教保服務人員個別桌椅或置物櫃等設備，並視個別條件及需求，增加其他必要設備。
	每層樓至少設置一處教職員工使用之盥洗室。

幼兒園空間內有設置樓梯者，應符合樓梯設置規定進行檢核，樓梯設計符合孩子年齡特點，減少幼兒發生傷害事件，踏步尺寸幼兒邁步的幅度和抬腿舉高都比成人小，因此，幼兒使用的樓梯踏步尺寸相應減小。在踏步面前緣宜做防滑處理。幼兒園樓梯的欄杆與扶手要同時兼顧成人與幼兒使用的要求，樓梯應以堅固、耐久的材料製作，為了防止孩子在樓梯處不慎跌落，樓梯外側必須採取安全措施，扶手之欄杆須密度集中、有一定的高度或安置安全防護網。

幼兒園辦公室是整體呈現園內文化特色的重要空間。也是讓家長對幼兒園環境和品牌價值產生第一印象的重要場所，承擔傳統的諮詢、報名、收費、家長接待、相關部門領導及同行參觀接待等功能。辦公室及園長室應設置於能便利照顧全園幼兒活動，及工作聯繫之地點。辦公室內之設備，除行政人員必須使用之桌椅、櫥櫃用具外，應為每位教師設備桌椅一套，彈性布置，以為教師休息及全體集議、溝通計畫之場所，室內亦得設置其他工作空間。園長室可合併設置於辦公室內，或單獨設置之，接待室供接待家長或外賓使用，可獨立設置或附設於辦公室或園長室內。教具室及儲藏室可以分區分散單獨設置，亦可附設於活動室內，教具室應有教具製作設備，以供教師自製教具之需。

（六）幼兒園廚房空間之規範

幼兒園廚房空間	
幼兒園廚房空間	設置食物存放架或棧板，做為臨時擺放進貨食物用。
	設置足夠容量之冷凍、冷藏設備，並在該設備明顯處置溫度顯示器或指示器，且區隔熟食用、生鮮原料用，並分別清楚標明。
	設置數量足夠之食物處理檯，並以不鏽鋼材質製成。
	爐灶上裝設排除油煙設備。
	設置具洗滌、沖洗、殺菌功能之餐具清洗設施。
	設置足夠容納所有餐具之餐具存放櫃。
	製備之餐飲，應有防塵、防蟲等貯放食品之衛生設備。
	餐具洗滌及殘餘物回收作業，應採用有蓋分類垃圾桶及廚餘桶。
	設置完善之給水、淨水系統，依《飲用水管理條例》等相關規定辦理。
	注意排水、通風及地板防滑。
	飲用水連續供水固定設備每個月至少維護一次，並留有紀錄。
	經飲用水連續供水固定設備處理後之水質，每三個月至少檢測一次大腸桿菌群，並留有紀錄。
	應具獨立之對外出入動線。

幼兒園廚工資格及餐飲設備場所之管理，應符合《食品安全衛生管理法》及相關衛生法規規定。廚房之出入口應設置病媒防治設施，且無損壞。廚房應維持環境衛生及確保衛生和安全且順暢之配膳路線，及避免產生噪音及異味。出入口設置紗門、自動門、空氣簾、塑膠簾或其他設備。

廚房抽油煙機的油垢應定時清理，而所排出的汙油，也應適當處理，工作廚檯及廚櫃下內側和廚房死角，應特別注意清掃。食物應在工作檯上料理操作，並將生、熟食物分開處理。刀和砧板工具及抹布等，必須保持整潔。設置完善之給水、淨水系統，依《飲用水管理條例》等相關規定辦理（出具最近三個月內水質檢驗報告大腸桿菌群檢測）。

（七）幼兒園健康中心及其他衛生安全之規範

健康中心	健康中心招收幼兒人數達201人之幼兒園需獨立設置。招收幼兒人數於200人以下之幼兒園或分班得設置於辦公室內，但應區隔出獨立空間，並注意通風、採光。
	幼兒園招收人數在100人以下者，至少設置一張床位，101人以上者，至少設置兩張獨立床位。
	設置可供生病的幼兒短期活動的空間。
	設置清洗設備，方便處理幼兒嘔吐及清潔之用。
	幼兒園應準備充足且具安全效期之醫療急救用品（用藥應分類放置於醫藥箱內）。
	存放醫療設施設備、用品及藥品之櫥櫃，其高度或開啟方式應避免幼兒拿取。
衛生管理與環境清潔	訂定衛生保健與食品安全管理計畫。
	配合當地衛生機關醫療機構辦理保健事項。
	加強教保服務人員與其他工作人員衛生保健教育及相關防疫措施之宣導。
	每學期應至少實施一次全園環境消毒，並留有紀錄。
衛生管理	實施疾病預防措施。
	幼兒園內幼兒、教保服務人員或其他工作人員有疑似感染傳染病者，應依相關規定通報當地衛生及教育主管機關，並應會同衛生、環境保護機關做好防疫及監控措施；必要時，得禁止到園。為遏止幼兒園傳染病蔓延，直轄市、縣（市）主管機關得命其停課。
	須提供體溫量測設備，以確保幼兒之健康狀況（因應COVID-19疫情幼兒園入園之防疫措施）。
車輛	幼兒園為確保幼兒到園與離園安全，應訂定門禁管理及幼兒接送規定；備有幼童專用車接送者，每次行車並應確實清點上、下車幼兒人數及核對幼兒名冊。
緊急傷病	應訂定幼兒緊急傷病施救注意事項，包括施救步驟、緊急救護支援專線、就醫地點、護送方式、緊急連絡及父母、監護人或親屬未到達前之處理措施等，並定期辦理緊急傷病處理演練。幼兒園應保存演練及園內緊急傷病相關之紀錄，以備查考。

整體安全防護	應依相關規定，訂定公共安全與複合型防災計畫及事故傷害防制規定，並對園內相關人員及幼兒實施安全教育，定期辦理防火、防震、防汛、防海嘯、防核、人身安全、避難逃生及事故傷害處理演練。幼兒園應保存演練及園內事故傷害相關之紀錄。
	使用耐燃三級以上之內部裝修材料及防焰標章之窗簾、地毯及布幕。
	應依《消防法》等相關規定辦理消防安全設備檢修申報，查核合格且在有效期限。
	幼兒園應訂定園舍安全管理檢核項目及作業程序，定期檢查並維護各項設備、器材、遊戲設施與消防設施設備，加強門禁及巡查工作，並保存相關紀錄。
	每學期應至少自我檢核一次全園設施設備（包括遊戲設施）之安全性；對於不符安全，待修繕或汰換者，應留有處理情形之紀錄。

除依中央及地方主管機關法規定辦理外，幼兒園內設施設備應符合衛生、消防、建築管理等規定，並考量幼兒個別需求，配合幼兒之特殊安全需求妥為設計，善盡管理及維護；其次，行動不便之幼兒亦有平等之使用機會，環境應保持清潔、衛生，室內之採光及通風應充足。

幼兒園的設施與設備需要長期維護與管理，無論幼兒園創園多久，都要將園內的設施與設備善加維持，需要用心的定期維護。在進行維護與修整時的時間安排，以選擇幼兒不在園區的時間為佳，例如，寒暑假、連假、假日，以免影響幼兒學習，並且顧及幼兒在施工時的安全與潛在風險等。若是幼兒園設施較多且廣大，如有經費預算時，建議請專人處理，特別是有特殊的設施，例如：電器用品或是消防設施更需要由專人來進行維護，幼兒園的設施需要有專人隨時的機動與維修，以免影響幼兒的活動使用；若需要等到假日才能修護就必須要拉起封條，公告園內教師與家長禁止幼兒使用，避免發生危險。幼兒無法警覺到危險，完全依賴身邊的成人為其安全把關。因此，機動與定期維護幼兒園內的設施之安全性，家長更能放心，在幼兒園中教師可以帶頭並教導幼兒維護教室的整潔，以及愛惜園內所使用的教具及遊樂器材，師生共同維護幼兒園的環境設備與衛生，做好平時的環境設施管理，也能拉長設施的使用期限。

幼兒園環境規劃是教育理念的呈現，將幼兒園像家一樣的經營，將幼兒園環境的布置像一個家，簡潔、令人覺得舒服與溫暖，同時兼具美感與溫馨的氣氛，室內與戶外活動場地設備軟硬之間的規劃配置適當，可以幫助幼兒自由的模仿、學習成人示範的工作和榜樣。其次，學習區應提供幼兒多樣化天然素材，豐富幼兒感官經驗，營造出適合幼兒的學習環境，凸顯幼兒園教育理念與哲學，也傳達園方的教育核心與宗旨。在教師用心與愛規劃的環境下學習，幼兒將可成為一個看見美且心靈豐足，又具有道德理想的全人。

幼兒園學習區的設置與規劃

幼兒園的學習環境在於創造一個兼顧幼兒身心發展，讓幼兒能安全成長的環境。幼兒是幼兒園環境的主人，幼兒學習環境該如何設置，以達到能提供給幼兒自主學習，增加新奇感與強化學習等目標，是教師必須考量的重要面向。在實際的教保現場，教師最常面對的課題是如何妥善規劃並設置學習區？無論幼兒園採取何種課程與教學型態，學習區都被廣泛應用於教保現場，占據幼兒每天學習活動的極大部分。本節將從學習區的設置目的、學習區的規劃與運用等兩部分說明之。

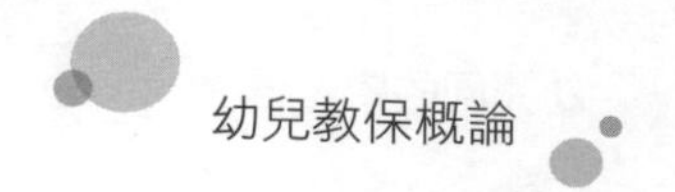

一、學習區的設置目的

「學習區」或「學習角落」的運用，強調開放性的學習空間，讓幼兒從自由選擇、完成活動，於收拾中培養責任感與獨立自主性（李連珠，1996；周淑惠、陳志如，1998）。為了鼓勵幼兒有效的利用周遭環境，教師應讓各種不同型態的教學都擁有專用的區域，這些專用區域都可稱作學習區（learning areas）或興趣中心（interest centers）。學習區應該呈現出學習環境的核心要素，依照幼兒的年齡、發展階段及學習內容，利用空間、設備、教材等配合教育理念，規劃適合幼兒學習的環境，幼兒更易投入學習活動，享受自由探索、發現與學習樂趣。

關於學習區的設置目的，何素娟譯（2014）指出有以下十點：

1. 為了鼓勵幼兒變得有好奇心。
2. 讓幼兒們自己決定希望參與的活動。
3. 讓幼兒們學會獨自作業或團體合作。
4. 學習自行解決問題或與他人一同解決問題。
5. 獨自創作或與他人一同創作。
6. 學習時間分配。
7. 尊重幼兒個別的發展速度。
8. 學習社交行為。
9. 增進溝通技巧、辨識技巧以及肢體發展。
10. 以創造性的方式去使用教材及設備。

二、學習區的規劃與運用

幼兒園的環境與設施必須配合教學的特性來設計與規劃，以提高教學效果（林雷倫，2003），學習區的規劃重點放在幼兒的興趣、需求、能力與實力，其規劃必須具有發展性與合適性，讓每一位幼兒都有參與感，考量全方位學習環境，同時將需要延續進行的學習活動列入規劃考量，也提供室內到戶外的活動流程。

常見的學習角落包括語文區、積木區、美勞區、益智區、娃娃家，其他尚有科學區、隱密區、音樂區、木工區等，每個學習角落都有質量均豐富的教具、教材，可供幼兒自由探索（周淑惠、陳志如，1998；徐世瑜，2003）。一個幼兒活動室內的學習區種類與數量可以由教師依實際空間條件，如面積、大小、格局，及幼兒的人數與特質，視課程主題的需要彈性規劃。

以下就幼兒園常見的各種學習區的型態與內涵加以介紹，以供讀者規劃與應用之參（周淑惠、陳志如，1998；林翠湄譯，1985；高員仙等譯，1988；張招譯，1986；陳竹華譯，1986；戴文青，1993；蘇愛秋，2003；Hurst, 1996; Loughlin & Suina, 1982）：

（一）美勞區

亦可稱為創作區、藝術區或工作區。美勞區規劃首重營造一種自由、安寧且豐盛的氣氛，讓幼兒在進入該區後，自然而然會專心投入自己的想像世界。除了提供展示架、展示牆外，應準備多種美勞用具，如：(1)各式工具，如蠟筆、水彩筆、剪刀、膠帶、膠水；(2)多樣的素材，如紙張、黏土、顏料、海綿、碎布、紙杯、紙盒、紙箱吸管；(3)清潔用具，如抹布、小掃帚、圍裙，提供幼兒創作的機會，並學習收拾整理；(4)參考書籍，如簡易摺紙、環保素材之運用工具書等。

美勞區規劃原則
1. 利用櫃子隔開，同時可放置材料及工具。櫃子高度以不超過60～90公分為原則，以標記方式處理材料、工具存放，方便幼兒拿取。
2. 位置靠近水源以便清洗。
3. 可考慮單人、多人的操作桌面，提供幼兒多種選擇的機會。
4. 設置「欣賞角」展出幼兒的美勞作品，以平面、立體、壁面方式或由天花板垂掛皆可。
5. 盡可能提供指導性較低的活動，讓幼兒發揮創作能力。

（二）積木區

積木的魅力在於它的「開放」特質，變化無窮且具挑戰性，其具有可以還原、再創造的特質，以符合幼兒的發展需求，亦稱為操作區、建構區。積木區備有形狀多樣且材質不同的大小積木，可供幼兒建構各種造型，並有各種配件，如小動物模型、小汽車模型等，以豐富建構遊戲。此區規劃應遠離行走動線要道，並避免與安靜區域相鄰，採開放空間的設計，可以鋪設地毯或地墊及採用高度適中多層格式的積木櫃（張孝筠，2005）。

積木區規劃原則
1. 要有明顯的區域界線：可用矮櫃、地毯或有色膠帶貼出範圍。 2. 寬敞的空間：避免設桌椅而阻礙幼兒搭建；更避免設在交通要道，以免搭建的積木遭受破壞。 3. 鋪設平順地毯：可讓幼兒舒適搭建，並降低積木所發出的聲響。 4. 可將組合的積木作品展示於桌上或櫃子，並標上幼兒的姓名及作品名稱，展示幾天後再請幼兒拆解放回原處。

（三）語文區

從傾聽、聽故事、語言表達、閱讀繪本，豐富孩子的語彙和字彙開始，漸進至於寫、讀、分析詞類句型等活動，是為了幫助幼兒更有自信的表達自己，並與外界能順暢的溝通。語文的教具包括準備幼兒繪本、紙上作業等，由於語文領域的「說」和「聽」是不可分的，也是發展人際溝通的主要管道，協助幼兒發展更有組織且社會化的傾聽與表達能力便是重要的目標。教師如果能營造一個豐富的語文環境，幼兒可在此閱讀圖書、雜誌、認字塗寫、聽故事、看圖說話、玩故事接龍、造詞、簡報，或操弄布偶說故事等活動。此區規劃宜置於安靜、光線充足且柔和的角落，可以提供地毯、靠墊、開架式書櫃、多樣性圖書種類，讓幼兒可以感到舒適且安靜的閱讀。

語文區規劃原則
1. 提供充足的光線。
2. 以圖為主、文字為輔的繪本。
3. 地面鋪地毯，讓幼兒有溫暖的感覺。
4. 有矮桌、坐墊、靠墊提供舒適的閱讀環境。
5. 開放式書櫃並適合幼兒可取閱的高度。
6. 可放置CD播放器、耳機、插座等設備。
7. 展示的牆面：可展示幼兒製作小書的作品。
8. 可用地毯、隔板、桌子或膠帶隔出寫字區。

（四）扮演區

幼兒階段是人類想像力與創造力表現最活躍的階段，幼兒經常遊走在真實與幻想之間，這種看似戲劇的扮演遊戲，卻是幼兒人格發展上不可或缺的重要經歷，也是扮演區存在最重要的功能。透過模仿、想像的角色活動，幼兒可以表現或發洩愉快與不愉快的情緒、肯定自己的能力，透過角色扮演學習社會性行為等。此區又可稱為家政區、裝扮區、戲劇區、娃娃家等，提供的教具包含扮演服飾（如商店、餐廳、診所、美容院、廚房等用具）、水果、食物模型、各式玩偶、面具、傢俱等，通常會需要使用到牆面或櫃子來掛或儲放物品。

扮演區規劃原則
1. 需要牆或櫃子來掛或儲放物品。 2. 各小區域可使用櫃子、簾子、桌子、紙箱或塑膠地墊來隔間。 3. 利用各種不同的裝飾物呈現不同的氣氛。 4. 可用標記的方法來幫助幼兒明白分區和材料存放的位置。 5. 遠離安靜區，可與積木角為鄰。 6. 可依據不同主題（家、菜市場、餐廳、醫院、美容院、郵局……）擺設不同的教材教具。

（五）益智區

幼兒從生活和活動中認識數理概念，進而掌握抽象符號。例如，在堆疊積木過程中，幼兒能深刻體驗三角形、正方形、圓形的概念，進而用圖像符號表達這些概念。教師如果能在學習區裡提供生活化的情境、多樣性且多層次的教材與教具，幼兒可以透過直接操作的過程中，獲得感官的刺激與滿足、促進小肌肉與手眼協調、發展各種數學邏輯概念。

此區又可稱為手眼協調區、認知區等，內容包含各式拼圖、牌卡遊戲，如分類卡、配對卡、排序卡等，盤面遊戲，如走迷宮、大富翁等，小型建構遊戲、棋類遊戲，及其他促進手眼協調遊戲，如穿線、串珠、幾何釘板等。在規劃益智區時，盡可能提供寬廣的操作桌面，或是布置可操作的地面或地毯，而且要以安靜的區域為主，避免與比較吵雜的學習區相鄰。

益智區規劃原則
1. 避免與扮演區為鄰。鄰近科學角、語文角、美勞角較為適當。 2. 準備一些小地毯提供操作的活動空間；如果教具需要三至四人合作的，可放置供一起使用的大地毯。 3. 以籃子或抽取式的櫃子配合標記來存放材料、工具，更方便幼兒取用或歸位。

（六）獨處區、隱密區

聊天、獨處是一種情緒管理的自我抒解，這個學習區的設置目的在於提供幼兒學習自由交談、表達心中感覺、交換彼此經驗及對某些事的看法，分享喜怒哀樂、增進見聞，以及提供幼兒反省與體察自己情緒的情境與空間。在獨處區中，老師可以擺設小收音機、軟墊、靠墊、小圓桌、小椅子、小布偶等，此區規劃時也要盡可能安排於安靜的區域，不要與吵雜區域相鄰；在布置方面，可以像規劃聯誼中心一般，盡可能製造溫馨氣氛；在學習區內可以擺置懶骨頭沙發或舒適的背墊座椅等，對於幼兒的情緒能發揮出安定作用。

獨處區規劃原則
1. 獨立安靜的空間，最好與語文角為鄰。 2. 宜採用較為透明、不宜過長的門簾，可讓教師清楚觀察此區的活動情形。

（七）展示區

展示區是讓幼兒能於展示自己或是與他人合作的作品，展示區可以設計良好且讓空間更為吸引人，也可以同時提供特殊活動、教育方案及有關進行步驟的記錄。適當規劃展示空間能呈現幼兒的學習歷程與成果，也能達到同儕學習的機會。

（八）多元遊戲區

所謂多元遊戲區是開放性的活動空間，在性質上比較不像前面的各區有明確的設置屬性，此區可以規劃各式低矮、開放式的書架並放置各類的教具，便於幼兒隨時拿取教材。教師可以依據主題的性質將此區轉化為戲劇表演區、音樂區、木工區、操作區、安靜區、書籍區、寫作區、創作藝術區、科學區、蒐集區等，建議此區多採取移動的收納設備，方便教師彈性的規劃應用。

多元遊戲區規劃原則
1. 不會造成受傷的安全考量。 2. 能增進幼兒好奇及敬畏的態度。 3. 可促進所有在室內及室外環境的教學活動。 4. 提供涵蓋性的設備（inclusive settings）。 5. 促進材料及器具的多重使用。 6. 鼓勵幼兒做決定，並解決問題。 7. 鼓勵幼兒做安全的冒險。 8. 增強幼兒的主動參與性。

學習區會根據幼兒不同發展階段的需求，為幼兒提供區隔的、獨立的空間，隨著幼兒興趣與需求的改變而適當調整，用各種不同方式在實體環境中加入多種功能。學習區之間的動線也須顧及能夠鼓勵幼兒適當的流通走動，當遊戲時間延續時，仍有足夠的空間鼓勵幼兒進行活動，強化每個學習區的區隔並增加各學習區之間的連結，可以採行例如區中區的設計，同時滿足幼兒的需求，也可達到學習區域專門目的。

最好的幼兒學習區是能讓幼兒自由探索，幼兒可以自在的操作真實物品，展現感知能力，當幼兒和同儕一起工作完成某件工作時，看見自己努力後的成果，是學習區的重要功能。

情境式題目

1. 溫馨幼兒園創園之初的理念之一，是希望打造一個能讓幼兒們滿足活潑好動、放鬆探索，並能延續室內的戶外環境，請您針對以下平面圖提出環境規劃的分析與改進意見。

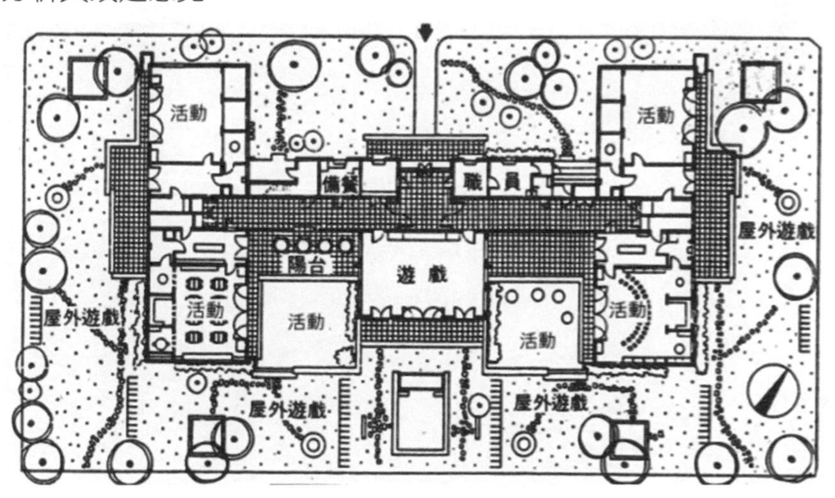

2. 請您依據現行法規對於幼兒園設施設備規範及學習區的規劃與配置原則，選擇一個幼兒園教室學習區配置為實例，以滿足幼兒學習成長的需求並具有發展性且合適的學習環境為目標，列出這個教室學習區的設置特色？待改進或檢修事項？並從你的觀點，提出改善的具體建議。

參考文獻

中文部分

教育部國民教育司（1989）。**幼稚園設備標準**。臺北市：正中。

何素娟等（譯）（2006）。**幼兒學習環境設計與規劃**（原作者：I. Crowther）。臺北市：華騰。

何素娟等（譯）（2014）。**0～8 歲學習環境設計與規劃**（原作者：J. Bufard）。臺北市：華騰。

田又方（2005）。**陽光國小校園空間建構歷程研究**（未出版之碩士論文）。國立臺北師範學院，臺北市。

谷瑞勉（1999）。**幼稚園班級經營：反省性教師的思考與行動**。臺北市：心理。

阮慧貞（2003）。**親子遊戲環境中親子遊戲互動相關因素之研究**（未出版之碩士論文）。國立臺灣師範大學，臺北市。

林秀慧等（譯）（2005）。**幼兒學習環境設計**（原作者：N. Vogel）。臺北市：華騰。

林翠湄（譯）（1989）。**益智角的設計與使用**。臺北市：信誼。

林朝鳳（1994）。**幼兒教育原理**。高雄市：復文。

周淑惠、陳志如（1998）。幼兒園室內環境簡介——學習區。**國教世紀，178**，15-20。

洪福財（1998）。從潛在課程省思幼教教學的幾個議題。**國教學報，10**，37-63。

洪福財（1998）。潛在課程之意涵分析。**國民教育，39**（2），71-78。

胡玉玲（2019）。**傳承品格力**。臺北市：弘冠。

高員仙等（譯）（1988）。**美勞角的設計與使用**。臺北市：信誼。

斯偉義（2005）。**碧湖國小校園規劃之個案研究**（未出版之碩士論文）。國立花蓮師範學院，花蓮縣。

張招（譯）（1986）。**娃娃家的設計與使用**（原作者：H. Corner）。臺北市：信誼。

張純子（2016）。**幼兒園課室經營**。臺北市：群英文化。

張明麗、張孝筠（2005）。零至五歲幼兒園適性發展與學習指引初步之建構。**台北市立師範學院初等教育學刊，20**，89-128。

張孝筠（1994）。台灣的蒙特梭利教學模式與發展趨勢。載於簡楚瑛（主編），**幼教課程模式**。臺北市：心理。

陳麗月（1985）。**幼兒的學習環境**。臺北市：台北市立師專。

陳伯璋（1993）。社會變遷、課程發展與潛在課程。**教育資料文摘，32**（5），110-128。

許惠欣（1990）。蒙特梭利模式及其效果之研究。**台南師院學報，23**，291-299。

溫明麗（2003）。**皮亞傑批判性思考教學**。臺北市：洪葉文化。

湯志民（2003）。**幼兒學習環境設計**。臺北市：五南。

蔡春美、翁麗芳、張世宗（1997）。**幼教師資培育研究：幼兒學習空間的規劃與運用**。（國科會專案報告，計畫編號：NSC85-2413-H152-005）

黃麗錦等（2014）。**嬰幼兒學習環境規劃**。臺中：華格那。

戴文青（2004）。**學習環境的規劃與運用**（四版）。臺北市：心理。

戴文青（2011）。**學習環境的規劃與運用**（四版十四刷）。臺北市：心理。

蘇愛秋（2003）。學習角與大學習區。載於簡楚瑛（主編），**幼教課程模式**（pp. 55-119）。臺北市：心理。

盧智敏（2003）。**國中校園空間改造行動研究之方案教學計畫——以臺北縣立樹林高中為例**。中原大學室內設計研究所學位論文。

蔡敏玲、陳正乾（譯）。**社會中的心智：高層次心理過程的發展**（原作者：L. S. Vygotsky）。臺北市：心理。

許惠珠、邱琡雅（譯）（1996）。**發現兒童**（原作者：Maria Montessori）。臺南市：光華女子高級中學。

親子（2018）。**幼兒園室外活動區域設計 4 大理念：留白、綠化、娛樂、自然**。取自：https://kknews.cc/baby/zky2qyg.html

李連珠（1996）。再談幼兒教室之情境佈置：創造推動讀寫活動之環境。**國教之友，48**（3），14-19。

周淑惠、陳志如（1998）。幼兒室內學習環境簡介——學習區。**國教世紀，179**，15-20。

徐世瑜（2003）。自導學習取向之學習角落規劃研究。**臺北市立師範學報，34**，21-40。

林雷倫（2003）。**國民小學教師教學法與普通教室環境滿意度之研究**。國立高雄師範大學工業科技教育學系（未出版之碩士論文），高雄市。

張明麗、張孝筠（2005）。零至五歲幼兒園適性發展與學習指引初步之建構。**初等教育學刊，20**，89-127。

英文部分

Aguilar, T. E. (1985). Social and environmental barriers to playfulness. In J. L. Frost & S. Sunderlind (Eds.), *Children play: Proceedings of the international conference on play and play environments* (pp. 73-76). Wheaton, MD: Association for Child.

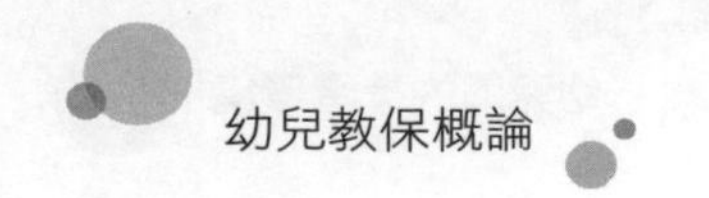

Montessori, M. (1963). Education for a new world. Madras. India: Kalakshetra.

Vygotsky, L. S. (1978). *Mind in society: The development of higher psychological processes*. Cambridge. MA: Harvard University Press.

10

教保服務人員的養成

高博銓

本章概述

教保服務人員的任務旨在提供幼兒成長過程所需要的教育和照顧，其專業化的程度攸關教保服務的品質，故教保服務人員的養成不容輕忽。教保服務人員包括幼兒園園長、教師、教保員，以及助理教保員等，前述人員的養成和資格條件，相關法令均有所規範。本章旨在就當前教保服務人員的養成進行探討，同時分析前述人員養成的問題與可強化之處，並提出改進建議，期能藉此優化教保服務人員的專業素質與幼兒教保品質，以促進幼兒的健康成長。

本章共分為三節。第一節介紹教保服務人員的任務和目標，分別從幼兒身體健康的發展、溫馨安全的環境、社會適應的知能以及家庭結構的變遷等方面，說明教保服務人員的任務；其次，分析教保服務人員在教保服務過程中的目標與角色；第二節分析教保服務人員的培育，分別就幼兒園園長、教師、教保員，以及助理教保員的養成方式加以探討；第三節探究教保服務人員養成之展望，檢視教保服務人員培育需要強化之處，並對未來教保服務人員的養成提出具體建議。

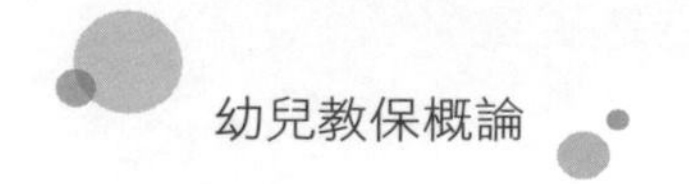

第一節
教保服務人員的任務和目標

人類的生命歷程是從精子與卵子受孕的那一刻開始，一直持續到死亡為止，期間各階段的生命歷程和發展，形塑了個體的獨特性。依據艾瑞克森（E. H. Erickson）的「心理社會發展理論」（psychosocial developmental theory），個體自出生後與社會環境互動而成長，有關人生全程的發展可區分為以下八個時期：嬰兒期（0～1 歲）、幼兒期（1～3 歲）、學齡前兒童期（3～6 歲）、學齡兒童期（6 歲至青春期）、青年期、成年早期、中年期以及老年期（張春興，2013）。而在前述發展階段中，個體的生理、認知、心理與社會等層面會產生質與量的變化，這些變化非但不是暫時或偶發的，而是有方向性及結構性的持續推進至成熟的境界，這些改變多為有系統且前後彼此關聯的（Santrock, 2020）。

綜觀各時期的發展，依艾瑞克森的觀點，不同年齡階段會面臨不同的社會適應問題，形成所謂的「發展危機」（developmental crisis）。因此，個體是否能化解不同時期的危機，而後逐期通過，終而成功的完成其整體性的自我發展，成為個人成長的重要課題。

近年來快速的社會變遷，政經環境變動頻仍，資訊科技一日千里，文化發展日益多元，人口結構產生改變，生態危機紛至沓來，各種變遷所帶來的挑戰至為明顯。有鑑於此，各國政府無不積極以對，前瞻規劃相關政策，採取因應作法來減少衝擊，避免為社會發展帶來不利的影響。

綜觀各類的社會變遷趨勢，人口結構的改變是其中頗值得關注的議題。

由於當前臺灣人口結構的急遽變化，政府為了因應人口高齡化和少子女化所帶來的衝擊和問題，近年來鼓勵國人生育，積極推動各項措施，據以降低家庭養兒育女之負擔，其中擴增幼兒教保服務機會即為重要政策之一。前述的政策目的在於保障幼兒擁有接受適當教育及照顧之權利，而社會則需要完善的幼兒教育及照顧體系，以促進幼兒身心的健全發展；為達前述目的，教保服務人員的素質實居首要。關於教保服務人員的任務與目標，茲分項說明如後。

 教保服務人員的任務

美國著名的「高瞻培瑞幼兒園研究」（HighScope Perry Preschool Study）即指出，幼年期是孩子一生發展階段的關鍵時期。尤其從生物演化的角度來看，人類是地球上除了鯨魚以外，童年期最長的物種，在大腦還沒有完全發展成熟前，即將孩子帶到世界上；因此，我們必須要負責扶養孩子長大成人（Medina, 2017）。

其次，就幼兒的發展觀之，發展包含個體身體之成長發育，藉由細胞數目增加（hyperplasia）以及體積變大（hypertrophy）的過程，使得身高體重增加及個體大小改變，此部分可視為身體「量」的變化，同時亦包含其功能之複雜化。除了身體變化與動作技能發展外，語言、學習、思考、知覺、人格、情緒、人際關係及所處的種族文化等各方面彼此牽連及互相影響。換言之，發展是促使個體發揮最大潛能、達到人類於環境中生存與適應的目的，因此，對於發展的了解應從整體性的觀點出發。特別是在個體發展的早期階段，亦即嬰幼兒時期的教育和照顧，能系統性、整體性的關注其各層面的成長，厚實基石，將有助於個體的健康成長，協助其成功適應所處的社會環境。

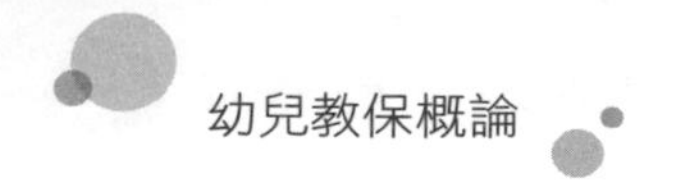

前述從生物演化與個體發展等角度，說明教育和照顧在幼兒成長與發展的過程中至關重要。依據《幼兒教育及照顧法》（2021）第 12 條，教保服務的內容包括如下：

1. 提供生理、心理及社會需求滿足之相關服務。
2. 提供健康飲食、衛生保健安全之相關服務及教育。
3. 提供適宜發展之環境及學習活動。
4. 提供增進身體動作、語文、認知、美感、情緒發展與人際互動等發展能力與培養基本生活能力、良好生活習慣及積極學習態度之學習活動。
5. 記錄生活與成長及發展與學習活動過程。
6. 舉辦促進親子關係之活動。
7. 其他有利於幼兒發展之相關服務。

依據前述教保服務內容，指出了教保服務人員的工作職責，同時也說明教保服務專業化發展的重要性，更凸顯了教保服務人員的核心任務。綜括前述，關於教保服務人員的任務，可以從以下四個方面來加以說明。

一、提供幼兒身體健康成長的相關服務

幼兒期和學齡前兒童期的階段，是教保服務人員的主要服務對象。幼兒在此階段中的身心發展至為重要，舉凡身高、體重、知覺、神經、動作、技能、性別、營養、衛生等，都屬於身體發展的環節，前述各項發展環節都可能直接影響幼兒的健康。例如，動作不協調可能隱藏的發展遲緩；營養不足可能導致的智力受阻；衛生條件差可能引發疾病；以及飲食偏差可能帶來的肥胖等，都影響幼兒的健康，也是教保服務人員需要關注且提供協助之處。

綜觀來看，幼兒的身體健康是成長的基礎，身體發展若出現問題，則勢必會影響個體其他方面的發展，如心理、情緒、社交等。幼兒身體的健康發展是教保服務工作的要項，教保服務人員的主要任務之一是必須提供滿足幼兒生理需求、健康飲食、衛生保健、身體動作、精細操作、覺察身體等方面需求的相關服務；教保服務人員在此過程中，必須提供幼兒適時的引導和協助，方能促進幼兒身體的健康和成長，完成此重要任務。

二、營造適宜幼兒成長的溫馨安全環境

安全是動物生存的基本條件，缺乏安全的環境會給動物帶來壓力，產生皮質醇，而幼兒對安全的需求亦然。研究顯示，幼年時期安全的匱乏會形成惡性壓力，此童年逆境經驗所造成的心理壓力會引發生理疾病，不利幼兒的成長，甚至會影響到成年時期的身心健康。此外，動物實驗中，老鼠寶寶對於壓力反應的發展，和媽媽是否有「愛舔」或「不愛舔」的行為有直接的相關。當面臨壓力，「愛舔媽媽」的幼鼠體內的皮質醇之類的壓力激素濃度比較低，而其「壓力調節器」也比較敏感，比較有效（Harris, 2020）。

事實上，人類也存在前述的壓力反應，壓力在人體內會日積月累，造成體內系統性的結構變化。人體為保持生理平衡，進而對生物系統造成長期損耗，出現「調適負荷」（allostatic load），這是生物體為維持平衡所需付出的生物成本（Boyce, 2020）。準此而論，幼兒在日常生活中，會依其所處情境面臨不同程度的壓力；若能提供幼兒安全溫馨的成長環境，將有助於提升其壓力調節能力，減少調適負荷的成本代價，這是教保服務人員可以協助、也是必須正視的幼兒發展課題。畢竟，教保服務人員的任務是提供幼兒成長過程所需要的教育和照顧，若無法讓幼兒在安全溫馨的環境中學習，有關教

保方面的任務恐難達成，兩者密切相關。

三、培養幼兒增進社會適應的知能

每一種物種，在生存奮鬥的過程中，都會服從其自然本能，而自然本能也決定了所做的一切；人類的行為在很大程度上與其他動物一樣，也會受到自然本能所支配，個體尋求社會認可所表現出的從眾行為或歸屬需求，都屬於自然本能的反應（Booker, 2020）。依據神經科學的研究，人類在乎自己是否被認同，對於「自己是誰」的概念更深受社會脈絡所塑造。

進一步來看，儘管從眾與服從與避免懲罰相關，但同樣的，與融入群體的好處有關。在團體中，大腦會快速產生群性思維，這種歷程會自動化發生在我們的潛意識中，之後再透過認知來合理化，影響我們的行為。因為尋求歸屬會帶來安全感，與他人行為一致，中腦邊緣的多巴胺系統就會活化，備感安全（Sapolsky, 2018）。

由此觀之，教保服務人員除了提供幼兒身體健康成長的相關服務，並營造適宜幼兒成長的溫馨安全環境外，也要增進幼兒社會適應的知能，培養其社交人際的技巧，協助幼兒了解如何與人互動，順利融入團體生活。舉凡語言、學習、思考、知覺、人格、情緒、人際關係及所處的種族文化等方面能力的促進，都屬於社會適應知能，必須納入教保服務人員的工作範疇，也是教保服務人員的任務要項。

四、提供家庭因應結構變遷的相關服務

自1980年代起，臺灣的家庭型態變得更多元，主要是因為婚姻的不穩定

以及經濟和社會型態的變遷，使得家庭功能呈現較脆弱的狀態。家庭型態如核心家庭、主幹家庭、擴展家庭、繼親家庭、跨國婚姻家庭、同志家庭、隔代教養家庭等陸續出現且所占比例不斷的改變，也反映出臺灣家庭結構的多元樣貌。

依據國立臺灣大學中國信託慈善基金會兒少暨家庭研究中心（2020 年 7 月 24 日）的研究，以單親家庭為例，過去的 30 年之中，單親家庭比例的變化呈現不穩定的狀況：從 1990 年的 2.8%增加至歷史新高，2007 年的 3.2%，再下降至 2018 年的 1.6%。然而，由於臺灣的總家戶數到 2010 年前都還在增加，因此，單親家戶數量在這段時間仍是增加的。單親戶數從 1990 年的 141,000 戶增加至 2007 年的 234,000 戶。

前述臺灣家庭的多元樣貌也凸顯了家庭結構變遷的發展趨勢，而幼兒成長的家庭環境，則呈現明顯的差異性，尤其現今單親家庭、雙薪家庭、隔代教養、跨國婚姻家庭等類型的家庭顯著增加，其所產生的經濟壓力、工作忙碌、價值差異、文化隔閡等現象普遍存在，同時可能造成親子疏離、溝通不佳、缺乏關愛、支持網絡不足等諸多家庭問題，相關議題在新聞媒體的報導中，屢見不鮮。凡此，有關社會變遷對家庭所產生的影響，尤其是日益複雜的幼兒教養問題，凸顯了教保服務人員的重要性。

事實上，依據《幼兒教育及照顧法》（2021），教保服務機構得做為社區教保資源中心，發揮社區資源中心之功能，協助推展社區活動及社區親職教育。基於此，提供家庭因應結構變遷的相關服務，例如有關親職教育的推動，也是教保服務人員的任務要項。

綜合前述，可以從《幼兒教育及照顧法》所規範的教保服務內容，歸結出教保服務人員的主要任務包括：提供幼兒身體健康成長的相關服務、營造適宜幼兒成長的溫馨安全環境、培養幼兒增進社會適應的知能，以及提供家

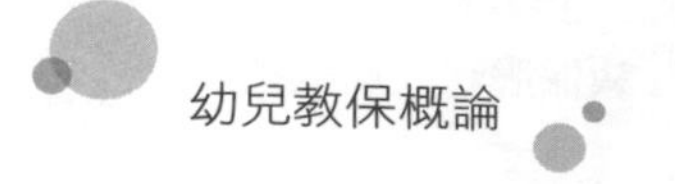

庭因應結構變遷的相關服務。

 教保服務人員的目標

教保服務人員是教保服務工作的主要執行者，影響教保服務的品質甚鉅。依《幼兒教育及照顧法》（2021），幼兒園應依據 2 歲以上至入國民小學前幼兒的特性，透過教保情境的安排實施教保服務，並與家庭及社區密切配合，以幫助幼兒健全發展。而此目標的達成，端賴教保服務人員成功履行其角色任務。

進而言之，幼兒園提供幼兒群體活動的機會，以支持幼兒學習在社會文化情境中生活。透過教保服務人員的引導，幼兒不但要擁有健康的身心，學習與人相處，同時也願意關懷生活環境，培養對周遭人、事、物的熱情與動力。在幼兒園中，教保服務人員必須與幼兒建立充分的信賴關係，同時戮力營造優質的教保環境，以協助幼兒的健康成長。猶如杜威所言，幼兒園是一個小型的社會，呈現多元的文化樣貌；教保服務人員可以設計各種不同的社會文化活動，讓幼兒體驗日常生活環境中文化的多元現象，並且採取由近及遠的原則，從自己本身的文化出發，學習包容、尊重及體認各種文化的價值和重要（教育部，2020）。

幼兒園的教保服務需重視此階段幼兒獨特的發展任務，關注幼兒在身體動作與健康、認知、語文、社會、情緒及美感等各方面的成長，使之成為健康的未來社會公民。依據《幼兒教育及照顧法》（2021），教保服務之實施，應與家庭及社區密切配合，以達成下列目標：

1. 維護幼兒身心健康。
2. 養成幼兒良好習慣。

3. 豐富幼兒生活經驗。
4. 增進幼兒倫理觀念。
5. 培養幼兒合群習性。
6. 拓展幼兒美感經驗。
7. 發展幼兒創意思維。
8. 建構幼兒文化認同。
9. 啟發幼兒關懷環境。

基於前述目標可以發現，教保服務人員的工作頗具挑戰。在以幼兒為主體的教保活動中，教保服務人員必須靈活應對，與幼兒之間保有豐富多樣的互動，常常反思個人的狀態，觀察幼兒的需求，同時權衡不同的情境脈絡，扮演不同的角色，方能有效的達成前述的目標。

至於教保服務人員扮演哪些角色，茲分項說明如下（教育部，2020）。

一、教保服務人員是班級文化和學習情境的經營者

教保服務人員與幼兒共同建構和諧溫馨的班級文化，與每位幼兒建立良好的互信關係，使幼兒具有安全感與歸屬感；同時須從幼兒園、家庭及其社區選材，提供幼兒多樣的社會文化及自然環境經驗，鼓勵幼兒嘗試與體驗並予以真誠的接納和肯定。此外，教保服務人員更是學習情境的規劃者，依據幼兒的發展概況，連結其生活經驗，提供有意義的學習情境，讓幼兒學習和成長。

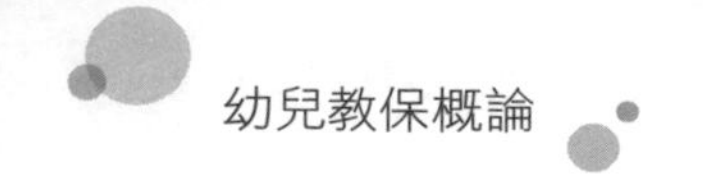

二、教保服務人員是幼兒生活與學習的夥伴

在幼兒園中，教保服務人員是班級中的一份子，與幼兒一起學習和生活，一起活動和遊戲。教保服務人員應樂於傾聽，與幼兒分享彼此的生活經驗；能安排豐富的情境，提供幼兒直接經驗，並參與幼兒的探索與遊戲，共同享受其中的樂趣；能從中觀察幼兒的表現，了解並回應幼兒的需求，支持並鼓勵幼兒創意的表現，是幼兒生活與學習的忠實夥伴。

三、教保服務人員是幼兒學習的引導者

教保服務人員須了解幼兒的舊經驗，提供與幼兒生活相符合的學習經驗，引導幼兒整合與連結新舊經驗，並協助其統整與歸納。教保服務人員須先觀察幼兒現階段的能力，選擇欲培養幼兒的能力，判斷兩者間的差距，並思考搭建鷹架的活動方式；亦可提供幼兒機會，讓幼兒在與同儕的互動及協商中學習，教保服務人員成為幼兒達成最佳發展區的主要引導者。

四、教保服務人員是幼兒家庭的合作夥伴

教保服務人員須主動與家庭建立夥伴關係，相互尊重、合作、協商，以共同分擔教保責任。透過邀請家庭共同關注幼兒的學習與發展，分享對幼兒的認識；提供多元的機會，鼓勵家長共同參與幼兒的學習。家庭也是課程發展的重要資源，教保服務人員可經由積極參與社區，與家庭共同攜手，有效結合家庭和社區資源，成為促進幼兒發展與學習的合作夥伴。

綜合前述，教保服務人員旨在提供幼兒成長過程中所需要的教育和照

顧，其具體目標主要是針對幼兒身心健康、良好習慣、生活經驗、倫理觀念、合群習性、美感經驗、創意思維、文化認同、關懷環境等方面的發展，提供所需的引導和協助。整體而言，教保服務人員必須發揮其專業知能，同時也要與家庭及社區密切配合，在幼兒的發展需求下，於教保活動中成為班級文化和學習情境的經營者、幼兒生活與學習的夥伴、幼兒學習的引導者以及幼兒家庭的合作夥伴，扮演好教保服務人員的角色。

第二節
教保服務人員的培育

人類社會的發展呈現不同的演進時期，蒸汽機問世後，引爆了第一次工業革命，此時能源取代了土地的角色；電氣化則發動了第二次工業革命；第三次工業革命中，知識則取代了土地和能源的地位（Thurow, 2009）。至於第四次工業革命則正以前所未見的速度席捲全球，徹底顛覆我們的生活、工作和互相關聯的方式，其變動性和複雜度皆超越人類過去所經歷的變革。

特別是現今植入技術、數位化身分、物聯網、3D 列印、無人駕駛、人工智慧、機器人、區塊鏈、大數據、智慧城市等技術變革都將對全人類帶來顛覆性的影響。因為知識是技術得以突破的源頭，技術有所突破，才能形成不均衡的狀態，讓高報酬和高成長率能夠同時並存；具備知識，才能在一夕之間開創新事物（Schwab, 2017）。

由是觀之，知識已成為經濟競賽中致勝的關鍵，誰擁有知識，創新技術，運用新知，誰就掌握了競賽的主導權。而舊經驗與舊知識，則在知識半衰期明顯縮短的情形下，迅速面臨淘汰。所謂知識就是擁有特定者對特定領域的專業化認知。這種知識的專業觀和經濟效用觀，以杜拉克（P. F. Drucker）為代表，強調資本已不再是主導經濟發展的力量，知識的製造與運用才是經濟成長的動力。杜拉克在《後資本主義社會》（*Post-Capitalist Society*）一書中指出，知識是重要的經濟資源，是創造財富活動的核心，據以解釋當前的經濟模式、經濟成長與創新，更強調知識經濟時代的來臨（Drucker, 2016）。

各特定領域的專業化成為趨勢，知識的精煉、深化和應用是專業發展的重心，教保服務工作亦然，其人員的專業化是提升教保服務品質的有效策略。是以，教保服務人員的培育甚為重要，尤其所服務的對象係為國家未來發展之砥柱，因而對於相關人員的培育審慎規劃並具體落實，誠屬必要。

教育部（2012）曾針對國內的社會變遷、國際趨勢及現行相關政策，在《中華民國師資培育白皮書》即指出師資培育所面臨的十大挑戰課題，並配合黃金十年國家發展藍圖，擘畫「培育新時代良師以發展全球高品質的教育」為願景，以「師道、責任、精緻、永續」為核心價值，彰顯「形塑師道文化校園，強化教學實務知能」為主軸，整體規劃「師資職前培育」、「師資導入輔導」、「教師專業發展」及「師資培育支持體系」四大面向。

由是觀之，政府相當重視師資培育的工作，特別依循國家未來的發展藍圖，勾勒新時代的良師風範，同時指出師資培育的重要層面，據以確保優質的教育。教保服務工作同為國家教育工程的一環，其人員的培育應依循此政策方向，確保教保服務人員的培育品質。教保服務人員包括園長、教師、教保員及助理教保員等，有關前述人員培育，主要依據《教保服務人員條例》（2017）。茲分就前述人員的培育與資格認定，說明如下。

一、園長

依據《教保服務人員條例》（2017）第 6 條，幼兒園園長，應同時具備下列資格：

1. 具幼兒園教師或教保員資格。
2. 在幼兒園（包括托兒所及幼稚園）擔任教師、教保員，或幼兒教育、幼兒保育相關科、系、所畢業之負責人，並實際服務滿五年以上。
3. 經直轄市、縣（市）主管機關自行或委託設有經中央主管機關認可之幼兒教育、幼兒保育相關科、系、所、學位學程之專科以上學校辦理之幼兒園園長專業訓練及格。

幼兒園園長要先符合幼兒園教師或教保員條件，同時具有五年以上服務經驗，並通過幼兒園園長專業訓練及格。是以，其培育是依循幼兒園教師和教保員之培育方式。就幼兒園教師培育方式而言，目前主要是採取職前培育及在職進修方式，同時也必須依《師資培育法》規定辦理；有關幼兒園教師、教保育的培育部分，請參照後續說明。

二、幼兒園教師

依《教保服務人員條例》（2017）第 8 條，政府應依幼兒園教師總量需求，適量培育。幼兒園教師資格之取得，應採職前培育及在職進修方式為之。而幼兒園教師培育及資格之取得，則必須依《師資培育法》規定辦理。

目前國內大學設有幼兒教育、幼兒保育相關學系，並經中央主管機關認可者，得依《師資培育法》及相關規定，申請認定為師資培育相關學系，培育幼兒園教師。基於此，有志者可以依前述規範，至師資培育相關學系修畢幼兒園師資職前教育課程，即具有參加幼兒園教師資格檢定之資格，之後再通過幼兒園教師資格檢定，此為當前國內培育幼兒園教師的主要途徑。

另外，曾於經中央主管機關認可之國內專科以上學校設有幼兒教育、幼兒保育相關系、所、學位學程、科、輔系、學分學程，修畢幼兒園教保專業課程者，則可至《師資培育法》所定師資培育之大學，修畢幼兒園師資職前教育課程中教保專業課程以外之教育專業課程，同樣可取得修畢師資職前教育證明書後，具有參加幼兒園教師資格檢定之資格。

綜觀來看，依《師資培育法》，幼兒園教師之資格取得必須取得修畢師資職前教育證明書，進而擁有參加幼兒園教師資格檢定之資格，之後尚需要通過幼兒園教師資格檢定，始具幼兒園教師資格。是以，幼兒園教師的培育途徑是必須要先修畢師資職前教育課程，而後通過幼兒園教師資格檢定，符合兩者之條件，始具幼兒園教師資格。

至於幼兒園教師培育之師資職前教育課程係指參加教師資格考試前，依《師資培育法》（2019）所修習之各項有關課程，包括普通課程、教育專業課程及專門課程，相關課程簡述如下：

1. 普通課程：為培育教師人文博雅及教育志業精神之共同課程。
2. 教育專業課程：為培育教師依師資類科所需教育知能之教育學分課程。
3. 專門課程：為培育教師任教學科、領域、群科專長之專門知能課程。

另依《師資職前教育課程教育專業課程科目及學分對照表實施要點》（2013）之規定，各大學開設各類科教育專業課程，修業年限應至少二年，且其應修幼兒園教育專業課程之學分數至少 48 學分（包括教保專業知能課程 32 學分）。

至於培育幼兒園教師之教育專業課程則包括：教學基本學科課程、教育基礎課程、教育方法課程、教學實習課程及教保專業知能課程。值得一提的是，在教育專業課程中，包括教學實習課程，藉此增進學生對幼兒園的實務運作，有更多的了解和參與，同時亦能提升其教育專業理論與實務間的轉化能力，可說是幼兒園教師培育過程中，相當重要的一環。

三、教保員

依《教保服務人員條例》（2017）第 10 條，教保員應具備下列資格之一：

1. 修畢經中央主管機關認可之國內專科以上學校教保相關系科之幼兒園教保專業課程且取得專科以上學校畢業證書。
2. 具備國外專科以上學校幼兒教育、幼兒保育相關系、所、學位學程、科畢業證書，並取得經中央主管機關發給之修畢幼兒園教保專業課程證明書。

前述幼兒園教保員資格之取得方式，其培育係以修習幼兒園教保專業課程，取得修畢幼兒園教保專業課程證明書為之。至於有關幼兒園的教保專業課程，依《國內專科以上學校教保相關系科認可辦法》（2020）第 3 條，幼兒園教保專業課程主要是包括下列課程：

1. 教育基礎課程至少 10 學分：提供學生擔任教保員應具備幼兒教保理論、幼兒發展理論、幼兒身心特質、教育行政、政策及法規相關知識之課程。
2. 教育方法課程至少 12 學分：提供學生了解幼兒園課程大綱內容、課程、教學與多元評量、學生輔導及班級經營相關知識之課程。
3. 教育實踐課程至少10學分：提供學生於修業期間熟悉教保實務相關機

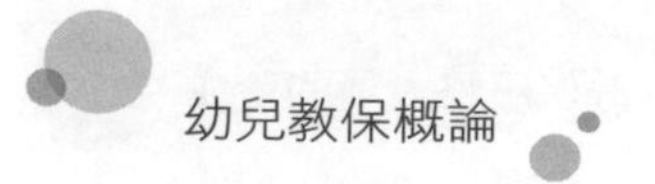

制之課程。

綜上所述，幼兒園教保員的培育，係以修習幼兒園教保專業課程，並取得修畢幼兒園教保專業課程證明書為之。至於幼兒園教保專業課程則包括教育基礎課程、教育方法課程，以及教育實踐課程。相關課程亦如上述幼兒園教師的培育作法，在教保專業課程包括教保實習課程，藉以強化理論與實務間的轉化和連結，促進其對幼兒園實務運作的掌握。

四、助理教保員

依《教保服務人員條例》（2017）第 11 條，助理教保員應修畢國內高級中等學校幼兒保育相關學程、科之課程，並取得畢業證書。

至於前述所指稱的高級中等學校幼兒保育相關學程、科，係指高級中等學校依《職業學校法》、《職業學校群科課程綱要——家政群》及《職業學校群科課程綱要暨設備基準——家政群》、《綜合高級中學課程綱要》等相關規定，報各主管機關核准開設之幼兒保育科或幼兒保育學程，或依《高級中等學校群科學程設立變更停辦辦法》設立之家政群幼兒保育學程或幼兒保育科。簡言之，助理教保員的培育係以修畢國內高級中等學校幼兒保育相關學程、科之課程，並取得畢業證書為之。

前述將教保服務人員的培育，依據《幼兒教育及照顧法》及其相關子法，分別就幼兒園園長、教師、教保員及助理教保員等四類人員來加以說明。相關法令對於各項人員的培育方式、資格認定以及所需修習的教保相關課程，皆有明確的規範，有利於各界清楚認識教保服務人員養成的具體作法。

第三節 教保服務人員的養成之展望

幼托整合後，為打造優質的教保環境，必須提供合宜的教保服務內容，達成教育與照顧幼兒的目標。基於此，幼兒園依據幼兒的特性，透過教保情境的安排實施教保服務，與家庭及社區密切配合，以提升幼兒教育的品質，幫助幼兒健全發展。無可諱言，提升幼兒教育品質是政府對國民的責任，也是對新世代的承諾。事實上，推動與促進教保服務工作的發展除了政府的投入外，社會、家庭、教保服務機構及教保服務人員也需要承擔共同之責任，才能竟其功。依據《幼兒教育及照顧法》的精神，政府必須提供幼兒優質、普及、平價及近便性之教保服務，同時對處於離島、偏遠地區，或經濟、身心、文化與族群之需要協助幼兒，應優先提供其接受適當教保服務之機會，以優化臺灣的教保服務。

平心而論，前述目標的達成端賴專業化的教保服務人員，因而其培育的品質影響甚鉅；如何提升教保服務人員的培育成效，強化現有的教保服務品質，至關重要。基於前述，考察現況、排除掣肘或窒礙難行之處，以確保教保服務的成效，應為當務之急。展望未來教保服務人員的養成，可以更大的視野，朝向以下幾個方面來加以努力。

一、檢討培育政策，確保專業品質

從臺灣教育的發展歷史來看，長期以來偏重於中小學教育和高等教育，幼兒教育因為不屬於國民教育的範疇，所以並未受到應有的重視。然而，隨著社會的快速變遷，國內人口結構的劇變，少子化的問題日趨嚴重，加以世界的發展趨勢，各國積極致力於國民素質的提升，因而促進了幼兒教育的發展，同時也受到愈來愈多的關注。基於此，2011 年通過《幼兒教育及照顧法》，以保障2～6歲之幼兒接受適當教育及照顧之權利，確立幼兒教育及照顧方針，促進幼兒身心健全發展。

不過，幼兒園長期以來公私比例懸殊，同時教保服務人員的專業背景不一，各園本其教育理念，發展出相當多元的作法，成效備受考驗，因而如何以幼兒為本位，建構出合宜的教育政策，成為近年來幼兒教育發展的挑戰。所幸，隨著幼兒相關教育政策的頒布，幼兒教育品質提升逐見成效。值得關注的是，在增進幼教發展的政策中，攸關教保服務品質的人員培育是箇中要項，教保服務人員的專業化程度，影響教保服務的成效甚鉅，必須正視其培育政策的成效，以確保專業品質。

就此而言，可以發現部分值得深究之處。首先，依據《幼兒教育及照顧法》，教保服務人員主要有「園長」、「幼兒園教師」、「教保員」，以及「助理教保員」四類，然其培育所接受的職前教育課程不盡相同，加以其在幼兒園的職稱、工作規範和內容、薪資報酬等，也有差異，如公立幼兒園的教師、教保員，此現象明顯與中小學不同，同時也容易形成人員之間的隔閡，影響教保服務人員的工作士氣及幼兒教育實施的成效。

其次，師資生的「幼兒園教學實習」和「幼兒園教保實習」課程該如何規劃，讓課程不重複而又能相輔相成，是多數幼教師資培育機構面臨的共同課題。其他如實習課程間的銜接、實習課程與其他課程間的銜接、合適的實習園所班級難覓、實習園之間（含實習輔導老師）的共識問題等，都可以再進一步的審視和強化，以真正達成實習的目標（孫麗卿，2018）。

二、因應社會變遷，前瞻教保服務

近年隨著政治的改革開放、經濟的自由競爭、科技的日新月異、文化的多元交流、環保意識的抬頭、人口結構變化等潮流趨勢的發展，社會的變遷明顯加快，對於幼兒的成長環境帶來極大的影響。而攸關幼兒發展的教保工作，其所提供的專業服務，自然也面臨挑戰，而如何因應此劇烈的社會變遷，確保教保服務的品質，成為當前幼兒教育發展的重要課題。

鑑於前述，急遽的社會變遷對幼兒教育的發展帶來不少的衝擊，因此教保服務人員之培育理應多加調整，方能與時俱進，以培育符合時代需求、具有專業的教保服務人員。

就此而言，培育過程所實施的職前教育課程，應加以檢視。諸如性別平等概念的加強、特殊幼兒的輔導、科技產品的運用、腦神經科學之應用、數位幼兒的引導、親師溝通的技巧、生態教育的加強、多元文化的認識、新移民孩童的教養、原住民的民族教育、跨界流離中「主體性」與「認同」、代間互動的重視、雙語教學的實施、隔代教養的知能、衛生習慣的養成、美學教育的扎根、個人的自由與規訓、自我認識的強化、教育銜接的落實（家庭到學校、幼兒園到小學）等，都是快速變遷的當下必須融入的職前教育課程內容。特別是社會變遷所引發的新興議題多而廣，如何權衡其輕重，將相關議題進行有效的整合，並在有限的教保活動時間內實施，是未來推動教保服務必須加以正視的工作。

三、反思幼兒發展，回歸教育本質

幼兒的生命本質中蘊涵豐富的發展潛能與想像創造的能力，他們喜歡主動親近身邊的人、事、物並與其互動，喜歡發問、探索並自由的遊戲，也喜愛富有秩序、韻律及美好的事物。每位幼兒都是獨特的個體，他們會沉浸在各種不同的文化內涵、社會習性與生活經驗中展現其個殊性。進而言之，幼兒對生活環境中的一切充滿好奇與探究的動力，在不斷發問、主動試驗與尋求答案的歷程中學習。他們需要親身參與，和周遭的人、事、物互動，在其中觀察、感受、欣賞與領會。他們會時刻觀察與探究生活環境的自然與人文現象，主動的理解、思考與詮釋其所探索的現象，尋求現象之間的關係，嘗試解決其所面臨的問題（教育部，2020）。

從幼兒日常生活經驗的觀察中，可以發現，幼兒天生喜歡遊戲，在遊戲中自發的探索、操弄與發現。幼兒也在遊戲情境中，學習與人互動及探索素材的意義。透過參與和體驗，幼兒以先前經驗為基礎，逐步建構新知識，並學習在群體中扮演適當的角色。而幼兒在參與社會文化活動的過程中，也會主動解讀情境中蘊涵的訊息。透過訊息的內化，幼兒重新組合與創造訊息，以建立自我與外在環境互動的關係。同時，文化與社會也在歷史持續演變的進程中牽動幼兒的生活環境。誠心而論，有關幼兒發展的相關理論和概念，教保服務人員在其職前培育課程中，都已習得相關的專業知能。然而，考察幼教現場，卻有值得深究之處。也因此，反思幼兒發展，回歸教育本質，協助幼兒健康成長，專業化的教保服務才能實至名歸。

至於幼教活動待商榷之處，可以幼兒好奇心的維繫來加以說明。如前述，幼兒喜歡發問、自由探索，其所具有的好奇心乃自然的天性。希臘智者曾言，好奇心是一切科學之母。故維繫幼兒的好奇心，保有其自然天性，自是幼兒教育的重要目標。唯幼兒活動中，教保人員常囿於成人的思維、園務例行的慣常運作、社會傳統的文化規範、成本效率的管理思維等因素，限制了幼兒的探索和測試。事實上，幼兒充沛的好奇能量也會投射到社會互動關係，不停的詢問，要求解釋，藉以對周遭的神秘世界，有更多的認識，此求知好奇心常受阻礙，漸進扼殺其自然的好奇天性。

事實上，教保服務旨在促進幼兒的健康成長，然而徵諸幼教現況，可以發現，除了上述所列舉之實例外，仍有一些值得反思之處。誠如杜威所指出，老師面臨的難題是，如何維繫有探索精神的幼兒心靈，讓它不會因過度刺激而變得麻木，讓它不會因例行公事而變得呆板，讓老師不會因教條式的教導而陳腐，或是讓它不會因瑣碎事物而隨意揮霍使用（Dewey, 2020）。

進而言之，有些幼兒思緒澎湃如洪水，有些則如涓涓細流，太活躍的聯想會使思緒起伏不定，無頭緒而使心智飄浮游移，讓人無所適從，感到徬徨；但太少的聯想，卻代表著心智習慣、經驗的不足和貧乏。易言之，幼兒思考的輕易度、範圍、深度、連續性、反應度等，存在個別差異，教保人員如何在幼兒聯想的過度和不足之間取得平衡，特別是如前所述，教保服務人員的考量依據，常常未能顧及幼兒的個殊性及其需求，此乃值得反思之處。

四、善用推力作用，提升教保成效

政府所建構的教保服務體系，旨在健全幼兒健康安全的成長環境，其實施的成效影響幼兒和家庭的發展。也攸關國家社會的穩定。近年，諸多國家在其政策規劃和執行的過程中，導入推力（nudge）的概念，頗值得借鏡。以英國為例，2010 年，首相卡麥隆成立了一個特別單位「行為洞察團隊」（Behavioral Insights Team），就是俗稱的「推力小組」，針對民眾進行各種不同試驗，找出能夠改善人民生活，或替政府省下開支的最有效方法，影響範圍廣及守法納稅、公共衛生、生態環保等領域，而此種「自由家長主義」（libertarian paternalism）式的作法，主要是巧妙的包裝選項，輕推民眾邁向最佳行為，廣受政府單位和企業組織所採用，值得推廣（吳怡靜，2016；

Sibony, 2021）。

事實上，推力的概念適用於各類政策和工作，教保服務亦可考量運用推力，有效提高成效。進而言之，Sunstein（2020）認為，日常生活中的諸多決策，從家庭事務到國家政府所推動的各項重大政策，其實都涉及到自主慎思的選擇或慣性被動的選擇，而結果個人可能深受影響，但也可能對於他人產生影響。不過，如前所提及的選擇類型，許多的選擇或被選擇並不全然是有意識、有自覺的，因為人類天性上存在缺陷，所以在做決定時有些被動、不夠深思熟慮，傾向於採用經驗法則（預設值），且通常不會多加檢視，反思不同的觀點或陳述方式，因而造成思慮不周，積重難返的結果。

基於此，善用推力的概念，可以協助個人進行明智的抉擇，嘉惠個人，增進政策的成效。至於推力在教保服務中的應用，可以列舉如下：

1. 中央層級方面，為減輕家庭的育兒負擔，擴大教保的服務，鼓勵各縣市政府設置幼兒園，滿足家長的需求。政府因而採取學齡前幼兒學費補助措施、雙軌推動公共化及準公共政策，提高家長讓幼兒接受教保服務的意願，使全國幼兒園幼生數由 103 學年 44.4 萬人逐年攀升至 108 學年之 56.5 萬人，計增加 27.0%。同時幼兒園教保服務人員亦呈逐年成長趨勢（教育部統計處，2020）。凡此，乃政府善用推力之具體實例，同時也可以從相關數據中看出成效。當然，若能再運用巧思或結合政府其他單位之政策，相信更可發揮加乘的效果。
2. 地方層級方面，為鼓勵幼兒園做好全園幼兒發展篩檢，藉以了解幼兒發展現況，做為實施個別化教學之參酌資訊。除將其納入幼兒園基礎評鑑指標外，亦可連結衛生醫療、社會福利、家庭教育等相關資源體系，擴大篩檢的服務和意願。
3. 幼兒園層級方面，如在課程活動有關幼兒生活自理行為的學習，舉凡吃飯、穿衣、上廁所等，都可以利用簡要圖示，供幼兒參照仿傚該行為動作和順序，及早培養幼兒生活自理的獨立性並建立其自信心和責任感。另外也可以利用音樂來引導幼兒活動的轉銜或準備，也可用於帶領特定活動，如靜心、冥想、律動等。

五、升級教保服務，點燃社區之光

誠如前述，近年快速的社會變遷，對家庭結構產生極大的影響，家庭型態的多元化，日益明顯，也為家庭穩定和發展帶來挑戰。親職教育的推動，更形重要。而提供幼兒健康快樂成長環境的教保服務機構，亦能於親職教育推動的過程中，扮演關鍵的角色。事實上，依據《幼兒教育及照顧法》，教保服務機構得做為社區教保資源中心，發揮社區資源中心之功能，協助推展社區活動及社區親職教育。因而有關親職教育的推動，教保服務機構責無旁貸。

然而，考察現況可以發現，目前教保服務機構雖然也參與親職教育的推動，但或許囿於傳統的教保作法，教保服務機構所發揮的實際功效有限，仍有提升之處。進而言之，親職教育長期以來並未成為教保服務機構的工作要項，其原因可能是教保服務機構的人力配置常有不足的情形。但事實上，若從幼兒問題的本質來看，多數的問題可能都是源自於家庭，因此若能透過親職教育，強化家長的親職知能，發揮前述所提及的功能角色之一：教保服務人員是幼兒家庭的合作夥伴，將可釜底抽薪，更有助幼兒健康成長目標的達成，同時真正進化為社區資源中心。

綜合本章的討論，教保服務人員旨在提供幼兒成長過程所需要的教育和照顧，其專業化的程度攸關教保服務的品質，因而各界對於教保服務人員的培育，極為關注，期能藉此專業人員投入於教保服務工作，促進家庭及社會的穩定和發展。研究指出，幼兒的學習和成長受其生活世界的重要他人所影響，而人類與生俱來的鏡像系統會利用觀察、模仿、實作、共享等方式來進行學習。若能確保幼兒在其成長過程獲得正面榜樣，則會帶來正面效果，包括更佳的心理衛生、社會情緒、體能健康，並且較可能邁向積極正向的意義人生（Murden, 2020）。準此而言，教保服務人員常被視為是幼兒家庭成員外，名副其實的**「重要他人」**，也因此，政府積極完善教保服務體系，關注教保服務人員的養成，誠屬必要。

整體而言，教育部自2016年提出「擴大幼兒教保公共化」政策以來，為打造優質的教保環境，確保所倡導有品質有保障的教保服務，已採取諸多相關措施，同時挹注大量經費來落實，其中教保服務人員的養成極具關鍵，特別是教保服務人員的養成能與時俱進，強化其專業知能，並能與家庭及社區密切配合，將可提升幼兒教育的品質，幫助幼兒健全發展。

綜觀前述，現今的社會變遷急遽，教保服務人員所面臨的挑戰日益嚴峻，而提升幼兒教育品質是政府對國民的責任，也是對新世代的承諾。是以，持續重視並優化教保服務人員的養成，同時因應接踵而至的變遷發展及挑戰，營造適合幼兒健康成長的教保環境，無疑是社會各界共同的期許。

情境式題目

1. 教保服務的內容包括舉辦促進親子關係之活動，如果你是一個幼兒園老師，請和合班老師討論可以辦理哪些促進親子關係的活動。
2. 依據《幼兒教育及照顧法》，發展幼兒創意思維是教保服務人員所需達成的目標之一，請問為達成前述目標，可以有哪些有效作法。

參考文獻

中文部分

幼兒教育及照顧法（2021）。

吳怡靜（2016）。「推力型政府」，推人民走對路。**天下雜誌，589**，160-163。

師資培育法（2019 ）。

師資職前教育課程教育專業課程科目及學分對照表實施要點（2013）。

孫麗卿（2018）。幼兒園實習課程安排之挑戰。**臺灣教育評論月刊，7**（3），13-14

教保服務人員條例（2017 ）。

教育部（2012）。**中華民國師資培育白皮書**。臺北：作者。

教育部（2020）。**幼兒園教保活動課程大綱**。臺北：作者。

教育部統計處（2020）。**教育統計簡訊，121**，1-2。臺北：教育部。

教育部（2021 年 3 月 31 日）。**擴大公共化教保服務，教育部規劃增設公共化幼兒園 1,000 班**。取自 https://www.edu.tw/News_Content.aspx?n=9E7AC85F1954DDA8&s=9BD8BE46F97CACFB

張春興（2013）。**教育心理學——三化取向的理論與實踐**。臺北市：東華。

國內專科以上學校教保相關系科認可辦法（2020）。

國立臺灣大學中國信託慈善基金會兒少暨家庭研究中心（2020 年 7 月 24 日）。**臺灣的單親家庭**。取自 https://cfrc.ntu.edu.tw/index.php? menu=%E7%A0%94%E7%A9%B6%E6%88%90%E6%9E%9C&title=%E5%8F%B0%E7%81%A3%E7%9A%84%E5%96%AE%E8%A6%AA%E5%AE%B6%E5%BA%AD

英文部分

Booker, C. (2020). *Groupthink.* London: Bloomsbury Continuum.

Boyce, W. T. (2020). *The orchid and the dandelion: Why some people struggle and how all can thrive.* London: Bluebird.

Dewey, J. (2020). *How we think.* London: Bibliotech press.

Drucker, P. (2016). *Post-capitalist society.* London: Routledge.

Harris, N. B. (2020). *The deepest well.* London: Pan Macmillan.

Medina, J. (2017). *Brain rules for baby: How to raise a smart and happy child from zero to five.* Seattle: Pear Press.

Murden, F. (2020). *Mirror thinking: How role models make us human.* United Kingdom: Bloomsbury Sigma.

Santrock, J. W. (2020). *Life-span development.* Boston: McGraw-Hill.

Sapolsky, R. (2018). *Behave: The biology of humans at our best and worst.* London: Vintage.

Schwab, K. (2017). *The fourth industrial revolution.* London: Penguin.

Sibony, O. (2021). *You're about to make a terrible mistake: How biases distort decision-making and what you can do to fight them.* New York: Little Brown Spark.

Sunstein, C. R. (2020). *How change happens.* Cambridge, MA: The MIT Press.

Thurow, L. C. (2009). *Building wealth: The new rules for individuals, companies, and nations in a knowledge-based economy.* New York, NY: HarperCollins.

11

教保人員專業發展與倫理

葉郁菁、溫明麗

本章概述

幼兒園教保人員應具備下列專業內涵：內在安全感、自我覺察的能力、正直、幼兒發展的專業知能、關注社區與環境、對幼兒溫暖、尊敬、信任與關愛（Cartwright, 1999）。教保人員的專業素養影響著幼兒的社會、情感、認知和終身學習等層面的發展（涂妙如，2003），對於幼兒發展的影響甚鉅。如何提升教保人員的專業素養和教保品質，提供幼兒適切的發展環境，都是教保人員不可忽視的基本責任。

本章旨在探討教保人員的專業發展與倫理。首先，探討教保人員專業發展的意涵；其次，分析教保人員的專業發展管道；最後就教保人員的專業倫理加以探討。

第一節
教保人員專業發展的意涵

關於教保人員專業發展的意涵，茲分就專業發展的定義與目的、教保專業與自身利益衝突等兩部分說明如後。

一、專業發展的定義與目的

「專業發展」指的是在幼兒園的經營目標引導下，所提出鼓勵教職員朝向專業提升，並有益於專業成長的各種規劃內容。專業發展不僅是知識的取得，更包含持續性的動態學習歷程（梁佳蓁，2016）。劉乙儀與張瑞村（2014）指出，教師專業發展係指教師為改善教育品質，在其生涯發展過程中主動持續參與正式或非正式的活動，透過學習與不斷更新的歷程，藉由發展專業知識、技能和態度，促成教師追求自我實現及達成教育目標。有鑑於教保專業對於幼兒認知、情緒、個人、社會、美感、健康等領域的發展具有重要影響力，身為教保工作者，對專業發展應有正確的體認與期待。

專業發展的目的，希望教保人員可以有系統且主動的針對自己幼兒園的教育經驗和教學經驗，以及透過這些經驗產生的知識觀加以反思和自我成長（蘇育令，2008）。教保人員面對每天的多元訊息和繁雜的照顧工作，要成為一個具有省思能力的專業者並不容易。雖然需要記錄每日教學活動和課程省思，但許多教保人員在教學日誌的紀錄內容多半只有描述歷程，例如團討過程哪位幼兒說了什麼話、或今天主題課程討論什麼議題，以及進行的過程和步驟等，較沒有達到針對課程或教學方法的「省思」層次。所謂省思，是指持續思考個人的經驗並賦予意義；關於省思可以概分成三種類型：首先是技術性的省思，是運用已擁有的教育知識，為了既定目標而行動，並無廣泛的思考；其次是實務性的省思，透過澄清多方面的經驗，重新建構或組織經驗；再次為批判性的省思，則是從倫理和道德的標準、社會政治經濟脈絡的角度分析所遭遇的現象與問題（蘇育令，2008）。前述不同類型的省思有助於我們理解或澄清教保服務的內容，教保人員必須透過持續的練習、同儕互動等方式，精進自己的省思能力，方能有益於專業發展，達到自我成長與教保精進等目標。

二、教保人員專業發展與自身權益的衝突

追求專業發展是教保人員的基本職責，相關內容可見於《幼兒教育及照顧法》的規範，更可以從教保現場的多元性與複雜性等特質，了解到教保人員專業發展的重要性。

目前幼兒園多採取教保人員搭班教學，通常教室內會有兩位以上教保人員協同課程與班務的進行，搭班的教保人員之間要有良好的合作默契與相互協助，才能夠讓教保工作得以順暢運作；若班級搭班老師之間的溝通方式不良或甚至產生摩擦等，便將影響班級運作與教學實施。

例如，許多公立幼兒園同時進用幼教師與教保員，兩者的職稱與職務適用的人事法規並不相同，其中教保員多採約聘方式進用，其出勤與工作條件就必須依照《勞動基準法》規定辦理；依據《勞動基準法》規定，員工工作每四個小時必須有 30 分鐘的休息時間。某公幼的教保員堅持必須依法擁有休息時間，而且在這 30 分鐘內應有獨立的休息空間、暫時可以離班不用處

理幼兒的請求；此外，又要求每日工作不得超過八小時，所以就拒絕在下班之後還要整理當天的教學省思和幼兒紀錄。面對前述教保員的堅持，同班的教師嘗試著與她溝通，但得到的回應是：教師領的薪水比較多、是責任制，本來就應該負擔比較多的工作和責任；教保員的薪水少，依據法規要有合理的上下班規劃，除非獲得該教保員的同意，否則不能要求教保員在下班時間做額外的工作。如果您是這位教保員（或協同教師），該如何兼顧教保員的工作權益和幼兒的教保品質？如何因應幼兒需求與實踐教學者責任（整理當日教學紀錄和幼兒資料）的兩難？

教保員的工作條件應該符合法規規定，幼兒園自然不宜要求教保員必須自我犧牲；但如果教保員同時須兼顧「工作」與「勞動條件」時，就必須面對如何權衡專業發展與自身利益衝突的問題。在實際的教保現場，有些教保人員願意犧牲自己一部分的休息時間去完成當天的教學紀錄，這是當事人對自己教保專業負責任的作為；又例如，教保員雖可依規定在工作一段時間之後休息 30 分鐘，但實際上他們很難準時從環境中完全抽離，特別是在教室內，幼兒隨時可能會向老師求助。面對以上的衝突情境，教保人員如何保有彈性，以達到可以有短暫喘息的時間、另方面也可以適時的回應幼兒的需求？

依據《幼兒教保及照顧服務實施準則》，幼兒園教保服務應以幼兒為主體，遵行幼兒本位精神。教育工作與其他勞務、生產線的工作不同，是因為教保人員面對的是個體而非機器。當教保人員失去對這份工作的熱忱時，教保人員就只剩下「薪資」、「工時」，以及「休假」等，忽略了對孩子的互動、情感以及需要與人互動的教保工作特性；如果教保人員對教保專業無法產生認同，可能因情緒波動而做出許多傷害甚至虐待幼兒的行為。

教保人員對工作缺乏熱忱，有部分原因來自於不理想的幼兒園工作環境和條件，低薪、工時長、工作壓力大、福利待遇差，無法滿足教保人員最基本的生理和安全需求（梁佳蓁，2015）。面對前述問題，近年教育部透過公共幼兒園與準公共幼兒園等政策，期能提高教保人員薪資並改善工作條件；例如，對加入「準公共化」的私幼，教師和教保員的薪資必須提升到 2 萬 9,000 元，服務三年以上者，薪資應達到 3 萬 2,000 元，期改善教保人員的工作條件（中央通訊社，2018），就是回應前述現象的具體作法。除了期待政策協助提高教保人員的薪資外，教保人員也必須體認教保服務工作的神聖性並隨時檢視投入教保服務工作的初衷，提醒自己強化教保專業的能力，以維護幼兒的教保品質並達成教保目標。

第二節
教保專業發展的管道

幼兒園沒有複雜的職涯發展階梯，組織成員以教保人員為主體，幼兒園權責分工清楚、組織成員互動頻繁、專業人員類別單純，專業發展的目標一致。本節將依序討論教保人員的職涯發展階梯、教保人員的專業成長類型兩部分。

一、教保人員的職涯發展階梯

幼兒教育或幼兒保育學系畢業，或修畢幼兒學分的大學畢業生，取得教保員或教師資格後，便可以選擇到幼兒園工作。幼兒園的型態包含公立幼兒園、私立幼兒園、非營利幼兒園、職場教保服務中心、社區互助式或部落互助式的教保服務機構。公立幼兒園包含：公立專設幼兒園和國民小學附設幼兒園兩類。政府機關、公司及非政府組織，可於合法使用的場地設置職場互助教保服務中心，提供員工子女、孫子女教育及照顧服務，收托幼童數至多60人。職場教保服務中心應聘專任教保人員，每一辦理場址至少配置2名，每收托 10 位幼兒應聘任一名教保人員，得設置主任或以教保人員兼任（教育部，2021）。

圖 11-1 說明取得教保員資格後，可以選擇的工作場域包含擔任公立幼兒園、非營利幼兒園、私立幼兒園和職場教保服務中心的教保員；但若取得幼教師資格，則可以擔任幼兒園教師。以公立幼兒園為例，公幼教師和教保員須經過縣市政府公開的甄選流程，各縣市的規定不同，且甄試的名額通常視當年度該縣市的缺額決定；一般而言，公幼教保員或教師甄試可能包含筆試，以及口試和試教，由於進用方式較為嚴謹且工作條件相較於私幼穩定，便成為許多幼兒教保相關科系畢業生的優先選擇出路。

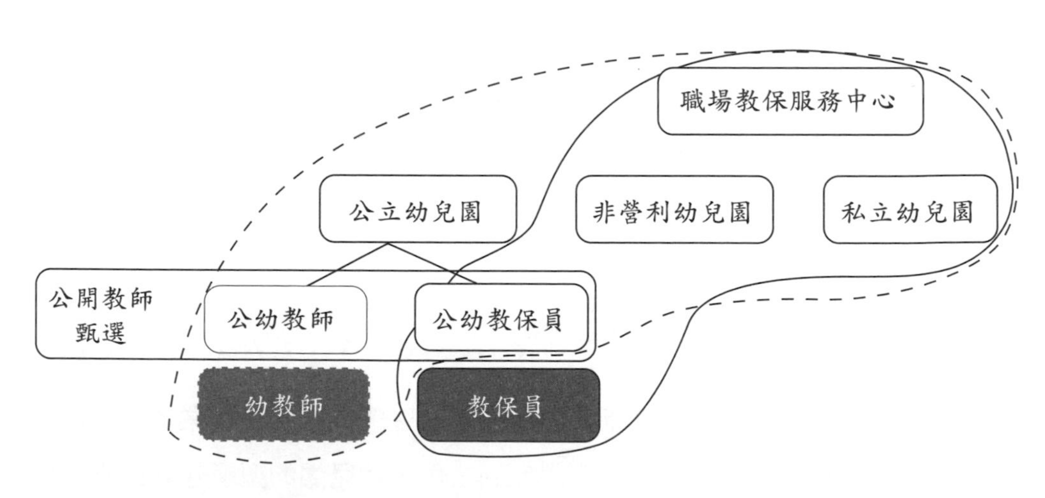

圖 11-1　幼教師與教保人員任職場域範圍

二、教保人員的專業成長類型

關於教保人員的專業成長類型如圖 11-2，包含行政、教學和學術研究三種途徑。行政的部分，幼兒園教保人員可以參加園長訓練並取得年資，若有機會即可擔任幼兒園園長；教學專業成長則包含參與教育部的幼兒園專業發展輔導計畫、幼兒園的研習活動和學習型社群等；學術研究進修方面，目前國內外大學都有相當多幼兒教保相關的碩士和博士班，提供教保人員便利的進修機會。

（一）行政

教保人員若對行政管理工作有興趣，可以接受園長資格的訓練課程，完成後取得幼兒園園長資格。不過國小附設的幼兒園園長為國小校長，國小附設幼兒園僅設主任；專設的公立幼兒園、非營利幼兒園和私立幼兒園才會設有專職園長。依據《教保服務人員條例》規定，若要成為幼兒園園長，應同

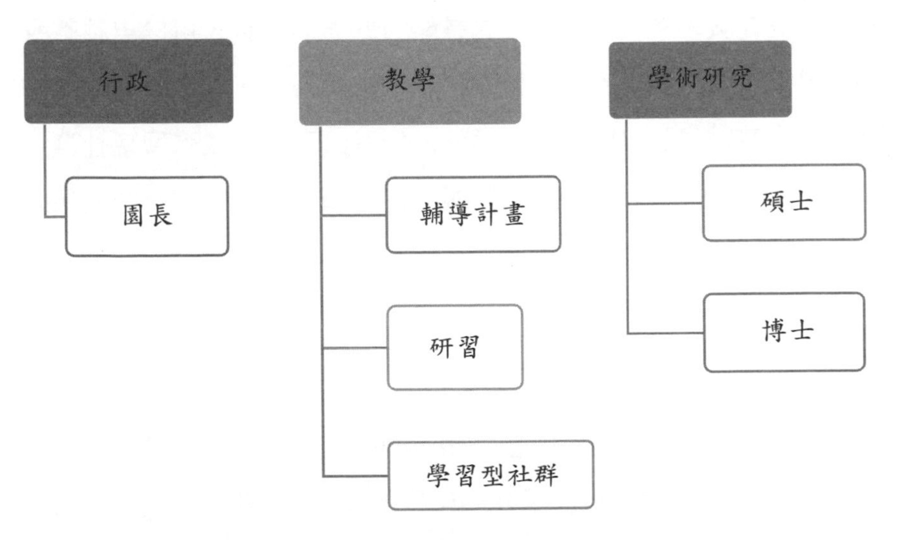

圖 11-2　幼兒園教保人員專業成長類型

時具備下列各款資格：

1. 具幼兒園教師或教保員資格。若為公立幼兒園園長，則必須具備公立幼兒園教師或公立幼兒園教保員資格。
2. 在幼兒園（包括托兒所及幼稚園）擔任教師、教保員，或幼兒教育、幼兒保育相關科、系、所畢業之負責人，並實際服務滿五年以上。
3. 經直轄市、縣（市）主管機關自行或委託設有經中央主管機關認可之幼兒教育、幼兒保育相關科、系、所、學位學程之專科以上學校辦理之幼兒園園長專業訓練及格。

《幼兒園園長專業訓練辦法》（2019）第 5 條規定，園長訓練課程涵蓋「學前教保政策及法令」、「園務行政專題與實務」、「人事管理專題與實務」、「文書及財務管理與實務」、「教保專題與實務」、「健康安全管理與危機處理」及「園家互動專題與實務」等課程，總計 180 小時。

（二）教學

教保人員在教學領域提升自我專業能力的方式，包含可以申請教育部的幼兒園輔導計畫，邀請專家學者到園輔導。依照規定，教保人員每年必須參加在職研習，時數應達 18 小時。另外，幼兒園可以形成學習型社群，共同研討課程和教學，提升自己的專業知能。這三種方式，可以協助教保人員提升在教學、班級經營方面的專業能力。以下分別描述：

1. 教育部輔導計畫

(1) 計畫源起

教育部從2006年開始推動公私立幼兒園的輔導計畫，以提升教保人員的專業成長和幼兒園的教學品質。2017 年開始，為使《幼兒園教保活動課程大綱》真正落實，教育部將前述的輔導計畫整併，分為基礎評鑑輔導、專業發展輔導和支持服務輔導三大類型（林佩蓉、陳娟娟，2020）。輔導人員的角色是同理者和陪伴者，促發輔導園的教保人員成為反思者和實踐者，而非高高在上的指導者，也並非以自己的主觀意識主導幼兒園的教學和課程萌發。不論是輔導人員或接受輔導的幼兒園，都具有主體性，從兩者的視野交融中，尋找適合幼兒園教保人員的成長路徑。

(2) 輔導目標

專業發展輔導的理念在於落實以幼兒為主體、遊戲取向的課程模式，幼兒應從自由遊戲中探索和學習。專業發展的目標包含以下四項（林佩蓉、陳娟娟，2020）：

- 符合《幼兒教保及照顧服務實施準則》及基礎評鑑的規定。
- 建置合宜的教保環境。
- 規劃在地化或其他具有特色的教保活動課程。
- 提供適齡適性及高品質的教保服務。

(3) 申請方式與流程

- 申請作業：每年的四至六月從幼兒園端線上申請。幼兒園必須尋找教育部當年度公告的「輔導人員名單」，了解輔導人員的專長、相關經驗和輔導風格，與輔導人員共同討論，擬定輔導的方向和計畫。通過後，幼兒園開始執行輔導計畫，直到隔年七月結束。
- 申請前的評估：幼兒園要先確認園內的教保人員意願，凝聚共識；輔導並非只有一個班級或一位老師的工作，也不應該是園長交辦的任務；達成共識，幼兒園才有機會共同提升教學品質。其次，幼兒園應先評估自己目前的教學現況，園內的教保人員尚無法自編教材？幼兒園還有分科才藝教學？或者要朝向特色課程發展。第三，尋找適合的輔導人員，和輔導人員討論幼兒園的期待和目標。

・申請流程：幼兒園到全國教保資訊網填報系統線上申請，網址：http://ap.ece.moe.edu.tw/ecems/。共有五頁資料須填寫：幼兒園基本資料、輔導、申請資料、實施方式、經費概況。

・審查結果：通常於七月底公告，結果分為：通過、有條件通過和不通過三種。若為通過，則申請的計畫內容和方式等均符合審查標準。若為有條件通過，則須依據修正建議進行修改，並重新上傳修正計畫。不通過則可能是目的、內容或方式不符合審查標準，建議可以明年再試試看。

(4) 對教保人員的幫助

透過專業發展輔導，教保人員可以提升以下能力（林佩蓉、陳娟娟，2020）：

・落實《幼兒園教保活動課程大綱》的精神。

・設計與經營有美感且高品質的室內和戶外遊戲環境。

・系統化規劃及自編合宜的在地化或特色課程。

・營造自學、互學、共學的班級和幼兒園文化。

輔導人員的角色是協助幼兒園團隊建立共識，澄清教學的理念和期望，和幼兒園一起擬定改善的目標和計畫，透過學習環境的改變、教保人員教學模式的調整，運用觀察、幼兒作品評量等方式，反思教保人員的教學，最終目標為建立學習型組織。

2. 研習

(1) 相關規定

教育部依據《教保服務人員條例》第27條訂定《幼兒園教保專業知能研習實施辦法》，其中第 2 條規定，幼兒園教保人員每年應參加教保專業知能研習 18 小時以上。「每年」的計算方式是指該年度 1 月 1 日至 12 月 31 日。若教保人員從 8 月開始起聘，則依照當年度實際任職的月數，按比例計算研習時數。

教保人員每兩年必須接受基本救命術訓練八小時以上，以及安全教育相關課程三小時以上、緊急救護情境演習一次以上。

(2) 在職研習課程領域

包含 12 項領域：

- 學前教保政策及法令。
- 幼兒園主管人員領導及行政管理。
- 幼兒園課程及教學。
- 幼兒園空間規劃及環境設計。
- 幼兒學習評量及輔導。
- 幼兒觀察解析及應用。
- 幼兒健康及安全。
- 學前融合教育。
- 教保專業倫理。
- 幼兒園園家互動及親師關係。
- 勞動權益知能。
- 其他有助於教保專業知能發展之課程。

(3) 教保人員研習的問題

王秋絨、湯維玲、顏慶祥（2000）指出，教師終身進修制度的建立，最大的問題源於教師的職涯階梯缺乏進階性和系統性，研習和進修課程零碎。小學研習課程通常安排在星期三下午，學童僅上課半日。但是幼兒園的上課時間為週一到週五全日，為避免教保人員於上課期間參加研習影響班級的教學，研習活動多半於週末辦理，教保人員必須利用週末或寒暑假時間參加研習，雖教保人員可向幼兒園申請加班費或補休，但若缺乏園方的支持，教師專業發展仍為空談（蔣姿儀、林亞萱，2013）。專業發展應該依據教保人員的現況分析和專業需求，選擇或規劃適合的研習活動、主題和辦理時間，但受限於教保人員的時間，研習課程和內容未必符合教保人員的專業發展需求。

3. 學習型社群

(1) 教師專業社群

教師專業社群有利於同儕間的對話和提升教保人員的批判反思能力，透過社群的價值澄清和激盪，澄清概念、價值，並修正自己的教學策略（梁佳蓁，2015）。教保人員參加專業社群，因為規模小、參與成員的同質性高，更容易針對自己教學現場的問題獲得解決策略。許家驊（2017）指出，教育部為了協助教師解決教學困境和提供聚焦的問題解決途徑，教師專業學習社群的組成和運作已然成為教育部推動教師專業成長的重點。陳翠（2017）認為，幼兒園教保人員專業社群的建立，成員應先具有共同目標，產生充分的信任感，透過分享幼兒園教室的教學現況和問題，透過彼此協力合作，聚焦於策略解決，關注幼兒的學習。

(2) 全園性教保活動課程發展會議

幼兒園教師的專業成長需要依賴組織，學習型組織可以引導教保人員分析過去所學和引領幼兒面對未來生活（巫鐘琳、葉郁菁，2005）。學習型組織是一種教師的自主性專業社群，可以激發教師專業知能，改善學生學習成效（劉乙儀，2014）。教育部公告的幼兒園評鑑指標，規定幼兒園每學期至少召開一次全園性教保活動課程發展會議，期待幼兒園園長可以帶領全園教師，成為課程領導人，幼兒園形成學習型的組織，鼓勵全園教保人員參與專業對話。

(3) 課綱種子園

國民與學前教育署從2012年起補助地方政府辦理課綱研習，以分區方式協助輔導計畫及進行課綱推廣。2017年起以小型試辦推薦制，建立課綱實踐的幼兒園為「種子園」。種子幼兒園試辦計畫，以發展課程大綱課程實例並提供參訪課程大綱實作幼兒園之機會，藉以形塑教師專業學習社群，從共識、共學到共享實踐課綱的歷程。課綱推廣的共學計畫，幼兒園可以申請成為課綱夥伴園，持續以社群學習帶動區域成長為最終目標。共學計畫操作的形式包含：入園輔導、園內觀課、講座研習、讀書會和外校參訪。

（三）學術研究

幼兒園教保服務人員朝向學術研究的專業提升，不僅可以接觸最新的幼教理論和政策，也可以成為幼兒園的課程領導人，協助幼兒園教保人員，讓教保活動朝向專業化。教保人員可以運用行動研究的策略和方法，解決幼兒園或教學現場遭遇的問題。行動研究主要以幼兒園遭遇的實務問題為出發，經由理論與實務的對話，解決教學現場的問題（張素貞，2014）。

1. 碩士學位

(1) 碩士班與碩士在職專班的差異

國內有許多幼兒保育系或幼兒教育學系均設有碩士班，碩士學位的修課期間為兩年，畢業前完成碩士論文。在職的幼兒園教保人員可以選擇國內幼兒教育、保育相關碩士班（以在職生身分）或碩士在職專班進修。前者與後者的主要差異為：碩士班上課時間多為週一到週五日間，教保人員利用上班時間進修，需取得幼兒園園長或依學校規定同意帶職帶薪進修。但若為碩士

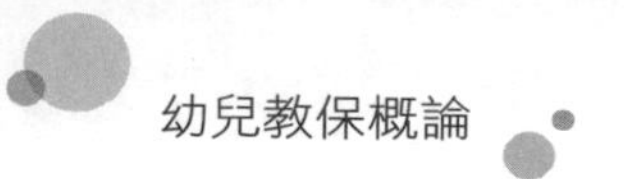

專班，修課時間為晚上或週末，教保人員利用下班後時間進修，不受幼兒園人事規定的限制。

(2) 可折抵當年度在職研習時數

教保服務人員若於大專校院進修教保專業學位，經縣市教育局處認定符合上述在職研習課程的 12 項領域者，可以折抵 18 小時研習時數，折抵方式為 1 學分可折抵 18 小時。

(3) 公幼教師可改敘

依據《教師待遇條例》（教育部，2015）第10條規定，中小學教師在職期間經服務學校或主管機關基於教學需要，同意其進修、研究與其教學有關之知能，取得較高學歷者，以現敘薪級為基準，可依規定改敘。例如，大學畢業者進修取得碩士學位，可以提敘三級；若以碩士學歷取得博士學位，還可以提敘二級，對公立幼兒園教師是項進修的誘因。但私立幼兒園則無提敘的規定，多數私立幼兒園並未訂定學士或碩士學位的差別薪資。

2. 博士學位

國內多所大學包含臺灣師範大學人類發展與家庭學系等，開設幼兒教育博士班，以深化學生幼兒發展與教育、幼兒與家庭專業知能為目標，培養學生多元視野和關懷，創新的研究能力、洞察時事及領導能力。未來出路包含到大專校院或學術研究單位擔任教職或研究人員。

第三節
幼兒教保專業倫理的哲學省思

孩子是我們的未來，教師在引導和形塑其未來，
為此，教師必須時時刻刻和孩子們在一起
～Rebecca Mieliwocki（2012 年美國年度教師）

《中華民國教師專業素養指引——師資職前教育階段暨師資職前教育課程基準》定義教師專業素養如下（教育部，2020：1）：

教師專業素養，係指一位教師勝任其教學工作，符應教育需求，在博雅知識基礎上應具備任教學科專門知識、教育專業知能、實踐能力與專業態度。

幼教不僅引導幼兒的認知發展，更是讓幼兒開始體悟社會生活及其行為背後的意義，並逐步建立自己的價值觀。教師必須清楚認識其專業任務在於理解與關心幼兒，並應有為幼兒身心健全發展承擔投入和負起責任的倫理意識。

幼兒需要養成社會和生活習性的關鍵價值觀，包括尊重生命和生活、自尊、尊重他人、面對衝突、壓力的情緒處理、建立是非對錯的價值判斷、避免暴力、以及建立友好人際關係等（Gunawan, 2017: 25）。就此言之，教師有責任**依照幼兒的發展需求與學習特質，建立正向的環境，並規劃適切的課程與教學，適時提供成長與學習的輔導**（教育部，2020），以啟迪孩子獨立

思考並引導其逐步建立價值觀。前述教保任務是幼教師與其他教育階段教師之主要差異，也是聘任幼教師應特別重視的專業特質。

一、專業倫理是幼教教師的專業素養與第二生命

美國幼兒教育協會（National Association for Education of Young Children, NAEYC）（2010）曾訂立幼教系所標準，明訂合格師資生應具備的知識與技能以邁向卓越師資，自 1980 年代起也提供幼教系所品質認證（accreditation or recognition）的服務。NAEYC（2010）指出，幼教師不僅需關照幼兒本身，亦需兼顧與幼兒的家庭及社會建立良好關係，在專業倫理方面必須做到以身作則，尤其能和同事維持良好的人際關係。析言之，幼教師的專業倫理展現於其能以幼兒的發展與學習為重，兼顧生態與人文環境對幼兒的影響，包括教學專門知能（含議題融入教學）、教學現場的實務、掌握兒童差異和適性教學（developmentally appropriate practice, DAP）、人際關係，以及專業教師應有的職場倫理等。

自千禧年以降，永續發展成為全球的趨勢。聯合國教科文組織（United Nations Educational, Scientific and Cultural Organization, UNESCO）（2016）通過**《2030 年教育的仁川宣言與行動架構》**及《全球實施永續發展教育行動計畫路線圖》，**引導教育確保包容和公平之終身學習和教育機會均等的優質願景**，以及協助公民生活圓滿（中華民國師範教育學會，2005）。幼教師除了必須具備教育專業知能外，更需要在其職涯中實踐專業倫理，此涵蓋下列價值觀與實踐行動：(1)能意識教師應**以幼兒為重心**；(2)能秉持有教無類的**教育愛**，落實社會正義並關懷幼兒，尤其是弱勢幼兒；(3)時時省思以**改進教學**，進行行動研究以成為**終身學習者**；(4)展現**團隊合作、溝通，以及解決問**

題的能力；(5)能做到**知行合一**，**以身作則**，維繫高度熱誠，為教保工作負起責任。關於教師應扮演的角色與具備的專業內涵，茲分述如後。

（一）教師對幼兒發展的角色意義

教師需要立於**教學「專家」的角色**，提供幼兒啟發與學習的機會，讓學習經驗可以自然的和學習內容緊密結合，使舊經驗發揮引導新學習的「鷹架」（scaffolding），順利跨越經驗的侷限。

維高斯基的鷹架理論，讓教師了解其在幼兒學習歷程中可能提供各種協助潛能開發的資源和策略。Tabak（2005）統合並補充 Puntambekar 與 Kolodner（2005），以及 Reiser（2005）的鷹架類型，歸納鷹架為分散式（differentiated scaffolds）、重複式（redundant scaffolds）及協同式（synergistic scaffolds）三種，教師教學時可以重疊或互補使用。依據前述，**任何可以幫助幼兒學習的支持、支援、協助、引導、諮詢、提問等均屬之**。然而，前述鷹架理論仍偏重知能方面，卻忽略了幼兒更需要建構認識自我、自我價值觀，以及融入社會生活的鷹架，尤其教師的「示範性」身教更是不可或缺。

專業的教師是守護幼兒身心健康發展的**守門員**，是引領其心理發展的**導師**，更是其面對社會生活感到疑惑時的**諮詢者和陪伴者**。析言之，教師除扮演教學**專家**外，亦是幼兒身心發展歷程中的**導師**，同時也是幼兒習慣養成和社會化歷程的**諮詢者、陪伴者、示範者**，更是其**心靈自我成長和認識自我的引導者**。無論教師扮演何種角色，都是幼兒學習和成長的鷹架。

教師善盡前述角色的實質任務，方可稱為盡到專業倫理。以下將幼教教師需要承擔的專業倫理內涵分述如下：

1. 協助幼兒進行基本讀（認知和語文）、寫（認知和語文）、算（數學邏輯，亦屬於認知領域）的學習。

2. 引導幼兒對情緒（情緒）和社會生活（社會）適應和調解的能力。
3. 激發並訓練幼兒運用學習材料或肢體（身體動作），發揮思考和創意的能力（美感）。
4. 透過歌曲、律動、故事或遊戲（身體動作），激發幼兒思考與團隊合作（社會），體認社會生活的規範（社會和情緒）。

由於幼兒的身心發展未完全定型，因此教師欲真正了解、協助或教導幼兒，必須透過細心觀察每位幼兒，時時省思教學成效，並進行行動研究及終身學習，以提供適性教學。

（二）幼教教師專業素養的內涵與特質

關於幼教教師應具備的專業倫理內涵與特質，茲分述如下：

1. **教育熱忱和教育愛**：教保工作不同於僅強調專門學科知識的教學者，因為其對幼兒的影響關係到幼兒人格的發展（UNESCO, 2016），故教保工作必須兼顧呵護（照顧）和教導（教育），讓幼兒感受到溫暖、安全和尊重是幼教教師需要凸顯的專業倫理特質。
2. 教學**耐心**：幼兒認知學習均屬於基礎知能，故教師所需的專業不是專門領域的知識，更應將相關知識組織成符合幼兒身心發展的學習素材，且在教學過程中，隨時仔細觀察和記錄及分析幼兒學習情況，守護幼兒對世界的好奇心、學習動機和興趣（Linn, 2004）。在師生互動過程中，教師需**展現無比的耐心與幽默感**，並**以欣賞的角度，耐心觀察與記錄幼兒的成長歷程**。
3. **創意思考與問題解決力**：幼兒具有想像力，也好探索和冒險，喜歡問問題，不喜歡太過制式的學習材料和規則（Wood, Bruner, & Ross, 1976），因此，教師需要設法開展幼兒的創意思考，提供幼兒探索以滿足其好奇心（Marshall, 1999）。再者，幼兒的發展變動快速而多元，故因應幼兒學習需求，教師必須時時省思教學，研究並解決教學問題，進而時時創新（Wood, Bruner, & Ross, 1976），以提升教學專業知能。

4. 高度**挫折受容力**：幼兒的個別差異大，教師需要進行個別差異和適性教學的機會也較多，故教師的壓力也隨之加強；再者，幼兒的學習更需要在一個友善、積極和相互信任的環境，因此，教師除了必須有積極喜悅的人生觀，更需要協助幼兒快樂學習。由於幼兒的道德發展處於「無律」邁向「他律」的階段，需要教師發揮耐心，理解幼兒的各項行為表現（幼改會，2001）。幼教教師需要以正向思維以對應幼兒的行為表現，展現更高的彈性與生命力，並培養對於教學挫折的受容力。
5. **尊重**的德行：教保工作重視以幼兒為主體，因此，教師和幼兒互動歷程中必須充分尊重幼兒的主體性（Linn, 2004）。
6. **健康的體能和心理**：健康的體能和心理是教師需要具備的要件，也是社會對幼教師的期待（教育部，2011：10），更是教師職涯發展的基本條件。

二、「以身作則」和「人格魅力」是落實教師專業倫理的前腳燈

在幼兒園陪伴孩子的一整天中，教師必須扮演各種因應幼兒學習與成長所需的角色，確保幼兒進行成功且有收穫的學習。此等學習除了課綱六大領域的知能外，更應涵蓋兒童成長過程中的自我認識和社會化。幼兒的社會化必須有同儕朋友的互動經驗，更需要教師、家長或其他成人的示範、引導和

陪伴。總之，幼兒學習與成長歷程中需要有榜樣，做為其行為和習慣養成的鷹架，教師即幼兒學習的鷹架和榜樣（Klee, 2003）。

班度拉（A. Bandura）的社會學習論融入認知理論觀點，補充了刺激與反應之間必須有學習的中介，猶如維高斯基所談的「鷹架」，成人即扮演幼兒發展過程的重要角色（Vygosky, 1978）；另一方面，學習需要透過觀察，環境在幼兒學習過程中能發揮關鍵作用（Bandura, 1977; 1986），前述包括自然環境和幼兒的觀察與模仿學習對象等。有別於行為主義對於學習是被動的看法，社會學習論主張學習具有主動性，即學習乃主體接受到刺激後經過注意（attention）、保留（retention）、複製（reproduction）及動機（motivation）等心智活動後的行動（Bandura, 1977）。

社會學習論強調教師以身作則的觀點，而人格魅力則源自**韋伯**（M. Weber）**的權威理論**。社會學習理論強調學習是在社會情境下透過觀察、模仿而不斷學習而來，是因為認知和有意識的學習（Bandura, 1977），教師就是幼兒成長歷程中的模仿對象。教師對幼兒的自我形象和價值觀的建立影響甚鉅，若缺乏專業倫理的意識，將對幼兒的人格和價值觀發展產生負面影響。做為幼兒學習與成長良好鷹架或示範者，乃教師應具備的專業倫理。

其次，教師權威可分為**傳統權威**（traditional authority）、**法理權威**（rational-legal authority）**與人格感召的權威**（charismatic authority）（Weber, 1964），前兩種都是外在賦予的權威，人格感召則為教師自己贏取的權威，也是教師強化其專業倫理的課題。教師和幼兒互動時，無論其氣質、品行、能力或性格若能呈現令幼兒崇敬、欣賞和尊敬的榜樣，就能在師生互動中發揮人格感召的魅力，成為幼兒模仿的偶像，進而對教師寄予厚望，也建立深度信任（Weber, 1964: 358）。

教師品格攸關教學效能（Johnson & Phillips, 2003）。史賓塞（H. Spencer）

以「何種教育最具價值」點出學校教育的重點，認為知識分子之所以能被稱為「知識分子」，正因為其品格所致（Spencer, 1994）。足見教師專業倫理必須立於品格之上，而「以身作則」和「人格感召」均為教師專業倫理發展的前腳燈。

溫明麗（2007）依據實徵研究結果，提出臺灣教師認同的十項品格，包括誠實、感恩、節制、勇氣、樂觀、正直、堅毅、仁愛、尊重、公平等，但是當前社會追逐立即性效能，導致教師專業倫理只能棲身教學成效，卻難以彰顯人格感召的權威。因此，品格既為奠定教師專業倫理的核心，則教師良知良能的覺醒除了認知外，更需要在行動上做到對幼兒和社會的關愛，並在教育活動中推動愛和理性，彰顯師德之高風亮節（Lamb, 1997）。

三、「仁」為核心的幼兒教保專業倫理：教師專業倫理守則的啟示與省思

1980 年代出版的《今日之教學：教育概論》（*Teaching today: An introduction to education*）一書，曾深切反省教師的角色，提醒教師應是位不斷學習的學習者，並呼籲教師注重學生權益，認識學生是自由的主體，且應對於弱勢孩童更為關切，此皆指出教師關懷幼兒既是責任，也是義務。具有此等「仁」愛之心，教師應時時反思：我們是否讓幼兒「遭受苦難」（suffering）？教師又如何確保幼兒成長歷程中提供正向的榜樣？呵護幼兒的內在心靈？強化幼兒的自我認同？並建構積極健康的人生價值觀？均端賴教師專業倫理的展現有以致之。

教師能展現其「關愛」和「理性」的專業，即為「仁」的表現。近年強調的教師專業素養，強調教師應具備的專業能力包含豐富的教育與學科知

識、卓越的教學能力以及專業態度與倫理等（教育部，2013），最直接展現教師專業倫理的作為就是「有心」，而「有心」之教師的具體行動就是具有**利他**（altruism）、**投入**（commitment）**和參與**（engagement）的專業倫理素養和實踐行動。

提升教師專業倫理即在提升教師品格素養，而教師品格乃成為社會品質的指標，亦是教師專業倫理的指標（NAEYC, 2010）。總之，教師專業倫理必須建立在品格的基礎上，若欲提升教師的品格素養，必須重建教師的理性思維（Shatzky & Hill, 2001）。教師專業倫理的角色不僅是教學者，更是學習者、行動者和思考者；因此，提升教師的批判性思考能力，必有助於教師能**思其自主**（thinking autonomously）、**覺其情義**（feeling be loved and for others）**和行其有道**（action with rational and caring），實踐「別讓孩子落後」（No Child Left Behind）的目標，讓孩子在學習與成長中沒有遺憾，方是教師專業倫理的理想境界。

情境式題目

1. 小惠是科技大學幼兒保育系的學生，這所科大並未提供幼兒園師資職前教育課程。小惠希望畢業後可以到幼兒園工作，請以網絡圖畫出小惠未來可能的生涯發展階梯，並加以說明。
2. 均均老師是新奇幼兒園新聘的教保人員，教保系統登載的搭班老師是幼兒園負責人的女兒，且這位搭班老師幾乎未曾入班，均均老師一人必須帶 30 名幼兒。如果您是均均老師，面對教保專業與自身權益或法令規定違反時，您會如何處理？
3. 莊園長是公立幼兒園園長，她經常假借幼兒園修繕的理由，請自己弟弟的水電行到幼兒園修繕，且以高額收據報帳。依 1992 年大法官第 308 號解釋文，公立學校聘任教師不屬於《公務員服務法》第 24 條所稱的公務員，但若公立學校教師兼任行政職務，則需適用《公務員服務法》。公立幼兒園園長若適用公務人員規定，莊園長的作法是否有違法之虞？請討論。

4. 教師節到了，仁致老師班上的家長和孩子們一起動手製作教師節賀卡。教師將幼兒和家長送的賀卡都張貼在教室中，並讓大家選出最好的三張賀卡。
   童童的老師陳美美年輕貌美，說話很小聲，從不大聲和小朋友說話，她總是讓幼兒有充分的理由，也從不管孩子要不要午休、是否把點心吃完，或是否養成衛生習慣等。幼兒在班上感到非常自由。
   張莉莉老師是幼兒園中年紀較大的老師，剛開始小朋友都很怕她，但是一個學期下來，幼兒都管她叫「張媽媽」，下課也都圍著她轉，拉拉她的手，問東問西……，即使放學回到家，孩子們也還是張媽媽長、張媽媽短的向家人炫耀張老師的好。
   請你以韋伯的權威理論，分析以上三位教師的專業權威和其專業倫理。

參考文獻

中文部分

中華民國師範教育學會（主編）（2004）。**師資培育政策建議書**。取自 http://72.14.235.104/search? q=cache:WCMPzUO9wXUJ:www.hkes.hcc.edu.tw/news/upload/a02/%E6%95%99%E7%81%B6%E9%83%A8%E5%B8%AB%E8%B3%87%E5%9F%B9%E7%81%B6%E7%B4%A0%E8%B3%AA%E6%8F%90%E5%8D%87%E6%96%B9%E6%A1%88.doc+%E5%B8%AB%E8%B3%87%E5%9F%B9%E8%82%B2%E6%94%BF%E7%AD%96%E5%BB%BA%E8%AD%B0%E6%9B%B8&hl=zh-TW&ct=clnk&cd=4&inlang=zh-TW

中華民國師範教育學會（主編）（2005）。**教師的教育信念與專業標準**。臺北市：心理。

幼改會（2001）。**「邁向專業的老師——幼教專業倫理工作坊」研習手冊**。中華民國幼兒教育改革研究會。

周淑卿（2004）。**課程發展與教師專業**。臺北市：高等教育。

教育部（2003）。**全國教育發展會議**。取自 http://www.edu.tw/EDU_WEB/EDU_MGT/SECRETARY/EDU8354001/2003/discuss/meeting.doc

教育部（2011）。**與情緒共舞：教師的情緒管理**。臺北市：作者。

教育部（2013）。**教育部提升國民素養專案計畫報告書**（初版）。臺北市：作者。

教育部（2015）。**教師待遇條例**。臺北：作者。

教育部（2020）。**中華民國教師專業素養指引——師資職前教育階段暨師資職前教育課程基準**。臺北市：作者。

教育部（2021）。**職場互助式教保服務實施辦法**。臺北：作者。

溫明麗（2007）。教師專業倫理及品格之內涵分析與喚醒。**教師天地，149**，11-23。

潘慧玲（2004）。**發展國民中小學教師教學專業能力指標之研究**。取自 http://www.edu.tw/EDU_WEB/EDU_MGT/EDURES/EDU5 741001/1/eval/Untitled-1.htm?FILEID=141606&UNITID=33&CAPTION=教育部補助試辦教師專業發展評鑑之評鑑規准參考資料。

涂妙如（2003）。影響家庭嬰幼兒照顧方式決策之相關因素研究。**家政教育學報，5**，95-120。

梁佳蓁（2015）。從歷史沿革探究幼兒教師專業發展之未來。**臺灣教育評論月刊，4**（5），131-135。

梁佳蓁（2016）。我國幼兒教保人員專業發展的困境與回應。**學校行政雙月刊，102**，99-119。

中央通訊社（2018）。**因應少子化，準公共化私幼教保員初任薪資 2.9 萬**。取自 https://tw.news.yahoo.com/%E5%9B%A0%E6%87%89%E5%B0%91%E5%AD%90%E5%8C%96-%E6%BA%96%E5%85%AC%E5%85%B1%E5%8C%96%E7%A7%81%E5%B9%BC%E6%95%99%E4%BF%9D%E5%93%A1%E5%88%9D%E4%BB%BB%E8%96%AA%E8%B3%872-9%E8%90%AC-063252525.html

林佩蓉、陳娟娟（2020）。**教育部國民及學前教育署辦理公私立幼兒園輔導 109 學年度專業發展輔導申請說明會簡報**。取自 http://www.kids.tp.edu.tw/sites/default/files/2020-03/%E9%99%84%E4%BB%B63_109%E5%B9%BC%E5%85%92%E5%9C%92%E8%BC%94%E5%B0%8E%E7%94%B3%E8%AB%8B%E8%AA%AA%E6%98%8E%EF%BC%88%E7%B0%A1%

E5%A0%B1%EF%BC%89.pdf

王秋絨、湯維玲、顏慶祥（2000）。建立教師終身進修制度。**教育部中等教育司委託專案報告**。臺北市：國立臺灣師範大學社會教育系。

蔣姿儀、林亞萱（2013）。中部地區幼兒教師參與學士後在職進修與教師專業發展之調查研究。**師資培育與教師專業發展期刊，6**（2），141-168。

許家驊（2017）。臺灣教師專業發展政策下之教師專業學習社群組成運作實施內容、可能困難與因應之道。**臺灣教育評論月刊，6**（10），1-9。

陳翠（2017）。幼兒園開展教師專業學習社群的困境及因應策略。**臺灣教育評論月刊，6**（12），106-108。

巫鐘琳、葉郁菁（2005）。園所本位在職進修與幼教師專業成長之探討。**幼兒保育論壇，1**，23-41。

幼兒園園長專業訓練辦法（2019）。

劉乙儀（2014）。以學習型組織的觀點論幼兒園教師專業發展。**臺灣教育評論月刊，3**（2），115-120。

劉乙儀、張瑞村（2014）。幼兒園教師評鑑與教師專業發展之探討。**學校行政雙月刊，91**，118-137。

蘇育令（2008）。從教師專業發展計畫書中探究幼兒教師之培育。**幼兒教保研究期刊，2**，65-82。

張素貞（2014）。我的幼稚園輔導之旅：一位輔導園的覺醒與行動。**幼兒教保研究期刊，12**，1-15。

英文部分

Bandura, A. (1977). *Social learning theory*. Englewood Cliffs, NJ: Prentice Hall.

Bandura, A. (1986). *Social foundations of thought and action: A social cognitive the-*

ory. Englewood Cliffs, NJ: Prentice-Hall, Inc.

Cartwright, S. (1999). What makes good early childhood teachers? *Young Children, 54*(4), 4-7.

Gunawan, R. (2017). The role of character education for early children in early children education programs in happy kids Bogor Indonesia. *Advances in Social Science, Education and Humanities Research, 66,* 23-26.

Johnson, L., & Phillips, B. (2003). *Absolute honesty: Building a corporate culture that values straight talk and rewards integrity.* New York, NY: AMACOM.

Klee, M. B. (2003). *Core values: A literature-based program in character education.* Virginia: The Link Institute.

Lamb, R. E. (Ed.) (1997). *Love analyzed.* Oxford, UK: Westview Press.

Linn, S. (2004). *Consuming kids: The hostile takeover of childhood.* New York, NY: New Press.

Marshall, S. (1999). *Schemas in problem solving*. Cambridge, England: Cambridge University Press.

NAEYC (2010). *2010 NAEYC Standards for initial & advanced early childhood professional preparation programs*. Washington DC: Author. Also Retrieved from https://www.naeyc.org/sites/default/files/globally-shared/downloads/PDFs/accreditation/higher-ed/naeyc-higher-ed-accreditation-standards.pdf

Puntambekar, S., & Kolodner, J. L. (2005). Toward implementing distributed scaffolding: Helping students learn science from design. *Journal of Research in Science Teaching*, *42*(2), 185-217.

Reiser, B. J. (2005). Scaffolding complex learning: The mechanisms of structuring and problematizing student work. *Journal of the Learning Sciences*, *13*(2),

273-304.

Shazky, J., & Hill, T. E. (2001). *The thinking crisis: The disconnection of teaching and learning in today's schools.* Pennsylvania: Pennsylvania University Press.

Spencer, H. (1994). *Quotation #28956 from Classic Quotes*. In M. Moncur (Ed.), Retrieved from http://www.quotationspage.com/quote/28956.html

Tabak, I. (2005). Synergy: A complement to emerging patterns of distributed scaffolding. *Journal of the Learning Sciences*, *13*(3), 305-335.

United Nations Educational, Scientific and Cultural Organization. (2016). *Incheon declaration and framework*. Retrieved from http://sdg.nuk.edu.tw/data/245656c.pdf

Vygotsky, L. S. (1978). *Mind in society: The development of higher psychological processes*. Cambridge, MA: Harvard University Press.

Weber, M. (1964) *The theory of social and economic organization*. A. M. Henderson & T. Parsons (Trans.). New York, NY: The Free Press. Original work published 1947.

Wood, D. J., Bruner, J. S., & Ross, G. (1976). The role of tutoring in problem solving. *Journal of Child Psychology and Psychiatry*, *17*, 89-100.

第五篇

幼兒園課程與家園互動

12 幼教課程模式及其內涵簡述

徐千惠

本章概述

課程模式的生成受到社會背景及其文化脈絡之影響至深，隨著心理學與兒童發展等理論派典轉移以及對於兒童觀點的轉變，對於「幼兒該學什麼」或「該教給幼兒什麼」有著不同的思維，也形塑出不同的幼兒園課程模式。換言之，能廣被大眾認可與接納的課程模式，與當下之學理發展或社會文化背景關係甚切。本章將從三個部分介紹幼兒園常見的課程模式；第一節介紹課程模式的基本概念，將說明課程模式的意義及其相關基本要素，並做為後續幼兒園課程模式的基礎；第二節將根據臺灣幼兒園的課程發展狀況，介紹在幼兒園中常見的課程模式，包含：單元教學模式、角落教學／學習區教學模式、主題教學模式及方案教學模式等；第三節就前一節介紹的幼兒園課程模式外，另行介紹四種具特色的課程模式，分別為：蒙特梭利教學法、華德福教學法、瑞吉歐教學法及高瞻教學法。

第一節
課程模式的基本概念

幼兒園的課程是什麼？從課程所涉及之範疇而言，課程可以是所傳授的知識，也可視課程為活動的實施或認定課程為一種經驗。美國幼兒教育協會（The National Association for the Education of Young Childre, NAEYC）便提出「發展合宜實務」（Developmentally Appropriate Practice, DAP）的概念，認為幼兒園的教學實務須考量幼兒的適齡性及其個別差異性，課程應以教師對幼兒的觀察為基礎，符合不同發展程度和興趣孩子的需求來計畫課程的內容，同時鼓勵幼兒透過與環境的互動，建構自己的知識。在不同時代背景與價值取向下，教學理念目標不同，教學對象時地不同，對於課程所欲達到的理想情境便產生不同的表述形式。課程模式可呈現出對課程實施的統整性圖像，可做為幼兒園現場進行課程規劃參酌；透過對不同課程模式之認識與理解，能指引教師明確教學圖像，以充分掌握各模式間的思想與特色，提供幼兒優質之學習經驗。

壹 課程模式的意義與基本要素

課程是幼兒園運作的核心，也是評定與觀察幼兒園品質良窳的重要指標。在探討課程模式之前，須理解「課程」一詞的本質內涵。

有關課程的定義，學者從不同的立論點而做出不同的定義。單從字詞上的定義進行理解，課程（curriculum）英文一詞源自拉丁文中的“currere”，意即為跑馬道或馬車跑道，代表所應遵循之方向與路線，延伸至教育領域定義，則為師生在教育過程中教與學的進程（黃政傑，1991）。因此，課程一詞代表在教育場域中，對於實施內容的規劃思維，不僅是教學實踐的依據，也體現出教育機構的核心思想。一般而言，課程定義可分為：視課程為學科、視課程為計畫、視課程為目標、視課程為經驗或思考的形式等；在教學機構中，教師往往根據自身之教育信念與教學資源，採用適合的課程模式。

「模式」一詞的概念，通常指的是事物的標準型態。有關課程模式的定義，Evans（1982）認為是一種概念框架和組織結構，用以呈現出教育計畫中哲學面、行政面，以及教學面的理想化描述，基於此種概念產生理論背景、管理政策和教學方式，當以上所有內容都轉換成行動時，就稱為模式的應用。總結而言，「模式」構成之基本要素，包括理論基礎、管理政策和教學程序三部分。

根據簡楚瑛（2016）之定義，課程模式是代表著某種課程理論以及根據該理論進行的某種課程發展與構想，在課程要素上，包含有教育目的、課程內容、教學方法及評量等要素；是以，幼兒園課程模式實蘊含了教師所持的課程哲學、理論以及對課程發展的主張；除此之外，也包含了教育目的、課程內容、教學方法，以及教學評量等，擁有相當豐富的內涵。Goffin（2000）認為，不管是任何型態的課程模式，在發展的過程中多是以兒童發展的理論做為基礎，逐步聚合具有特色的教育圖像。課程模式的生成，影響了課程實施的重點、教師角色以及教室中的樣態。有些課程模式規劃出方針性指導原則，提供教師於教學現場做為實施參照；有些課程模式具有高度的結構性，提供詳細的教學計畫便於教師教學。不管是何種理念下形成的教學模式，在教與學的歷程中也同時反映著教育工作者的價值觀。

由臺灣幼教發展的脈絡觀察幼兒園課程的生成，有大部分的人把幼兒園課程理解為活動或經驗，於不同的時代呈現不同課程樣態。以往幼兒園課程在教學方式及內容上較偏向小學化，隨著臺灣省政府教育廳推廣以單元教學活動進行課程設計後，幼兒園的課程發展愈趨以幼兒為中心進行思考。之後，在發現學習與開放教育的思潮下，對幼兒的學習經驗及其主體性更加關注，逐漸生成重視幼兒學習興趣的角落教學／學習區的教學模式，教師的角色也由指導者逐漸轉向引導者。幼兒園的課程從主題探究到方案教學的發展過程中，不僅呈現出幼兒為主動學習者的角色，也有部分園所融入蒙特梭利教學、華德福教學、高瞻教學等具有特色之教學模式，形塑出符合園所文化及區域特色的園本課程。

 了解幼兒園課程模式的重要性

幼教課程的定義，一般會從兩個向度來說明，第一種為體驗性課程（experienced curriculum），強調幼兒感受與經驗，無論幼兒周遭經驗是否為事先規劃或未經規劃，皆是課程；第二種為計畫性課程（planned curriculum），把課程視為經過規劃的學習過程（陽琬譯，2004）。但若細化分析幼兒園課程與其他教育階段存在的最大差別，在於幼兒的學習本於生活，所以沒有固定科目式的課程，因此幼兒園課程相對擁有很高的彈性。

Wiles 與 Bondi（2011）便指出，教師在進行課程規劃時包含四個考量因素，即社會變遷、幼兒園依教育目標對知識所做之選擇、呈現與評估、幼兒的發展與成長，以及學習歷程性等。幼兒園課程模式可謂是一連串活動和經驗間所形成的一種系統及架構，遵循一定的教學原則，朝向共同的課程目標而發展。但每所幼兒園在辦園理念、價值觀、發展願景及師資結構與經驗的差異，在教與學的過程中會產生多元的價值選擇，課程模式在幼兒園動態的

教學過程中，扮演著課程選擇價值的基本框架，可呈現出幼兒園在課程發展的期許與理想圖像。

在教學實務上，教師若能了解課程模式的基礎概念，相對在課程發展的理論基礎、教學實施步驟及行政配套與支持上更能掌握各模式理念對教學實施的樣態，除了有助於掌握課程發展與實施的脈絡外，另有助於在課程決策過程中以正確的教學信念，理解課程實施的精神，可善用資源規劃並促進現場課程與教學品質的提升。

第二節 常見的幼兒園課程模式

幼兒園的課程模式猶如幼教發展的鏡子，投射出幼兒與教師在幼兒園教與學真實生活的樣貌；幼兒園的課程模式也可以視為一種對課程選擇的價值觀，在某種特定對課程的觀點中，對於教學與課程活動歷程展現出的傾向或選擇。臺灣幼兒園的課程雖有源於中華文化的基礎，然而在發展過程中受國外幼教思潮影響，課程呈現多元的發展型態。陳淑琴（2008）認為，在 1980 年前多數的幼托機構大多採用省政府教育廳所發行的單元活動設計為統一教材；1980～2000 年間的幼兒園喜採分科才藝教學，大量採用現成教材，直迄 2000 年後部分幼兒園開始採用以學習者為主體的課程模式。

本節將從臺灣幼兒園課程發展的脈絡為軸，分別就課程模式發展之先後順序，探討單元教學模式、角落教學／學習區教學模式、主題教學模式、方案教學模式等四個常見的幼兒園課程模式。

 單元教學模式

1987 年的「幼稚園課程標準」，提出幼稚園課程以單元型態的活動課程做統整性實施，當時臺灣省政府教育廳曾出版《幼稚園單元教學活動設計》供各師資培育機構及幼稚園使用，各單元內容包括：大單元目標、小單元教學目標、教學要項、教學活動；其中教學活動包括準備活動、發展活動、綜合活動，並分別列舉具體目標、教學資源、各項活動、評量等，為教師之課前準備提供相當具參考價值之資源；因此，單元課程曾是幼兒園最常使用的課程型態。雖然現在許多幼兒園已不單一採用單元教學法進行教學，然其教學活動之設計步驟，仍為許多幼兒園進行課前準備時之參考方向。

一、單元課程之意義

所謂單元，可依教材多寡及教學經歷時間長短分為大單元和小單元，且單元名稱多為開學前就先訂定，課程雖會考量幼兒興趣和學習狀況，但還是以教師主導課程為主（簡淑真，1998b）。簡楚瑛（1999）認為，單元課程係採心理組織法，打破幼兒園各科課程領域，以一個日常生活中重要問題為中心的學習活動，使幼兒生活與教育不脫節，且希望幼兒藉此能獲得完整學習。

近年來，許多幼兒園強調其課程特色為「主題課程」，但觀察其課程發展的思維與脈絡，仍不脫「單元課程」為其發展雛形。單元課程主張以幼兒日常生活的經驗做為學習重點，在一定的教學時間規劃下，結合幼兒各向度學習領域，事先設定課程實施的目標、內容、方法及評量。基於前述，單元

課程常為教師事先計畫的課程與活動，教師對課程內容的主導性較強。

二、單元課程的設計與實施

單元課程的實施以團體教學的形式為主，在課程實施通常以「月」或「週」為單位，根據選定的單元主題，事先規劃每一個領域之教學活動。每一個教學活動根據幼兒的不同年齡階段有不同的教學時間規劃；一般而言，中大班以上的幼兒，每次預設之教學活動約為 40 分鐘左右，教師須事先規劃教案、具體目標與評量等，每個活動包含準備活動、發展活動、綜合活動等三大部分。

1. **準備活動：**為正式課程的暖身，也稱為引起動機階段。內容為教師根據幼兒發展與經驗及本次活動所欲達到的目的，事先準備相關資料與情境布置，透過提問或是實物用以引起幼兒動機及豐富教學實施。
2. **發展活動：**為課程實施的正式階段，教師透過準備好的材料或活動環節設計，讓幼兒透過討論、觀察、練習、實驗、製作等不同方式及個別或小組形式與同儕分享及交換的經驗。
3. **綜合活動：**是課程實施的總結階段，也稱之為「高峰活動」。經由發展活動中的探索，幼兒可透過表演、展覽、分享、發表等方式總結學習經驗，在綜合活動中呈現學習成效。

單元課程是基於教師事前規劃的課程框架，與其他課程相較之下，在執行時較著重於執行規劃好的教學內容，易形成教師主導的傾向，同時受到教學時間與教學內容的限制，導致形成分科教學的可能，容易忽略幼兒於學習過程中的學習興趣與個別差異，在教學中比較偏向知識灌輸，幼兒鮮少親身體驗和操作的機會（盧素碧，1999）。

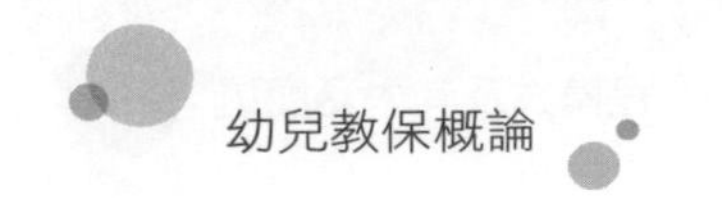

總結單元教學模式在臺灣幼兒園的實施成效，陳淑琴（2008）指出，由於1980～2000年間大量出版業者投入幼兒教材開發，許多園所全盤採用坊間現成的讀本教材，致使教師所提供的學習經驗與幼兒的生活沒有關聯，對於學習內容的深入性相對匱乏，欠缺有意義的學習，幼兒處於被動參與操作活動，此也造成單元課程實施與發展之困境。

 角落教學／學習區教學模式

幼兒園的教室扮演著重要的境教功能，教師在設計規劃學習環境需考量是否適合幼兒的發展階段？是否能增進幼兒人際互動？以及是否能提升幼兒學習（楊淑朱、林淑蓉，2016）？多數幼兒園的教室規劃中常有積木區、語文區、扮演區等角落／學習區的規劃，這是從空間向度進行的區域命名，若教師能利用幼兒在角落／學習區活動的時段，以幼兒興趣為出發點，提供合宜學習資源進行探索，並展開有系統的觀察與學習引導，這樣教室內的各角落／學習區便能提供豐富多元的學習可能性。

一、角落教學／學習區教學之概念

角落教學又稱為學習區教學，源於布魯納（Bruner）所倡之發現學習，認為在實際的教學情境中，透過安排益於學習發現與探索的情境，可讓幼兒從發現中獲得經驗，藉由內在動機引起主動學習。因此學習區教學是教師根據幼兒發展之需求，將教室環境空間及資源之合理化配當，依據幼兒的興趣，考量教室空間中動—靜、乾—濕等不同屬性，利用不同櫃體或是布簾等物件，將教室區分為不同學習區域，並根據教學規劃提供充足並適合幼兒年

齡需求之材料、玩具圖書等學習資源；在學習時間方面，幼兒可依據自己之喜好選擇各學習區進行探索。在實際使用上，各園因不同的規劃型態採取不同的名稱，例如：學習角、學習區、探遊區和角落等（蘇愛秋，2009）。常見的角落有**語文／圖書區**、**扮演區（又稱娃娃家）**、**積木區**、**益智區**、**美勞區**等。學習區教學，主張每一位幼兒能在豐富的學習情境資源中透過主動自由探索、觀察操作，在遊戲中學習。

二、角落教學／學習區教學的設計與實施

學習區教學在準備階段，教師須根據教室的空間條件、幼兒年齡層與人數以及園內可運用之資源，在教室中配置不同大小的學習區，同時也須考慮到動線及幼兒操作的便利性及延伸活動的可能性。

根據《幼兒園課程與教學品質評估表（2020 版）》（教育部，2020）之定義，學習區係指：「班級內、走廊或戶外設置數種不同目的，供幼兒自主探索學習之區域，且為常態性的開放，若有戶外學習區可採室內／室外同時段開放，或分別開放的時段」；而又有學者提出所謂「區中區」的觀念，係指「學習區內可再區隔出的獨立操作小區，供幼兒更專注深入的探究，如美勞區裡區隔出獨立的串珠桌與水彩區」。

根據前述定義，可以將學習區教學概分為基本區、特別區及戶外區三類：

1. 基本區：包含扮演區、積木區、組合建構區、美勞區、語文區、數學區等。
2. 特別區：包含科學區、生活自理區、烹飪區、鬆散材料區、木工區、童玩區、音樂律動區、室內沙土區、自然觀察區等。

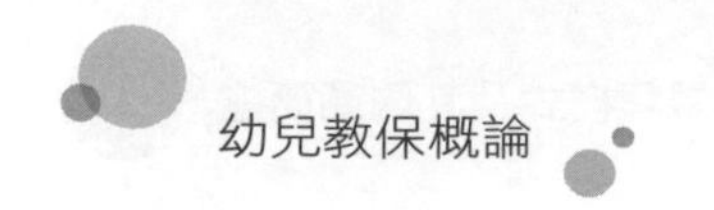

3. 戶外區：包含飼養區、種植區、玩沙區、玩水區、大肌肉運動區等。

前述各學習區的劃分情形可為參考，實際教學可由教師依課程與空間之實際狀況做調整。學習區教學的過程中，教師除了將情境及學習素材做出妥善規劃外，也須對幼兒及其興趣持續觀察並記錄，隨著幼兒的學習需求補充所需資源，並適時進入引導深化學習區功能；幼兒在學習區的選擇過程中，擁有學習自主性，在興趣中完成學習。

依據《幼兒園課程與教學品質評估表（2020 版）》（教育部，2020），學習區教學的整體規劃指標包含如下：

1. 充足的空間大小。
2. 妥適的學習區數量設置。
3. 妥適的空間規劃。
4. 妥適的學習區規劃。
5. 妥適的作品空間規劃。
6. 合宜的美感空間規劃。
7. 合宜的空間放程度。
8. 合宜的傢俱設備。
9. 明確的學習區目標。
10. 安全多樣的內容。
11. 適齡適性的內容。
12. 多元文化的內容。
13. 規律的開放天數與時間。
14. 支持幼兒的自主選擇權。
15. 定期更換學習區內容。

角落教學／學習區可以做為一個主要的教學模式，也可以與單元或主題課程搭配進行延伸學習。當以角落教學／學習區做為一種教學模式時，教學者除了考量空間的物理性分配外，也需從學習資源對幼兒的學習成效進行探討。在幼兒的一日作息中，教師可依據教學目標安排幼兒自主進入各角落／學習區的時間，以此展開角落教學／學習區的教學規劃，針對幼兒的活動進行觀察與記錄，從中規劃修正與省思教學實施。然而，由於每個角落／學習區的空間資源及對每位幼兒的吸引力不同，教師也需依據幼兒操作與使用的狀況隨時更新補充各角落／學習區中的教學資源，並與幼兒討論建立各角落教學／學習區的使用規則，例如：輪流等待進入各角落教學／學習區的機制以及物品取用歸位的方式等，以引導幼兒在各角落／學習區內的活動，培養幼兒溝通與解決問題的能力。

參 主題教學模式

有別於單元教學偏向教師為中心的課程設計，近年來許多幼兒園均強調以主題教學的方式進行課程發展。但有許多園所在課程規劃與實施過程中，錯誤認為只要使用了「主題」名稱進行課程發展，就可以稱之為「主題教學」，整體課程發展的思維反而淪為「單元式的主題教學」，以教師意旨進行課程設計，幼兒只能被動接受「主題」學習的內容。真正重視以幼兒為中心的「主題教學」，應該要強調教學內容的選擇著重於幼兒的興趣、能力與想法，更強調在此「主題」中學習概念的統整性。主題教學目前已為幼兒教育課程發展的主要模式，教師宜對於主題教學之概念與實施方式有正確認識，才能正確以「主題」為課程發想的核心，提供優質之幼兒教育。

一、主題教學的概念

關於「主題教學」（thematic teaching）的定義，是指在教學活動上採用比「單元」（unit）更寬廣概念的題目，且延續時間比較長（簡楚瑛等，2003），再就「主題活動」而言，是指：「以一個中心焦點來連結學習方法與一科以上的學習內容，主題活動提供關聯、深入的探索機會，促使學生能夠建構有意義的、持久的知識，並獲得可遷移的學習策略。」（徐愛婷譯，2002）換言之，在主題教學實施歷程中，教學內容的統整性是運作基礎。針對統整課程的定義，Bredekamp 與 Rosegrant（1995）認為，是基於兒童舊有之背景經驗上，透過設計一個有組織、有主題或是概念的活動，讓兒童在這範圍中去接觸、探索，去體驗各領域當中的內容。

周淑惠（2006）認為，主題教學深具探究性，主題確立後在師生共同探究、建構的歷程中，不僅獲得該主題的相關知識，而且也習得探究技能，課程發展依循中心主題→概念→活動來設計，因此主題教學有別於傳統式教師主導式的課程，主題知識是由幼兒經過探究過程來獲得經驗，是一種有統整精神的課程型態。陳淑琴（2004）則提出在主題教學的探究過程中，探究內容必須與幼兒真實的生活情境相連結，老師須提供相關的資源適時介入，協助幼兒在探索過程學習並獲得深度的理解，其總結主題教學有以下五個特徵：

1. 主題教學幫助幼兒獲得深度的理解。
2. 主題教學的研究焦點與生活相連結。
3. 主題教學提供幼兒主動調查與研究的機會。
4. 主題教學提供幼兒周而復始協同合作的學習機會。
5. 主題教學提供幼兒選擇與決定主題的機會。

周淑惠（2017）進一步就主題教學之探究性精神進行論述，認為：「主題探究課程容許幼兒在主題情境中，積極運用各種探究能力與學科領域知能，以增進與理解主題相關知能或解決相關問題。」由上可知，主題教學係立基於「幼兒感興趣的學習主題」為主的課程設計，在幼兒生活的經驗基礎下，經由實際操作、親自體驗中，透過小組或個人的實作探究中，逐漸加深加廣學習內容，並建構對學習主題的概念。

二、主題教學的設計與實施

主題教學的設計與實施，係結合幼兒先備經驗並與主題所欲探究的概念緊密結合，最大的特色就是讓學習圍繞在一個適合幼兒發展的主題上，藉由「主題」來組織主題範圍內的重要概念和想法。江麗莉（2004）認為主題教學是一種課程規劃的方式，多由教師從幼兒的經驗為考量事先設計而成，從實際教學中，可以發現所有子活動是反覆且圍繞在同一個概念上。主題教學是以幼兒為中心的教學，因此在課程設計的過程中，主題的選擇相當重要，幼兒在有興趣的主題引導下，可以引發主動學習的動機；教師做為資源的提供者與引導者，也可在此基礎上和幼兒一起共同設計環境和情境，以豐富學習。

主題教學可由教師事先依據幼兒興趣，規劃確定合宜主題並訂立主題名稱，透過主題網絡圖的發想與彙聚，形構主要概念，並由之生成活動。在進行主題教學時，雖然已先「事前」組織主題網，然「事前計畫」與「彈性空間」同樣重要。主題教學特別強調幼兒主動建構知識的歷程，因此於教學過程中仍應持續觀察幼兒的改變並隨時修正，對於課程發展保有「彈性空間」，教學過程中教師應該要隨時觀察幼兒對主題學習的興趣與投入程度，扮演協助與鷹架的角色，隨時保持修正主題網內容的彈性，以不同教學方式引導幼兒進入主題課程。關於主題教學之實施步驟，茲分述如下：

1. **依據學習環境及幼兒發展與經驗訂立主題：**主題首要須根據幼兒發展年齡層進行擬定，依據幼兒的興趣，可搭配節令、地方特色、生活事件等容易取材的題材，也要考慮到主題對幼兒的吸引度及後續延伸學習經驗的可能性。
2. **設計者透過討論腦力激盪產生與主題相關的各種想法：**確定主題後，需透過腦力激盪擴展學習內容的層面，在討論與發想的過程中，可產生許多與主題相關的概念，可做為課程設計的基本輪廓。
3. **整合近似概念，應用網絡圖將所有概念進行組織：**前一階段所產生的各種想法，在這階段進行概念整合與分類，再檢視哪些概念適合納入教學，哪些需要再做整合或分化，並應用網絡圖組織概念關係。
4. **根據概念設計符合幼兒學習經驗的活動，整合可能的活動和界定學習方向：**確認主題所需探究的概念後，進一步思考各概念可應用哪些教學活動、教學資源進行引導，並考量活動間的邏輯及經驗順序進行活動安排。
5. **檢視概念和學習指標：**再次確認所有活動的主要目標，並檢視所有活動在學習領域與學習資源之均衡性。

主題教學重視幼兒興趣與探究過程，因此即便為同樣的主題，可能會因為幼兒的背景經驗與能力興趣有不同的課程面貌。教師做為課程的引導者，在引導幼兒探究學習的過程中，常有團體討論與小組分享的機會，同時也需要豐沛自身對於主題內容的相關知識，因此對教師而言在課程準備上有更大的挑戰性。

肆 方案教學模式

隨著主題課程逐漸被幼兒園現場所接受，方案課程的教學型態也引發許多關注與探討。方案教學一詞，原是由教育學者克伯屈（W. H. Kilpatrick）所提出，其認為「方案」（project）乃學習者在一個特定的社會情境中，專心從事一個有目標的活動歷程（陳淑琴，2006），過程當中，包含了發現問題、確定問題、決定目的、提出計畫、執行計畫、解決問題等步驟。相較於單元教學較以教師為中心進行思考的課程設計方式，主題教學與方案教學更重視幼兒學習的興趣點及對學習概念的深入探討，然兩者在課程發展過程中仍有些許差異，主要在於教師與幼兒在課程脈絡中主導性與介入性的程度差別。

一、方案教學的概念

方案教學的定義，根據 Kaze 與 Chard 的解釋，是一個或一群孩子對某特定的主題所進行的深入探究。其主要特徵在於方案是一種調查活動，是幼兒研究、找尋問題答案的過程。主題的產生來自教師察覺幼兒對某事件的熱衷，或師生共同討論的決定，或老師自訂的內容。在方案教學的實施過程中，教師要鼓勵幼兒和周遭環境的人、事、物產生有意義的互動，當幼兒透過自身經驗認識世界時，也在主動獲得他們所想要知道的內容，透過提出問題，解決問題，也從之豐富了幼兒的心靈（陶英琪、陳穎涵譯，2006）。

方案教學的發展過程中，幼兒自發生成的主題多，每日進行的教學內容甚至常常是偶發不能完全預期的，因此方案教學是一種動態的生成課程，是一種幼兒學習能力的過程，活動的內容是從幼兒的需要出發，活動的安排要與幼兒學習和發展相配合。幼兒從發現問題開始，形成自己的假設，到應用多種方式驗證假設以解決問題，學習歷程中展現幼兒於新舊經驗同化過程中，產生新認知結構到解決問題的歷程，這也呼應了皮亞傑的認知發展論。

簡言之，主題教學較聚焦於對概念探究的深度，老師在教學時的引導對幼兒學習內容有相當決定性的影響；方案課程進行中，可能同時產生許多不同主題的軸線，也可能是一個主題軸線牽引下一主題軸線，每個主題所涉入的可能是全班幼兒，也有可能是一小部分幼兒，因此教師在學習資源的供給上要相當敏銳，不僅要保持足夠的彈性，也要關注方案進行中每一小主題發展的實際需求。從課程發展的精神而言，方案教學結合了杜威的「做中學」（learning by doing）和「問題解決」（problem solving）的理念，重視課程的完整性，其教育目的是培養完整的個人，透過學習，解決問題的能力，過程中培養幼兒主動性、合作性、解決問題的能力（簡楚瑛，2001）。

二、方案教學之課程設計與實施

在方案教學的實施層面，Chard（1998）認為可分為以下五個元素，分別為：討論（discussion）、實地參訪（fieldwork）、表徵發表（representation）、探究調查（investigation）、成果展示（display）。簡楚瑛（2001）則提出方案教學至少應具備以下五項要素：(1)目標導向的教學方式，目的在培養學生解決問題的能力；(2)強調「步驟性」問題解決的學習過程；(3)強調學習活動對學生的意義性，教學首重引發學習動機；(4)強調「做」的要素，是杜威「做中學」和「問題解決」的具體運用；(5)強調「思考」的要素，整個方案探索活動就是學習者不斷思考的歷程。Chard（1998）將方案的內容細分為三階段，每一階段又分為幾個課程重點：

（一）階段一

1. 方案起始點：任何可引發幼兒的探究興趣都可能做為方案的起點，可能是某一事件或是一個故事或影片。
2. 規劃主題網：根據幼兒的經驗發想規劃與主題網內容。
3. 整理探究問題：在課程執行過程中整理幼兒想探究的問題。

（二）階段二

1. 規劃實地探究：規劃合宜的戶外參訪活動提供幼兒探究過程中的新經驗。
2. 實地探究：可規劃幼兒實地參訪與主題有關的地點進行經驗擴充並記錄。
3. 實地探究之後續：與幼兒討論實地探究後，所得到經驗或計畫下次的活動。
4. 專家訪談：針對主題邀請相關專家到進入教室與幼兒分享與對話。

（三）階段三

1. 高峰活動：透過一個總整式的活動，讓幼兒可以呈現探究到的知識與經驗，並將這些內容與他人進行交流。
2. 內化並表述新知識：幼兒應用自己可表述的方式，透過想像的故事或戲劇，將想法呈現出來。

方案教學中提供幼兒在富有興趣也同時具備挑戰性的情境中，創造與建構自己對事物的獨特理解。在方案教學的準備和進行中，教師不僅扮演引導者角色，同時也扮演幼兒的合作夥伴與學習資源的提供者，協助幼兒在有興趣同時又具學習價值的主題下與事物、環境互動，在動手操作的過程中建構新知識概念。因此，方案教學可謂基於杜威「做中學」概念下，一連串問題發想與問題解決的歷程，使幼兒在原有的經驗基礎上，透過有意義的發現展現學習的需要與能力。

第三節 其他具特色之幼兒園課程模式

前一節介紹了臺灣幼兒園常見的幾種課程模式。本節將繼續介紹四種目前幼兒園較常見到的特色課程模式，包含有：採取混齡教學的蒙特梭利教學法、重視自然教育的華德福教學法、提供幼兒自主探索的瑞吉歐教學法、強調幼兒自主計畫的高瞻教學法，以下分述之。

壹 蒙特梭利教學法

由瑪莉亞・蒙特梭利（Maria Montessori, 1870-1952）女士所創，其出生於義大利，1896 年畢業於羅馬大學醫學院，成為義大利第一位女醫學博士且受聘於該校精神病診所工作。因此有機會接觸心智障礙的幼兒。經過多年的臨床工作後發現：「智能不足是教育上的問題，而非醫學上的問題。」爾後於 1907 年 1 月，羅馬不動產協會為挽救聖羅倫斯日益貧民化的危機與解決孩子的教育問題，成立了「兒童之家」（Children's House），並委託蒙特梭利來負責管理，也讓她有機會從事正常幼兒的教育（許興仁、邱琡雅譯，1987）。在與幼兒相處的過程中，蒙特梭利觀察到當幼兒在為其預備好的環境中活動時，得以展現其主動探索的學習性，所以在蒙特梭利的教室中，每個幼兒都有可獨立操作的教具，幼兒因為想要滿足需要，產生自發性的學習。因此在蒙特梭利教學法中，特別認為以自由為基礎的教育應以兩點原則為主要考量：一是協助幼兒獲得自由，二是避免限制幼兒自發性的活動（吳玥玢、吳京譯，2001）。

一、蒙特梭利教學法之基本概念

蒙特梭利認為：「幼兒獲取知識的方法有別於成人，幼兒是直接將知識吸取到他的心智生命中，幼兒的內在有一種心智的化學作用在進行著，這些從周遭環境中所吸取的印象，不只進入了幼兒的心智中同時也構成了幼兒的心智，終於成為幼兒的一部分；蒙特梭利把這種智能型態稱之為『吸收性心智』（the absorbent mind）」（許惠珠譯，1989）。蒙特梭利透過在「兒童之家」對幼兒的深入觀察，提出幼兒「敏感期」的概念，認為在 6 歲以前對感覺、秩序、語言、動作等都分別表現出強烈的敏感，成人須觀察幼兒的實際表現，把握幼兒敏感期及時引導，給予幫助和鼓勵。在蒙特梭利的教學規劃與設計中，以孩子為中心，透過引發幼兒學習的興趣並培養良好的學習態度，以及以觀察幼兒為基礎所做的不斷實驗改進（許興仁、邱埱雅譯，1987），並以「頭」、「胸」與「腹」來比喻教學的三大要素；以「頭」比喻為「預備的環境」（the prepared environment）、以「胸」比喻為教師——指導員（the directress）、以「腹」比喻為「教具」（the didactic materials）。

（一）預備的環境

蒙特梭利從與嬰幼兒的互動中觀察到，0～3 歲的嬰幼兒吸收環境所提供的刺激而成長學習，因此認為「環境」的預備是教學規劃中相當重要的一環，在特定為幼兒所預備的環境中，可以提供符合其身心發展的活動與學習，協助幼兒建構自我。同時蒙特梭利亦強調環境的「真實」性，環境中所準備的用具及設備須盡量與幼兒真實的生活情境相近，透過提供符合幼兒生理且真實有序的環境能培養幼兒自立性。

（二）指導者

有別於傳統指導型的教師角色，蒙特梭利教育中「教師」是以「指導員」的概念與幼兒相處。在蒙特梭利的教室中，教師所扮演的角色不是在教導幼兒如何操作教具，而是透過提示操作方法的歷程中觀察幼兒的反應，並了解幼兒現有的狀態並給予適時引導與協助。教師以「三階段指導法」來介紹教具（許興仁、邱琡雅譯，1987）：

1. 第一階段是命名，例如老師說：「這是藍色，這是紅色。」
2. 第二階段是辨別，例如老師問：「哪一個是紅色？哪一個是藍色？」或者老師請幼兒：「拿紅色給我，拿藍色給我。」
3. 第三階段是說出名稱，例如老師問幼兒：「這是什麼？」幼兒回答：「這是紅色。」

有別於一般教育之方式，教師更強調須具有為幼兒預備環境及系統的觀察幼兒的能力，因此要成為蒙特梭利老師必須受課程與教學之專業訓練，並持有蒙特梭利老師證書，目前國際性教師證照的認證機構主要分為「國際蒙特梭利協會」（AMI）系統及「美國蒙特梭利協會」（AMS）兩大系統。

（三）教具

蒙特梭利應用自身學理與經驗，經過實驗與修訂自行設計教具，也在

「兒童之家」依據實際的使用情形修訂各類型教具。她把幼兒「工作的材料」稱之為「教具」，這些教具符合孩子內在需求和發展，具有教育的意義，不是讓幼兒用之遊戲的，而是讓幼兒利用這些教具進行工作。簡淑真（1998b）提到蒙特梭利的教具中具有六點特色：(1)具有錯誤控制性；(2)充滿美感；(3)操作人數上的限制；(4)具有活動性；(5)孤立化的特色；(6)由簡到繁等原則。蒙特梭利教具共分為五大類，分別為日常生活教具、感官教具、語文教具、數學教具與文化教具。

1. **日常生活教具：**日常生活教具是幼兒平時生活中可見到、可摸到的真實用品。透過這些教具，訓練幼兒大小肌肉的協調性，同時也包括了生活禮儀、對環境的照料關心，及對自我照顧的基礎練習。
2. **感官教具：**感官教具分為視覺、觸覺、聽覺、味覺和嗅覺五種，藉由操作教具的過程中，將感覺帶入具體的實物，用以培養幼兒感官知能及觀察力。
3. **語文教具：**語文教具主要可以分為聽力練習、語文練習和視覺練習，以及如砂紙字形、幾何嵌圖板、符號發展與認字等教具，透過語文教具能夠培養幼兒閱讀準備與書寫準備的基礎能力。
4. **數學教具：**數學教具主要分為數量概念基本練習教具與十進位法的基本結構，與加減乘除概念練習教具，透過具體的教具操作，可建立幼兒對數目、大小、分類、數數和四則運算等邏輯思考能力。
5. **文化教具：**文化教具有一部分是蒙氏的基礎教具，但因為各地的文化背景不同，因此一部分文化教具必須由老師依幼兒所處之文化環境進行設計。

二、蒙特梭利教學法之課程設計與實施

蒙特梭利根據幼兒的特質與發展需求，不僅設計系列性的教具，同時也規範了包含教師訓練、教學態度、教室布置與教材等。教師是環境的引導者，必須預備好環境協助幼兒發展。值得注意的是，蒙特梭利認為不同年齡的幼兒在一起能夠產生互相學習與幫助，能有效的培養幼兒良好的社會行為，因此採取混齡的教學方式，讓3～6歲的幼兒在一起生活與學習，並鼓勵年紀較大的幼兒去照顧年幼的幼兒，以增進幼兒間的手足之情與社會互動。此外，教室內也只準備一套一樣的教具，幼兒需要在操作教具的過程中學習輪流與等待以培養社會性。

在蒙特梭利教室中，各種設備都是使用符合幼兒使用尺寸的真實材質，同時期也在環境中有各種動植物讓幼兒照顧，使其透過自然接觸認識欣賞自然的秩序。課程進度決定於每個幼兒在個別課程領域的準備情形，蒙特梭利教師為個別幼兒示範教具，示範時教具擺放在教師和幼兒的中間，教師分解簡單的動作與步驟為幼兒示範教具，並給幼兒充足的時間完成教具的操作，當觀察到幼兒可專注在操作教具時，教師則可離開進行觀察，若幼兒發生操作困難時，教師可適時介入引導，輔助其完成工作。

蒙特梭利教學影響廣泛，幾乎遍及世界各國。蒙特梭利教學重視幼兒的敏感期經驗，也強調學習的自主性，將教學的重心由教師轉向幼兒，也使得教師對幼兒進行更多的觀察和研究。蒙特梭利教學對幼兒的主動參與度要求較高，但也提出幼兒的「自由」不是對幼兒完全放任，而是建立在「有紀律的自由」下發展，自由與紀律是並行存在的。其主張可由日常生活訓練著手，配合良好的學習環境，使幼兒自由的選擇適合的教具進行操作，透過自發主動學習及在反覆操作過程中達到自我教育的目的。然著重感官及操作學

習的教學方式容易忽視幼兒創造力的培養，則是此教學模式較受到爭議之處。

 華德福教學法

華德福（Waldorf）教學法是以史代納（R. Steiner）所提出之人智學（Anthroposophy）背景，重視人類的身、心、靈全人的發展教育，著重探尋生命之存在起源及本質，企圖探究人類生存及命運的奧秘。「人智學」一詞源自希臘文，anthropos 是人；sophia 是智慧，亦即人類智慧學之意，將人的生命組成分為三個層次，分別是身（body）、心（soul）、靈（spirit），身、心、靈的發展與如同呼吸、心跳或器官的功能一樣，都具有其規律性與法則。人智學認為，幼兒有一種想要做什麼的強烈意志，如果沒有讓幼兒想模仿的對象，幼兒只會呈現雜亂無章的盲目意志。所以史代納認為，為使靈魂能和諧發展，7 歲前就必須培養「意志力」的基礎（劉禧琴、吳旻芬譯，1997），史代納從靈性科學的觀點來描述一個人，並闡述人與宇宙、世界的關聯，並以「以人為本」、「人與宇宙為一體」的教育中心思想出發，引導出教育的新方向，從此「人智學」的教育理念，成為全球性的教育運動浪潮（陳惠邦，2003）。

一、華德福教學法之基本概念

華德福教學起源於 1919 年奧地利哲學教育家史代納在德國司徒加特（Stuttgart）應阿斯托利亞菸草公司所托，依「人智學」的理念創辦了第一所從一年級到十二年級的華德福學校（Waldorf School），以方便教育員工子

女。爾後史代納於1923年創立「人智學學會」進行人智學研究並宣揚「華德福學校」的理念（梁福鎮，2008）。華德福教育的貢獻，在於試圖創造一種平衡、全面的教育方法，同時重視提升人類「意志力、感受力、思考能力」三種表現形式的能力；由於此三種能力浮現於特定發展階段，因此教學的內容、時機與方法皆須配合孩子的發展歷程，需要從課程內容與教學方法面滿足孩子的需求，而非要求孩子達到課程的要求（方淑惠譯，2011）。

二、華德福教學法之課程設計與實施

華德福教學非常強調幼兒的自由遊戲，林玉珠（2003）曾歸納華德福幼教模式的特色在於強調身心靈自由的全人發展；重視幼兒意志、情感、思想的發展；強調簡單、規律與反覆的生活；愛護幼兒正在成長中的感官，強調健康的感官經驗，同時重視幼兒「模仿」的本能；重視幼兒從「做」中學，從工作中培育幼兒「意志」的能力，從「意志」工作中喚醒幼兒意識、思想的能力；對幼兒的規範有三要素：不傷己、不傷人、不傷物。當幼兒開始有計畫的進行遊戲時，教師可以提供以下三種支持與協助：(1)事前周全的思慮與準備：可使教師自身表情充滿意識和秩序感，可幫助治療幼兒的混亂意志；(2)教師應先行動：當幼兒入園時可看見一個已經在工作的教師，有助進入工作的氣氛中；(3)教師必須認同規律：教師從自己的每日規律（a rhythmical structure to the day），甚至一年的規律，從特別的活動到平日的活動都應重視規律性的「重複」（鄧麗君、廖玉儀譯，1998）。

於活動安排上，華德福教學在一整天的活動中，以自由遊戲活動（呼氣）、團體活動或戶外活動（吸氣）交替呈現大自然脈動，同時透過老師與幼兒們手牽手自創五音旋律與歌唱動作的「韻律遊戲」（rhythm），歌詞內容多呼應當下季節，利用呼吸、內外收縮、伸展、進退、上下、高低、左右等方式進行活動。孩子在規律與重複的過程中可產生愛、安全及和諧之感。舉例而言，春天時候就唱誦與春天相關歌謠，並敘說與春天相關的故事，老師們會以不同的方式，讓幼兒與四季及自然建立愈來愈密切的關係，使幼兒的整體活動和四季的變換產生關聯（劉禧琴、吳旻芬譯，1997）。在遊戲概念上，華德福教育認為幼兒在遊戲中最重要的是過程中的想像力，而不只是使用或操作一個現成的玩具，因此反對提供幼兒現成的、精美的玩具，因此低結構或鬆散材料都是華德福幼兒園中常見的遊戲素材，因為當幼兒開始遊戲時，便可利用各種假想與應用製造玩具促進幼兒在遊戲中的想像和擴散性思考。

華德福的教學也鼓勵師生動手「做」的概念，透過節慶活動的準備，幼兒就會希望也能擁有這些物品，通常這些作品是具真正實用性的物品，教師做為工作的示範者，幼兒在觀察教師的動作後，教師如果提供素材，例如縫紉、木工等，就可以讓幼兒進行仿作及自主創造。事實上，工作的過程遠比結果重要，如果教師能一再的創造一個愉悅、親切的工作氣氛，或讓幼兒觀察，幼兒便會很快的加入工作（鄧麗君、廖玉儀譯，1998），透過工作不僅能增進幼兒的工作體驗及精細動作，更可以培養幼兒的美感經驗。

故事時間是華德福教學很重要、也相當具有特色的活動，教師根據故事內容，應用教室中的紗巾、木頭、石頭、果實等物件布置說故事的情境，並隨著故事情節的更迭，教師會邊說邊移動這些物件豐富故事的情境。在說故事的時間，教師重複同樣的故事，連續幾天或一段時間後才換新的故事，讓故事的情節與脈絡有足夠的時間內蘊於幼兒心靈。

藝術活動也是華德福教學重要的教學內容，除各式各樣的手工活動及「韻律遊戲」（rhythm）外，在華德福的教室也常見濕水彩、蜜蠟捏塑及利用蜜蠟磚進行創作活動。

1. **濕水彩：**「濕」水彩和「乾」水彩最大的不同，就是濕水彩在作畫前須先將將圖畫紙浸在水裡取出或用海綿或筆沾水，再將畫紙平放在木板上讓紙與木板貼平，並利用紅、黃、藍三原色加清水調製好的顏料利用暈染及色彩交疊的方式方式感受色彩帶來的美感經驗。
2. **蜜蠟捏塑：**蜜蠟是蜜蜂分泌出的天然「蠟」，蜜蠟土靜置在室內中是硬的，但透過雙手搓揉產生的溫度後，蜜蠟土會開始軟化且發出淡淡的自然蜜蠟味道，在等待軟化的過程中，蜜蠟也同時帶給雙手溫潤的滋潤感，便於幼兒自由運用進行立體創作。
3. **蜜蠟磚畫：**蜜蠟磚畫是使用以蜜蠟成分製作的塊狀蠟筆進行塗鴉繪畫，由於成分天然，年紀小的幼兒也相當適用，相較一般圓柱狀的蠟筆，蜜蠟磚為平面長方體，具有不易斷裂及容易抓握的特性，幼兒可利用蜜蠟磚的各角度進行點、線、面的自由創作與疊色試驗，感受顏色的溫潤感。

華德福教學雖不直接進行知識性的教學，但針對幼兒不同成長階段透過生活設計教學內容，教師需要提供幼兒良好的環境和典範，讓幼兒能在如家一般的環境下透過模仿進行學習，同時提供時間讓幼兒可以經由模仿得到規律與重複，有助幼兒產生內在秩序與安全信任感，並幫助幼兒按照自身的節奏培養自己的意志力、想像力、創造力及對真、善、美的追求。華德福教育機構分布全球，從華德福學校到華德福幼兒園，都注重靈性發展以人智學理念辦學，然其過於強調精神或靈性的追求，尚難以進入主流教學之列。

 瑞吉歐教學法

瑞吉歐．艾米利亞（Reggio Emilia）是義大利東北部的小鎮，二次大戰後，馬拉古齊（L. Malaguzzi）於當地興辦了幼兒園，主張幼兒是主動的學習者，他們具備屬於自己的知識、經驗，並有能力構建自己的學習方式。在此構念下，瑞吉歐之教學型態逐漸成形。瑞吉歐教學將幼兒視為學習的發起者，透過老師，父母和孩子及社區之間密切的互動，共同關注幼兒的學習與發展，逐漸形塑出與眾不同的幼兒教育模式。馬拉古齊在其所撰寫《孩子的一百種語言》（*The hundred language of children*）一書中亦提到，由於幼兒可透過多樣的形式表達、發現與學習，因此教師有責任提供機會讓幼兒對周圍環境進行探索，並鼓勵幼兒使用許多材料進行發想與探討，以此記錄他們對周遭內容的理解、奇觀、問題、感覺或想像，幼兒可以透過文字、動作、繪圖、繪畫、建築物、雕塑等任何方式來進行表述，記錄所知所感的一切。

一、瑞吉歐教學法之基本概念

瑞吉歐教學法雖然也強調探究主題的重要性，但除了重視幼兒的興趣性外，也關注教師對主題的投入度。當教師與幼兒對主題都具有探索動機時，教師與幼兒在教室中更有平等的對話互動，共同對有興趣的主題產生建議想法及回應，因此在確認探究主題時，瑞吉歐教學法的教師對於「主題」的定義保有相當大的彈性空間，只要是能引發興趣的主題都是具有探究價值的，尤其是當這些主題與幼兒的舊經驗相結合時，幼兒可以自己的舊經驗做為探究基礎，呈現負責與自信的態度以設定觀察與探究的計畫，形成幼兒為中心

及興趣為基礎的「探究」計畫。

瑞吉歐教學相當重視幼兒學習的主體性角色，認為幼兒的學習來自於活動中所得到經驗和知識，這樣的觀點並不是否定教師的教學角色，而是應用維高斯基近側發展區的概念，重視教師的引導者和支持者角色，從學習資源的準備與提供到學習環境布置以及對方案內容探究的建議，教師不僅扮演了幼兒的學習夥伴，同時須透過觀察記錄幼兒的活動脈絡，從觀察中與幼兒及其家庭產生更多互動，也幫助家庭理解幼兒內在的表述語言，對幼兒的發展與學習有更深刻的了解。

二、瑞吉歐教學法之課程設計與實施

瑞吉歐教學法的課程型態在基礎架構上與「方案教學」（project）是一致的，但是在課程進行的脈絡上又與一般方案教學有所差異，主要的差異來自於在瑞吉歐的教學脈絡中，整合了課程和孩童分組活動的報告，幼兒不僅能找出答案，更能超越其上，對各個主題有更深入的了解（李桂芬，1999）。在瑞吉歐教學中，幼兒自發生成的主題多，教師預設的少，幼兒是活動的主體，教師是活動的引導者、支持者，同時又是幼兒的合作夥伴，課程的產生、實施和評量是在教師和幼兒相互作用、相互激發中進行的，許多的教學資源上來自於對社區資源的充分理解與運用。

對瑞吉歐教學的教師而言，協助孩子找到一個夠大、夠難的問題，可以讓幼兒投注最好的精力與長時間思考相當重要。依據不同主題持續的時間不同，可能持續數週到數月都有可能，在教學過程中教師事先依據經驗和對孩子的了解，設想孩子在活動中可能出現的想法，根據觀察幼兒的經驗基礎，逐步調整出下一步的活動。在活動進行過程中，幼兒的直接經驗相當重要，因此透過校外參訪、專家入校，及相關資訊與物件的蒐集讓幼兒研究和探索，並根據觀察所得進行各種形式的再表達，經過反覆的整理經驗與表達後，逐漸深化學習。不僅如此，教師還需十分關注任何會使幼兒停頓與阻礙其行動的問題，這些認知上「結」的產生是幼兒產生認知失衡的時刻，因此教師們力求將幼兒於思維中的衝突呈現出來，而非一味的壓制（張軍紅、陳素月、葉秀香譯，1998）。此外，瑞吉歐教學也相當重視幼兒的藝術表現資源，每一所瑞吉歐學校都有一個藝術專門區域或是獨立空間，並有專門且受過藝術教育的駐校藝術教師擔任幼兒活動的指導。在此藝術環境中，幼兒可應用各式素材創作與記錄符號語言，也為學習的歷程留下軌跡性紀錄。

Katz（1998）指出，瑞吉歐教學法中有關幼兒在課程過程的紀錄是相當具有特色的，幼兒被鼓勵用各式圖形語言記錄他們的記憶、想法、預測、觀察、感受等。當幼兒透過各種形式將自身所經歷與觀察的部分記錄下來，可助益對所探索主題產生更豐沛的好奇心，以及對主題知識掌握的自信，同時也增進對學習的廣度和深度。透過幼兒的這些紀錄，幼兒可以輕鬆的與父母分享在學校學習的歷程（而不僅僅只透過作品），家長也可以意識到幼兒在學習歷程的經歷及能力，提供豐富的親子對話內容。此外，就教師而言，幼兒學習歷程的質化資料可供教師對幼兒更深度理解，藉此提供合宜幼兒發展和學習的適當方法，用於修改和調整教學策略。

瑞吉歐教學曾被譽為是全世界最好的幼兒教育，其成功的要素關鍵在於對幼兒能力的重視與信任，透過有效的支持系統，協助幼兒在學習過程中學會表述並解決問題，同時在過程中鼓勵幼兒透過小組合作學習，從互動與對話促進幼兒的自主學習。瑞吉歐教學在幼兒學習探究與幼兒藝術素養的成功，有其文化和歷史的淵源，不僅僅是一個幼兒園的成功，也代表著兒童、教師、父母之間社區教育系統對話的成功，我們在瑞吉歐教學看見的，不僅

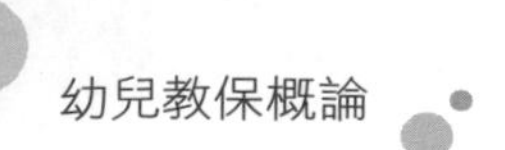

是以幼兒為中心，同時也將教師與家長看作幼兒教育的中心，在教師與家長互動、幼兒與幼兒互動、家長與幼兒互動過程中，共同提供幼兒最優質的學習情境。

肆 高瞻教學法

高瞻教學法（High/Scope）源於美國，由維卡特（D. Weikart）及其同事於 1960 年代發展並實施於密西根州培瑞幼兒園（Perry Preschool Project），原為啟蒙方案（Head Start）幫助處境不利幼兒就學之方案，爾後由高瞻教育研究基金會總結理論與實務，形成一套課程方案。高瞻課程以幼兒主動學習為核心，其目標是使幼兒成為一個主動學習者。Hohmann、Weikart與Epstein（2008）便提到，幼兒在主動參與學習的過程中，透過操作材料及與他人互動溝通的過程中，也在建構其對事物理解的經驗，幼兒必須獨自完成自我對世界的體驗及對知識認知的建構，在教學過程中，教師要為幼兒提供一定的挑戰性所需的材料，當幼兒完成任務時，要適度調整材料，為幼兒提出更好的鷹架支持。

一、高瞻教學法之基本概念

關鍵經驗是高瞻教學的重要組成部分，因此在教室中根據幼兒的活動興趣和探索需求分為數個興趣區域，每個興趣區域都有目的、有計畫為幼兒主動學習提供大量豐富的、形式多樣化的、可操作的材料，並有組織的擺放以便幼兒操作探索及歸位，上述概念也呼應了皮亞傑的認知發展論。皮亞傑認為，幼兒的學習經驗建構於實際操作及與環境發生互動，因此高瞻教學法也要透過向幼兒提供活動所需的材料，鼓勵他們自己動手操作，在操作中發現問題、解決問題。

此外，高瞻教學法也重新定義了教師的角色，把教師定位為促進者和合作者，而不是單純的傳授者，因此相當重視教師與幼兒之間的互動關係，教師要鼓勵孩子反思所學的知識和所做的活動，幫助他們了解自身現有的認知結構。教師觀察幼兒的學習時，會先檢視幼兒的發展階段，並且仔細聆聽幼兒所計畫的事情，與幼兒一起做計畫的內容，在與幼兒對話的過程中，一起思考一起工作，適時的鷹架幼兒的經驗，而非在某一特定領域上做直接判斷或以測驗問話的形式與幼兒溝通，這種情形與傳統學校的主動老師、被動學生是截然不同的（倪用直等譯，2004）。因此在高瞻教學法的教室中，教師的主要任務是為幼兒準備有利自主學習的環境，並鼓勵幼兒自行制定計畫、解決問題，尊重幼兒也重視家庭和學校之間的聯繫。

二、高瞻教學法之課程設計與實施

高瞻教學是以培養幼兒主動學習的能力為宗旨，課程包含四大要素：學習環境（learning environment）、成人—幼兒互動（adult-child interaction）、每日作息（daily routine）及評量（assessment）。高瞻教學的一天由問候時間、計畫—工作—回顧（Plan-Do-Review）、小組活動時間、大組活動時間、戶外活動時間等活動組成。其中「計畫—工作—回顧」是高瞻課程一日活動流程中最核心的環節活動：計畫時間，幼兒根據自己興趣建立一個探索目標，並提出預計的行動方案；工作時間，幼兒自行決定於何時何地與哪些同儕一起進行工作；回顧時間，幼兒回憶、反思行動和經驗，將計畫、行動和結果聯繫起來，與他人談論有個人意義的經驗。幼兒的主動學習主要表現在以下幾個方面。

（一）依自己的意向選擇活動及材料

教師於教學前為幼兒提供各式各樣的材料，並整齊的放在易於幼兒自由取用之處，幼兒根據自己的興趣選擇活動是最有利幼兒的；選擇是主動學習所必需，因為透過選擇，幼兒會認識到自己的興趣所在。幼兒根據自己的能力選擇合適的材料，決定如何使用這些材料去組織活動，從發現材料的不同特性與功用，也能讓幼兒尋找到更適合自己發展的方向。

（二）運用各種感官及經驗研究物體並發現與環境的關係

在主動學習的過程中，幼兒透過感官如觀察、品嘗、擠壓、嗅聞、聆聽等方式學習物體及其屬性，逐漸發現物體間的相互關聯性及其與環境之關係，同時以各種形式對素材進行試驗與組合應用，都是幼兒主動學習與探索的一種方式。教師需要支持且尊重讓幼兒自己發現物體之間的關係，這些發現是幼兒理解數字、邏輯、空間和時間概念的基礎。

（三）鼓勵幼兒談論經驗並對活動產生反思

幼兒在主動學習過程中所探知的經驗，可以透過語言表達想法和所發現的重要的議題，幼兒表達的同時也反映出他們的觀點和興趣，因此教師對幼兒的表達做出適時回應，鼓勵幼兒擴展自己的計畫，提高計畫的挑戰性，發揮自己的最大潛能，同時也要在活動中要進行反思修正已有的認知結構。

相較於其他教學法，高瞻教學的特色在於主動學習、師生互動和「計畫一工作一回顧」等三方面。學習是幼兒主動發起和參與學習的過程，因此在作息安排上，教師要鼓勵幼兒計畫並回憶活動，透過物理及心理等支持性的學習環境，引發幼兒主動學習動機，教師不僅是幼兒的支持者，更是合作者和夥伴。幼兒進行計畫時，不會被要求一定要完全依照原有計畫進行，也不會因未完成計畫而受到責罵；在學習過程中，教師透過與幼兒交談發展、延伸他們的計畫，並鼓勵幼兒在自己規劃、實施與反思的活動中開展關鍵經驗（key experience），同時在小組活動中學習互動溝通，解決與同伴之間的衝突。

情境式題目

1. 單元教學模式、角落教學／學習區教學模式、主題教學模式、方案教學模式等為常見的幼兒園課程模式，請從教師的角度進行思考，在上述不同教學模式中，教師所需扮演的角色有哪些？最大的工作挑戰又為何？
2. 學習區教學教師須根據教室的空間條件、幼兒年齡層與人數以及園內可運用之資源，在教室中配置不同大小的學習區，在有限空間條件下，於不同年齡段哪些學習區是優先設置的？原因為何？
3. 主題教學的設計與實施，係結合幼兒先備經驗並與主題所欲探究的概念緊密結合，最大的特色就是讓學習圍繞在一個適合幼兒發展的主題上，試想有哪些主題是適合剛入學的中班幼兒？

參考文獻

中文部分

方淑惠（譯）（2011）。**華德福的幼兒教育**（原作者：L. Oldfield）。臺北市：天下雜誌。

江麗莉（2004）。幼稚園主題教學。**臺北市 2003 年幼稚園課程與教學專業成長專書——主題教學**（頁 8-11）。臺北市：教師研習中心。

李桂芬（1999）。義大利瑞吉歐幼稚園　生活是最大的教室。**天下雜誌 1999 教育特刊之海闊天空Ⅲ———21 世紀從 0 開始，27**，218-220。

吳玥玢、吳京（譯）（2001）。**發現兒童**（原作者：M. Montessori）。臺北市：及幼文化。

林玉珠（2003）。娃得福幼教課程模式之理論與實踐。載於簡楚瑛（主編），**幼教課程模式**（頁 245-315）。臺北市：心理。

周淑惠（2006）。**幼兒園課程與教學——探究取向的主題課程**。臺北市：心理。

周淑惠（2017）。STEM 教育自幼開始——幼兒園主題探究課程中的經驗。**臺灣教育評論月刊，6**（9），169-176。

倪用直、楊世華、柯澍馨、鄭芳珠、吳凱琳、林佩蓉（譯）（2004）。**高瞻幼兒教育**（原作者：L. J. Schweinhart, D. P. Weikart, & M. Hohmann）。臺北市：華騰。

徐世瑜（主編），徐愛婷（譯）（2002）。**統整課程發展：協會合作取向**（原作者：D. M. Campbell & L. S. Harris）。臺北市：心理。

陳淑琴（2008）。台灣幼托機構課程模式的發展探究：從課程就是敘事文本的觀點。**基礎教育學報，17**（1），17-32。

陳淑琴（2004）。**美猴王——車籠埔幼兒實驗學校主題課程紀實**。新北市：光佑文化。

陳淑琴（2006）。幼兒教師主題教學信念與教學行為之研究。**臺中教育大學學報：教育類，21**（1），27-52。

陳惠邦（2003）。**華德福學校教育學的現代意義**。桃園縣92年度國中小學校長主任儲訓班研習。未出版。

陶英琪、陳穎涵（譯）（2006）。**探索孩子心靈世界——方案教學的理論與實務**（原作者：L. G. Katz & S. C. Chard）。臺北市：心理。

教育部（2020）。**幼兒園課程與教學品質評估表（2020 版）**。臺北市：作者。

許惠珠（譯）（1989）。**幼兒的心智——吸收性心智**（原作者：M. Montessori）。臺南市：光華女中。

許興仁、邱琡雅（譯）（1987）。**蒙特梭利新探**（原作者：P. P. Lillard）。臺南市：光華女中。

梁福鎮（2008）。斯泰納人智學教育學之探究。**當代教育研究季刊，16**（1），121-153。

張軍紅、陳素月、葉秀香（譯）（1998）。**孩子的一百種語言：義大利瑞吉歐方案教學報告書**（原作者：L. Malaguzzi）。新北市：光佑文化。

陽琬（譯）（2004）**學前教育**。（原作者：S. Feeney, D. Christensen, & E. Moravcik）。臺北市：台灣培生教育。

黃政傑（1991）。**課程設計**。臺北市：東華。

楊淑朱、林淑蓉（2016）。幼兒學習環境規劃之元素。**師友月刊，587**，14-18。

鄧麗君、廖玉儀（譯）（1998）。**邁向自由的教育——全球華德福教育報告**

書（原作者：F. Carlgren）。新北市：光佑文化。

劉禧琴、吳旻芬（譯）（1997）。**日本華德福幼稚園：實踐健康的幼兒教育**（原作者：高橋弘子）。新北市：光佑文化。

盧素碧（1999）。單元教學。載於簡楚瑛（主編），**幼教課程模式**（頁7-48）。臺北市：心理。

簡淑真（1998a）。建構論及其在幼兒教育上的應用。**課程與教學季刊，1**（3），61-80。

簡淑真（1998b）。蒙特梭利教學法與單元教學法對幼兒發展影響之比較研究。**家政教育學報，1**，59-88。

簡楚瑛（1999）。從美國幼教課程模式論幼教課程之基本問題。**教育研究集刊，43**，139-161。

簡楚瑛（2001）。**方案教學之理論與實務**。臺北市：文景。

簡楚瑛（2016）。**幼兒教育課程模式**。臺北市：心理。

簡楚瑛、盧素碧、蘇愛秋、劉玉燕、漢菊德、林玉珠等（2003）。**幼教課程模式：理論取向與實務經驗**。臺北市：心理。

蘇愛秋（2009）。學習角與大學習區。載於簡楚瑛（主編），**幼教課程模式**（頁57-124）。臺北市：心理。

英文部分

Bredekamp, S., & Rosegrant, T. (Eds.) (1995). *Reaching potentials: Transforming early childhood curriculum and assessment* (Vol. 2). Washington DC: NAEYC

Chard, S. C. (1998). *The project approach*. New York: Scholastic.

Evans, E. (1982). Curriculum models and early childhood education. *Handbook of research in early childhood education,* 107-134.

Hohmann, M., Weikart, D. P., & Epstein, A. S. (2008). *Educating young children: The complete guide to the High/Scope preschool curriculum.*

Goffin, S. G. (2000). *The role of curriculum models in early childhood education.* ERIC Clearinghouse on Elementary and Early Childhood Education, University of Illinois.

Katz, L. (1998). What can we learn from Reggio Emilia. *The hundred languages of children,* 27-45.

Wiles, J. W., & Bondi, J. C. (2011). *Curriculum development: A guide to practice.* Prentice Hall.

13

幼兒園教保課程發展

葉郁菁

本章概述

課程設計與教學是有效能教師的必備基礎能力，了解課程發展的沿革，有助於師資生釐清幼兒教育課程的目標和發展脈絡，才能知其所以然，了解課程規劃和設計的依據與原則。本章第一節概述臺灣幼兒園課程的發展，尤其從歷史脈絡中，指出不同年代幼教課程的重要法規依據。第二節詳述幼托整合後，教育部現行的《幼兒園教保活動課程大綱》的架構，教保人員如何參採課程大綱運用於教學現場。第三節則提出幼兒園課程發展的趨勢，提出討論的議題。

我國幼兒園課程發展沿革

幼托整合之前，幼稚園與托兒所均可以收托學齡前幼兒，幼稚園歸屬教育部管轄、托兒所則由內政部主管，托兒所依據2006年廢止的《托兒所設置辦法》（內政部，2006），收托的兒童年齡從初生滿 1 個月到未滿 6 歲。托兒所分為半日托（收托時間 3～6 小時）、日托（收托時間 7～12 小時）和全托（收托時間連續 24 小時）三種。托兒所的教保活動則是依照 1979 年內政部編印的《托兒所教保手冊》為實施依據（盧美貴，2020）。幼稚園與托兒所各有其依循的課程標準和規範。以下就幼稚園和幼兒園不同階段的課程標準演進加以說明。

一、民初至國民政府遷臺前的課程標準

教育部於 1929 年頒訂《幼稚園暫行課程標準》並於 1932 年正式函頒。《幼稚園課程標準》訂定的目的為指引幼兒園教育的方向，提供幼稚教育的目標、課程範圍，以及教育方法。民初幼稚園分為全日制和半日制兩種，全日制幼兒園在園時間六小時、半日制幼兒園則為三小時。幼稚教育的起始即明確採取不分科教學，幼稚園課程的範圍涵蓋音樂、故事和兒歌、遊戲、社會和自然、工作、靜息、餐點（國家教育研究院，2000）。

《幼稚園課程標準》由陳鶴琴、張宗麟等人擬具，與現在《幼兒園教保活動課程大綱》有其相似類近之處，例如：課程活動的設計需要符合幼兒的生活經驗，以日常生活的物件為素材，同時也要涵蓋幼稚園外的社區和家庭。幼稚園教師以「幼兒為中心」的理念執行課程，鼓勵幼兒先發現題材，因應幼兒的能力和興趣調整，引導幼兒自己解決問題。教師則是需要記錄幼兒的學習情形，與家長保持密切的聯繫和溝通（國家教育研究院，2000）。

二、政府遷臺後的幼稚園課程標準

（一）幼稚園課程標準發展緣起

翁麗芳（2017）指出，臺灣幼教的發展特色可謂「三重構造」，先日本式、中國式，再加臺灣式。國民政府遷臺之前，日據時代臺灣即有幼稚園；直到國民政府遷臺後，廢止日本式幼教，引入1936年修訂的《幼稚園課程標準》成為適用法規。教育部多次修訂《幼稚園課程標準》，1987 年公布的課程標準，這也是幼托整合、《幼兒園教保活動課程大綱》頒布前，全國適用的課程標準。

（二）《幼稚園課程標準》的頒定與內涵

1987 年頒訂的《幼稚園課程標準》指出，幼稚教育的目標為：以促進兒童身心健全發展為宗旨，其實施應以健康教育、生活教育、倫理教育為主，並與家庭教育密切配合。其具體目標包含：(1)維護兒童身心健康；(2)養成兒童良好習慣；(3)充實兒童生活經驗；(4)增進兒童倫理觀念；(5)培養兒童合群習性。依據《幼稚教育法》第 3 條，教育部《幼稚園教師手冊》（1994）詳列幼兒教育的目的包含：身體和動作技能的發展、生活自理的能力和良好的生活習慣、語言表達的能力、思考和解決問題的能力、調節情緒的能力、自尊及尊重他人的心、與人相處的能力，和審美能力等八項。課程領域則包含健康、遊戲、音樂、工作、語文、常識六種領域。幼稚園課程以幼兒為主體、以生活教育為中心，透過遊戲學習實施統整性活動課程設計，並不得為國民小學之預備課程（國家教育研究院，2000）。其中「常識」涵蓋自然、社會和數的概念，採取單元不分科教學，以一個幼兒有興趣的活動或問題引發貫穿各領域的學習（翁麗芳，2017）。

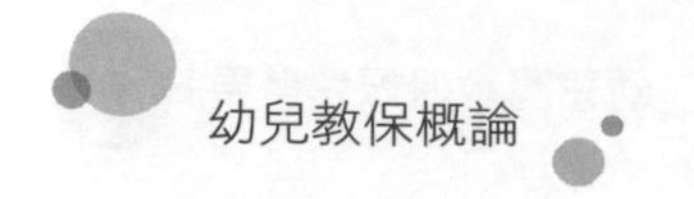

以下敘述《幼稚園課程標準》課程內容，讀者可以對照與課綱的異同（黃天、楊芊、邱妍祥，2015；盧美貴，1988；盧素碧，1980）：

1. **健康領域**

(1) 健康的身體：健康的生活習慣、健康檢查、運動能力與興趣、疾病預防、營養與衛生。

(2) 健康的生理：安全感、好奇與冒險、被愛與同情、自尊與自信等心理需求、社會行為與生活態度，包含獨立性、建立有伴關係、遵守秩序。

(3) 健康的生活：安全的知識、意外事件的預防和處理、靜息和健康、良好衛生和安全習慣的培養等。

2. **遊戲領域**

(1) 感覺運動遊戲：如：擲球、三輪車、溜滑梯等。

(2) 創造性遊戲：如：積木、泥沙、水、顏料等。

(3) 社會性活動與模仿想像遊戲：如：扮家家酒、打仗等表演、講故事、個人與團體的競賽活動等。

(4) 思考與解決問題的遊戲：如：猜測、拼圖等。

(5) 閱讀及觀賞戲劇或影片。

3. **音樂領域**

(1) 唱遊：唱遊的範圍涵蓋非常廣，舉凡跟日常生活、自然、遊戲、兒童歌謠、紀念日等有關者均屬於，其中較為特殊的還包含「關於愛國的唱遊」。

(2) 韻律：包含模擬韻律，如：聽琴音模擬日常生活習慣與事物，模擬動物或故事角色等；自由韻律則包含運用身體各部分的動作，自由表現節奏或表情。

(3) 欣賞：從聆聽及辨別生活周遭的聲音開始，提高幼兒對聲音的敏感度，進而欣賞各種樂曲。

(4) 節奏樂器：包含小樂器的敲打、合奏和分奏，運用（或自製）聲音樂器。

4. 工作領域

(1) 繪畫：繪畫是幼稚園最常進行的活動，幼兒的繪畫包含自由畫、合作畫、故事畫、混合畫、顏色遊戲畫、版畫、圖案畫等。

(2) 紙工：包含剪紙工、撕貼工、摺紙工、紙條工、紙漿工、造型設計和廢紙工。

(3) 雕塑：包含泥工、沙箱、積木、雕塑。

(4) 工藝：包含木工、縫紉、通草工、廢物工。

5. 語文領域

(1) 故事和歌謠：類型包含生活故事、自然故事、科學故事、歷史故事、愛國故事、民間故事、童話、笑話、預言、兒歌和民歌。

(2) 說話：包含自由交談、自由發表、問答和討論。

(3) 閱讀：類型包含故事歌謠類、圖片畫報類、看圖說故事、教師自編故事等。

6. 常識領域

(1) 社會：包含認識家庭、社區的生活及社會機構，對外界事物及現象的關注與興趣，養成幼兒生活習慣與態度。

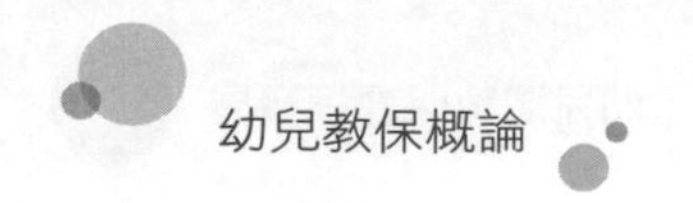

(2) 自然：包含常見的動植物、飼養與栽培、自然現象、自然環境、人體的構造、衛生常識、動力與機械、工具與用具。

(3) 數、量、形的概念：包含物體數量形的比較、認識基本圖形、物體的單位名稱、順數與倒數、方位、質量、阿拉伯數字和時間概念。

從前述六大領域涵蓋的內容分析，《幼稚園課程標準》較傾向將各領域涵蓋的內容以分類的方式呈現，但不同領域的構連、從一個概念延伸到不同領域如何執行，較缺乏給幼稚園教師結構化的引導。

第二節 幼兒園教保活動課程綱要內容

本節內容主要整理自教育部國民及學前教育署委託研編的《幼兒園教保活動課程手冊》（幸曼玲等，2015）。「幼兒教育概論」課程為入門式的介紹，在本章提供概述性的介紹，若讀者對《幼兒園教保活動課程大綱》有興趣，建議可以直接閱讀教育部國民及學前教育署編擬的手冊。

一、幼托整合後的課綱

2011 年《幼兒教育及照顧法》通過，幼稚園和托兒所整併通稱為「幼兒園」，招收 2 歲以上至入國民小學前的幼兒。《幼兒園教保活動課程大綱》（以下簡稱「課綱」）接續於2012年公告，協助教保人員規劃適合的教保活動。

幼兒園的課程領域從健康、遊戲、音樂、工作、語文、常識六大領域，到課綱調整為身體動作與健康、認知、語文、社會、情緒、美感六大領域，除健康和語文領域維持，原有的常識領域拆分為認知和社會領域，原有的音樂和工作則一部分統整到美感領域之中，同時強調幼兒情緒領域的重要。幸曼玲等（2015）也比較了1987年版的《幼稚園課程標準》和課綱的不同，舊課程標準較以知識學習為導向，但課綱強調能力取向，彙整如表13-1。

表13-1　新舊課程標準的課程內涵比較

	舊課程標準	課綱
身體動作與健康領域	「健康」領域包含：健康的身體、健康的生理、健康的生活。 涵蓋一部分「遊戲」領域的感覺運動遊戲：如：擲球、三輪車、溜滑梯等。	透過身體動作和用具操作，幼兒覺察與模仿、協調與控制、組合與創造。
認知領域	屬於「常識」領域的一部分，自然、數量形的概念（較著重知識層面）。	觀察、分類、蒐集資料、整理環境、解決問題。
語文領域	故事和歌謠、說話和閱讀。	運用肢體、口語、圖像、文字和符號，學習理解和表達。
社會領域	屬於「常識」領域的一部分，認識家庭、社區的生活及社會機構，對外界事物及現象的關注與興趣。	探索與覺察、協商與調整、愛護與尊重。
情緒領域		情緒的覺察與辨識、情緒的表達、情緒的理解和情緒的調節。
美感領域	涵蓋「音樂」與「工作」領域。音樂領域內涵包括唱遊、韻律、欣賞和節奏樂器。工作領域內涵包括繪畫、紙工、雕塑和工藝。	透過感官，感知外在事物美的能力，表現和創作美的事物，回應外界美的事物的能力。

資料來源：幸曼玲等（2015：31-32）。

（一）以「仁」為宗旨的教育觀

課綱的宗旨以「仁的教育觀」為基礎，「仁」的概念源自儒家思想，也就是愛人愛己、仁民愛物（幸曼玲等，2015）。爬梳中國古典中對於「早教」和「蒙學」的觀點，幼兒教育的啟蒙比比皆是，尋找我國傳統幼教啟蒙的脈絡，而非單純移植西方哲學，是課綱立論的重要基礎。熊秉真（2000）指出，傳統中國以儒家為社會規範和幼童教育的根本。《禮記》〈曲禮・內則〉即提到：兒童的教育和啟蒙應從幼童開始，家庭教育中即應教導幼兒敬老禮儀等行為規範，數字、方位、日曆等生活常規，使幼童對長輩恭敬謙讓，行為循規蹈矩。所謂「仁的教育觀」的內涵包括如下（幸曼玲等，2015）：

1. 重視家庭：重視親子關係和手足關係。
2. 修正儒家對他人關係的上下差序格局，調整為對他人彼此關懷、尊重和接納。
3. 將「仁」的範圍從家庭擴大到社區和人所處的環境。

（二）課綱培養幼兒六大核心素養

盧美貴（1988）指出，幼兒教育的目標為培養幼兒德、智、體、群、美五育均衡發展。具體言之，幼兒教育的目標提供幼兒陶冶性情、轉化氣質的環境，使幼兒運用正確的心理觀念、促進身心健康發展，培養良好的社會關係、生活態度和習慣，確立幼兒審美態度、建立幼兒生活與倫理結合的道德判斷能力。前述目標以領域區分幼兒教育目標，課綱則採取統整的概念，指出幼兒園課程須培養幼兒的六大核心素養，分別為（教育部，2017）：

1. 覺知辨識：透過感官，覺察自己與周遭生活環境的訊息，並理解訊息。

2. 表達溝通：運用符號表達自己的想法和感受，與他人溝通不同的意見。
3. 關懷合作：接納自己、關心他人以及周遭環境，並與他人合作協商，共同解決問題。
4. 推理賞析：運用舊經驗和知識，分析、整合和預測訊息，並欣賞自己和他人的表現。
5. 想像創造：以創新的精神和多元方式表達對生活中人事物的感受。
6. 自主管理：依據規範覺察和調整自己的行動。

（三）領域目標與課程目標

課綱的幼兒六大素養為統整六大領域之後抽取分析的重要能力，素養的培育可以運用到六大領域，包含身體動作與健康、認知、語文等領域，可以將上述六大核心素養，包含覺知辨識、表達溝通等，納入課程設計。課綱以六大領域對應的領域目標與課程目標彙整如表 13-2。

表 13-2　課程大綱六大領域對應的領域目標與課程目標

領域	領域目標	課程目標
身體動作與健康領域	1. 靈活展現基本動作並能維護自身安全。 2. 擁有健康的身體及良好的生活習慣。 3. 喜歡運動與樂於展現動作創意。	身-1-1 模仿身體操控活動 身-1-2 模仿各種用具的操作 身-1-3 覺察與模仿健康行為及安全的動作 身-2-1 安全應用身體操控動作，滿足自由活動及與他人合作的需求 身-2-2 熟練各種用具的操作 身-2-3 熟練並養成健康生活習慣 身-3-1 應用組合及變化各種動作，享受肢體遊戲的樂趣 身-3-2 樂於善用各種素材及器材進行創造性活動

表13-2 課程大綱六大領域對應的領域目標與課程目標（續）

領域	領域目標	課程目標
認知領域	1. 擁有主動探索的習慣。 2. 展現有系統思考的能力。 3. 樂於與他人溝通並共同合作解決問題。	認-1-1 蒐集生活環境中的數學訊息 認-1-2 蒐集自然現象的訊息 認-1-3 蒐集文化產物的訊息 認-2-1 整理生活環境中的數學訊息 認-2-2 整理自然現象訊息間的關係 認-2-3 整理文化產物訊息間的關係 認-3-1 與他人合作解決生活環境中的問題
語文領域	1. 體驗並覺知語文的趣味與功能。 2. 合宜參與日常社會互動情境。 3. 慣於敘說經驗與編織故事。 4. 喜歡閱讀並展現個人觀點。 5. 認識並欣賞社會中使用多種語文的情形。	語-1-1 理解互動對象的意圖（理解肢體、理解口語） 語-1-2 理解歌謠和口語的音韻特性（理解口語） 語-1-3 認識社會使用多種語言的情形（理解口語） 語-1-4 理解生活環境中的圖像符號（理解圖像符號） 語-1-5 理解圖畫書的內容與功能（理解圖像符號） 語-1-6 熟悉閱讀華文的方式（理解文字功能） 語-1-7 理解文字的功能（理解文字功能） 語-2-1 以肢體語言表達（以肢體表達） 語-2-2 以口語參與互動（以口語表達） 語-2-3 敘說生活經驗（以口語表達對生活的理解） 語-2-4 看圖敘說（以口語表達對圖像的理解） 語-2-5 運用圖像符號（以圖像符號表達） 語-2-6 回應敘事文本（以口語、肢體、圖像符號表達對敘事文本的理解） 語-2-7 編創與演出敘事文本（以口語、肢體、圖像符號編創敘事文本）

表 13-2　課程大綱六大領域對應的領域目標與課程目標（續）

領域	領域目標	課程目標
社會領域	1. 肯定自己並照顧自己。 2. 關愛親人。 3. 樂於與他人相處並展現友愛情懷。 4. 體驗在地文化並樂於接觸多元文化。 5. 親近自然並尊重生命。	社-1-1 認識自己 社-1-2 覺察自己與他人內在想法的不同 社-1-3 覺察生活規範與活動規則 社-1-4 覺察家的重要 社-1-5 探索自己與生活環境中人事物的關係 社-1-6 認識生活環境中文化的多元現象 社-2-1 發展自我概念 社-2-2 同理他人，並與他人互動 社-2-3 調整自己的行動，遵守生活規範與活動規則 社-3-1 喜歡自己，肯定自己 社-3-2 保護自己 社-3-3 關懷與尊重生活環境中的他人 社-3-4 尊重他人的身體自主權 社-3-5 尊重生活環境中文化的多元現象 社-3-6 關懷生活環境，尊重生命
情緒領域	1. 接納自己的情緒。 2. 以正向態度面對困境。 3. 擁有安定的情緒並自在地表達感受。 4. 關懷及理解他人的情緒。	情-1-1 覺察與辨識自己的情緒 情-1-2 覺察與辨識生活環境中他人和擬人化物件的情緒 情-2-1 合宜地表達自己的情緒 情-2-2 適當地表達生活環境中他人和擬人化物件的情緒 情-3-1 理解自己情緒出現的原因 情-3-2 理解生活環境中他人和擬人化物件情緒產生的原因 情-4-1 運用策略調節自己的情緒
美感領域	1. 喜歡探索事物的美。 2. 感受美感經驗與藝術創作。 3. 展現豐富的想像力。 4. 回應對藝術創作的感受與喜好。	美-1-1 體驗生活環境中愉悅的美感經驗 美-1-2 運用五官感受生活環境中各種形式的美 美-2-1 發揮想像並進行個人獨特的創作 美-2-2 運用各種形式的藝術媒介進行創作 美-3-1 樂於接觸多元的藝術創作，回應個人的感受 美-3-2 欣賞藝術創作或展演活動，回應個人的看法

資料來源：教育部（2017）。

以下以「身體和動作技能發展」為例，比較新舊課綱在領域的課程目標（表 13-3）。舊課程標準強調疾病傳染、意外災害、安全等重點，分項較多也較細；新課程目標則將上述疾病、災害、安全的目標整合至「身-1-3 覺察與模仿健康行為及安全的動作」和「身-2-3 熟練並養成健康生活習慣」。其次，舊課程標準只有提到增進大小肌肉動作技能發展兩項，課綱則強調組合應用、肢體遊戲的創作。另外課綱也有幾項目標是舊課程目標未提及的，包含模仿身體操控、模仿和熟練工具操作、與他人合作等。

表 13-3　新舊課程目標的比較（以身體動作與健康領域為例）

<table>
<tr><th>領域</th><th>舊課程目標</th><th>課綱課程目標</th></tr>
<tr><td rowspan="3">身體動作與健康領域</td><td>1. 增進身體的健康
2. 減少疾病傳染的機會
3. 減少意外災害的發生
4. 確保生命的安全</td><td>身-1-3 覺察與模仿健康行為及安全的動作
身-2-3 熟練並養成健康生活習慣</td></tr>
<tr><td>5. 增進大肌肉動作技能的發展
6. 增進小肌肉動作技能的發展</td><td>身-3-1 應用組合及變化各種動作，享受肢體遊戲的樂趣
身-3-2 樂於善用各種素材及器材進行創造性活動</td></tr>
<tr><td></td><td>身-1-1 模仿身體操控活動
身-1-2 模仿各種用具的操作
身-2-1 安全應用身體操控動作，滿足自由活動及與他人合作的需求
身-2-2 熟練各種用具的操作</td></tr>
</table>

資料來源：作者整理。

（四）學習指標

1.「課程目標」與「學習指標」的差異

課程目標指的是幼兒在該領域的學習方向，且課程目標的擬定須符合該年齡幼兒的發展和需求；學習指標則是依據各領域的課程目標，分別依照不同年齡幼兒規劃分齡的指標，是課程目標之下的學習細項（教育部，2017）。

教保人員使用學習指標時，應該參照班上幼兒的能力和差異性，即使在教學活動設計涵蓋了某些教學指標項次，教保人員必須理解幼兒在教學活動的表現可能具有差異性。學習指標是一個建議的學習方向，但並不是用來做為評量幼兒是否達到該項能力的工具（教育部，2017）。

2. 各領域學習目標

各領域依層次分別擬定領域目標、課程目標，同時依據 2～3 歲、3～4 歲、4～5 歲、5～6 歲分別擬定學習指標。以下以「健康領域」的課程目標「身 1-1 模仿身體操控活動」為例說明（表 13-4）。讀者若對其他領域有興趣，可以查閱《幼兒園教保活動課程大綱》（教育部，2017）。

表 13-4　課程目標身 1-1 對應之各年齡學習指標

課程目標	2-3 歲學習指標	3-4 歲學習指標	4-5 歲學習指標	5-6 歲學習指標
身-1-1 模仿身體操控活動	身-幼-1-1-1 認識身體部位或身體基本動作的名稱 身-幼-1-1-2 模仿常見的穩定性及移動性動作	身-小-1-1-1 （同左） 身-小-1-2-1 模仿身體的靜態平衡動作	身-中-1-1-1 覺察身體在穩定性及移動性動作表現上的協調性 身-中-1-1-2 模仿身體的動態平衡動作	身-大-1-1-1 （同左） 身-大-1-1-2 （同左）

資料來源：教育部（2017：15）。

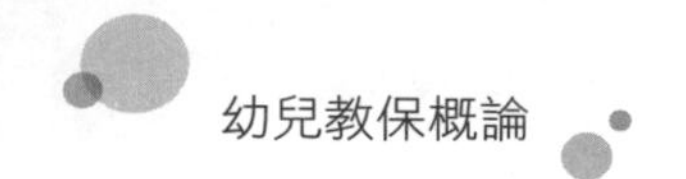

（五）教保人員執行課程時的注意事項

1. 以統整方式進行課程：教保人員每學期編擬教學計畫，執行教學活動時，應避免知識和技能的灌輸，而是透過生活環境選材。教保人員設計活動或安排作息時，應避免「注音符號」、「藝術活動」、「科學實驗」等分科教學的方式。
2. 適齡適性：幼兒園的課程活動應鼓勵幼兒探索和學習，不論是分齡或混齡的班級，教保人員都應依據每個幼兒的個別發展和需求，提供適齡適性的教保活動。分組活動或學習區活動的設計，應符合幼兒不同年齡需求，提供多元化的活動型態。例如：大班幼兒可以練習仿寫文字，中小班幼兒則是辨識字卡正確排列文字。
3. 透過遊戲學習：幼兒喜歡遊戲和探索，但是遊戲並不見得是「桌遊」、「教玩具」、「遊戲設施」。幼兒園的教室、校園環境、社區等，都是幼兒探索和學習的區域，幼兒從探索經驗中，運用感官覺察環境，不斷累積對生活的知識和經驗。

綜言之，課程大綱有助於幼兒園教師從幼兒中心發展課程，同時幼兒園教師規劃幼兒學習活動時，也可以參考課程大綱（陳得蓉、張瓅文，2018）；不過課綱的課程目標、學習目標和指標較為複雜，幼兒園教師需理解指標的意義，而非為了「對應指標找指標」，才能作妥適的運用。

第三節
幼兒園課程發展的趨勢

過去幼稚園和托兒所各有課程依據，幼托整合之後，課綱的頒定成為幼兒園課程參照依準，依據課綱，同步提出幼兒園專業發展輔導計畫和教學品質評估表的配套實施，讓幼兒園的課程愈來愈朝向「規格化」和「統一化」。有關幼兒園課程發展有許多議題值得探討，筆者就觀察到的幼兒園現況與教師課程規劃的問題，提出下面議題進行討論。

一、從傳統教學到課程萌發

翁麗芳（2017）指出，傳統教學指的是勤管嚴教、偏重認知性課程，同時將幼兒園課程視為小學課程的提早學習。幼兒園較常出現的傳統教學，包含教注音符號、注音符號運筆練習、數學數量形運算等，同時也會使用坊間的作業簿、練習本、甚至國小的測驗卷等。前述傳統教學與幼兒園強調引導幼兒從遊戲中學習的精神不同。即使是早期的幼稚園課程，也並非以「傳統教學」為主軸。1987 年的《幼稚園課程標準》強調應「改進現行幼稚教育缺失，導引幼稚教育的正常發展」、「不得為國民小學課程的預習和熟練」，可見在課綱發布前，幼稚園的簿本教學情況甚為普遍。幼兒園教師以家長希望幼兒園教注音符號為由，購買簿本讓幼兒作重複練習，捨棄了幼兒園教師應設計與規劃課程，適齡適性導引幼兒學習。造成的嚴重影響，就是幼兒園教師欠缺教師理念，只要提供現成的簿本讓孩子重複練習，教師忽視自己的

教學專業，成為被動的接受者。

幼兒園教師從傳統教學走向課程萌發的開放式教學，必然會經過一段衝撞期。筆者實際參與幼兒園基礎評鑑的過程發現，幼兒園教師拋棄過去的傳統教學後，需要對課程規劃和設計具備足夠的概念。幼兒園使用坊間教材並非過錯，但幼兒園教師並未深思坊間教材課程規劃是否適合自己班級的幼兒，而是完全依照教材的活動內容進行，甚至將教師手冊內的主題網、教學活動設計複製剪貼到自己的教學歷程紀錄，將教師手冊內的主題概述全部剪貼到全園性教保活動課程發展會議紀錄。有一部分幼兒園因為有大中小班年齡的幼兒組成混齡班，或者設有不同年齡的分齡班，但是卻未能針對不同年齡幼兒發展適合的課程，甚或對不同能力發展的幼兒使用相同的學習單，這些都是教保人員在轉型過程中面臨的課程發展素養提升的問題。

從過去隨手可得的簿本教材，到如何引導幼兒探索，從遊戲中建構知識，除了全園的教保人員必須對課程發展具有共識，透過學習社群、觀摩等方式，提升自己的教學專業。除此之外，幼兒園可以善用每學期的全園性教保活動課程發展會議，透過課程和班級幼兒學習經驗的討論，精進自己的教保課程。

陳娟娟（2019）指出，課程轉型（curriculum transformation）的目的，是要引發幼兒園朝向開放教育，鼓勵幼兒探索興趣，因此幼教師必須布置合宜的學習環境，誘發幼兒主動探索的興趣。同時，教師做為引導者，更應該隨時評估幼兒的發展和能力，透過觀察、提問、協助連結舊經驗、對幼兒的表現和問題進行評估。

課程萌發強調幼兒從探索到經驗累積的階段，教師扮演參與者和協助者，藉由幼兒的自我探索、發現到學習的過程，幼兒可以發展其興趣和能力。Stacey（2009）指出，萌發課程（emergent curriculum）是一種循環的教學策略，教師觀察、與學生討論、檢視學生的學習單和文件、向學生提出問題，並且再回到觀察。萌發課程的重點包含：

1. 教師架構、學生萌發、鼓勵團隊合作學習、每個學生都有參與的機會。
2. 教師是協調者，鼓勵學生探索、深入發掘，並建構更多的知識。
3. 教師在課程規劃應有彈性，持續發展、採取互動模式。
4. 使學生和教師透過不同形式的作業和文件展現想法。

幼教師設計課程時，不論選取方案、主題等教學方法，均可以採取課程萌發的概念，鼓勵幼兒探索和累積經驗，以遊戲為基礎，透過合作學習、深化幼兒的學習經驗。

二、素養導向的課程發展

國家教育研究院將「核心素養」列入十二年國教科課綱的課程發展主軸。「核心素養」指的是個體為了適應現在生活以及未來的種種挑戰，應具備的知識、能力與態度。因此，十二年國教課綱跳脫過去學科知識和技能的限制，更為關注學習和生活的實踐（范信賢，2019）。

教育部2014年公布《十二年國民基本教育課程綱要》，以適性揚才、終身學習為願景，自發、互動、共好為課程理念。十二年課綱的核心素養包含三面九項（圖 13-1），以終身學習為核心，透過生活情境培養及活用核心素養。三大面向分別為自主行動、溝通互動和社會參與。每一面向各自包含三項素養內涵，分別為：身心素質與自我精進、系統思考與解決問題、規劃執行與創新應變、符號運用與溝通表達、科技資訊與媒體素養、藝術涵養與美感素養、道德實踐與公民意識、人際關係與團隊合作、多元文化與國際理解

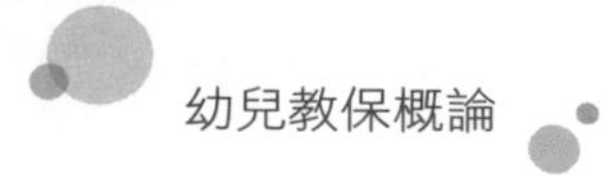

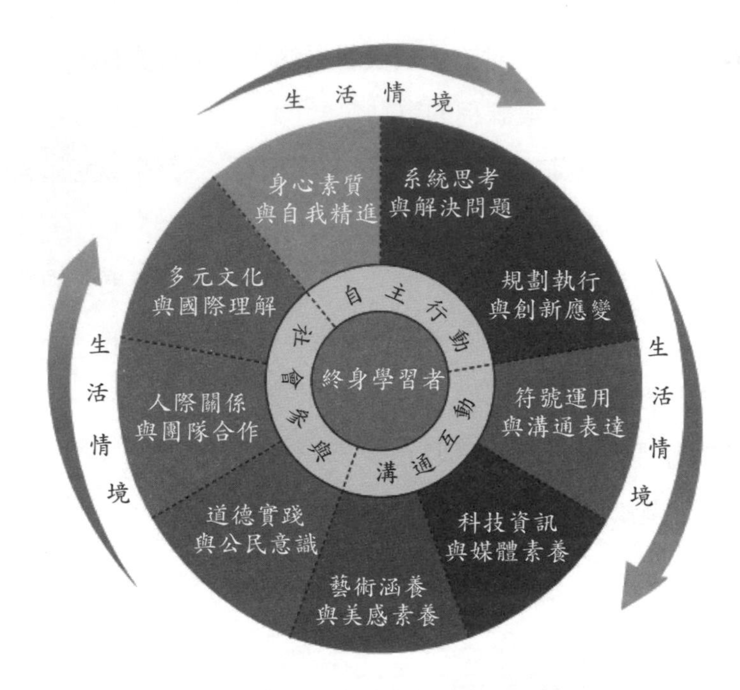

圖 13-1　總綱核心素養的滾動圓輪意象

資料來源：范信賢（2019：77）。

（教育部，2014）。

《幼兒園教保活動課程大綱》於民國 106 年（2017 年）公布實施、十二年國教課綱素養也於2019年正式上路。不論幼兒園或國中小階段，發展素養導向的能力已成趨勢。比照幼兒園六大素養與十二年國教課綱的素養的延續和連結，以圖 13-2 呈現。

對照幼兒園與十二年課綱素養，科技資訊與媒體素養非學前幼兒須培養的重點能力，但也有部分幼兒園會引導幼兒透過網路蒐集主題課程的相關訊息，或者教導幼兒運用手機或平板電腦的照相功能蒐集訊息，幼兒園的科技資訊面向較多屬於工具式的操作。除此項以外，幼兒園六大素養與十二年課綱的對照如圖　13-2。覺知辨識為透過感官，覺察自己與周遭生活環境的訊

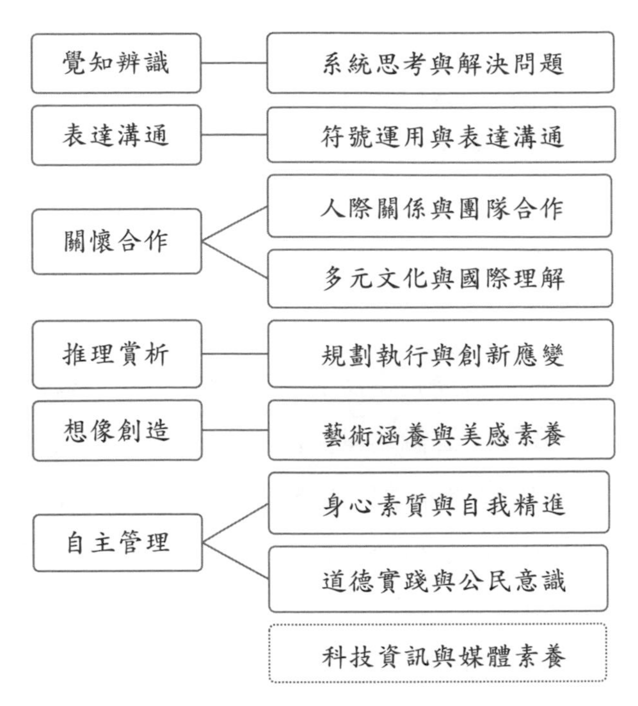

圖13-2 幼兒園與十二年課綱素養對照圖

息，並理解訊息，對應系統思考與解決問題。

雖幼兒園尚未納入國民基本教育，但課綱素養的銜接在於教學者，應加強師資對於課綱的理解（陳得文，2018），幼兒園教師也應當對十二年國教的課綱素養具備基本概念，如此才能引導幼兒順利銜接國小課綱素養。對幼兒園教師的建議如下：

1. 培養幼兒自主行動能力：幼教師應在幼兒園階段，培育幼兒自主行動的能力。自主行動包含課綱認知領域提到的蒐集訊息、解決問題等能力，除此之外，幼教師也要培養幼兒進入小學前，可以達到生活自理和管理的能力，從生活經驗探索中，產生求知的態度和慾望，同時可以透過問題解決的方式，因應日新月異的社會變遷。進入國小階段後，自主行動的能力，展現在對自己生活習慣、課業和學習的勤謹態度，對於學科領域知識的批判反思。

2. 跨域整合、知識統整：幼兒園課程的知識構成是統整式不分科，鼓勵幼兒園教師採取以方案為基礎的學習模式（project-based learning），即使是主題課程的規劃，也會在同一主題內涵蓋身體動作與健康、語文、社會、認知、美感、情緒、認知等領域。《幼兒園教保活動課程大綱》強調幼兒的發展獨特需求及主動性，要培養的是幼兒的核心能力而非學習死知識，強調幼兒在社會文化脈絡下的互動學習。因此分科教學的知識學習並非幼兒園課程強調的重點。Harris-Helm與Katz（2011）指出，主題活動最大的問題在於教師主導較多的議題選定，主題網的概念發展和幼兒理解的引導依循教師的規劃而非幼兒探索的興趣。方案課程較能滿足幼兒的好奇心同時在主動學習和探究的過程中，較有利於知識的轉化。幼兒園的整合式課程，雖不見得在單一學科領域可以提供完整的知識概念，但統整式知識的累積，有助於幼兒進入國小之後對於跨領域學科基礎知識的橫向連結。

3. 社會參與、合作協調：幼兒園課程活動中，包含學習區操作、小組或分組活動，均是培養幼兒社會參與和合作協調的重要能力。幼兒園強調家園與社區的重要性，幼兒園的課程發展與社區密不可分。教師透過帶領幼兒進行社區踏查，從生活經驗中發展與社區文化、人文、產業相關的主題活動，也會邀請社區人士參與分享，發展與社區共融式的課程活動，例如老幼共學的主題課程（葉郁菁，2020）。幼兒園的課程與社區密不可分，也因此從社會參與中，涵養幼兒對於社區關懷，與他人合作協調的能力。如同課綱的社會領域所揭示，從探索與覺察、協商與調整、愛護與尊重三項重要能力的發展，交織構成自己、人與人、人與環境的三大學習面向（教育部，2017）。這些將成為國小階段，公民意識、人際關係與團隊合作的重要基底。從小培養幼兒尊重生活環境中的多元文化現象、他人的身體自主權，銜接十二年課綱多元文化與國際理解的素養。

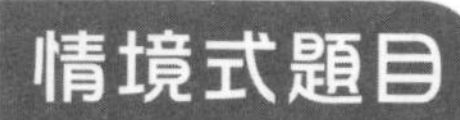

下列為某國小附幼（4 歲混齡班級）的教學簡案

<table>
<tr><td colspan="2">主題活動：從頭動到腳</td><td colspan="2">日期：　　年　　月　　日星期</td></tr>
<tr><td>課程目標</td><td colspan="3"></td></tr>
<tr><td>學習指標</td><td colspan="3"></td></tr>
<tr><td colspan="3">活動流程</td><td>教學資源</td></tr>
<tr><td colspan="3">一、引起動機
暖身運動：頭兒身體膝腳趾兒歌律動
二、發展活動
☆繪本故事～從頭動到腳
☆討論
1.誰是故事的主角？
2.主角總共遇到了幾隻動物？
3.你最喜歡哪一隻動物？為什麼？
4.請小朋友依照繪本中的語句，想一個動作，請其他小朋友模仿。
☆動物說：「我是＿＿＿＿＿，我會＿＿＿＿。你會嗎？」
人類回答說：「這個我會！」
改變成
小朋友說：我是○○○，我會＿＿＿＿，你會嗎？
小朋友說：這個我會。
5.動動人偶 DIY
(1)先將毛根一端扭轉圓圈當結避免吸管掉落
(2)對折毛根取中間位置做一個圓圈扭轉固定
(3)另一根串好的毛根對折之後，將一邊放入第一根圓圈後再次扭轉固定
(4)毛根抓距離兩邊交叉扭轉固定成橢圓形變身體
(5)將尾端毛根打圓圈扭轉固定避免吸管脫落
(6)將一隻腳插入隨意黏土中就能固定在桌上
三、綜合活動
☆將做好的玩偶擂出想要的動作，跟著玩偶一起做動作，拍一張可愛的照片唷！活動結束</td><td>音樂

音樂
故事繪本

吸管、毛根、黏土</td></tr>
</table>

1. 這個教案涵蓋哪些領域？
2. 請填寫教案適合的課程目標和學習指標。
3. 教保人員執行上述課程活動時，應注意哪些事項？
4. 請參考「從頭動到腳」的主題活動，仿寫一個不同領域的教案活動。

參考文獻

中文部分

內政部（2006）。**托兒所設置辦法**（廢止時間 2006 年 11 月 1 日）。取自 https://law.moj.gov.tw/LawClass/LawAll.aspx?pcode=D0050004

幸曼玲、楊金寶、柯華葳、丘嘉慧、蔡敏玲、金瑞芝、簡淑真、郭李宗文、林玫君、倪鳴香、廖鳳瑞（2015）。**幼兒園教保活動課程手冊（上）、（下）**。臺中市：教育部國民及學前教育署。

范信賢（2019）。領域素養導向課程及教學設計。載於范巽綠（主編），**課程協作與實踐【專刊】第三輯**（頁 74-86）。臺北市：教育部。

翁麗芳（2017）。從《幼稚園課程標準》到《幼兒園教保活動課程大綱》——談七十年來臺灣幼教課程的發展。**教科書研究，10**（1），1-33。

國家教育研究院（2000）。**幼稚園課程標準**。取自：雙語詞彙、學術名詞暨辭書資訊網 http://terms.naer.edu.tw/detail/1303946/?index=1

教育部（1994）。**幼稚園教師手冊**。臺北市：作者。

教育部（1996）。**幼稚園課程標準**。臺北市：作者。

教育部（2014）。**十二年國民基本教育課程綱要總綱**。臺北市：作者。

教育部（2017）。**幼兒園教保活動課程大綱**。臺北市：作者。

陳娟娟（2019）。幼兒園課程轉型行動研究——以偏鄉公托改制之幼兒園為例。**幼兒教育研究，8**，89-120。

陳得文（2018）。幼兒園教保課程綱要和十二年國教課綱之核心素養的銜接。**臺灣教育評論月刊，7**（3），65-71。

陳得蓉、張瓅文（2018）。《幼兒園教保活動課程大綱》對幼兒園教師之影響。**臺灣教育評論月刊，7**（9），81-84。

黃天、楊芊、邱妍祥（2015）。**幼兒園課程與教學**（七版）。臺北市：五南。

葉郁菁（2020）。**幼兒園、家庭與社區**。新北市：心理。

熊秉真（2000）。**童年憶往**。臺北市：麥田。

盧美貴（1988）。**幼兒教育概論**（初版）。臺北市：五南。

盧美貴（2020）。**幼兒教保概論**（五版）。臺北市：五南。

盧素碧（1980）。幼兒教育課程與活動設計。**幼兒教育年刊，3**，153-170。

英文部分

Harris-Helm, J., & Katz, L. (2011). *Young investigators the project approach in the early years* (2nd ed.). New York, NY: Techers College Press.

Stacey, S. (2009). *Emergent curriculum in early childhood settings: From theory to practice*. St. Paul, MN: Redleaf Press.

14

幼兒的學習與評量

葉郁菁

本章概述

教保人員對於「幼兒學習檔案」並不陌生，但許多教保人員對於幼兒學習檔案的理解，經常與「幼兒作品集」畫上等號。幼兒作品集是幼兒學習單、作品的集錦，教保人員在期末時，整理幼兒整個學期的作品，並將作品逐一放入檔案內。家長接到幼兒作品集時，只能知道幼兒曾經做了些什麼，但是對於幼兒的學習能力和表現結果可能毫無頭緒也無任何線索。

幼兒學習檔案的本意，不只有描述幼兒的學習活動，還必須對幼兒學習表現進行評估，這是教保人員發揮專業表現的重要一環；正確評量和解讀幼兒能力發展，對教保人員充滿專業挑戰。教保人員製作幼兒學習檔案時，若無法回歸評量的目的，正確解讀幼兒的表現意涵，則可能落入「有做但不知為何而做」，或者「做了但不完整」的結果（陳紀萍、吳毓瑩，2017）。

本章旨在探討幼兒的學習及其評量，共分成三節加以討論。首先，說明幼兒學習評量的意涵；其次，分析幼兒學習表現的紀錄；最後，就幼兒學習評量成果及其呈現等進行討論。

第一節
幼兒學習評量的意涵

關於幼兒學習評量的意涵，以下分就幼兒學習評量的意義、理論基礎與類型等，說明如後。

一、幼兒學習評量的意義

評量（evaluation）指的是「有系統的收集詳細的資料，據以判斷優點或問題的歷程」（教育部，2017）。評量涵蓋蒐集資訊和判斷資料兩個步驟：蒐集訊息必須讓幼兒在真實情境中有運用其統整能力的機會，教保人員觀察幼兒在情境中的自然表現歷程和結果。資料判斷的部分，則包含分析幼兒表現的特點，評估幼兒已經學會的和需要持續引導和介入的部分。評量不是對幼兒的表現做出價值判斷，而是期待透過系統化的訊息蒐集，了解幼兒的優勢和弱勢，教保人員才能選擇最佳的教學策略和方式，協助幼兒發展。評量的意義是協助幼兒了解自己與目標的距離，以及知道如何前往目的地，當學生看到進步，就會有學習的成就感，所以評量使用得當的話，就能幫助學習（林竹芸，2019）。

關於評量的實施重點主要有五項：

1. 方法必須多元，且主客觀並重。
2. 有系統的進行，且為連續的過程。
3. 除了蒐集資訊，還要判讀和解釋訊息。

4. 對幼兒及教師雙方均有益處。

5. 需要教師、家長與幼兒共同合作。

綜合前述，所謂幼兒學習評量，係指教保人員運用多元且客觀的方式，持續性、系統化的蒐集與幼兒學習有關的訊息，透過幼兒學習評量的結果，了解幼兒的能力現況，並採用有效的教學策略，協助幼兒朝向學習目標邁進。

二、幼兒學習評量的理論基礎

依據《幼兒學習評量手冊》所述，學習評量的理論基礎包含下述三項，包含以幼兒為學習主題的評量、表現評量，和課程本位評量，茲就其意涵分述如下（教育部，2017；賴麗敏，2021）：

（一）以幼兒為主體的評量

幼兒園學習的主體是幼兒，教保人員必須採取以學習者為中心的方式，允許幼兒在學習情境中可以充分發揮其能力。教保人員避免從自己主觀的觀點做判斷，而是依據教學現場的紀錄，參酌幼兒的起始能力，對照幼兒能力發展的進程，系統化的蒐集相關資訊和分析。

（二）表現評量

表現評量（performance assessment）又稱為實作評量，依據課程活動的內容，幼兒在課程活動中的學習任務或表現，據以判斷幼兒的能力表現和學習歷程及其成果，目的是要找出幼兒的真實能力。教保人員可以在課程進行中，詳實記錄幼兒的行為觀察，團討過程中，記錄幼兒的想法和發表的言論，或者運用訪談，請幼兒分享作品或想法；教保人員可以拍下幼兒的作品、學習單、操作的過程，比較幼兒經歷整個學期後，透過作品和照片，說明幼兒能力表現的差異。

（三）課程本位的評量

實施方式包含形成性和總結性評量。課程本位評量較常使用的方式包含觀察評量、書面作品、檢核表、操作評量、口頭評量及個案紀錄等方式。形成性評量（formative assessment）指的是在活動進行的過程中，教保人員對幼兒的學習情形持續做記錄，透過蒐集資料，分析幼兒的表現是否達到特定目標的程度。形成性評量的優點是可以隨時掌握幼兒學習的進程並給予回饋，教學者也可以依照即時評量的結果，即時給予幼兒回饋或彈性調整課程或教學（教育部，2019）。總結性評量（summative assessment）則是依據課程最終的學習目標設定評量指標，通常在課程進行一段比較長的時間之後才會實施，較常見是學期末的學習成果總報告，依據該學習的主題、課程目標、設定的能力指標，依照幼兒表現結果進行該學期（或學年度）的整體性評估。總結性評量的目的，在於判斷幼兒的能力表現達成總期望目標的程度，也會透過較長時間的資料蒐集和幼兒學習成果的分析，做較為全面性的評估。

三、幼兒學習評量的類型

學習評量方式包含標準化測驗和非標準化測驗，幼兒因為無法書寫，口語表達受限於其年齡發展，對幼兒實施標準化測驗有其難度，尤其年齡愈小的幼兒施測愈不容易；以語文為例，國內適合3～6歲幼兒的語文標準化測驗包含：修訂畢保德圖畫詞彙測驗（PPVT-R）、修訂學前兒童語文障礙評量表、學前兒童語言能力測驗、學前幼兒語文評量（CLAMP）。非標準化測驗方面，則包含觀察、檢核表（checklists）、評分量表（rating scale）、評分規準（rubrics）、教師自編測驗和表現評量，評量實施的過程通常也需要成人的帶領，以了解幼兒的真實想法，以協助幼兒提出客觀的評量結果。

有些幼兒園設計在每個主題結束後，由教保人員將學習指標轉換成檢核表，逐項檢核幼兒是否達到該項能力；但課綱的學習指標並非做為評量的指標，這樣的作法實有誤解。例如：教保人員進行職業的主題活動，與幼兒談述警察、消防隊員、軍人也可以有女生，同時教保人員跟幼兒講述了《朱家故事》的繪本。這個主題活動結束時，教保人員將下列學習指標列入檢核表：「社-中-1-5-2 覺察不同性別的人可以有多元的職業及角色活動」，並且評估幼兒「完全做到」、「部分做到」、「少部分做到」、「沒有做到」。

教保人員使用檢核表的評估結果，可能因為缺少實際資料做為佐證，當教保人員勾選「部分做到」時，也無法理解幼兒在「覺察不同性別的人可以有多元的職業及角色活動」這一項的能力表現，究竟是「無法覺察不同性別的人可以有多元職業」，還是「理解多數的警察、消防隊員仍是男性」。張靜文（2012）建議，教保人員可以增加行為觀察或幼兒訪談的說明，較能協助理解。

教保人員較常使用非標準化的評量方式，例如觀察紀錄或檢核表，評述幼兒的學習表現，雖然有不少標準化測驗可以協助教保人員做評估，但通常教保人員較少對學齡前幼兒進行測驗式的評量。受限於幼兒年齡小，語言表達尚在發展中，教保人員需要透過多元化的方式和資料蒐集，較能客觀呈現幼兒的能力表現。

第二節 幼兒學習表現的記錄

幼兒園六大核心素養各自有對應的評量指標，教保人員應先了解幼兒園課程的核心素養和相關的評量指標的內容。以下分別說明幼兒園課程的核心素養和評量指標，並以實際案例說明教保人員如何分析幼兒學習表現。課綱描述的是學習指標，但教保人員如何對照能力發展的學習指標和學習評量指標，則於第三部分說明。最後，本節詳述課程活動中，教保人員可以蒐集哪些幼兒表現的相關資料。

一、幼兒園課程的核心素養和評量指標

《幼兒學習評量手冊》（教育部，2019）詳列了核心素養涵蓋的評量指標（頁 39）。六大核心素養共有 29 條評量指標，包括覺知辨識八條、表達溝通四條、關懷合作四條、推理賞析三條、想像創造五條及自主管理五條。每項評量涵蓋一至四個等級、等級的描述、規準層級，並提供參考範例和注意事項。表 14-1 為六大核心素養與其對應的評量指標。

表 14-1　核心素養與對應的評量指標

核心素養	評量指標
覺知辨識	1.能覺察自己及他人的特徵及興趣，並能比較異同 2.能覺察自己及他人的想法或情感，並能比較異同 3.能知道生活規範及活動規則的理由 4.能注意且理解周遭的文化訊息 5.能理解口語的意義 6.能辨識音韻的特性 7.能理解敘事文本及訊息類文本的意義，並能依目的使用訊息類文本 8.能注意且理解周遭的自然現象訊息
表達溝通	1.能運用視覺藝術素材表達想法或情感 2.能運用圖像符號表達想法或情感 3.能運用口語表達想法或情感 4.能在對話情境中相互表達、傾聽、協商，並調整自己的想法或情感
關懷合作	1.能理解他人之需求，表現利社會的行為 2.能表現對動植物及自然環境的關懷 3.能理解社區與自己的關係，並正向回應 4.能與他人合作完成工作或解決問題
推理賞析	1.能依據特徵整理生活環境中的訊息，並找出特徵間的關係 2.能分析已知的訊息，找出形成特定現象的原因 3.能欣賞及回應自己及他人的表現
想像創造	1.能透過視覺藝術素材進行想像創作 2.能透過音樂進行想像創作 3.能透過戲劇扮演進行想像創作 4.能運用肢體進行想像創作 5.能進行敘事文本的想像創作
自主管理	1.能協調及控制大肌肉，完成肢體動作活動 2.能協調及控制小肌肉，完成精細動作活動 3.能覺察危險，維護安全 4.有良好健康習慣，能進行個人自理及環境清潔 5.能調整自己的想法、情緒或行為，以符合規範

二、分析案例說明

以「表達溝通」的核心素養為例，表達溝通的素養內涵為：「運用各種符號表達自己的感受，並傾聽和分享不同的見解及訊息。」幼兒必須運用各種符號與他人分享和溝通，例如：肢體動作、口語、圖像符號和文字等。幼兒學習如何表達自己的想法，並且使用共通的符號讓他人可以理解（教育部，2019）。

表達溝通涵蓋四項評量指標（教育部，2019）：

1. 能運用視覺藝術素材表達想法或情感。

2. 能運用圖像符號表達想法或情感。

3. 能運用口語表達想法或情感。

4. 能在對話情境中相互表達、傾聽、協商，並調整自己的想法或情感。

第一項指標「能運用視覺藝術素材表達想法或情感」，視覺藝術素材包含紙張、鬆散材料、自然素材、生活用品、回收物品和建構素材等。上述指標再細分為四個等級描述：

等級 1	運用視覺藝術素材做出立體作品來表達想法或情感，想法簡單，表現的技巧簡單，想要表達的內容不能被他人看出。
等級 2	運用視覺藝術素材做出立體作品來表達想法或情感，想法簡單，表現的技巧簡單，想要表達的內容能被他人稍微看出。
等級 3	運用視覺藝術素材做出立體作品來表達想法或情感，(1)想法簡單，但表現的技巧細膩，想要表達的內容能被他人稍微看出；或(2)想法豐富，但表達的技巧簡單，想要表達的內容能被他人稍微看出。
等級 4	運用視覺藝術素材做出立體作品來表達想法或情感，想法豐富，表達的技巧細膩，想要表達的內容大部分可以被他人看出。

以下為兩位幼兒運用視覺藝術素材表達想法或情感創作的立體作品（圖 14-1、圖 14-2）。如果依據上述的等級 1 到等級 4，教保人員該如何評定？

圖14-1

圖14-2

【圖 14-1】幼兒的想法簡單，用平鋪的方式表現一個平面，立體空間概念尚未完整，排列整齊，建議教保人員透過訪談幼兒想法了解他想要表達的內容。建議評分為：1。

【圖 14-2】幼兒運用學習區多種材料（包含積木、動物玩偶、柵欄）排列出立體的造型。幼兒想要表達的是動物園的概念。幼兒運用不同積木排列橫式與立體的屋頂造型，同時運用一種以上素材，想要表達的內容大部分可以被看出。建議評分為：3。

教保人員需留意的是，雖然圖 14-1 的幼兒排列較為簡單，但無法以一次的作品就對幼兒做直接的評斷，教保人員對於幼兒學習的評量應該基於多次的作品展現較為客觀，尤其幼兒在創作的過程中，必然有其想法，教保人員關注幼兒的能力表現，比評分結果更為重要。但若圖 14-1 的幼兒為大班，是否這樣的表現值得擔心？教保人員參照學習評量的系統所評定的等級並不等於該年齡的常模，而是用來描述幼兒當下表現達到的程度，教保人員可以關注如何協助幼兒朝下一個等級前進。例如對圖 14-1 的幼兒，教保人員可以先詢問他想要做的作品是什麼？然後再與幼兒討論，增加立體空間的擺放，或是運用一種以上素材、不同學習區材料的混搭呈現作品。教保人員應該尊重幼兒的個別性差異和發展，或許有些幼兒的立體概念較弱，但他的語文表達能力是個優勢。幼兒的學習評量應該是綜合的結果，切勿單向片面式解讀，而且也並非所有幼兒在六大核心素養都必須達到等級 4。

三、評量指標與學習指標的對應

前述「表達溝通」的第一項評量指標「能運用視覺藝術素材表達想法或情感」，對照《幼兒園教保活動課程大綱》（教育部，2017），應屬於美感領域「表現與創作」的範疇，對應的學習指標為「美-2-2 運用各種形式的藝術媒介進行創作」，後者則加入「表達想法或情感」，成為「表達溝通」核心素養的評量指標。但在課綱，指標「美-2-2」涵蓋的藝術媒介則更廣，並非只是視覺藝術素材，還包含藝術、音樂及戲劇扮演。因為《幼兒園教保活動課程大綱》（教育部，2017）的學習指標與《幼兒學習評量手冊》（教育部，2019）的評量指標不一定對應，教保人員選取評量指標時，單一項課程活動的學習指標可能涵蓋兩項評量指標。

此外，《幼兒園教保活動課程大綱》六大領域分別描述了該領域的評量原則（教育部，2017）。對照上述評量指標「能運用視覺藝術素材表達想法或情感」，美感領域的評量在於了解幼兒創作的經驗中，是否可以享受樂趣及累積豐富的美感經驗。教保人員應觀察幼兒的美感情意和獨特創意的發想，而非強調技能的訓練或作品的展示。《幼兒園教保活動課程大綱》條列了教保人員觀察和分析的重點，與視覺藝術素材有關的問題包含如下（教育部，2017）：

1. 喜歡塗鴉、剪貼、拼圖、編織、疊積木嗎？
2. 喜歡用哪些不同的素材或方法創作平面或立體的作品？
3. 經常使用哪些視覺藝術工具或素材？
4. 建構的積木表現出什麼形狀、色彩、空間、對稱的概念？
5. 創作的作品內容在描述一個人、物、經驗或故事？

教保人員可以參採上面的問題，深入的反思幼兒在「能運用視覺藝術素材表達想法或情感」這一項的能力為何。

四、幼兒學習表現的資料蒐集

教保人員可以運用觀察和記錄的技巧，選定評量的指標。教保人員對課堂中蒐集的相關資料，必須學習如何分析重點是什麼，教保人員選擇的判斷標準是什麼，以及如何客觀的呈現幼兒學習的內容。此外，評量的目的在於了解幼兒各方面的發展，強調連續性的過程，參與幼兒學習表現的評估者，不僅只有幼兒園的教保人員，同時幼兒和家長應該都有機會可以參與。

（一）評量方式

1. 觀察紀錄

陳紀萍（2015）指出，觀察必須是「有目的的觀看」，觀察紀錄的重點必須能回應幼兒學習表現，簡潔、客觀，而不是花很多時間敘寫詳細的流程而忽略教室中幼兒才是學習的主體。教保人員可以對照當次活動預擬的課程大綱學習指標，善用幼兒學習評量指標和評分指引。

(1) 教保人員在自然情境下，對幼兒的行為持續觀察，並描述幼兒的實際行為。教保人員不必擔心什麼是「應該」記錄的內容，教保人員判斷並擇取重要的訊息來記錄，不論任何時間地點，都可以成為有用的訊息。記錄的重點包含：時間、情境、發生的行為、結果。

(2) 觀察的時機：課程進行中或幼兒在學習區操作都是適合的時機，但教保人員很難拿著筆電一邊觀察一邊撰寫紀錄，通常教保人員會運用紙筆簡要摘錄內容。

(3) 是否需要每位幼兒都記錄？雖然不必要每次的紀錄涵蓋班級每一位幼兒，但教保人員應對班級的每一位幼兒都要有足夠的訊息據以評量。教保人員觀察時，非常容易被特殊事件或幼兒的特殊表現吸引。班級中較不突出或較為內向的幼兒，反而容易被忽略。教保人員應該定期檢視自己的紀錄結果，避免觀察紀錄過度聚焦在少數幼兒。

(4) 教室中仍以幼兒的學習為重點，教保人員切勿因為專注於記錄反而忽略幼兒才是學習的主體。記錄的目的是要做為幼兒學習評量的診斷，當幼兒完成作品時，教保人員拿手機請幼兒拿著作品拍照，只是為了讓家長知道幼兒成品。但是這些照片若沒有說明，也沒有評量診斷，充其量只是幼兒活動照片集錦。教保人員的文字描述：「幼兒畫了一棵樹」，敘說的是當下的情境（what），但並沒有說明「為什麼」（why）。若教保人員可以詳細描述，則較容易理解幼兒能力的展現：「幼兒畫了一棵樹，他觀察到樹葉會有不同的顏色，所以這棵樹用了深綠和淺綠兩種顏色交錯。樹根的部分用咖啡色的蠟筆畫出一條條根，顯示幼兒對於運用兩種深淺不同顏色的美感能力和對樹的認知概念已經相當完整。」

(5) 記錄方法應注意評量的有效性：評定量法的記錄方法，主要採用評量表，教保人員可能依據當週或當月的主題課程和學習區，擬定幼兒能力表現的指標，評定幼兒「經常」、「偶爾」、「很少」、「幾乎沒有」等行為表現的結果。教保人員很快可以完成評量表的勾選，但需留意這些勾選的結果是否有意義，對家長而言，是否可以理解「經常」的真實意義，A 幼兒的「經常」表現和 B 幼兒的「經常」表現的真實內涵不見得一致。其次，教保人員評量時，為了避免家長過度反應，也會傾向「報喜不報憂」，偏向過度樂觀的結果。第三，評量表無法做為幼兒表現連續性的評量診斷，幼兒在剛進入學習區的操作、進行的歷程，較難以評定量法的方式呈現。

2. 測驗法

教保人員較少使用標準化測驗做為評量的結果。標準化測驗類似考卷、評量，有正確答案，可以對結果給分數。教保人員了解測驗的性質，選擇適用的測驗。若以測驗做為評量幼兒學習表現的工具，則需要考量測驗的穩定性和適用性，測驗結果的解釋也必須非常謹慎小心，避免誤導家長。教保人員會依據主題內容，自製或從教材光碟列印學習單，例如連連看、或者剪貼圖形或單詞到正確的欄位，這都是測驗的另一種形式。上述學習單是「認知型測驗卷」，幼兒完成之後的確可以做為評量結果的評定，但是並無法看出幼兒對個別主題活動或概念的想法，也難以引導幼兒發揮想像和創造。使用測驗或標準量表，或者從網路下載學習單或圖案時，也需要留意是否有版權問題。

3. 訪談或意見回饋

教保人員對幼兒進行評量需要多方採集關係人的想法和意見，包含家長和幼兒。教保人員可以透過課堂上請幼兒分享，幼兒敘說對於作品的想法和說明，教保人員協助記錄並進行分析。除此之外，教保人員與家長分享當週幼兒的學習表現，也可以請家長提供回饋意見，這些都可以納入幼兒學習評量。不過教保人員也會面對家長對於回饋單的反應有所不同。莊尤姿與蔣姿儀（2010）指出，多數家長對於剪貼、親子閱讀和勾選類的學習單參與度較為積極。積極的家長願意敘寫幼兒在家的表現，或者搭配回家的延伸活動，家長與幼兒共同進行與主題相關的活動時，會在親師聯絡本中提供回饋；不過也有一部分家長，幾乎很少提供任何回饋，或者新住民家長、隔代教養祖父母受限於語言表達和文字撰寫能力，可以提供的回饋有限，教保人員可以從家長端獲得的資訊非常有限。

幼兒訪談可能遭遇的問題包含每位幼兒的表達溝通能力差異性很大，教保人員必須了解訪談技巧才能適當的引導。其次，訪談結果也受幼兒表達經驗影響。害羞內向的幼兒需要不斷練習表達其想法，當幼兒無法表達時，未必表示他不懂，教保人員可以舉例或探詢「你的意思是不是……？」，探知幼兒的真正想法，再請幼兒練習自己說說看。

（二）例行性活動的資料蒐集

教保人員依據每日作息進行幼兒能力的訊息記錄和評估，教保活動已在上一段有明確說明，除此之外，幼兒園的例行性活動（包含入園、出汗性大肌肉活動、午餐、午睡、社區踏查活動、戶外教學等等）也可以納入資料蒐集的範圍。教保人員仍需分析例行性活動的主要目標，找出例行性活動要培養的幼兒能力，並且從當中尋找對應的學習指標，運用口語引導或教材教具，提供幼兒能力發展的機會。下面以午餐後的潔牙為例：

活動目標：幼兒學習潔牙的步驟，並且培養午餐後潔牙的習慣。

教保人員思考的問題：

1. 教保人員期待幼兒展現的能力：經過指導，幼兒知道如何潔牙。教保人員可以再把潔牙的動作細分為更多細節，例如：潔牙的正確步驟、如何擠牙膏、完成潔牙後的整理等。
2. 教保人員期待幼兒展現的態度：幼兒午餐結束，可以不用提醒，主動潔牙（養成潔牙的習慣）。
3. 潔牙的行為可以對應哪些學習指標？例如：身體動作與健康領域的「身 2-2 熟悉各種用具的操作動作」。

幼兒園教保活動課綱涵蓋六大核心素養，分別有其對應的評量指標，教保人員可以參照本節所描述的評量指標，或者參考教育部（2019）《幼兒學習評量手冊》的內容，擬定適切的評量指標。其次，教保人員可以透過課室觀察紀錄、幼兒活動照片分析、幼兒的學習單，和事先擬定的學習區／主題課程評量表，呈現幼兒學習表現。以下分別說明幼兒園課程的核心素養和評量指標，並以實際案例說明教保人員如何分析幼兒學習表現。本節提供實際案例加以分析和說明。最後，教保人員需要留意，例行性活動也屬於幼兒能力評量的一部分，也需要透過平日幼兒生活的觀察呈現。教學評量的目的不是評估幼兒能力優劣，而是希望透過評量了解幼兒的優勢與接下來的學習目標，提供教保人員規劃課程、改善教學的參考。

第三節
幼兒學習評量成果及其呈現

評量的目的並非在評斷表現優劣或以此標籤化幼兒。本節主要闡述幼兒學習評量的成果及其呈現時須留意的事項，為了解幼兒的學習表現，教保人員最好能參採多元的評量結果解釋幼兒的行為，避免以偏概全；其次，本節也將敘述教保人員如何提升自我觀察與評估的能力，以及運用走動式管理隨時記錄、搭班教師互相合作等，一方面增進評量的成效，另方面也有助於提升教保人員的評量知能。

一、幼兒學習評量的結果和效益

教保人員實施幼兒學習評量的結果，主要可以產生以下三項效益：

1. 改善教學：教保人員依據評量結果，釐清幼兒無法理解或不易完成的工作項目，檢討預擬的主題網和課程活動的能力指標，據以調整教學內容。
2. 了解幼兒的學習成果：幼兒在教室中的學習活動為統整式而非分科分領域，教保人員必須對幼兒的整體性發展有全觀式的了解，才能做出正確且客觀的評估結果。
3. 差異化教學：學齡前幼兒的個別差異很大（陳幗眉、洪福財，2009），教保人員很難採用同一套評量標準用於班級所有幼兒。評量結果並非為了齊一化教學，而是應該尊重不同幼兒的能力發展進程。同一個混齡班級內可能會有不同年齡幼兒，或者單齡的班級也有可能較為年長成熟幼兒的表現和較為年幼的幼兒不同。教保人員應該尊重幼兒的個別發展，並從幼兒評量的結果發展差異化的教學模式，讓每個幼兒在班級內都可以得到適性的發展。

吳榕椒（2014）指出，即使是同年齡的幼兒，學習準備度、學習風格和經驗，都存在很大的差異性，因此，「差異化教學」（differentiated instruction）的目的在於提供幼兒有意義的經驗和學習，輔以「鷹架」讓個別幼兒可以面對學習任務。教學者必須提供正向積極、溫暖包容的學習環境。更重要的是，差異的形成來自於「評估」，教保人員必須參採評估的結果，才能提供幼兒小組或個別化的學習內容。

二、評量結果的呈現

教保人員需留意，最好能參採多元的評量結果解釋幼兒的行為，避免以偏概全。其次，評量並非標準化的結果，無所謂「成績好壞」，更不應該以此標籤化幼兒的能力。

（一）以正向鼓勵取代批評

教保人員必須將幼兒評量的結果告知家長。家長在意幼兒的學習表現，舉凡教保人員對於幼兒的評估表或文字敘述，是家長獲知幼兒學習情形的重要來源。但是教保人員對於真實的評量結果卻有不同的考量，認為幼兒園教師與家長應該保持和諧關係，影響教保人員傾向提高幼兒的評量等第（陳姿蘭、廖鳳瑞，2012）。當教保人員敘及幼兒負向行為或表現時，家長的反應可能會很激烈，所以教保人員提供幼兒評量結果時，應該注意表述的方式。教保人員除了應該客觀描述幼兒學習歷程和診斷評估的結果，可以運用阿德勒的鼓勵概念，給予幼兒表現正向肯定。

（二）評量過程須輔以具體描述

教保人員在親師聯絡本提到幼兒當天的學習表現，經常會用「好棒！」「很厲害呦！」等簡短籠統的說法，但這是抽象而不夠具體的文字描述，經常使用後，家長也會覺得無感。教保人員提供幼兒的操作或活動照片，但給家長的說明是：「他畫了一部車子。」此為無效診斷。因為家長自己就可以看出孩子畫的是一部車，無須教保人員註解說明。教保人員必須更細緻、用心的觀察幼兒，發覺幼兒值得肯定之處，以具體方式指出幼兒的特質，明確描述幼兒的行為和態度，比較分析個別幼兒學習活動前後的表現差異更為重要，而非要求全班幼兒有齊一的表現。

教保人員提供給家長的評量結果報告時，建議向家長傳遞三項重要訊息：幼兒已經學會什麼，以及針對學習目標，幼兒還可以繼續加強和努力的是什麼？教保人員預備如何做，協助幼兒發展該項能力（陳紀萍，2015）。教保人員書寫時，需要依據核心能力，對照幼兒的行為表現。教保人員書寫評量結果時，先對照兩個以上時間點的行為表現，決定幼兒進步與否；其次，每個幼兒都有發展的個別差異，先找出最能呈現幼兒某項能力的行為表現加以描述，輔以學習單、照片、觀察紀錄的佐證。

（三）評量的專業實踐仰賴社群

對於幼兒學習表現的評量，有時需要第三者意見的平衡報導和洞察，避免教保人員主觀的詮釋和解讀。幼兒園的教師社群或班級的協同教師可以扮演協力的角色，透過幼兒園教師社群，共同討論評量結果的內部一致性，偵測自己評量的盲點，使教保人員成為一個具有反思能力的實務工作者（陳紀萍、吳毓瑩，2017）。幼兒園也可以辦理相關的教學評量研習活動，邀請輔導專家，針對幼兒的學習檔案和教保人員的觀察紀錄提供分析的建議。

三、教保人員提升自我觀察與評估的能力

教保人員需要提高自身的觀察力與敏銳度，注意每個孩子的優勢與弱勢，針對特定行為深入觀察，適時提供幼兒鷹架，輔助幼兒不足之處（陳佩勤，2014）。

張英熙（2015）運用阿德勒鼓勵訓練方案，提升教保人員對幼兒的觀察能力和正向語言，同時透過訓練課程，讓教保人員對幼兒的學習歷程和動機有直觀式的了解，其研究結果也發現，參與訓練方案的教保人員，更能發展

出正向的人際關係，因幼兒的信任強化教保人員的價值信念，使教保人員對於教保專業更具信心和投入感。鼓勵訓練方案的內容涵蓋五個核心概念：肯定特質、表達接納、指出努力與進步、表達信心、指出貢獻表達感謝。教保人員於課室教學和幼兒輔導以及蒐集評量資料的過程時，可以採取上述阿德勒的五種核心概念，給予幼兒正向激勵和肯定。以下為阿德勒鼓勵訓練的例子：

1. 肯定特質：瑋瑋幫忙其他小朋友收拾學習區的工作，他是個喜歡幫助別人的小幫手。
2. 表達接納：我剛剛看到大班的恩恩練習跑步，他雖然跑得很慢，可是恩恩還是努力跑完一圈。
3. 指出努力與進步：小瑜很用心觀察這棵植物的形狀和顏色，把它畫在學習單。而且你們看，小瑜仔細觀察了植物的葉子形狀，還有不同的顏色，小瑜的學習單進步很多喔！
4. 表達信心：這個工作對小班的弟弟妹妹很難喔！可是小班的弟弟妹妹平常不斷的練習，他們一定可以完成。
5. 指出貢獻表達感謝：這一組進行科學操作時，他們發現環保肥皂要脫模都會失敗，可是珮珮想到先在模型上面抹一點點凡士林，要脫模的時候就很成功了。珮珮真的很細心，幫大家想到解決的方法。

陳紀萍（2015）建議，幼兒園應先落實教保活動課程大綱，再依照課綱規劃和執行幼兒的學習評量，同時也需要提升教保人員的觀察和分析能力。教保人員剛開始執行幼兒學習評量分析時，可以嘗試以少數的評量指標試行，或者從幼兒園較常使用、也較容易執行的能力開始（如：語言溝通或自主管理）。每項能力可以試行一段時間，至少三週之後，與同儕討論和分析，再逐漸擴增其他指標。

四、採取走動式管理隨時記錄，並與搭班教師互相合作

教保人員每天要處理的事情非常繁雜，除了教學活動還要蒐集幼兒學習表現的各種龐大訊息，包含幼兒對話、團討紀錄、幼兒作品、活動照片、課程紀錄、教師省思。教保人員必須善用時間，運用有效率的工作方式，彙整上述資料。幼兒園為協同教學，班級教師必須合作和協調，才能讓幼兒學習檔案的彙整更有效率。陳佩勤（2014）建議，班級教師可以協調完成下列工作：

1. 照片分類：利用幼兒午休時，將照片輸出整理、分類和上傳。
2. 書寫當天聯絡本時，夾附關鍵照片。
3. 分享當日專業課程或學習區的觀察紀錄。
4. 幼兒觀察紀錄表相關資料彙整。

教保人員面對30位幼兒，有時候的確難以詳盡描述每位幼兒的作品或當下進行分析。教保人員需評估記錄的方式是否需要調整。例如：幼兒完成學習單後，必須排隊向老師說明他畫的學習單（或圖畫）內容，因為教保人員需要詢問、等待幼兒表達，教保人員再以文字摘述於學習單或作品上，時間耗費，導致幼兒排隊等候，無形中也造成教室管理的混亂。

教保人員可以採取走動式管理，幼兒進行活動過程中，隨時以小筆記本或便利貼摘要記錄，事後再分析整理。另外，坊間套裝教材雖然把課程活動設計、評量表、學習單完整提供給教學者，但坊間教材無法因應個別幼兒園班級提供適切的評量表。教保人員使用時，必須評估使用套裝教材統一的學習單或評量表，無法呈現個別幼兒的獨特表現。

教保人員呈現幼兒學習評量結果時，可善用阿德勒的鼓勵訓練技巧，激勵教保人員對幼兒的學習歷程和動機有直觀式的了解，對幼兒能力表現採取

正向表述。教保人員對評量結果的呈現需要以正向鼓勵取代批評，同時評量的專業實踐可以透過幼兒園的同儕協助檢視，達到評量客觀性。教保人員在每日忙碌的教保活動中，必須兼顧蒐集幼兒學習的相關訊息，有賴教師協同合作，善用有限時間整理幼兒學習相關資料。

情境式題目

下面兩張圖分別是某國小附幼大班幼兒創作的春聯作品。

小宏做的春聯是「平（蘋）平（蘋）安安」，畫兩顆蘋果，仿寫「安」字。	小達畫的春聯是塗鴉。

1. 請參照《幼兒學習評量手冊》，選定評量指標。
2. 請分別描述小宏和小達的等級和能力表現。
3. 請說明教保人員對小達的教學策略，以協助小達語文和認知能力發展。

參考文獻

中文部分

吳楠椒（2014）。差異化教學在幼兒教育的思與行。**課程與教學，17**（2），119-140。

林竹芸（2019）。**柏克萊大大學評量專家布蘭特・達克教授：最有效的評量跟學習通常在「對話」中發學習通常在「對話」中發生**。取自 https://www.parenting.com.tw/article/5079715

張英熙（2015）。阿德勒鼓勵訓練方案對幼兒園教師的影響。**師資培育與教師專業發展期刊，8**（3），29-52。

張靜文（2012）。從真實評量觀點看幼兒園之教學評量。**臺灣教育評論月刊，1**（11），12-14。

教育部（2017）。**幼兒園教保活動課程大綱**。臺北市：作者。

教育部（2019）。**幼兒園教保活動課程——幼兒學習評量手冊**。臺北市：作者。

莊尤姿、蔣姿儀（2010）。幼稚園社區融合主題教學多元評量實施歷程之探究。**幼兒教育年刊，21**，78-106。

陳佩勤（2014）。幼兒園的評量進行式：在學習活動中自然地帶入評量。**四季兒童教育專刊，41**，59-71。

陳姿蘭、廖鳳瑞（2012）。試析幼兒園教育評量之現象。**靜宜人文社會學報，6**（1），151-176。

陳紀萍（2015）。**幼兒學習評量指標——如何在幼兒園實施（簡報）**。幼兒園學習評量指標研究團隊。取自 http://www.ncyu.edu.tw/files/list/geche/104.12.20-%E8%AC%9B%E7%B6%B1-%E5%B9%BC%E5%85%92%

E5%AD%B8%E7%BF%92%E8%A9%95%E9%87%8F%E6%8C%87%E6%A8%99%E7%A0%94%E7%BF%92.pdf

陳紀萍、吳毓瑩（2017）。幼兒教師在學習萍量實踐知識上之專業發展——個人主體與幼兒園願景交互考量。**人類發展與家庭學報，18**，1-13。

陳幗眉、洪福財（2009）。**兒童發展與輔導**。臺北市：五南。

賴麗敏（2021）。幼兒園學習評量立論及其重點評析。**臺灣教育評論月刊，10**（4），188-193。

15 幼兒品格教育及其實施原則

溫明麗

本章概述

人生最重要的事有三件：第一件，慈悲（Kind）；第二件，慈悲，第三件還是慈悲。

～Henry James（1843-1916）

記問之學，不足以為人師；「善根」也者，乃德行之源頭也；善教者，應該展現教育的長情大愛，並激發學生內在的善根。從 2020 年全球爆發 COVID-19 疫情以來，除了覺察疫情對人類生活的嚴重影響外，我們也體會到品格對於人類生活的重要性，更看清楚體認品格才是教育的本質。本章分兩節探討。首先，探討品格教育與幼兒學習的關係，將闡述品格教育的本質及其對幼兒學習的重要性；其次，分析陶育幼兒品格教育的理論與實際，包括課程規劃原則、教學原則、設計，以及教學評量等。

第一節
品格教育與幼兒學習

關於品格教育的意涵，茲分成品格教育的意義及品格與德行本質等兩部分說明如下。

一、品格教育知多少？

大家雖然對品格均不陌生，但是到底什麼是品格？品格和德行有何不同？德行又和道德有何關係？培養幼兒具備高尚品格又有何意義？品格高尚了長大以後的發展就會更好？這一連串的問題是教師和家長心中的疑惑。然而，教保人員都會感受到幼兒養成良好的生活習慣對教學的重要性，家長也很關心幼兒養成好習慣和其身心健康的關係，有關品格何以重要，以及品格在幼兒發展中的定位，已經不證自明了。

若從幼兒教保的觀點論品格教育，首先必須釐清品格教育的本質及其和教育的關係，否則讀者可能會問：品格有一定的內容嗎？有統一的定義嗎？可以評量嗎？品格好就會幸福嗎？沒有品格就不能實施教育了嗎？有品格的教育和沒有品格的教育有什麼不同？為激發讀者思考前述問題，本章從教育信念和教學方法的趨勢，從中一起探討幼兒的學習特性為何？為何重視幼兒品格教育？以及幼兒品格教育的實施方法為何？

教育信念一：幼兒的潛能是可以激發的。此信念可以從經驗中獲得證實。

教育信念二：激發幼兒潛能發展最有力的要素就是教育愛。

推論：潛能激發的要件就是自信心，只有對自己具有信心的孩子才容易成功，因為有自信的孩子有勇氣、有胸懷、有理智、有激情、又聰慧、又不畏懼自我表達，所以有自信的孩子相信自己會成功，也選擇自己一定會成功（李開復，2006）。依據前述，接下來的問題就是：何以有的孩子具有自信心，而有的孩子欠缺自信心？心理學的研究提出若干解釋，但如果單純從教師的角度論之，最大的差異就是孩子是否感受到教育愛。

美國兒童發展專家 Katherine Lee 曾強調，一旦幼兒心中充滿教師的關愛，就會帶給他們歸屬感和安全感，也會影響其日後和別人建立親密關係的能力（天下雜誌，2020），甚至能有克服困難和面對失敗的勇氣；可見，教育愛既能撫平幼兒內心留下的創傷，也可幫助其重拾自信心。由此推知，教育愛就是教師最高的德行，因為充滿教育愛的教師不會讓幼兒受傷，更會讓幼兒有信心面對新世界，因此也更可能激發其潛能。

教育信念三：專業教師所規劃的教學活動已蘊含對幼兒品格的陶冶。

推論：教材是死的，但是教學必須是活的，故專業教師會督促自己去理解幼兒的需求，並依照幼兒已有的經驗和學習特質，將固定的教材或教法加以轉化，並提供適度的學習鷹架，讓教學活動不但適合幼兒學習，又能激發幼兒的學習動機。在幼兒學習的過程中，教師盡量能使教學內容貼近幼兒的生活經驗，多讓他們自己動手探索，或師生共同「玩」有趣的遊戲，攜手進行具冒險性的探索活動。如此，既落實杜威的「做中學」，更分享探究的酸甜苦辣，也可在自然自由的環境下激發幼兒內在的潛能，而且經由同儕合作，也讓幼兒體悟團隊生活的遊戲規則。更重要的，在此歷程中，教師對幼兒發揮引導和示範功能，既達到教學成效，也展現教學之美，幼兒在此等教學活動中不僅探索到知能，更學習到互助合作、彼此尊重、自由發揮創意、

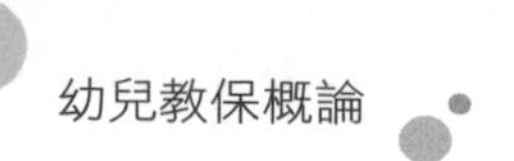

耐心學習、愛心待人的為人處世之道，以及遵守規律、愛護東西、服務他人的社會生活規範。

教育信念四：故事化和遊戲化是品格教育的良方。

推論：首先，遊戲的目的不只是學習，更是嬰幼兒生活的全部，而且故事化的教學容易引導幼兒進入社群生活，而遊戲更能促進幼兒情感的豐富，並透過遊戲的自在學習和故事的多重視野，有助於培養幼兒的專注力、成就感、人際關係和幸福感（林侑毅譯，2018）。其次，教學故事化和遊戲化非讓教學只有遊戲、只有故事，更不是只有無意義無目的的玩樂，而是設法讓枯燥、單調乏味的教材，以及幼兒陌生的環境，因為故事化、生活化、遊戲化及循序漸進的思考與創意，使學習活動變得生動有趣、充滿驚奇和具有意義。此等學習歷程也是孕育幼兒品格教育的良好環境和學習模式。

幼兒品格的陶冶不是教給幼兒一條條的守則或規範；幼兒良好習慣的養成也不是成人為幼兒設立好的模式，讓幼兒「依樣畫葫蘆」直到熟練。相對的，幼兒品格陶冶正是透過本我的感官知覺，逐步認知到他者的存在（林靜莉，2016），以及和他人相處過程中的相互需求和彼此協助的喜悅和成就，體悟慈悲、自主、負責、關懷、服務、公平和對情緒的自主管理等優良品格和習慣（Lickona, 2018）。而此等內在認知和外在社會生活的行為習慣即為人文素養的呈現，更是幼兒自小就應該從家庭中逐漸養成的品格和習慣。

對幼兒品格教育有上述的認知後，我們接受了品格乃教育本質和終極關懷的教育信念。以下進一步分析德行與品格的異同，闡述品格教育對幼兒學習的功能，從中彰顯品格教育在幼兒教保的地位，並提出幼兒品格教育的原理原則及相關案例。

二、德行與品格的本質

品格並非與生俱來，實則與學習和成長息息相關。隨著幼兒生心理的發展以及社會互動經驗的增加，品格發展逐漸從他律邁向圓熟的自律。相對的，道德則涉及個人與他者的關係，「他者」包括個人自己、社會中的其他人，以及自然界的環境。可見，**品格是個人一貫且統整的思維方式、行事風格和行為習慣等氣質；道德則是品格教育的內涵，包括道德認知、道德態度和道德實踐。**

就教育言之，若品格不存在，則教育又憑什麼談論師德（經師、良師、人師）？又憑什麼要協助幼兒融入社會，並學習從他律而自律？如果我們認為品格不存在，則訂定法規又有何意義？若規範只讓人往刁鑽巧智的方向去思考卸責的策略，無法激勵幼兒發揮服務他人、貢獻社會和關愛人類的行動，則該規範就毫無教育意義。更嚴重的說，若品格不存在，那麼人與人之間的關愛與情感從何而生？正義的理想也不再具有意義。因為，沒有品格的社會，人人可以因為自我的利益及喜好而「隨心所欲」，「踰矩」與否的問題就沒有意義了。如此一來，勢必將人類的社會打回「叢林法則」的樣貌，「文化」也沒有傳承的必要和價值。綜上所述，人類社會不能沒有品格，故品格自幼即應該受到重視，幼教是人生教育的第一站。

品格是身心靈整體的綜合表現，是推動個人行動的動力因，更是牽引行動的目的因。可見，品格具有統整性、普遍性、穩定性和整合性，不會今天這麼做是對的，明天這麼做就變成錯了。亞里斯多德堪稱是西方德行論的鼻祖，其提出的中庸之德就是強調實踐德行的智慧，也就是宣稱德行具有普遍性和一貫性；雖然實踐德行會依照情境採取不同的行為，但判斷一個人是否具有德性，並非僅依賴其行為，尚須考量其採取該行動的思考歷程，以及其判斷的依據。由此可推，德行有其一定程度的普遍性，但此德行指的不是道德的行為，而是採取行動的情境和思考的整個心路歷程，和據以思考和判斷的依據。

依據亞里斯多德（Aristotle, 1906）的觀點，思考的歷程和判斷的規準有其一貫性和普遍性，此即德性的本質。此說明品格和德行的概念相近，可見，品格教育也是德行的教育。此外，行為者表現於外的行為即說明其具有該德行，而此等德行不僅表現於外，更是其整個人的氣質和特質，故其行為乃發自內心的良善覺知，品格教育的內涵也包含對道德的認知、態度和道德實踐（Lickona, 2003）[1]；幼兒品格教育即提升幼兒的道德認知、道德態度和道德實踐力。

道德指人類社會行為「應該」（ought to）遵循的準則，人類也據此準則，處理個人與社會、乃至於和自然的關係。再者，道德既是判斷行為「該為」「不該為」的依據，而「善」（該為）與「惡」（不該為）就成了人類理性行為的準據，也是社會規範的本質和內涵。品格教育乃培育幼兒的德行，讓幼兒思考該不該做的行動，並了解該不該做的原因，且依據此德行的規範而行動，更將德行經過訓練、熟練而養成習慣（Aristotle, 1906）。此等**經過審慎思考（prudence），適切判斷，合情合理的行動就是落實道德行為必須涵養的「實踐智慧」（phronesis）**，亦是高品格者的德行（Aristotle, 1906）。

實踐智慧不只是行為，更是**行為的主體者（agent）進行為人處世原則的理性判斷。易言之，實踐智慧乃促使人在行動之前先深思，周延謹慎的考**

1 自古希臘以降，讀寫算（Reading, Writing, Arithmetic）的教育即被稱為3R的教育。Thomas Lickona 在 2003 年提出所謂的第四和第五個R，指的是Respect（尊重）和Responsibility（責任）。

慮各種正反的情境和因素，繼而做出利人利己之最適切的判斷，並據以採取行動，以臻幸福生活之境。質言之，幼兒品格教育乃為了促進幼兒追求其人生幸福，此也是德行終極的關懷，教育的目的就是幫助受教育者能過上幸福生活，而品格乃確保人類可以獲得恆久喜悅的不二法門（Aristotle, 1906）。品格的踐行，一則需要具有知識和技能，同時也需進行審慎的判斷後，再依據該判斷採取「恰如其分」的行動。可見德行不是空談或口號，而是踏踏實實的內在理性思考和感知，以及展現於外的具體行為。

人是社會動物，不能離群索居，故除了獨處之外，每個人的行為都會和其他人或客體有所關聯。同理，幼兒品格教育的基本內涵包括我們應該以何種態度自處？如何與他人和環境相處。大抵言之，道德認知包括對道德的覺知、對道德價值的認定、對他者的同理或感同身受，以及對是非善惡的理性判斷和自主自律、自尊、謙卑、節制、關懷、感恩、善解、包容、積極、勇敢等價值觀與習慣等。

舉例言之，具有德性的人不能太奢侈，但也不會過於吝嗇，為人處事或對金錢的使用都能有所節制。什麼程度才是「不偏不倚」、「恰如其分」的節制行為？人又如何知道並做到既不浪費、浮誇或鋪張，也不過於簡約、拮据和一毛不拔？又，是否每個人在相同的情境都會有相同的選擇？對「節制」的尺度是否有一致的「客觀標準」？簡單的說，因為德行必須落實於行動中，所以必須考量不同的情境，無論面對何種情境，亞里斯多德的中庸德行可做為指導人類行德前，先審慎分析各種情境後，才做出利人利己，也讓自己恆久喜悅，又兼顧他人利益和權利的正義行動。這個道理要如何讓幼兒可以理解，並養成習慣，即幼兒品格教育的內涵。以下梳理幼兒品格教育的原理原則，以提供教師進行課程規劃與教學活動設計之參考。

第二節
幼兒品格教育的實施原則

高度若不夠，看到的就都會是問題；高度若是夠，辦法一定會比問題多。格局若太小，糾結的就都是雞毛蒜皮；格局若是大，就不怕大小煩心事來找碴。

一言以蔽之，品格教育即看待人、事、物的高度和格局的培養。幼兒品格教育可採用亞里斯多德的中庸德行理論，培養和養成幼兒行德習慣。行為必須**成為「習慣」才能內化為價值觀**（Aristotle, 1906）。只有形成價值觀的信念和意向，才能在面對不同情境時自然而然、不假思索的採取「適切」的行動。德行一旦養成，其行為會具有**一致性、一貫性和普通性特質，不隨人、事、時、地、物而改變**，此等特質也是評量幼兒品格教育的依據。

本節分成三部分。首先，闡述幼兒品格教育的課程規劃原則；繼之，探討教學活動設計的原則；最後，提出評量幼兒品格教育實施成效的策略和注意事項。

一、幼兒品格教育的課程規劃原則

康德（I. Kant, 1724-1804）著名的三大批判：分別是「純粹理性批判」（Critique of pure reason）、「實踐理性批判」（Critique of practical reason）和「判斷力批判」（Critique of judgment）。「純粹理性批判」旨在探討知識

能否獨立於經驗，康德認為人類的認知開始於經驗（Kant, 2016），其觸及幼兒認知與心智發展階段的知識論。「實踐理性批判」強調自主性自律能力（autonomy）和自由意志，探討道德動機及道德的普遍性原則（categorical imperative），此普遍道德律即人類至善的生活（summum bonum of life）；「判斷力批判」則統合了「純粹理性批判」的自然和「實踐理性批判」的自由，進行美學理論的分析。美的判斷可區分為品味（taste）和崇高的唯美（sublime）；美的鑑賞基本上是不存在任何目的的愉悅（Kant, 1987）。美感教育亦為品格教育的一環，幼兒品格教育也應涵蓋美感教育的理想。

品格教育旨在陶冶幼兒的品行、良好的社會生活習慣，並陶冶與人相處和面對問題的判斷力和實踐力；因此，幼兒品格教育既可採取亞里斯多德的中庸德行觀點，亦可借用康德兼顧理性和情性的自主性判斷力。析言之，品格教育必須滋長幼兒的批判性思考能力，也需要豐富其自在、愉悅的幸福感，和彰顯幼兒的內在靈性和社會生活的和諧之美。

其次，《幼兒園教保活動課程大綱》（教育部，2017）闡明幼兒教保立基於「仁」的教育觀，期培養幼兒具備愛人愛己、關懷、明理，又能思考、懂溝通且具自信心的未來社會公民；此說明幼兒教保課程可以彈性、創新和多元，卻不能離開現代文化人的人文素養，此等人文素養就是「品格教育」的內涵。因此，幼兒品格教育的實施，無論在內容、教學活動或評量等層面均應體現人文素養之美。

教學遊戲化和故事化既能在品格教學中展現和諧、自在，也是和對幼兒主體性尊重的倫理面向，亦是幼兒課程發展的時代趨勢，符應幼兒的身心發展和學習特質（Lickona, 2018），尊重幼兒主體的自主自律能力和感官知覺之自然情感流露。

幼兒生活的環境主要包含家庭、幼兒園和社區，而品格教育的內涵則囊括批判性的認知和態度，以及養成良好習慣的行為，尤其需展現道德的實踐力。幼兒品格教育除了必須尊重幼兒的主體性外，也需要顧及幼兒的身心發展、感受、情緒和需求等因素；此外，幼兒的認知或習慣養成均需要耐心、觀察和溫馨的陪伴（共學）。關於幼兒品格教育的課程規劃原則，可分以下八項說明。

（一）動腦原則

所謂「動腦原則」旨在培育和訓練幼兒的思考和判斷能力。析言之，利益、法規和權威等，在幼兒的日常生活中都可能成為灌輸或迫使其做出「聽命行事」的行為，此乃品格教育的迷思概念；幼兒品格教育應長養其人文素養，強化其自律性，方為根本之道。幼兒品格教育的課程內容，應能讓幼兒動腦並展現其思考，讓幼兒的思考「被看見」；同時，課程要具有發展性，無論在認知、態度或實踐面，都應留有「空白」的懸缺課程，讓課程從成人中心轉為「兒童中心」；學習金字塔（cone of learning）說明了學習和記憶，以及其和認知內化的關係（如圖 15-1 所示），只有動手做的主動學習模式，才能讓幼兒的學習成效提升（Dale, 1953）。更甚者，品格教育重在價值觀的建立和踐行德行的習慣；透過思考不僅可深化幼兒對德行的認知和態度，也有助於幼兒建立價值觀。

（二）動手原則

課程規劃者必須對課程目標、對象及理論有清楚的掌握，並依據目標和對象選擇符合幼兒品格教育內容的素材，進行有組織的編制。因此，依據理論和課程目標與對象，動手原則就是幼兒品格教育課程規劃與決定的重要原則。幼兒品格認知的深化，態度的內化和實踐力的習慣養成等，均不可或缺。

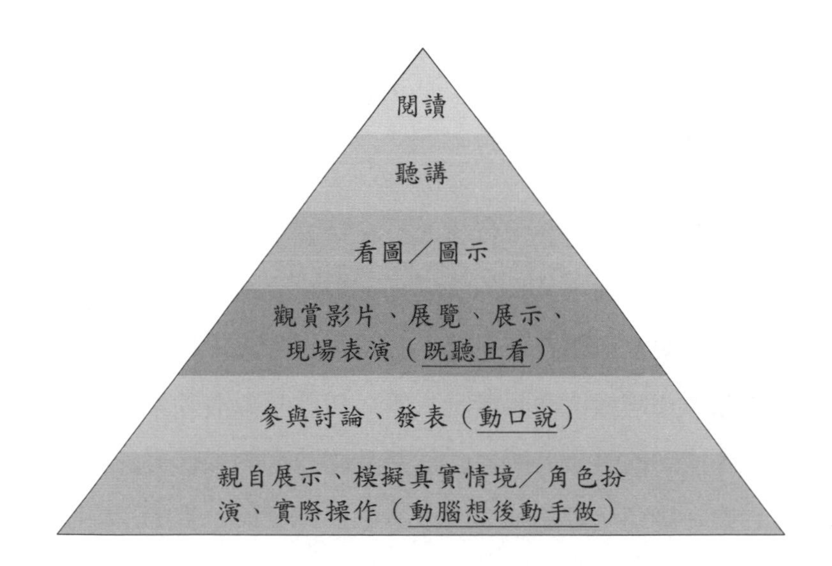

圖15-1　學習金字塔圖

（三）試誤原則

幼兒品格教育何以需要納入「試誤原則」？此乃為了鼓勵幼兒探索其周遭的環境，並自在整合其舊經驗和新經驗。品格教育的目標乃為了讓幼兒過上美好生活，因此學習過程中應關照其自尊和自信心，透過試誤有助於幼兒開展勇敢堅毅的德行，更重要的，試誤也符合建構性課程和幼兒發展的特質。品格教育需要規劃可供幼兒「在思考中學習，在體驗中成長」的機會，以協助統整幼兒品格與價值觀的發展。

（四）滿足原則

進行幼兒品格教育課程規劃時，必須考量幼兒的發展狀態與特性。規劃課程時，無論目標、選材或組織內容等，均需要設法讓每個學習環節都能滿足孩子，讓其在學習中沒有留下心理的匱乏；除了鼓勵幼兒試誤外，更要為

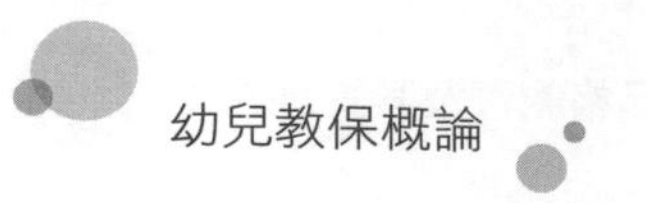

幼兒營造面對困難、解決問題的情境，並從中習得新知、自我理解、友誼、創意，乃至於自我實現的機會，此才真正滿足幼兒品格發展需求，如此即可以幫助孩子發展控制其衝動的能力。

（五）群一我原則

人是群居的社會動物，品格的重點仍在社會生活。隨著幼兒逐漸從自我中心邁出後，幼兒便會想和大家一起從事共同的活動，例如，1歲半～2歲的孩子會希望大家一起吃飯、一起玩玩具等。這些看似最基本的分享，其實都是孩子心智逐漸成熟的表徵。所以，幼兒品格教育的課程發展必須涵蓋個人摸索到團隊合作，讓幼兒體驗獨樂與眾樂的不同意義；教師可先提供幼兒若干必須團隊合作才能完成的任務，慢慢增加讓幼兒主動關懷、協助和欣賞他者的內容，並且盡可能讓幼兒有機會感受互信互利的喜悅。

（六）提問原則

幼兒品格教育課程設計時應考量手腦並用，至於哪些內容需要動手，哪些又需要動腦，除了依據幼兒身心發展外，適時的提問也有助於引導幼兒意識到課程目標，從中認知基本的邏輯。依據迦納（H. E. Gardner）的多元智能理論（Gardner, 1983），幼兒品格教育既旨在培養幼兒的氣質，課程中應包含符應不同幼兒之語言、音樂節奏、數理邏輯、視覺空間、身體動覺、自然觀察和自知自省等多元智能，讓幼兒在學習歷程中養成良好生活習慣，也同時強化品格素養；提問，便是規劃情境式課程的要領和教學方法，以幫助幼兒將學習和生活融為一體，並將所學落實於整體生活中。

（七）鷹架原則

學習鷹架乃提升幼兒品格教育成效的有效助力（謝州恩，2012）。除了正式課程外，更強調非正式課程，尤其是開放性課程，教師為補足幼兒學習起點行為的不足，可以從語言、律動、空間刺激、教材或工具，進行引導或提問，提供幼兒不同程度的學習鷹架，以促進幼兒主動學習，並發展其潛能和創意思考。

（八）情境原則

情境化課程設計的類型不一而足，但無論鷹架式情境、探索式情境、認知增能式情境、情緒穩定情境等，其**目的都在幫助幼兒的學習可以和其經驗結合，以促進幼兒學習的意義化**。因此，依據情境原則規劃課程，**首需了解幼兒的學習起點和學習目標**，再思考課程組織的程序，如規劃納入福祿貝爾的實物或引入盧梭的自然情境，或語文、圖像等有助於激發思考的情境。若幼兒的心智發展較趨成熟，則可進行抽象邏輯的思維，亦可組織融合具體和抽象的問題情境，以增進幼兒的批判性思考和團隊合作的能力。

課程規劃是有效教學的墊腳石，從 1950 年代史金納（B. F. Skinner）的行為目標竄起，隨著布魯姆（B. Bloom）的目標分類，以及二戰後泰勒（R. Tylcr）的行為目標，國內也曾吹起講求可觀察、可操作、可評量之行為目標的課程規劃，如今**課程規劃已從系統模式逐漸轉向建構模式和有機模式**。幼兒品格教育的課程規劃，並非每個課程均需同時滿足八大原則，必須視教學目標、幼兒需求、學習風格等甄別選用，以求課程規劃能維護品格教育的品質和實施成效，確保課程規劃不會違背以人為本的基本原理，以達到讓幼兒的生活更美好的願景。

二、幼兒品格教育的教學實施原則

幼兒教保以「活動課程」為主（教育部，2017），幼兒品格教育的教學亦然；為激發幼兒的學習興趣，並讓品格培養和其他知能學習融為一體，幼兒品格教育的教學實施必須掌握遊戲化和故事化等原則，茲說明如後。

善用繪本乃故事化教學常用的方法，繪本的圖示可引發幼兒的好奇心，而且主題明確清楚，對引發幼兒的學習甚具意義；繪本的故事情節是引導幼兒思考和建構其價值判斷的良好樣本（Lenox, 2000），透過繪本故事進行幼兒品格教育之趨勢正方興未艾。

故事教學法屬於跨領域的統整教學，基本涵蓋語文的學習、主題概念的掌握、故事的聽說、創作與分享，以及透過故事的示範、模仿及創新等，而且故事的內容隨著幼兒認知發展的程度和興趣，可以做為幼兒建構其價值觀的鷹架，亦可透過此鷹架激發幼兒想像力和創造力，更可以結合美感教育及其他領域的知能為一體，是讓品格教育能融入領域和主題教學的良策。

同理，教學遊戲化亦是激勵幼兒自主學習的方法，遊戲規則可以讓幼兒透過團隊討論方式訂定，教學遊戲化能縮短幼兒經驗和未來經驗的距離。其次，在遊戲中能統整幼兒的感覺律動、知覺開展、社會化規範及團隊生活的意義，並在規律中理性地變化遊戲規則（劉淑芩，2004），且習慣在規則與不規則中進行理性判斷。可見，遊戲教學法可以讓幼兒習得亞里斯多德中庸論強調的實踐智慧，亦即理性判斷方法和能力；此外，遊戲教學因為存在競爭與合作，故能讓幼兒在遊戲中體驗榮譽、堅忍、責任、主動、正向等品格，破除教師枯燥空洞及抽象的講述，更能彰顯非正式和潛在課程的意義和功能。

遊戲化教學的精神強調「做中學」的模擬遊戲，並以之引導幼兒發展主動積極、合作負責的品格。無論繪本或遊戲教學均可以讓幼兒單獨學習，或團體共學相較於繪本教學，偏重動態的遊戲化教學留給幼兒更多自由、自主和想像與探索的空間，能開展幼兒由他律而自律的行為和習慣。

總之，無論繪本故事化或遊戲化學習，首需**尊重幼兒的主體性**，並照顧好幼兒的自信心，強化其挫折受容性和面對問題或困難的理性態度，以及掌握好情緒，以溝通方式處理人際關係。其次，應**採取開放教學和自主學習方式進行教學**，多讓幼兒動手及思考的機會。營造一個自在和愉悅的學習氛圍乃幼兒品格教育的重要守則，畢竟只有在自由自在、喜悅和沒有責罰的情境下，方能誘導幼兒養成品格習慣（McKeachie, 1999），並內化為價值觀。

綜合上述，教保教育的主體是幼兒，而品格教育乃教育的主軸和終極關懷；品格教育的上策不僅要讓幼兒主動探索，更要讓幼兒自己建立其價值觀，所以品格教學方式不應是灌輸，而應激發學生自主學習、主動參與，並樂於思考，其教材和學習資源更應多元且豐富。質言之，幼兒品格教學應以體驗取代教條，以討論替代對話或訓令，並兼顧獨立摸索和團隊合作；至於品格教學的評鑑，則應破除「論成就、達高分」的迷思，應讓幼兒習慣自我反省，化評鑑於無形方為上策。

品格教學不只是教師的責任，更是家長和社會共同的使命。幼兒品格的發展從他律到自律非渾然天成，而是先天的特質和後天的學習與成長的結果（Aristotle, 1906）。依據亞里斯多德的德行倫理學觀點（Harrison, Arthur, & Burn, 2017），茲將幼兒品格教育的教學實施內涵、原則扼要圖示如圖15-2。

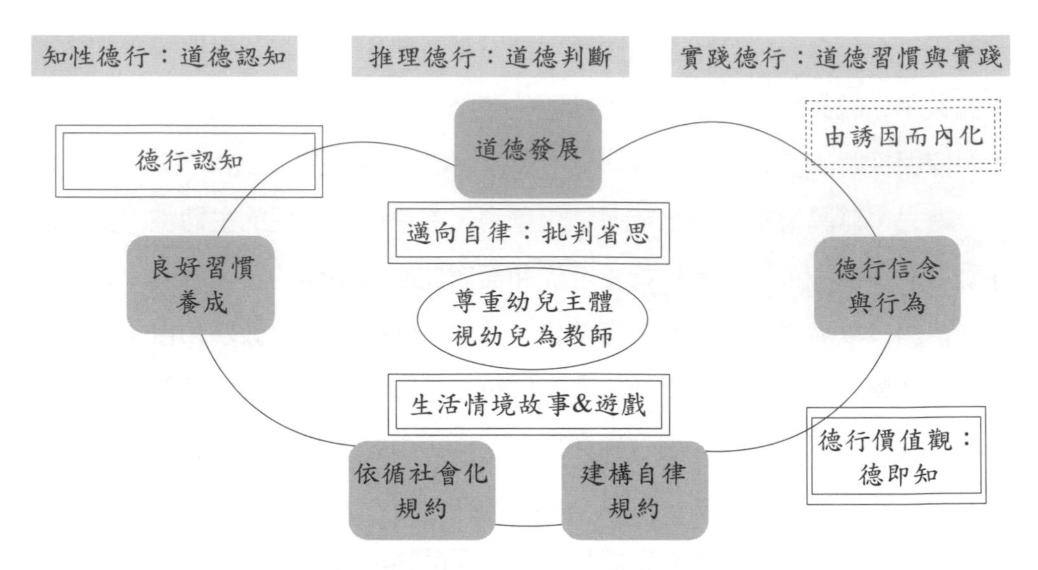

圖 15-2　幼兒品格教學理論、內涵與實施原則架構圖

三、幼兒品格教育的實施成效評量

德行不是盲目、機械式的行為習慣，更有理性思維和情感覺知，幼兒會對某些理由或情境做出穩定的行為回應，幼兒心中所持的理由或其對情境的解讀和反應，均是其價值觀的體現，此乃其道德判斷的依據和德行行為的指引。

成功的教學繫乎教師對教學理論、學習內容與學習者的深度理解，品格教育亦是如此。教師必須先對德行的實質內涵和幼兒學習特質有具體的掌握後，才能靈活地善用課程規劃原則，並活化教學。品格特質與德行常被界定為一種穩定的行為傾向和習慣，我們在評定品格教育的實施成效時，可以觀察**幼兒外在行為表現和其日常生活習慣**，就可以判斷其品格學習是否已達到「知行合一」。

外顯行為與穩定的行為模式乃品格最直接的指標。評量品格教育成效最直接的方式就是**觀察幼兒的行為習慣**。除了觀察幼兒的行為習慣外，尚需要了解行為背後的動機、意向、感受，以及從不同情境分析幼兒行為的行為，由此可以逐步洞察幼兒內化的價值觀。為觀察幼兒品格教育實施成效的全貌，教師需要結合**同儕教師，甚至是家長的力量**，才不會化約或窄化了幼兒品格的學習。

除觀察以外，多和幼兒、其他教師和家長**討論與面談**也是可行且必要的方法。幼兒品格教育的實施成效評量，目的不是為了「打分數」或「排名次」，而是為了要了解幼兒品格發展情形，以幫助幼兒獲得美好生活，可見品格具有濃厚的道德意涵。

品格教育的內涵包含道德認知、道德判斷（態度），以及道德實踐（如圖 15-2）。因此，品格教育的實施成效評量也涵括此三面向。道德認知雖然也包括「不知所以然的而為」的「習慣」，但就教學言之，主要仍以讓幼兒認知「該不該」的理性思維和價值觀的為主，道德推理和判斷顯示幼兒思維邏輯和批判性思考能力，以及幼兒道德發展的階段；至於道德實踐則是對道德行為和認知內化為價值觀之後做到「知行合一」。

總之，德行就是在對的時間，以合理的方式，向對的人做對的事情，並獲得適切的結果（Aristotle, 1906）。品格教育的實施成效評量就是確立幼兒是否能選擇「對」的時間，採取「對」的方式針對「對」的人做出「對」的舉動，並在完成行動後，會產生喜悅感且沒有痛苦，故實施成效評量不是單一的、一次性的，或紙筆測驗。而是「聽其言、觀其行」的全人發展。**「全人發展」視幼兒生命經驗為一不可切割的整體**，因此幼兒品格教育就是全人發展的教育，其評量也應是全面的，並具人文性和美感。

佛洛姆（E. S. Fromm）認為幼兒品格發展是動態發展，此觀點和皮亞傑、柯爾伯格（L. Kohlberg）的認知道德發展觀相似，均認為幼兒成長過程中必然會有保留、維護**利己性和「占有性」**（being of having）的基本需求和行為；但是，人不能停留於此，反而需要逐漸提升到**心中有他者的「存有模式」**（mode of being）（Fromm, 1976）。幼兒品格或道德行為的養成，透過社會生活以及和環境的互動，讓幼兒逐漸體悟到除了自我外，還學習奉獻自我、服務他人，並肯認此等「共好」的價值。

以下提出七項幼兒品格教育的實施成效評量指標，供教師和家長做為了解幼兒品格及其德行發展之參照：

1. 指標一：「知行合一」。德行的養成可以先行後知，亦可先知後行，但最佳的狀況就是「知即行」，**知德行德的行動和習慣**。
2. 指標二：**非**沉溺於短暫的歡愉或停留於感官知覺的層次，能提升至精神層面和心靈層面的持久性、普遍性的喜悅。
3. 指標三：自律性價值高於他律性。品格乃個人的修為和全人和諧發展的歷程與產物，因此借用外在誘因或破於壓力和威權均非品格的旨趣，故品格學習成效的評量應能看到幼兒自己自願並樂於做出的舉動。
4. 指標四：勿以惡小而為之，品格是體現整體善的價值觀，故善惡無分大小。
5. 指標五：榮譽、優雅為德行的自然流露，故德行應考量其行為舉止的優雅自在狀態，以及其對榮譽和責任的堅持信念和態度。
6. 指標六：行德無區別性，此即普遍性原則。雖然德行可能因情境或能力等因素而有不同的抉擇。行德的選擇可以多元，但不能因難易或親疏而不同，選擇的依據就是「深思熟慮」，並兼顧理情地考量自己與他人之持久性、一致性和一貫性的喜悅。

7. 指標七：德行**的習慣性行為**。德行若內化為價值觀，則行德時縱令需要通過批判性思考的審慎評估，卻不會造成難以忍受或長久的痛苦，且能自然而然地反應出正向習慣、善的熱忱和行善的喜悅。一言以蔽之，即**自由地、喜樂地、從容地為善**。

《幼兒園教保活動課程大綱》闡明幼兒教保立基於「仁」的教育觀，期培養幼兒具備愛人愛己、關懷、明理，又能思考、懂溝通且具自信心的未來社會公民；此說明幼兒教保的課程與教學設計可以彈性、創新和多元，卻不能離開現代文化人的人文素養。一言以蔽之，人文素養即「品格教育」的內涵，期許幼兒教保工作者均能心繫幼兒的品格陶冶和德行提升，俾讓品格教育所孕育的倫理和美感等人文素養得以世代傳承。

情境式題目

1. 某位媽媽的孩子已經到了上幼兒園小班的年齡，她該如何選擇幼兒園呢？依據近便性（離家近，孩子上學方便）、環境性（幼兒園的設施和基礎環境），以及教師的教學和孩子學習的成效，這位媽媽選出以下三所幼兒園。您是幼兒園的教師兼園長，請您以專業的觀點，提供這位媽媽選擇幼兒園的建議。

   幼佑幼兒園：離家近，設備也新穎，教師看起來都很認真教學，幼兒園中的孩子各個都像小天才一樣，會背詩詞，又會寫很多字，看起來很有競爭力。

   多多幼兒園：離家近，就讀該幼兒園的孩子大多是科學園區的孩子，幼兒園也重視科學和雙語教學，媽媽覺得別讓孩子輸在起跑點很重要。另外，該園的教師對幼兒的要求也很嚴格，這點讓人很放心。

   格格幼兒園：離家也不遠，參觀該園時發現，幼兒園上課的時候，班級秩序有些亂，而且幼兒們常三五成群在園裡逛，有的撿樹葉，有的挖地瓜，有的摘菜，很少看到他們在寫字，但因為幼兒好像沒有很多功課，園裡的學習看起來很輕鬆愉快，擔心孩子在認知、寫字和算數方面的能力會不會比格格幼兒園的小朋友差，以後進入國小是否會跟不上？

2. 志偉在 3 歲以前就讀私立的幼兒園，4 歲以後，因為搬家轉到住家附近的公立幼兒園就讀。一個月後，媽媽發現志偉自從就讀公立幼兒園之後，回家幾乎沒有作業，而且都玩得很快樂……志偉告訴媽媽他很喜歡公立的幼兒園，但是媽媽擔心志偉在幼兒園只是玩，根本沒有學習。請問，如果您是志偉的媽媽，要如何知道志偉在幼兒園的學習成效？
3. 阿明就讀幼兒園中班，生性活潑好動，又喜歡任意拍小朋友的身體，引起小朋友的不高興；在家也是令家長頭痛的小孩。他早上會賴床，身為他的教師，您如何看待阿明的行為？又會如何引導他改正他的行為？

參考文獻

中文部分

天下雜誌（2020）。**孩子總是缺乏信心怎麼辦？為孩子增加自信的 10 個秘訣**。取自 https://www.cw.com.tw/article/5114364

李開復（2006）。**做最好的自己**。臺北市：聯經。

林靜莉（2016）。**品格養成 6 大指標**。取自 https://www.mababy.com/knowledge-detail?id=4953

林侑毅（譯）（2018）。**權威兒童發展心理學家專為幼兒打造的40個潛能開發遊戲書 6：孩子的情緒控管&藝術體驗遊戲**（原作者：張有敬）。臺北市：好家教出版社。

教育部（2017）。**幼兒園教保活動課程大綱**。臺北市：作者。

劉淑苓（2004）。**遊戲理論與應用——以幼兒遊戲與幼兒教師教學為例**。臺北市：五南。

謝州恩（2012）。鷹架發展的理論、模式、類型與科學教學的啟示。**科學教育月刊，364**，2-16。

英文部分

Aristotle (1906). *The Nicomachean ethics of Aristotle* (10th ed.). F. H. Peters (Trans.). London: Kegan Paul. (Original work in Latin published 1893)

Dale, E. (1953). What does it mean to communicate? *AudioVisual Communication Review*, *1*(1), 3- 5.

Fullard, M. (2016). *Teaching character through the primary curriculum*. Birmingham UK: University of Birmingham.

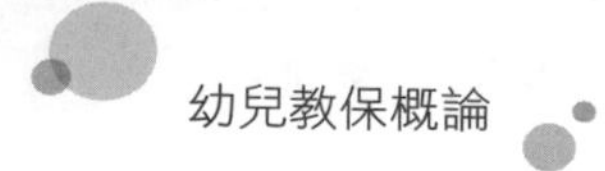

Gardner, H. (1983). *Frames of mind: The theory of multiple intelligence*. New York, NY: Basic Book.

Harrison, T., Arthur, J., & Burn, E. (Eds.) (2016). *Character education: Evaluation handbook for schools*. Birmingham, UK: University of Birmingham Press. Retrieved from www.jubileecentre.ac.uk/handbook

Harrison, T., Arthur, J., & Burn, E. (Eds.) (2017). *A framework for character education in schools*. Retrieved from https://uobschool.org.uk/wp-content/uploads/2017/08/Framework-for-Character-Education-2017-Jubilee-Centre.pdf

Harrison, T., Bawden, M., & Rogerson, L. (2016). *Teaching character through subjects*. Birmingham, UK: University of Birmingham. Retrieved from www.jubileecentre.ac.uk/characterthroughsubjects

Kant, I. (1987). *Critique of judgment*. W. S. Pluhar (Trans. with introduction). Indianapolis, IN: Hackett Publishing. (Original work published 1790)

Kant, I. (2016). *Critique of pure reaso*n. Kindle Edition. ON, Toronto: Aegitas. (Original work published 1781)

Kant, I. (2018). *Critical of practical reason*. T. K. Abbott (Trans.). Wewyn, UK: Ukemi Productions. (Original work published 1788)

Lickona, T. (2001). What is good character? *Reclaiming Children and Youth: Journal of Emotional and Behavioral Problems*, *9*(4), 239-251.

Lickona, T. (2003). The center of our character: Ten essential virtues. *The Fourth and Fifth Rs: Respect and Responsibility*, *10*(1), 1-3.

Lickona, T. (2018). *How to raise kind kids: And get respect, gratitude, and a happier family in the bargain*. New York, NY: Penguine.

McKeachie, V. J. (1999). *McKeachie's teaching tips:Strategies, research, and theory for college and university teachers*. New York, NY: Houghton Mifflin Company.

16

家園互動與親職教育

涂妙如

本章概述

幼兒園與家庭互為夥伴關係，彼此相互合作，方能有利於幼兒的學習與發展。本章論述幼兒園中的家園互動與親職教育，分成三節說明之。第一節論述家園互動的意義與常見的互動方式；第二節探討親職教育的意涵、幼兒園中的親職教育以及實施方式與效益；第三節探討社會變遷中的家園互動與親職教育、家園共育的良性互動以及親職教育的相關資源。

家園互動的意義與常見方式

關於家園互動的意涵，以下分就家園互動的意義與重要性、常見方式等說明如後。

一、家園互動的意義與重要性

「家園互動」顧名思義就是指家庭與幼兒園間的交流與互動，當家庭開始考量送幼兒進入幼兒園就讀時，家園互動就已悄然展開。家園互動包含從家庭著手尋找合適幼兒園的初期接觸開始；幼兒進入幼兒園就讀之後，接續的親師關係建立，以及後續的親師交流互動等歷程。有些家庭甚至在幼兒已經畢業離園多年，仍持續與幼兒園老師保持良好且持續的互動關係，分享幼兒成長的點滴，成為彼此的朋友。良好的家園互動有利於幼兒的入園適應（萊素珠、廖鳳瑞，2014）、幫助幼兒學習（Lin et al., 2019），以及促進幼兒的各項發展（Ivanova, Berechikidze, Gazizova, Gorozhanina, & Ismailova, 2020），是十分值得關注的議題。

一般而言，家長選擇幼兒園的考量因素中，除了符合法規（申淑玲，2015）、老師的專業性與素質（林靜宜，2012；康家心，2014；羅秋雯，2017）、教學方法與內容（申淑玲，2015；陳淑蓉、闕雅文，2012）、環境設備（康家心，2014；羅秋雯，2017）等因素外，也十分看重親師互動。藍玉婷與張弘勳（2018）曾以問卷調查方式了解臺南地區幼兒家長選擇幼兒園考量因素，即指出親師互動為家長選擇幼兒園時看重的因素之一。Coelho 等人（2019）的研究也指出，愈高品質的托育機構，其親師溝通的程度也愈高。家園合作的夥伴關係是幼兒教育服務的基本項目之一，同時也成為增進幼兒與家長表現的平臺（Sabol & Chase, 2015）。研究人員追蹤參與「啟蒙方案」（Head Start）的家長，發現其子女 3 歲就參與啟蒙方案者，在幼兒 6 歲時，家長的教育程度明顯提升（取得大專學歷），可見家長及早送幼兒入園學習，自己也會透過學習以強化教育知能。而 Cook、Dearing 與 Zachrisson（2018）的研究也指出，當家長與老師均認為其合作關係是良好時，幼兒在幼兒園的學習表現也是最佳的。可見，良好的家園互動與親師夥伴關係不但能幫助幼兒的學習與發展，也能為家庭帶來更多正向的力量。

二、家園互動的常見方式

家園互動的方式可簡分為入園前以及入園後的互動。入園前的家園互動，著重於幼兒園環境與教學特色的介紹與說明；入園後的家園互動，則強調親師間的溝通以及針對幼兒行為的交流。以下分別說明之。

（一）就讀幼兒園前的家園互動

1. 透過書面資訊的互動

當家長決定將家中幼兒送托時，大部分的家長即開始著手蒐集幼兒園的相關資訊，而此時就是家園互動的開端。以往尋找合適的幼兒園，往往流於口耳相傳、使用者經驗談等狀況。現代網路發展快速，資訊取得容易，年輕家長多數經由網路資源查詢心儀或是住家附近的幼兒園，例如透過「全國教保資訊網」（https://www.ece.moe.edu.tw/ch/）；經由「幼兒園查詢」的分頁，在基本資料欄位就可依據幼兒園的類別、所在縣市與鄉鎮市區，查詢到欲送托區域的幼兒園。在結果列表按下特定幼兒園的「檢視」，還能看到該幼兒園的基本資料、評鑑紀錄、收費明細及退費基準，了解幼兒園的辦學狀況與品質。

除了公部門的網頁之外，家長也常經由社群媒體，例如相關出版社（如信誼親子網、親子天下網站、媽媽寶寶、嬰兒與母親等）建置的網路群組來了解選擇幼兒園的最新趨勢與議題。而幼兒園端則透過不同的數位資訊平臺，無論是架設網路平臺或建置社群媒體，例如 Facebook、LINE、Instagram、Twitter、Google+等，在社群平臺上提供幼兒園概況、課程與教學、師資、環境設備等相關資訊，讓家長可以很容易的取得資訊，對幼兒園有初步的認識，此即為家園互動的初始。家長接續依據心儀的幼兒園圖像，規劃拜訪幼兒園的行程，在實地了解與認識幼兒園的過程中，展開第二階段的家園互動。

2. 實地參訪的互動

當家長開始拜訪幼兒園，送托幼兒的意願與動機就更加強烈。研究指出，臺灣幼兒家長選擇幼兒園時，對於幼兒園的課程與教學、師資素質、環境設備、收費情形以及親師互動等項目均相當重視（藍玉婷、張宏勳，2018）。此階段的家園互動方式，除了由園方帶領家長參訪環境設備與簡介課程與教學外，有些幼兒園還會安排親子體驗或闖關活動，讓家長帶著孩子一起參與園方設計的遊戲活動，或是讓幼兒操作戶外體能遊具，強調幼兒園學習環境的吸引力，增加其選擇該園就讀的意願。

（二）就讀幼兒園後的家園互動

1. 家園關係建立期

當幼兒開始就讀幼兒園後，家園互動的機會就更多了。一開始的家園互動以建立彼此的信任關係為主。同時在決定送托的開始，幼兒園也會提供家長手冊，讓家長了解需要配合與注意的相關事項。一般家長手冊的內容包含：

(1) 幼兒園簡介：含創園歷史、幼兒園地址與聯絡資訊、招收幼兒年齡與人數、班級安排等。

(2) 教學理念：含辦學宗旨、教育理念、教保目標以及發展願景等。

(3) 行政組織與人員資料：含園長、行政人員、班級老師、廚工以及其他人員（如幼童車司機、工友、清潔人力等）之學經歷與證照資料。

(4) 課程與教學規劃：含學期行事曆、每日作息安排、教學方式、課程內容與教材、評量方式等。

(5) 入園須知：含接送時間與方式、門禁管理、安全管控、疾病預防措施等。

(6) 衛生保健事項：含幼兒健康管理與疾病管控機制、緊急事故處理、緊急送醫資料、託藥制度、棉被換洗時間、個人衣物與清潔用品（如牙杯、毛巾等物品）的準備等。

(7) 餐點品質與使用：含餐點表、食材來源、備餐與供餐方式、餐具的選擇規範等。

(8) 收退費辦法：含收退費基準、收費項目與數額、退費辦法、減免收費之規定以及退托之處理等。

(9) 親師溝通：含家園互動方式、親師面談時間與方式、個別約談時間與方式、緊急連絡人及聯絡方式等。

(10) 資料保護：含家庭及幼兒個人隱私與肖像權之管理、照相與錄影及檔案簿冊之管理等。

(11) 協助幼兒入園適應的建議：如家庭配合調整幼兒作息安排、家長給予幼兒正向鼓勵與互動、入園時的分離方式等。

(12) 其他注意事項：如異議處理方式、家長意見表達管道等。

此階段的家園互動是日後親師正向溝通的基礎，實需審慎為之。幼兒園園長或相關行政人員宜向家長清楚說明幼兒園的相關規範與教學型態，同時了解家長的需求與期待，方能避免家長日後不合理的要求與期待，減少爭議。例如，家長對於某些教學內容的期待或是要求提供其他的服務內涵與提早／延後服務時間、延托費用的收費方式等。《幼兒教育及照顧法》施行之後，也明文規定（參照《幼兒教育及照顧法》第 37 條）幼兒園受託照顧幼兒時，園方需與其父母或是監護人訂定書面契約，即「幼兒園教保服務契約書」（可參考教育部公告之版本範例）。教保服務契約採雙方合議制，如果幼兒園沒有提供書面契約，依《幼兒教育及照顧法》規定需限期改善，否則可處負責人三千元以上，一萬五千元以下罰鍰。由此可知，幼兒園開始提供教保服務時，家園互動的重要性。

2. 家園關係互動期

當家長開始送托幼兒之後，班級老師與家長彼此間的溝通互動就展開了。良好的親師溝通不但是提升老師教學效能的動力來源，也是幫助幼兒學習與發展的正向力量。在親師溝通上，老師方面溝通的內容包含了幼兒的身體健康情形、生活適應、學習表現、人際互動等，此外還包含提供學習相關資源，讓家長能於家庭中持續跟幼兒互動，有利於幼兒的學習與親子互動。而家長方面，常透過親師溝通來學習如何因應與教導幼兒的學習與成長，面對幼兒的挑戰行為，如何提供合適的教養策略等，實為相互支持與交流訊息的重要管道。早期因為老師常是教養資訊的提供者，家長是接受訊息者，形成尊師重道的權威氛圍；現今隨著父母教育程度提升、資訊取得容易，親師間的互動轉型為較平等的合作夥伴關係。

常見的親師溝通方式，大體上可以分為口語溝通與書面溝通兩大類。口語溝通泛指親師間使用語言直接對話與交流，包含個別面談、班級親師座談會、全園家長會、電話會談以及親子活動互動等。書面溝通也是幼兒園中常見的方式，親師間能使用文字相互交流與聯繫，包含家庭聯絡簿、通知單、班訊、園訊、布告欄訊息等。現今因為智慧型行動載具〔如智慧型手機、平板電腦、筆記型電腦、個人行動助理（PDA）等〕的普及與無線網路的快速發展，書面溝通已拓展至使用社群媒體溝通，如LINE、Facebook、班級網頁等，更提高親師溝通的頻率與即時性。以下介紹幾種常見的親師溝通方式與使用時機：

(1) 口語溝通

- 個別面談：面對面的溝通是所有溝通方式中最為直接、也是最受親師喜歡的方式（許錦雲，2008）。面談時，除了語言與語調的訊息之外，還可以看到對方的表情、肢體動作，提供理解隱藏在語言之外的情緒與意涵，讓彼此的溝通更深入也更有成效。然而，老師平日需照顧班級幼兒，如果需要較長時間的面談，則需與家長事先說明清楚較適合親師面談的時間，以及採用事先約定的方式，方能讓彼此都放心的交流。
- 班親會：除了個別面談之外，班級老師通常在學期開始的時候，例行性的邀約班級家長參與班親會或家長會。班親會是親師溝通的重頭戲，老師需要事先準備相關資料，包括個人的介紹、班級經營理念、班級幼兒的能力以及未來學習的規劃等。透過班親會，老師會讓家長了解未來這一學期，幼兒園重要行事曆的規劃、大型活動（全園活動）的時間、班級的運作方式、學習的規劃以及需要家庭／家長配合的事項。於此時，老師也會安排讓家長有機會表達意見的時間，並且讓同一班級的家長彼此認識，相互交流。利用家長聚會，老師也會引導家長們推選出家長代表，做為凝聚與代表班級意見的領袖，成為代表班級與幼兒園行政端溝通聯繫的窗口。這類型的活動，多數一學期舉辦一次。
- 全園家長會：顧名思義，就是指邀約全園家長參與的聚會活動。幼兒園透過這樣的活動安排，來宣導幼兒園的重要理念，或說明重要議題。有時也會合併辦理專家講座，透過專題演講，讓家長更了解幼兒園所重視的教養議題（如親子共讀、幼小銜接等），進而能協助幼兒有較佳的學習與成長。

・親子活動：幼兒園的親子活動多采多姿，通常會配合節慶活動，或是幼兒園的教學特色，辦理親子活動，讓家長有機會來參與這些珍貴的時刻，留下美好的記憶。這些特殊的活動，有時以班級為單位，有時對全園家庭都開放參與，規模大小不同，規劃所需花費的心力就不一樣。親子活動如配合節慶，例如：母親節活動、父親節活動、過年圍爐、中秋賞月等；如配合幼兒園特色活動，例如：親子運動會、親子園遊會、親子郊遊／野餐／出遊、聖誕報佳音、學習成果發表會等。透過這類型的活動，提升家長對於幼兒園的熟悉度與認同感，並且了解幼兒的學習情形與成果，強化親師合作與增加親子互動的機會。

・電話會談：電話會談的使用對象，包含無法時常到園接送幼兒的家長，或是突發事件需要即時聯繫家長等。電話會談通常由老師主動聯繫家長，例如對於搭乘幼童車上學的幼兒，除了家庭聯絡簿之外，電話會談可以讓老師與家長有更多直接交流的機會，並讓家長有機會表達想法與提出意見，強化親師間的關係。另外，如遇到因故無法上學的幼兒，或是停課狀態中的幼兒，老師也會以電話方式聯繫，了解幼兒的健康情形，以利日後的照顧與相關安排。

(2) 書面溝通（含紙本與社群媒體平臺溝通）

・家庭聯絡簿：這種方式是存在最久，也最常被使用的聯繫方式。幼兒園或採用自行設計的聯絡簿，或使用坊間現成的聯絡簿，主要目的就是讓家長了解幼兒在學校生活與學習的情形，並提供家長表達意見與相互交流的機會。家庭聯絡簿的發放頻率不一，端視各幼兒園的運作方式，有些幼兒園每日收發聯絡簿，而有些幼兒園採每週或隔週收發一次聯絡簿。重點是能達到親師聯繫與彼此交流的目的為主。

一般來說，家庭聯絡簿的內容包含：

幼兒的健康情形：含體溫測量（一日約二至三次），另外身體如果有異常狀況，如嘔吐、拉肚子或是發燒，則須即時通知家長。

飲食情形：含早餐／上午點心、午餐與下午點心的用餐情形與餐點量。

學習情形：如參與度、表現情形等，有時也會加入同儕互動情形。

睡眠情形：午休時間的入睡時間、長度與睡眠狀況。

如廁情形：大小便的狀況與頻率。

用藥紀錄：經由家長填寫的托藥單，老師會協助幼兒用藥，並留下餵藥的紀錄。

園方通知：張貼小通知單，如棉被帶回清潔提醒、校外教學通知、傳染性疾病衛教宣導通知等。

親師溝通：老師端書寫幼兒在園的表現情形，家長端則由家長回應老師或是提供幼兒的相關訊息。

其他特殊事項：如親子共讀圖書的借用、幼兒受傷紀錄等。

- 社群媒體平臺：隨著科技快速發展與行動載具價格愈來愈平價，幾乎人人均有行動載具做為即時聯繫的工具。因此，親師溝通的媒介就又多了行動載具這個選項。特別是便利性極高的社群媒體，如 LINE、Facebook、Instagram、Twitter、Google+ 等。現階段也開始有廠商推出符合幼兒園需求的電子聯絡簿，提供給幼兒園端作為親師聯繫的管道（王彬如，2020）。行動載具的便利性，雖可讓家長即時聯繫老師，一解心中的疑惑，但也容易造成老師的負擔。因此，使用此類便利性高的行動載具工具時，也需要親師間建立起使用的相關規範，避免因為方便而容易產生衝突或是誤解（林懿嬅，2018）。

- 園訊或相關出版品：有些幼兒園為了讓家庭與社會了解其教學特色與幼兒的學習成果，會將幼兒園的班級教學歷程或是幼兒的學習成果表現集結成冊，呈現在定期出刊的園訊中，讓家長可以較完整的了解幼兒在校的學習情形。有些幼兒園也會邀約家長提供對幼兒園活動的回應意見，成為家園互動的另一平臺。

由前述的家園互動方式可知，幼兒園端多為主動溝通者，提供家長相關資訊，滿足家長需要的資源，有利於幼兒的入園適應以及日後學習。當老師與班級家長建立起相互熟悉與信任關係之後，家長常也可成為老師教學上的重要助力。例如不同職業家長的資源與交流、教學物資的提供、校外教學時人力的支援等。如果能再結合社區資源，不論是將社區資源帶進教室，或是將教室延伸至社區，家長參與度高的家園互動豐富了老師的教學，也為幼兒的學習增添更多元的觸角。家園互動常為幼兒園辦學特色之一，良好的家園互動除了是幼兒園招生的好口碑之外，也讓老師感受到被尊重，增加留任意願，形成良性且正向循環。

第二節
親職教育的意涵與實施

本節從幼兒教保服務的觀點來思考幼兒園親職教育的內涵與實施方式。育有學齡前子女的父母，雖然已經從育嬰時期的手忙腳亂與睡眠不足窘境中慢慢復原（Feinberg et al., 2020），但面對這個愈來愈有能力的孩子進入幼兒園就讀，教養兒女的各種期待與壓力也接踵而來（利翠珊、張妤玥、鄧皓引，2014）。研究指出不少雙薪夫妻在孩子上幼兒園後因托育方式改變，反而真正體會「新手父母」的壓力。育幼階段的父母，面對子女的教養議題，除了參考過往幼年時期受管教經驗（林俊瑩、邱欣怡、葉芝君，2012）、親族長輩的殷殷叮嚀，以及現今爆炸的網路資訊外，幼兒園老師就是這個階段的最佳親職教育代言人（趙蕙鈴、林欣怡、符如玉，2010）。

幼兒階段是個體發展過程中，成長變化最大的時期，同時也是個體開始學習社會化、往外探索與認識自我的重要階段（張欣戊、林淑玲、李明芝譯，2014）。這時的父母角色，除了是幼兒的生活照顧者，也是子女的玩伴、行為引導與管理者，父母親的教養行為深深影響著子女的行為表現與未來的發展（李百麟、王巧利、林怡君，張淑美，2007；孔娣，2020；馮麗娜，2018）。然而，有相當多的父母是生養子女之後，才開始學習如何當個爸爸或媽媽（朱庭君、吳宛融、詹惟涵、施淑芳、林陳立，2015）。因此，幼兒園老師可能就如同教練般，幫助新手上路的父母在育兒的路上，成為勝任的爸媽。除了提供基本親職教養的理論知識外，也需要因應各種育兒挑戰狀況給予合適的建議與處理原則（趙蕙鈴、林欣怡、符如玉，2010）。以下分別論述在幼兒教保服務中的親職教育意涵與重要性以及實施方式與成效。

一、親職教育的意涵與重要性

依據《幼兒教育及照顧法》（2021）第11條指出：「教保服務之實施，應與家庭及社區密切配合⋯⋯」。第12條進一步說明教保服務內容中，幼兒園需舉辦促進親子關係之活動。由這些法規可知，政府部門十分重視幼兒園端宜主動與家庭合作，並辦理相關活動。透過這些活動與合作，希望能提供父母育兒時的相關資源與資訊。

有關於親職教育的意涵，王以仁（2014）和蔡春美、翁麗芳與洪福財（2011）統整國內外專家學者的意見，指出親職教育是「教導為人父母所需的知識與技能之教育，使其能成功的善盡父母職責，教養子女長大成人。」並且說明親職教育是以預防性的教育為主，教育對象包含父母以及未來將為父母的成人，故為成人教育的一部分。其具體內容包含：

（一）父母角色職責與家庭經營之知能

認知家庭的意涵與家人關係之建立與維護，提供合適養育子女的家庭環境，並能善用社會資源，經營能持續成長的學習型家庭。

（二）教養子女之知能

了解子女在不同年齡的發展特質與需求，提供合宜的教養方式，幫助子女能健康成長。並能於子女成長過程中，運用有效教養策略，預防子女的偏差行為與生活適應問題。

（三）協助子女學校適應之知能

在現代社會中，進入學校就學成為個體學習社會適應與預備未來發展的重要方式。為人父母者須了解所處社會的體制，協助子女就學的準備以及學校學習適應。與學校相互配合，透過合適的親師溝通與家校合作，共同協助子女的學習與成長。

二、幼兒園中的親職教育

在幼兒園中推展的親職教育，首先宜需考量幼兒的年齡與發展任務，提供父母合適的親職角色引導。以下分為協助新生適應之親職教育、個別幼兒行為輔導之親職教育以及家園合作之親職教育方式，分別說明之。

（一）新生適應之親職教育

針對初次入園的新生父母，幼兒與父母親面對初次的分離與新環境，難免擔心害怕。幼兒園宜善用機會，提供家長需要的支持與資源。如利用新生父母參訪幼兒園時、辦理新生入園適應週或安排新生家長會等時機，提供新生父母協助幼兒入園適應的親職教育策略。包含：

1. 建立規律的家庭生活作息

幼兒園的作息安排較為規律，有利於幼兒的學習與發展。建議家長宜讓幼兒在家中也能有規律穩定的作息，並提供幼兒有充足的睡眠時間。依據幼兒園的作息時間規劃，準時入園、參與學校活動，方能幫助子女盡快適應學校生活。一般來說，上午時段會安排大肌肉活動時間，讓幼兒可以舒展身體，足夠的體能活動，可以讓幼兒有更佳的專注力，有利於各項活動的學習。

2. 教導幼兒學習自我照顧的方法

進入幼兒園就讀，開始展開團體生活，幼兒的生活自理能力也是影響其入園適應的重要項目。建議家長在家中多多提供讓幼兒動手做的機會，如自行進食、學習如廁與穿脫衣服、鞋子的能力，並鼓勵與示範以清楚語言表達自己需求的能力，更有利於幼兒在團體生活中的適應。

3. 給予子女入園前的正向心理預備

離開熟悉的家庭環境，進入陌生的幼兒園就讀，對年幼子女來說，的確是項挑戰。成人的鼓勵與支持是相當重要的力量，在準備送幼兒入園前的二至三個月，即可慢慢引導並提供幼兒園的正向資訊，如幼兒園裡有好多小朋友可以一起玩、學校有不同的玩具、溜滑梯等好玩有趣的事物。建議父母能以正向引導的方式告訴子女，已經長大，可以到幼兒園學習更多有趣的事情。而幼兒園中的學習活動也能豐富幼兒的生活經驗，提供幼兒需要的學習刺激。對於較為怕生的幼兒來說，也鼓勵父母多利用時間帶子女到附近的公園、親子館多走走，採漸進的方式讓幼兒適應新環境，相信孩子一定可以適應新環境。

4. 合宜的處理親子分離方式

對於親子來說，合適的處理分離方式都是需要學習的議題。父母學習以「堅定溫和」的語氣跟孩子道再見，並在約定的時間來接回孩子，這是讓孩子安心入園的較佳作法。每個孩子面對新環境時，適應的時間長度不一樣，父母宜能了解孩子的情緒需求，給予穩定一致的回應，讓子女能了解並安心等待父母來接回家的時候。除了幼兒有分離焦慮的情緒外，父母也容易出現不放心與不放手的矛盾情緒，建議幼兒園能給予家長充分的資訊與親師溝通的管道，讓家長能安心與放心將幼兒交給班級老師。

5. 讓班級老師了解幼兒的身心狀況與特質

每個孩子有其各自獨特的特質與生活習慣，入園初期，建議家長宜提供班級老師有關孩子的相關資訊，讓老師與幼兒能有較佳互動的開始，這是有效協助初次入園子女學校適應的策略之一。有些幼兒園老師還會在幼兒入園前，給家長擬一封信，除了表達歡迎幼兒入園與入班之外，也提供父母了解班級老師的班級經營方式與具體的親師合作指引，讓一開始的家園合作，就能在清晰的溝通下，奠下合作的基礎。

（二）幼兒行為輔導之親職教育

2～6 歲的幼兒發展變化相當大，每個階段有其特質與發展任務，但為人父母者不一定能如老師般的知悉這些發展議題。因此，此時期的親職教育，可透過班級家長會、個別幼兒家長約談等方式，讓家長了解不同年齡幼兒的發展任務，以及如何與班級老師配合，一起輔導幼兒的行為發展。面對個別幼兒行為問題時，建議老師多善用各樣的親師溝通管道，主動與家長聯繫，方能在家園合作中有效引導幼兒健康成長。

（三）家園合作之親職教育

家長參與幼兒園的相關活動，可以增加父母的親職知能，並能與幼兒園及班級老師建立更密切的關係，同時有機會與子女的同儕家長彼此交流分享資訊，對幼兒的學習與成長是正向的影響力（Paz-Albo Prieto, 2018; Zhang, Hu, Ren, Huo, & Wang, 2019）。幼兒園階段也是家長參與子女學校活動頻率較高的時期，透過幼兒的邀請與參與的熱情，讓家長也能積極回應幼兒的期待，參與學校活動。舉凡親子活動、家長日、主題課程的學習發表會以及配合節慶的活動等，都可見到家長積極出席的畫面。於此同時，也是幼兒園推行親職教育的重要機會。透過活動，讓家長認識自身的親職角色、學習親子活動的遊戲方式以及了解孩子的發展與能力等，是提升家長親職知能的有效方法（Jezierski & Wall, 2019; O’Keeffe, 2019）。

三、常見的親職教育實施方式與效益

幼兒園中常見的親職教育實施方式，包含專家／專題講座、親職教育議題好文欣賞以及個別諮詢等。林家興（2007）以讀書會、班級教學以及團體輔導等三種親職教育方式探討其對於親子關係、兒童行為問題的影響，研究結果發現這三種親職教育方式雖沒有呈現立即的效應，但是在三個月後，對親子關係與改善受試兒童行為問題均出現顯著效果。顯示透過親職教育對於親子關係與子女行為問題是有效果的。面對新世代父母，如何推展親職教育方能有成效呢？孫扶志（2015）指出媒體上指稱的「怪獸家長」正受到「溺愛兒童症候群」病毒的攻擊，使其子女日後出現負面的人格特徵，如驕傲、易怒、懶散等，而影響其未來的發展，在幼兒園階段實在需要提供新手父母合宜的教養策略與育兒信心，強化家長教養知能、增進親子互動技巧以及善用社區資源等。因親職教育為成人教育的一環，林家興（2007）指出合宜的親職教育需具備自願性、實用性、即時性及連續性等四項特性。而黃惠芳（2015）也指出現代父母工時長、接送幼兒時更是腳步匆忙，宜多善用多元方式推行親職教育，除了面對面簡短的溝通外，利用聯絡簿夾帶文章或宣導資料、將親職教育資訊張貼在接送區的公布欄、善用親子圖書列車提供繪本／育兒書籍讓家長可以借閱、定期更新學校網頁上的親職教育文章等，都是可嘗試的作法。而部分幼兒園更結合家長代表、志工團體與社區家庭，運用政府的經費補助辦理一系列的親職講座；或是提供集點換獎勵的方式，鼓勵參與親職教育活動的家長。回饋的禮物，如繪本、運動服、餐具、水壺，甚至包含學費優惠等獎勵，無非希望家長能擁有更合宜的親職角色知能，成為勝任的家長。

第三節
社會變遷中的家園互動與親職教育

隨著社會變遷的腳步，家庭組織型態、家務分工以及性別角色價值觀等均有別以往，同時也影響著幼兒園的家園互動與親職教育的實施方式。以下論述社會變遷中的家園互動及親職教育相關資源與執行策略。

一、社會變遷中的家園互動

在快速變化的社會趨勢中，家庭是首當其衝受到影響的層面。依據行政院主計總處（2020）重要性別統計資料庫的分析指出，核心家庭是目前家庭組織型態中的主要類型（占 34.4%）。當家庭核心化，加上雙薪家庭的就業趨勢，使得家庭傳統功能中照顧子女的角色逐漸式微。林津如（2007）以婦女口述訪談方式，從家務分工的角度發現，跨世代的兒童照顧工作已悄悄從長輩（祖父母）轉移至母親身上。又依據「107 年兒童及少年生活狀況調查」報告（衛生福利部統計處，2019）指出，臺灣地區0～6歲兒童呈現出日益增高的送托比例，其中 3 歲至未滿 6 歲幼兒就讀幼兒園者比例達 85.1%，而由父母親自照顧者僅占8.4%。由此可知，在現代社會中家庭照顧子女角色已愈來愈高比例仰賴家庭外的支援。在如此高的托育需求中，老師與父母均是影響幼兒發展的重要成人，幼兒園與家庭的家園互動如何影響幼兒發展呢？萊素珠與廖鳳瑞（2014）以 2 歲幼兒入園適應的質性研究結果指出，當家庭與幼兒園對於幼兒角色的要求愈一致，就愈能有益於幼兒投入幼兒園的活動並建立新的人際關係，例如家庭能配合幼兒園的作息調整幼兒的睡眠安排，讓幼兒能盡早入園，參與活動，幼兒的適應情形愈佳。且當家長愈能以幼兒的福祉為最主要的考量，而願意調整自己的權力角色，讓老師也可以成為幼兒可以信靠的成人時，就愈能有利於幼兒的入園適應。

至於育兒知識的獲得，隨著網路資源的可得性愈來愈高，「107 年兒童及少年生活狀況調查」報告（衛生福利部統計處，2019）也指出學齡前幼兒家庭的育兒知識主要來源為「網路搜尋資訊」（占 59.7%）、其次為「長輩親友傳授」（占 58.5%），「參與親子、育兒相關講座」獲得育兒知識者，僅占 14.5%。可見，幼兒園仍有相當大的努力空間來協助幼兒父母獲得需要且專業的育兒知識。石苑均（2016）以臺北市公立幼兒園的老師為研究對象，指出老師知覺其家長經常配合在家庭層面的參與，但在接受園方訊息的面向則有待提升，且老師期望家長能更多參與親子活動、多陪伴幼兒親子共讀及完成學習單、積極接受園方訊息，並建立良好的家園溝通關係。另外，老師也期望家長多參與環境清潔、美化志工及教保活動。研究結果並指出老師自覺其效能感在「家庭因素」向度愈高時，對家長在參與「家庭層面」上愈有正面的影響力。亦即當老師愈能鼓勵家長參與家庭中的親子互動時，家長在家中陪伴子女的情形愈佳。

從前述研究結果看來，家園互動似乎存在著親師間彼此期待的落差，老師期待家長可以信任老師並多接受園方的訊息、積極參與親子活動，但家長端似乎仍處觀望階段，在親師溝通上較處於被動的角色。林以凱（2015）也指出從新進老師到資深老師都感受到親師互動與家園溝通的巨大壓力。現今家庭型態日益多元，家庭的組成愈來愈複雜（李立如，2019）。與幼兒同住的家人，雖仍以父母居多，學齡前幼兒（3～6 歲）與父母同住者占 89.1%（衛生福利部統計處，2019）。但有愈來愈多的幼兒來自不同型態的家庭，包含單親家庭、隔代家庭、繼親家庭、混合族群家庭、新住民家庭以及收養家庭等（張鑑如、聶西平、周麗端，2018）。加上網際網路的發達，家園互動方式有別以往，如何贏得幼兒家長／監護人的信任，建立起彼此合作的家園夥伴關係，是目前亟需正視的議題。

二、就讀幼兒園的效應與家園共育的良性互動

就讀幼兒園對於幼兒的日後發展有諸多正向效應。從美國「高瞻培瑞幼兒園」（the High/Scope Perry Preschool）的追蹤研究可知其所帶來的巨大成效（Schweinhart et al., 2005）。此研究從幼兒 3～4 歲開始追蹤了 40 年，相較其他控制組幼兒，參與此計畫的幼兒，提高了其高中學歷的完成率以及增加就業率與所得，且較有能力養育下一代。另外，根據 PISA 2018 年的報告顯示，接受過一年學前教育的幼兒，在 15 歲時的 PISA 閱讀能力表現，比未接受過學前教育的幼兒多 26 分，即使經過社會經濟地位的校正，也可達到多 14 分的表現；接受兩年學前教育的幼兒則多增加 45 分，經過社會經濟地位校正也可多 23 分（見表 16-1）。可見幼兒園的豐富學習刺激確實能幫助幼兒的學習與成長。

表 16-1　學前教育對 PISA 閱讀能力的影響

學前教育年數	一年	兩年	三年以上
經過社會經濟地位校正	14	23	19
未經過社會經濟地位校正	26	45	47

資料來源：幼兒發展調查資料庫建置計畫記者會簡報資料（2021）。

近年來因為少子女化的趨勢，每個孩子在過度保護的教養下，父母成為媒體報導的「怪獸家長、恐龍爸媽、直升機父母」等現象（林靜莉，2019；胡芷寧，2018；許菊芳，2011）。而當家長將老師視為保母與外傭，頤指氣使不理性對待時，也讓親師間的互動蒙上陰影，澆熄了許多老師的教學熱情。所幸依據「臺灣幼兒發展調查資料庫建置計畫」（張鑑如、聶西平、周麗端，2018），以 5 歲組幼兒資料進行分析，發現大部分的家長都很關心孩子在幼兒園的學習情形，近五成的家長認為確定孩子的學習是自己的責任。此外，大多數的家長、老師皆認為維持雙方良好溝通是自己的責任；在親師互動上，雙方也大都能彼此尊重、互信，並交換孩子在家或在園的學習狀況，顯示老師、家長的家園共育方向大多一致。前述調查結果也發現良好的家園關係，與幼兒園的教保品質有正向關聯；家長和老師的家園互動關係愈融洽，幼兒在幼兒園內所接受的教保品質也愈好（見表 16-2）。

表 16-2　家園關係與教保品質相關分析

家園關係與教保品質	教保活動	學習環境	師生互動	教保品質總分
家園關係總量	.17**	.22**	.31**	.30**
家長關心我	.13**	.16**	.22**	.22**
家長讓我知道我是個好老師	.14**	.20**	.25**	.26**
家長感激我對孩子的投入	.15**	.19**	.24**	.26**
家長提供我有關孩子在家裡的學習狀況	.13**	.19**	.23**	.24**
家長接受我提供有關教養的建議	.14**	.17**	.27**	.26**

註：**表示 $\alpha<0.001$
資料來源：幼兒發展調查資料庫建置計畫記者會簡報資料（2021）。

此外，和諧的家園互動關係亦有助於幼兒各面向的成長發展，包括認知、語言、社會及情緒發展等，並可減少幼兒攻擊行為（見表 16-3）。實在需要幼兒園與家庭更加看重彼此關係的經營，共同成為協助幼兒健康成長的好夥伴。

表 16-3　家園關係與幼兒發展的相關分析

幼兒發展	認知	語言	社會	情緒	攻擊行為
家園關係	.13**	.12**	.07*	.08*	-.09**

註：*表示$\alpha<0.05$，**表示$\alpha<0.001$
資料來源：幼兒發展調查資料庫建置計畫記者會簡報資料（2021）。

三、現代化的家園合作策略與親職教育資源

現代化的家園合作方式愈來愈傾向即時性、數位化、多元管道與個別性，且鑑於年輕父母習慣於從網路上搜尋育兒的相關資源與資訊，建議幼兒園端宜盡快建置友善家長閱覽與查詢的網頁，且能適用於不同的行動載具（如智慧型手機、平板電腦等）使用，並定期更新網頁上的訊息。幼兒園端的網頁亦可連結政府部分建置的相關網站，提供父母最即時與專業的親職教養訊息。有關政府相關網站資源，如托育相關政策與服務資訊、親職增能的資源等，可參考的網站資源舉例如下：

1. 衛生福利部建置之「1957 服務諮詢專線」

「財團法人臺灣兒童暨家庭扶助基金會」自 2010 年 9 月 1 日起承接「1957 福利諮詢專線」服務迄今，聘有專業社工人員執行接線服務，藉由專業的福利需求評估，提供民眾適切的福利諮詢及通報轉介服務，2013 年 7 月

23 日正式改隸衛生福利部。本專線之設置目的，在於協助生活上遭遇困難之家庭或個人，整合各公私立部門之各項服務與資源，提供單一窗口之社會福利諮詢與通報轉介服務，使有社會福利相關服務需求的民眾，只要一通電話，即可得到完善的服務，以落實社會安全照顧網絡。服務內容包含提供急難救助、社會救助、老人福利、身心障礙福利、兒少福利、特殊境遇家庭、國民年金保險等各項社會福利諮詢與通報轉介服務等。

2. 衛生福利部社會及家庭署建置之「育兒親職網」

此網頁提供新手父母育兒的相關資源與影片，包含兒童發展、兒童安全、親子互動、兒童照顧等教材，並邀請專家學者撰擬了《新手父母手冊》與《親職教育教養秘笈》，以協助育幼階段的父母在不方便出門的狀況下，依然能學習照顧嬰幼兒的專業方法，補充親族長輩不在身邊時的諮詢協助。

3. 衛生福利部國民健康署網頁

此網頁提供有關於身體健康維護的相關資訊，包含健康主題、健康學習資源、健康監測與統計等。其中於「健康主題」分頁中，提供了相當豐富的嬰幼兒與兒童健康的資訊，內容中包含了視力保健、預防保健、安全睡眠環境以及親子共讀的影音資源。親子共讀影片並細分親子共讀的分齡技巧：基礎介紹、產前共讀、0～6 個月、6～12 個月、1～2 歲、2～3 歲、3～5 歲等。可推薦給家長參考使用。

4. 教育部國民及學前教育署建置之「全國教保資訊網」

此資訊網提供給家長及幼兒園教保服務人員相關資源與訊息。提供家長有關政府的最新育兒政策、就學補助、育兒津貼與公共化教保服務的訊息，以及可用來查詢幼兒園，了解幼兒園的基本資料與評鑑結果。此網頁並設置影音專區，讓家長了解幼兒園的活動與教學型態，做為篩選幼兒園的參考。

對教保服務人員來說，這個網站是專業資訊與專業增能的重要訊息來源。包含相關法規、《幼兒園教保活動課程大綱》、幼兒園課程與教學的重要內涵與參考資料，以及幼兒園老師持續增能的在職研習與專業輔導訊息。

5. 教育部建置的「家庭教育網」

這個網站提供了親職教育、子職教育、性別教育、婚姻教育、失親教育、家庭資源與管理教育、多元文化教育以及其他家庭教育事項等內容，除了書面出版品外，也包含電子書櫃、影音資源與數位課程，內容十分豐富。

在「親職教育」分頁中，除了最新消息外，包含相關文章與出版品，如《我和我的孩子：一本給家長的手冊（幼兒篇）》；《家庭展能——親職教育媒材運用手冊（瞭解子女發展篇）》、《家庭展能——親職教育媒材運用手冊（提升父母親職能力篇）》；《家庭展能——親職教育方案帶領人手冊》等等，都是教育部委託專家學者撰寫完成，十分值得幼兒園教保服務人員參考使用。

6. 親子共讀資源網站：國立臺灣圖書館「閱讀推廣與館藏充實計畫」

學齡前階段是陪伴幼兒建立閱讀習慣的重要時期，幼兒園教保服務人員宜善用政府建置的親子共讀資源來豐富親子共讀的品質。國立臺灣圖書館歷年來邀請專家學者協助推選適合學前幼兒親子共讀的書單，提供給幼兒園做為介購圖書參考。另外，也可多鼓勵父母為幼兒辦理借書證、參與圖書館辦理之親子共讀講座活動，以豐富父母共讀的方法，有利於幼兒閱讀習慣的培養。

7. 親子共讀資源網站：文化部兒童文化館

這個網站提供圖畫書的相關資源，包含「主題閱讀區」，可讓家長依據主題來選書。另外，「繪本花園」分頁透過動畫設計來簡介圖畫書的內容，並提供延伸閱讀的書單建議與相關的遊戲。可做為親子共讀的參考資源。

除了提供給家長參考的政府部門相關網站資源外，辦理動態的親子活動，也較能吸引家長參與親職活動，例如親子園遊會、親子運動會、親子郊遊活動等，透過闖關活動來引導親子互動的方法。部分幼兒園也常常運用定期的戲劇活動來豐富親子互動的話題。或是配合幼兒不同階段的重要發展任務，辦理專題講座活動，如幼小銜接座談會，也頗受家長的歡迎。鑑於爸爸參與親職活動的比例較少，有些幼兒園考量父親能出席的時間，辦理「爸爸早餐會」，運用短短的晨光時間，與父親有個美好的親師溝通機會。亦有幼兒園善用環境資源，配合節慶活動，辦理月光下的音樂會，在柔和的音樂中欣賞幼兒在學校的學習成果表現，增進親師溝通、家長參與的機會。

對於幼兒園教保服務人員來說，也需相關的增能活動，希望政府部門可於教保專業知能 18 小時研習中，多提供有關人際溝通以及家園關係議題之研習活動；亦可在教師 e 學院（原教育部數位學習平臺），以及教師專業社群內，增加親師合作、親師互動等議題之探討，邀請親職、家庭教育相關背景專家擔任講員，以提升教保服務人員家園互動的合作知能，共創家園共育的美好關係。

情境式題目

1. 因應社會變遷與現代家庭的需求，須提供給家庭合宜的親職教養知能，然而觀察發現當幼兒園辦理親職講座活動時，參與人數並不多。現今幼兒園可透過哪些方式或是辦理哪些活動來促進優質的家園互動、提升家長親職知能。
2. 每個孩子都是家中的寶貝，面對初次入園的幼兒與家長來說，心中的忐忑與擔心是可以理解的。幼兒園可以透過哪些方式與活動讓幼兒與家長有較佳的入園適應？
3. 政府部門委託專業單位與學者協助建置了許多親職教育推廣的相關網站，但是知悉這些資源的社會大眾並不多。教保服務人員如何運用這些網頁資源，強化親師溝通及家園互動品質？

參考文獻

中文部分

孔娣（2020）。**父母教養行為與幼兒社會行為之關聯研究**（未出版之碩士論文）。國立臺灣師範大學，臺北市。

王以仁（2014）。**親職教育——有效的親子互動與溝通**。臺北市：心理。

王彬如（2020）。托嬰中心家長對電子聯絡簿的應用滿意度與親師溝通成效初探。**長庚科技學刊，32**，49-84。

幼兒發展調查資料庫建置計畫記者會（2021）。**《家・園》共育——許孩子一個美好未來**。取自 http://pr.ntnu.edu.tw/ntnunews/index.php?mode=data&id=19944

幼兒發展調查資料庫建置計畫記者會簡報資料（2021）。**《家・園》共育——許孩子一個美好未來**。取自 http://pr.ntnu.edu.tw/archive/file/%E8%A8%98%E8%80%85%E6%9C%83%E7%B0%A1%E5%A0%B1110_3_30%20(short)_%E5%88%97%E5%8D%B0%E7%89%88.pdf

申淑玲（2015）。**新北市幼兒園家長教育選擇之調查研究**（未出版之碩士論文）。國立臺北教育大學，臺北市。

石苑均（2016）。**臺北市公立幼兒園老師知覺其家長參與及其效能感關係之探究**（未出版之碩士論文）。國立臺北教育大學，臺北市。

朱庭君、吳宛融、詹惟涵、施淑芳、林陳立（2015）。影響產後婦女嬰幼兒照護知識與自我效能之相關因素研究——以臺北市聯合醫院某院區為例。**健康促進暨衛生教育雜誌，39**，83-95。

行政院主計總處（2020）。**重要性別統計資料庫——家庭組織型態**。取自 https://www.gender.ey.gov.tw/gecdb/Stat_Statistics_DetailData.aspx?sn=iG-

JRpsNX45yniGDj!w1ueQ%40%40&d=194q2o4!otzoYO!8OAMYew%40%40

利翠珊、張妤玥、鄧皓引（2014）。育兒階段夫妻工作家庭壓力調適：系統界限的定位與轉變。**中華心理衛生學刊，27**（1），37-72。

李立如（2019）。憲法解釋中的家庭圖像與其規範地位。**臺大法學論叢，48**（3），967-1021。

林以凱（2015）。親、師，怎麼互動好。**臺灣教育評論月刊，4**（12），52-53。

林津如（2007）。父系家庭與女性差異認同：中產階級職業婦女家務分工經驗的跨世代比較。**台灣社會研究季刊，68**，1-73。

林家興（2007）。親職教育團體對親子關係與兒童行為問題的影響。**教育心理學報，39**（1），91-109。

林靜莉（2019）。**恐龍家長的7個特徵，你中了幾項？**取自 https://www.mababy.com/knowledge-detail?id=7300

胡芷寧（2018）。**孩子忘記帶聯絡簿你會幫忙送嗎？10點檢視自己是否為直升機父母**。取自 https://www.mombaby.com.tw/articles/13672

張欣戊、林淑玲、李明芝（譯）（2014）。**發展心理學**。臺北市：字富文化。

張鑑如、聶西平、周麗端（2018）。當代臺灣幼兒家庭基本資料、生活環境樣貌及能力發展：KIT資料庫樣本。**人類發展與家庭學報，19**，45-63。

許芳菊（2011）。誰是怪獸家長。**親子天下，29**。取自 https://www.parenting.com.tw/article/5027513

萊素珠、廖鳳瑞（2014）。上學這條路：兩歲兒從家庭進入幼兒園之銜接研究。**臺中教育大學學報：教育類，28**（2），69-92。

黃惠芳（2015）。幼兒園實施親職教育十個困境。**臺灣教育評論月刊，4**（12），58-59。

蔡春美、翁麗芳、洪福財（2011）。**親子關係與親職教育**。臺北市：心理。

衛生福利部統計處（2019）。**107 年兒童及少年生活狀況調查——兒童篇**。取自 https://dep.mohw.gov.tw/dos/cp-1771-43369-113.html

藍玉婷、張弘勳（2018）。台南市家長選擇幼兒園考量因素之調查研究。**學校行政，116**，110-146。

李百麟、王巧利、林怡君，張淑美（2007）。幼兒自律行為與父母教養型態。**危機管理學刊，4**（2），41-50。

林俊瑩、邱欣怡、葉芝君（2012）。社經背景、幼年受管教經驗與教養價值觀對學前教育階段家長管教子女方式的影響。**中華輔導與諮商學報，32**，123-149。

林靜宜（2012）。**台中市家長選擇幼兒園之相關因素研究**（未出版之碩士論文）。朝陽科技大學，臺中市。

林懿嬅（2018）。**幼兒園運用即時通訊軟體之親師溝通現況探討**（未出版之碩士論文）。樹德科技大學，高雄市。

孫扶志（2015）。翻轉幼兒園新世代父母親職教育成效之策略。**臺灣教育評論月刊，4**（12），47-51。

康家心（2014）。**幼兒園學校選擇權之研究——以臺中市為例**（未出版之碩士論文）。朝陽科技大學，臺中市。

許錦雲（2008）。幼兒園良好親師關係之探究。**幼兒教保研究，1**，13-29。

陳淑蓉、闕雅文（2012）。竹苗地區幼稚園生家長之幼稚園選擇偏好研究。**國際文化研究，8**（1），1-26。

馮麗娜（2018）。**家庭社經地位、父母教養行為對幼兒學習取向之影響**（未出版之博士論文）。國立政治大學，臺北市。

趙蕙鈴、林欣怡、符如玉（2010）。教保員實施親職教育的個人、組織與社會情境因素及提升其角色效能之在職教育的研究：以台中市立案幼兒園教保員為研究對象。**幼兒教保研究，5**，117-132。

羅秋雯（2017）。**影響桃園都會區家長選擇幼兒園之分析**（未出版之碩士論文）。健行科技大學，桃園市。

英文部分

Coelho, V., Barros, S., Burchinal, M. R., Cadima, J., Pessanha, M., Pinto, A. I., Peixoto, C., & Bryant, D. M. (2019). Predictors of parent-teacher communication during infant transition to childcare in Portugal. *Early Child Development & Care*, *189*(13), 2126-2140.

Cook, K. D., Dearing, E., & Zachrisson, H. D. (2018). Is parent-teacher cooperation in the first year of school associated with children's academic skills and behavioral bunctioning? *International Journal of Early Childhood*, *50*(2), 211-226.

Feinberg, M. E., Boring, J., Le, Y., Hostetler, M. L., Karre, J., Irvin, J., & Jones, D. E. (2020). Supporting military family resilience at the transition to parenthood: A randomized pilot trial of an online version of family foundations. *Family Relations, 69*(1), 109-124.

Ivanova, R., Berechikidze, I., Gazizova, F., Gorozhanina, E., & Ismailova, N. (2020). Parent-teacher interaction and its role in preschool children's development in Russia. *Education 3-13*, *48*(6), 704-715.

Jezierski, S., & Wall, G. (2019). Changing understandings and expectations of parental involvement in education. *Gender & Education*, *31*(7), 811-826.

Lin, J., Litkowski, E., Schmerold, K., Elicker, J., Schmitt, S. A., & Purpura, D. J. (2019). Parent-educator communication linked to more frequent home learning activities for preschoolers. *Child & Youth Care Forum*, *48*(5), 757-772.

O'Keeffe, H. (2019). "Start treating me like a Dad!" The impact of parental involvement in education on the paternal identity of fathers in the English prison system. *Cambridge Journal of Education*, *49*(2), 197-213.

Paz-Albo Prieto, J. (2018). Enhancing the quality of early childhood education and care: ECEC tutors' perspectives of family engagement in Spain. *Early Child Development & Care*, *188*(5), 613-623.

Sabol, T. J., & Chase, L. P. L. (2015). The influence of low-income children's participation in head start on their parents' education and Employment. *Journal of Policy Analysis & Management*, *34*(1), 136-161.

Schweinhart, L. J., Montie, J., Xiang, Z., Barnett, W. S., Belfield, C. R., & Nores, M. (2005). Lifetime effects: The high/scope perry preschool study through age 40. Ypsilanti, Mich.: High/Scope Press. Summaries: http://www.highscope.org/Research/PerryProject/perrymain.htm

Zhang, X., Hu, B. Y., Ren, L., Huo, S., & Wang, M. (2019). Young Chinese children's academic skill development: Identifying child-, family-, and school-level factors. *New Directions for Child & Adolescent Development*, *2019*(163), 9-37.

第六篇

幼兒教保重要議題論述

17 公共化幼兒園的發展及其趨勢

李興寧

本章概述

為保障幼兒接受教保服務之權利，以促進幼兒身心健全發展，我國於2011年公布《幼兒教育及照顧法》，自2012年正式施行。依據該法，2歲以上至入國民小學前的幼兒教保服務，由教育部及各縣市為主管機關，統籌規劃與辦理相關業務。《幼兒教育及照顧法》實行以來，以幼兒接受教保的比率為例，根據教育部107學年度統計資料，其中3～5歲平均為79%，略低於OECD國家平均的82%。如果以單一年齡層統計，5歲96%、4歲86%、3歲56%、2歲19%，顯示年齡愈小者入園率愈低（教育部統計處，無日期）。

以幼兒園及其招收幼兒數為例，依據教育部的統計資料，107 學年度公共化幼兒園計有 2,565 園（其中 128 園為非營利幼兒園）、約可招收 20 萬人，私立幼兒園 4,175 園、約可招收 49.6 萬人；而 2～5 歲學齡人口數計約 85.7 萬人，入園人數約 53.9 萬人，其中教保公共化所收托的幼兒數約占31.3%，仍遠低於 OECD 國家中的法國、德國、瑞典（教育部、衛福部，2014）。前述有近七成幼兒選擇就讀私幼的情形，造成以下三個亟待解決的問題（教育部等，2020）：

1. 公共化幼兒園僅占三成，亟待政府增加公共化幼兒園，滿足托育需求。
2. 私立幼兒園收費高且價差大，多數育兒家庭經濟負擔重。
3. 多數教保服務人員薪資偏低，質量不齊且流動率高，政府須有相關配套措施。

為解決前述問題，藉由政策持續擴展教保公共化的比率，是當前政府努力的方向。本章擬介紹公共化幼兒園的發展及其趨勢，首先要說明公共化幼兒園的意義與重要性；其次，說明公立幼兒園的發展、成效與遭遇的困境；最後，分析非營利幼兒園的發展、成效與遭遇的困境。

第一節 公共化幼兒園的意義與重要性

為了減輕家長育兒負擔，協助雙薪家庭無後顧之憂；同時提升教保人員的薪資福利，穩定幼教保育師資，行政院於 2017 年 4 月核定「擴大幼兒教保公共化計畫（106-109 年度）」，希望以穩健提升、公私共好的原則，採取增設非營利幼兒園為主、公立幼兒園為輔的方式，將公共化幼兒園之入園比例由三成提高至四成，並依地方政府規劃，核定增設公共化幼兒園計 1,247 班。另為使職場父母安心托育，於 2018 年修正公布《幼兒教育及照顧法》，鼓勵企業增設職場互助教保服務，運用職場空間提供教保設施，共同分擔員工照顧幼兒的責任。

在「減輕家長負擔」的目標下，「擴大幼兒教保公共化計畫」包括增設「公立幼兒園」及「非營利幼兒園」兩大類。簡言之，公立幼兒園是由政府出資，提供空間場地及人事經費，優先招收身心障礙幼兒、原住民幼兒、低收入戶幼兒、中低收入戶幼兒及特殊境遇家庭的幼兒；常見大致可分成兩類，一是附設於公立學校內，另一種則是各縣市單獨設立的公立幼兒園。公幼入學免學費，但須繳交雜費，入學採登記與抽籤方式進行。

非營利幼兒園則是政府委託公益法人或由公益法人申請興辦與運營，由政府提供土地、教室空間、硬體設備等，並由政府監督管理，有關園務運作的財務、課程、人員等有一套管理的標準。招生方面優先招收身心障礙幼兒、原住民幼兒、低收入戶幼兒、中低收入戶幼兒，以及特殊境遇家庭等幼兒，收費介於公幼與私幼之間，收托時間也較公幼有彈性。在收費方面，以 2021 年為例，每位幼兒每月繳費不超過 3,500 元，入學採取登記與抽籤方式進行。

關於增設公共化幼兒園的重要性，歸結主要有下述七點：

1. 落實「擴展平價教保服務」及「減輕家長負擔」之政策目標。
2. 實踐「0～5 歲全面照顧」的精神。
3. 尊重家長選擇權，讓家長依據幼兒特性與需求，為幼兒選擇合適幼兒園。
4. 降低入園門檻，保障每個孩子都獲得尊重、照顧與無縫銜接。
5. 引進民間力量並鼓勵私人參與幼兒教保經營，降低參與門檻。
6. 提供及早入園機會，讓弱勢家庭幼兒能獲得優質的教保服務。
7. 鼓勵私人參與幼教經營，與公幼形成良性競爭與互動。

第二節
公立幼兒園的發展、成效與遭遇的困境

自「擴大幼兒教保公共化計畫（106-109 年度）」實行之後，依教育部 107 學年度統計資料，公共化幼兒園的數量合計為 2,565 園（占 38.1%）、核定招收幼兒人數 200,106 人（占 28.7%）；相較於 105 學年度增加了 102 園（17,738 人），成長 1.3%；但反觀私立幼兒園合計園數為 4,175 園（占 61.9%），雖然整體數量減少了 87 園，但核定招收人數提升至 496,239 人（占 71.3%），增加了 10,614 人（表 17-1）。政府雖已努力增設公共化幼兒園，但招收幼兒數量仍僅約占總收托幼兒數的三成。

表 17-1　107 學年度幼兒園園數與收托幼兒情形

類型	園數	占比	核定人數	占比	就學人數	占比
1.公共化幼兒園	**2,565 園**	**38.1**	**20 萬人**	**28.7**	**16.9 萬人**	**31.3**
(1)公立幼兒園	2,437 園	36.2	18.6 萬人	26.8	15.6 萬人	29.0
(2)非營利幼兒園	128 園	1.9	1.4 萬人	1.9	1.3 萬人	2.3
2.私立幼兒園	**4,175 園**	**61.9**	**49.6 萬人**	**71.3**	**37.1 萬人**	**68.7**

資料來源：教育部統計處（無日期）。

就私立幼兒園的收費情形而言，約六成幼兒園每年收費介於 7 萬元至 14 萬元之間，這個數目對於許多年輕家長而言是一筆為數不小的經濟負擔。另，依據衛生福利部（2015）進行《我國托育服務供給模式與收費機制之研究》指出，每家戶一名子女托育費不高於可支配所得 10%至 15%（約 8,000 元至 12,000 元），才有可能生養第二胎，並使每名子女具有相同教保機會

（王舒芸、鄭清霞，2014）。若以 107 學年度有 68.7%的幼兒就讀私立幼兒園為例，其學雜費負擔已超過家庭可支配所得的 10%至 15%。

此外，依據國家發展委員會對「民眾對完善生養環境相關措施的看法」的調查結果顯示，正值創業階段的家長逾七成以上，希望政府增設公共化幼兒園、鼓勵企業設置托育設施及增加托嬰、托育、親子活動等設施，平價托育和教保公共化正是家長普遍期待的方式（教育部等，2020）。本節擬以教育部統計處公告 107 學年度及 109 學年度之調查數據，從公立幼兒園的發展、幼兒就讀人數的成長情形，說明推動公共化幼兒園之成效。

一、公立幼兒園的發展情形

依據《我國少子女化對策計畫（107-111 年）》（教育部等，2020），政府在整體2～5歲幼兒教育與照顧方面，採「**擴展平價教保服務**」及「**減輕家長負擔**」兩大重點，以「擴大公共化幼兒園」、「建置準公共機制」及「2-4 歲育兒津貼」為三項策略，讓 0～5 歲幼兒的協助措施無縫銜接，達到全面照顧，前述政策目標如下：

1. 加速擴大公共化幼兒園：原規劃六年（2017～2022 年）內累計增加之班級數由2,247 班調整提高為2,500 班；為符應家長期待，以公立國小校校有幼兒園為原則，規劃至2024 年底前累計增設達 3,000 班。
2. 建置準公共機制：提供合宜條件及尊重私幼參與意願，透由政府的協助，讓家長每月繳費不超過 4,500 元，提升平價教保之量能。
3. 改善教師及教保員薪資：保障每月實際薪資至少 29,000 元以上；2021 年 8 月起，在園內服務滿三年者至少 32,000 元以上；幼兒園並應訂有調薪機制。

4. 穩定提升教保服務品質：建立提升品質及管理機制，協助準公共幼兒園穩定教保服務品質，達到長期合作、永續經營的目標。
5. 維護就學權益提高入園率：至 2022 年整體 2～5 歲幼兒之入園率達 68%，至 2022 年達 70%。

在「擴展平價教保服務」的政策下，教育部自 2000 年起，鼓勵各縣（市）逐年增加班級規模及數量，補助公幼所需的教學環境設備等相關經費。同時也考量部分地方政府的財政壓力，自 102 學年度起，由政府與公益法人共同辦理非營利幼兒園，以成本價經營，由中央、地方政府與家長三方共同分攤營運成本，提供平價、優質及弱勢優先之教保服務。為協助地方積極推動教保公共化，2017 年起各縣（市）可依「擴大幼兒教保公共化計畫（106-109 年度）」、前瞻基礎建設之「校園社區化改造計畫」，自訂中程推動計畫，運用校園空餘校地或老舊校舍拆除後未再重建之空地，申請補助興建園所建築所需經費，加速加量擴大公共化幼兒園之供給量。

經過三年（107～109 學年度）的努力，根據教育部 109 學年度統計資料，公共化幼兒園計有 2,336 園（其中 232 園為非營利幼兒園），約可招收 17 萬人；私立幼兒園 4,111 園、約可招收 49.6 萬人；入園的總幼兒數從 54 萬人提升至 56.8 萬人，教保公共化的比率也從 31.3%提升為 36.2%（詳表 17-2）。

二、公立幼兒園遭遇的困境及解決之道

政府投入了大量資源，但公立幼兒園招收幼兒數仍未達到總園數四成的預期目標，目前仍持續在政策推動、經費補助及提升教保服務人員薪資三個面向持續加強。在政策面，加強增設公共化幼兒園力道；在補助面，擴大補

表 17-2　109 學年度各類幼兒園園數與招收幼兒狀況

項目別	總計	公立幼兒園					非營利幼兒園	私立幼兒園
		國立	直轄市立	縣市立	鄉鎮市立	公立小計		
園數	**6,447**	**10**	**1,147**	**804**	**143**	**2,104**	**232**	**4,111**
正常營運	6,409	10	1,146	804	143	2,104	232	4,074
停　　辦	38	—	1	—	—		—	37
幼兒數	**568,295**	**1,082**	**91,743**	**34,363**	**19,302**	**146,490**	**24,063**	**397,742**
男	296,664	531	47,404	17,703	9,893	75,531	12,569	208,564
女	271,631	551	44,339	16,660	9,409	70,959	11,494	189,178

資料來源：教育部統計處（無日期）。

助範圍；在薪資福利面，提升教保服務人員基本月薪。

1. 政策面：原本規劃六年（2017～2022 年）增加 2,247 班調整提高為 2,500 班，提供 7.1 萬個就學名額；為滿足年輕家長對於增加平價托育之期待，2023～2024 年再增加 500 班。合計八年內（2017～2024 年）增班數可達 3,000 班，增加了 8.6 萬個就學名額（詳表 17-3）；預估公共化幼兒園核定人數累計將達 26 萬 9,000 人。

表 17-3　2017～2024 年預估公共化幼兒園的設立班級與收托幼兒數

原規劃增班情形			調整後增班情形		
年度別	班級數	可收托人數	年度別	班級數	可收托人數
2017	300	8,094	2017	300	8,094
2018	299	8,170	2018	356	8,906
2019	239	6,666	2019	239	6,666
2020	409	11,319	2020	605	17,334
2021-2022	1,000	26,000	2021-2022	1,000	30,000
小計	2,247	60,249	小計	2,500	71,000
			2023-2024	500	15,000
合計	**2,247**	**60,249**	合計	**3,000**	**86,000**

資料來源：教育部等（2020）。

2. 補助面：在補助措施方面，5 歲幼兒維持免學費補助，另擴大 2～4 歲入園幼兒的學費補助。107 學年度於六都以外之縣（市）開始辦理，108 學年度全面實施，補助方式如下：
   (1) 公立幼兒園：比照 5 歲幼兒免學費補助，2～4 歲幼兒就讀公立幼兒園免繳學費，至其他代收代辦費，依各縣（市）所定收費規定繳交，家長每月繳費約 2,500 元。
   (2) 低收入及中低收入戶家庭子女，就讀公立及非營利幼兒園，就學均「免費」。
3. 提升教保服務人員薪資：教保服務人員若無法獲得合理薪資，將降低優秀人才投入教保服務工作的意願，進而影響教保服務機構整體素質，連帶使得幼兒教保品質產生不利影響。相關研究多指出，教保員離職主因多為工作與家庭難以兼顧、工資較低、缺乏健康保險、退休金、培訓和教育的補助金等福利待遇制度。且幼兒園屬於高勞力密集的教學現場，很難吸引具專業訓練又有教保熱誠的年輕人留任職場。因此參考日本、香港等政策，政府應研訂有品質的教育與照顧支持政策，從基礎面改善教保服務人員低薪現況，才有可能讓幼兒在具備高品質的教育與照顧下學習，減低職場專業人員的流動率。

   在公立幼兒園內，教保服務人員包含教師、教保員與助理教保員等，多數公幼以聘任教師與教保員居多。除教師和教保員在職稱、待遇及福利等有明顯差距外，教保員與助理教保員也會因為學歷使待遇有所差異（表 17-4）。在實際的公幼教學現場，若教學行政及照顧幼兒的負擔相去不遠，教師、教保員以及助理教保員之間差距過大的薪資或福利待遇等，可能造成公立幼兒園管理的困擾，亟需研擬相關配套措施以解決前述問題。

表 17-4　公立幼兒園教保服務人員薪額一覽表

	教保員			助理教保員
	專科	學士	碩士以上	
1	33,120	35,180	37,240	29,000
2	34,150	36,210	38,270	29,515
3	35,180	37,240	39,300	30,030
4	36,210	38,270	40,330	30,545
5	37,240	39,300	41,360	31,060
6	38,270	40,330	42,390	31,575
7	39,300	41,360	43,420	32,090
8	40,330	42,390	44,450	32,605
9	41,360	43,420	45,480	33,120
10	42,390	44,450	46,510	33,635
11	43,420	45,480	47,540	34,150
12	44,450	46,510	48,570	34,665
13	45,480	47,540	49,600	35,180
14	46,510	48,570	50,630	35,695
15	47,540	49,600	51,660	36,210

資料來源：公立中等以下學校教師及幼兒園教保服務人員薪額一覽表（2018）。

備註：

1.教保員為高中職學歷者，依助理教保員薪資基準支給。

2.本表薪資不包括主管職務加級。

第三節

非營利幼兒園的發展、成效與遭遇的困境

非營利幼兒園是由政府提供場地以及開辦費，並且交由非營利性質的法人來營運。一般來說，非營利幼兒園的開辦經費與場地等費用會受到政府的

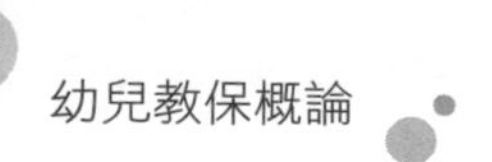

補助，所以向家長收取的費用就會比私幼相對低廉；縣市政府每半年到園查核財報、每學期一次到園檢查，以及每學年一次績效考評等，都是非營利幼兒園必須要接受的考核。

公私協力的辦學模式，不僅可降低家長費用負擔，也有助於提高幼教品質；現行政策鼓勵平價教保服務供給不足，或需要協助幼兒比率較高者，應優先考量規劃辦理非營利幼兒園。以下就非營利幼兒園的發展現況、辦理方式、申請設立、經營計畫、運營招生、財務管理、績效考評、契約終止及目前遭遇的困境等逐一說明。

一、非營利幼兒園的發展現況

（一）設立非營利幼兒園的核心價值

非營利幼兒園的理念建立在擴大公共化教保服務供應量、提供平價近便優質教保服務、保障教保服務人員薪資福利、鼓勵理念相同公益法人加入等項目，其核心價值表現在平等尊重、專業整合、公私協力與社區互動；從促進幼兒、家長及教保服務人員間的平等尊重與合作互惠，到致力於提升教保品質的專業團隊的整合及發展，進而落實公私部門之間的合作與互動關係，最後能為社區內的幼兒家庭提供育兒相關資源及交流平臺（詳如圖 17-1）。

（二）非營利幼兒園的辦理方式

為支持家庭育兒，促進幼兒健康成長，結合公部門與民間力量，提供平價優質之教保服務，以減輕家庭育兒負擔、滿足家長托育需求、維持專業人員薪資水平，並確保幼兒教保服務之品質。除了《幼兒教育及照顧法》之外，非營利幼兒園的相關法規還包括了以下五項：

圖17-1　非營利幼兒園的核心價值

資料來源：非營利幼兒園宣導簡報公益法人版（無日期）。

1. 《非營利幼兒園實施辦法》。
2. 《教育部國民及學前教育署補助辦理非營利幼兒園作業要點》。
3. 《幼兒園與其分班設立變更及管理辦法》。
4. 《幼兒園及其分班基本設施設備標準》。
5. 公立幼兒園及非營利幼兒園優先招收需要協助幼兒入園辦法（各縣市自訂）。

依據《幼兒教育及照顧法》第 9 條，非營利幼兒園應以下列方式之一設立：

1. 由直轄市、縣（市）政府、中央政府機關（構）、國立各級學校、鄉（鎮、市）公所及直轄市山地原住民區公所委託經依法設立或登記之非營利性質法人辦理。
2. 由非營利性質法人申請經直轄市、縣（市）主管機關核准辦理。

前述所稱非營利性質法人組織，主要包含下列四類：

1. 學校財團法人。

2. 幼兒教保相關工會組織。
3. 依職工福利委員會組織準則所設，已完成法人設立登記之職工福利委員會。
4. 章程載明幼兒與兒童、家庭、教保服務人員福祉、教育或社會福利事務相關事項之財團法人或非營利社團法人。

由非營利性質法人所辦理之非營利幼兒園，主要有以下四項益處：

1. 節省開辦經費：委託辦理，由公部門提供土地、設施、設備，並有行政管理費可支用。
2. 實踐專業理念：辦理非營利幼兒園是實踐教育理念的機會，讓對幼兒教育有理念的專業團隊具有自主經營的空間。
3. 經營在地聲譽：社區資源共享，與夥伴協力經營，促進公益法人的公信力。
4. 政府免費宣傳：政府資源挹注，有信譽保證，節省開辦幼兒園時之行銷推廣經費。

開辦非營利幼兒園是提供民間有共同實現社會公益之機會，透過法人組織的參與，能夠增加公共化教保服務機會，保障教保服務人員工作權益，並營造友善之工作環境；同時提供多元型態教保服務，減輕家長育兒負擔，也提供不利條件幼兒優先入園，讓孩子可以健康成長、快樂學習。

（三）非營利幼兒園的申請設立

非營利幼兒園可用下列兩種方式申請辦理，一是政府委託、二是申請辦理（說明如圖 17-2）：

1. 中央機關（構）、地方機關（構）、國立學校（以下簡稱委託單位）委託非營利法人辦理。

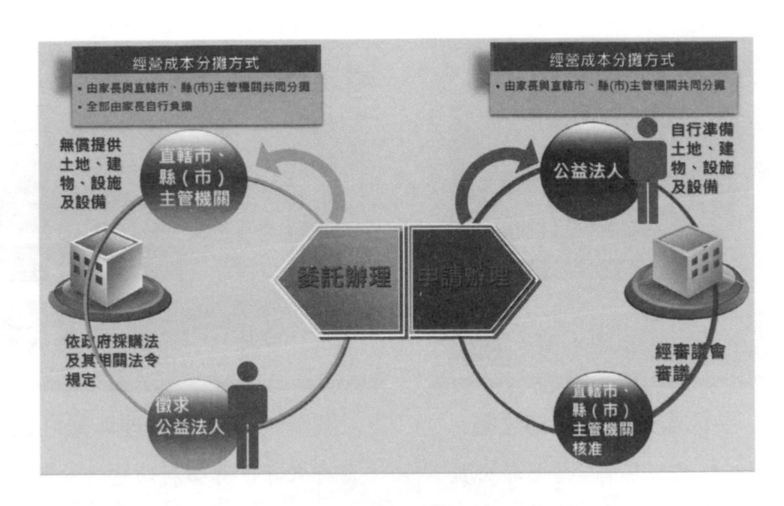

圖 17-2　非營利幼兒園申請辦理的方式

資料來源：非營利幼兒園宣導簡報公益法人版（無日期）。

2. 直轄市、縣（市）主管機關核准非營利法人申請辦理。

前項所稱中央機關（構），指中央政府機關（構）及國營事業；所稱地方機關（構），指直轄市、縣（市）政府及其所屬機關（構）、鄉（鎮、市）公所、直轄市山地原住民區公所及地方公營事業；所稱國立學校，指國立各級學校及軍警校院。

不論是委託辦理或申請辦理，都必須經過下列準備及後續流程，方能符合資格，如圖 17-3、圖 17-4 所示。從簽訂契約到正式營運之間，有所謂的規劃辦理期，這段時間園務工作不亞於正式營運，包含了完成簽約、場地整備、環境工程驗收、申請立案、招生宣傳等事務，詳如圖 17-5 所示。

（四）非營利幼兒園經營計畫

依據《非營利幼兒園實施辦法》第 9 條規定：採委託辦理方式辦理非營利幼兒園者，非營利法人應檢具經營計畫書參加甄選。有關前述經營計畫書應包括事項與評分重點，整理如表 17-5。

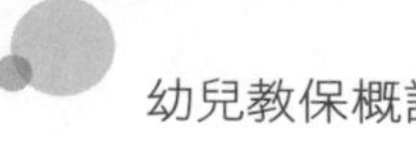

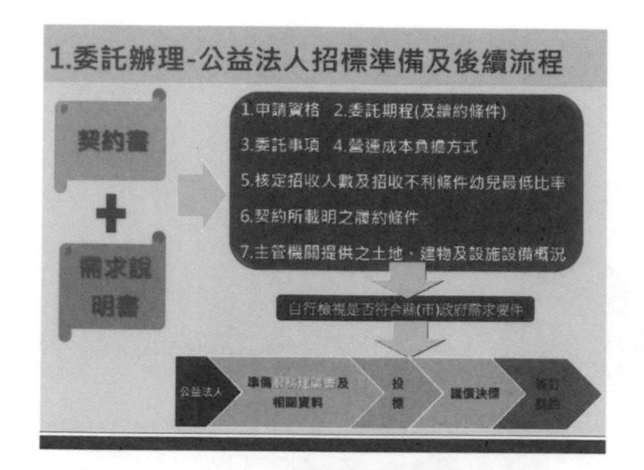

圖 17-3　委託辦理非營利幼兒園

資料來源：非營利幼兒園宣導簡報公益法人版（無日期）。

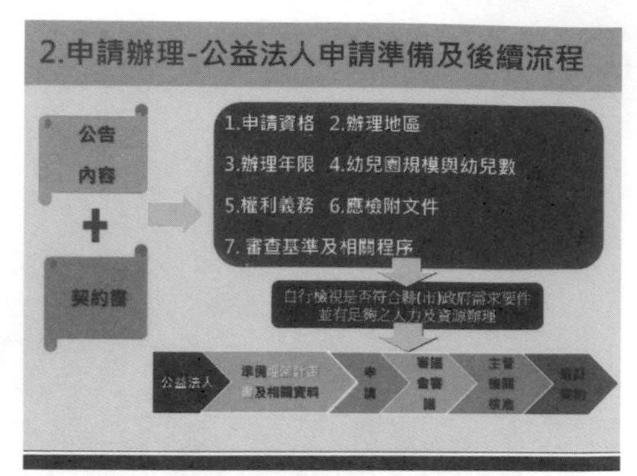

圖 17-4　申請辦理非營利幼兒園

資料來源：非營利幼兒園宣導簡報公益法人版（無日期）。

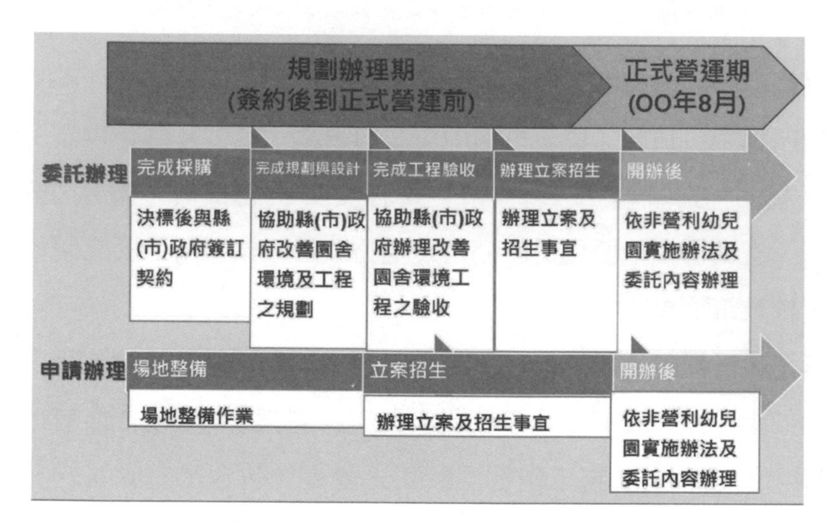

圖 17-5　非營利幼兒園規劃辦理期應辦事項

資料來源：非營利幼兒園宣導簡報公益法人版（無日期）。

表17-5 非營利幼兒園經營計畫書的內容項目及評分重點

經營計畫書應包括事項	評分重點
一、非營利法人名稱、設立緣起、宗旨、法人登記證書、董（理）、監事名冊、組織架構圖、（捐助）章程及未來願景	（一）非營利法人最近二年之服務內容、成果及其與本案辦理目的之關聯性說明，其中如有其他政府委託辦理事項，亦請說明，以友善幼兒、婦女及家庭者為佳。但設立未滿二年者，得依實際設立時間檢具之。 （二）非營利法人及其非營利幼兒園之組織關係。 （三）非營利法人之章程及未來願景。
二、非營利法人提供所興辦非營利幼兒園之協助	（一）非營利法人可提供之幼兒教保、福利及家庭服務等專業資源及社群合作之相關證明。 （二）非營利法人對非營利幼兒園辦理成效之自我管理機制。
三、非營利法人最近二年年度決算及其會計稽核流程（新設立之非營利法人免附決算）	（一）非營利法人最近二年年度決算資料及其會計稽核流程，並檢具向主管機關申報核備之公文（含資產負債表、收支餘絀表、財產清冊或目錄）、內部會計財務稽核流程與稽核結果相關資料。 （二）財團法人金融聯合徵信中心開立之非營利法人與其負責人非拒絕往來戶或最近一年內無退票紀錄之金融機構證明文件。
四、土地、建物所有權或使用權證明文件、建物使用執照、教學設施、設備；其為已設立私立幼兒園者，應包括歷年評鑑結果及其他辦理績效（委託辦理者免附本項資料）	（一）辦理非營利幼兒園土地、建物、設施及設備符合幼兒園及其分班基本設施備標準之情形。 （二）辦理非營利幼兒園之土地及建物為非營利法人自有。土地及建物如非自有，但租金未逾國有出基地率調整方案計算之金額（土地申報價總值×5%×60%、房屋課稅現值×10%×60%）。 （三）歷年基礎評鑑結果。但新設之非營利幼兒園免附。 （四）最近二年招生率均達80%，但新設之非營利幼兒園免附。

表17-5　非營利幼兒園經營計畫書的內容項目及評分重點（續）

經營計畫書應包括事項	評分重點
五、非營利幼兒園之宗旨、經營理念及辦理期間之園務發展計畫	（一）非營利幼兒園之辦理動機、信念與目標。 （二）非營利幼兒園之經營理念與實施規劃之專業度。 （三）辦理期間之園務發展計畫及第一學年之工作計畫，並應包含以下項目及其執行策略與自我管理機制： 1. 所在社區之特色、資源、教保服務需求，及運用社區資源、整合社區資源與提供社區服務之規劃。 2. 教保服務方案規劃（課程規劃與教學運作【含作息表】、健康安全管理多元文化教育實施、個別教育輔導計畫及社區在地文化課程等）。 3. 家庭教育方案規劃（一般家庭、多元文化家庭教育方案及社區親職教育推廣等）。 4. 空間使用規劃圖及簡要說明。
六、非營利法人與非營利幼兒園間相關專業資源之整合及規劃	非營利法人投入其專業資源，及整合其他相關專業資源，發展非營利幼兒園教保特色之規劃。
七、非營利幼兒園人力資源之進用及其專業發展規劃	（一）園長之專業背景與領導知能（應檢附履歷或可佐證其之相關資料）。 （二）教保服務人員及其他服務人員之資格、進用方式。 （三）教保服務人員及其他服務人員之專業成長規劃。
八、非營利幼兒園各學年度預算編列及收支規劃。	（一）依教育部公告之營運成本編列非營利幼兒園四學年之總營運成本。 （二）非營利幼兒園四學年之營運成本與其辦理規模、員額編制等配置之合理性。
九、非營利幼兒園預期辦理成效	（一）教保服務之預期效益與創新作為。 （二）辦理成效之自我評估機制。

資料來源：非營利幼兒園實施辦法（2021）。

（五）非營利幼兒園的運營與招生

非營利幼兒園教保服務人員及其他服務人員之配置，除了依照《幼兒教育及照顧法》、《非營利幼兒園實施辦法》與《幼兒園行政組織及員額編制標準》等有關私幼的相關規定辦理之外，得視幼兒園的規模及實際需求，增設各組及增置人員。相關人員的勞動條件，均依照《勞動基準法》及其相關法令之規定辦理；相關人員的考核，則依《非營利幼兒園實施辦法》規定辦理。

非營利幼兒園的招生，依照《幼兒教育及照顧法施行細則》第 7 條第 3 項及直轄市、縣（市）主管機關所定「招收不利條件幼兒順序」所規定的對象，優先招收前述不利條件幼兒後，仍有餘額者開放招收一般幼兒。從招生公告及簡章索取，優先入園登記、抽籤、報到，缺額公告，一般入園登記、抽籤、報到，確認有缺額，依備取名冊錄取等程序辦理（招生程序如圖 17-6）。由於目前公共化幼兒園數量仍占相對少數，招生不足的情況比較少見。

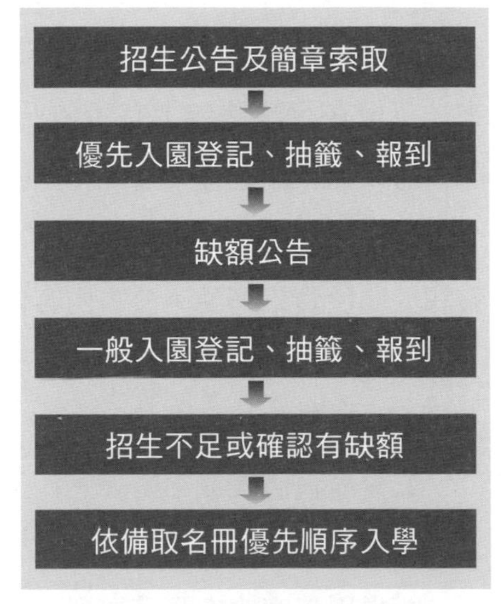

圖 17-6　非營利幼兒園招生程序

資料來源：非營利幼兒園宣導簡報公益法人版（無日期）。

（六）非營利幼兒園的財務管理

非營利幼兒園的會計及財務管理工作與實施原則，包含所收的補助及家長繳費等應專款專用、須依照計畫書核定的項目及期程確實執行、未經核准的經費不得移作其他用途、建立會計制度且財務獨立，透過這些原則以確保財務管理順利並合乎法規。

非營利幼兒園的營運成本，包括人事費、業務費、材料費、維護費、修繕購置費、公共事務管理費、雜支、行政管理費與土地、建築物、設施與設備之租金及其他相關費用。但無償提供之土地、建築物、設施及設備，則不得計入營運成本（圖 17-7、圖 17-8）。

人事費用方面，包括非營利幼兒園之教保服務人員、學前特殊教育教師、社會工作人員、護理人員、職員及廚工之服務人員，其薪資支給基準，規定可參閱《非營利幼兒園實施辦法》及附件。人事費得包括資遣費準備金，每年最多可提撥全園專任人員月薪總額之10%並應專戶儲存。如此一來，不但在行政運作上有所依循，教職員工的薪資與勞退資遣也有基本保障，可以無後顧之憂安心工作照顧幼兒。

委託辦理的非營利幼兒園，在每學年度結束後，應將非營利幼兒園財務資訊公開於資訊網站，公告內容包含下列五項：

1. 前學年度經委託單位或直轄市、縣（市）主管機關委託之會計師簽證之查核報告。
2. 資產負債表或平衡表。
3. 收支餘絀表或損益表。
4. 當學年度收支預算編列明細表。
5. 其他經委託單位或直轄市、縣（市）主管機關指定之報表。

（七）非營利幼兒園的績效考評

績效考評可分為外部考核與自主管理兩大類（如圖 17-9、圖 17-10）。委託辦理者由委託單位、申請辦理者由直轄市、縣（市）主管機關定期辦理，主管機關每學期／每學年到園檢查，審查事項包括：「前學年度工作報告、前學年度預、決算書、資產負債表及收支餘絀表、當學年度工作計畫及學年

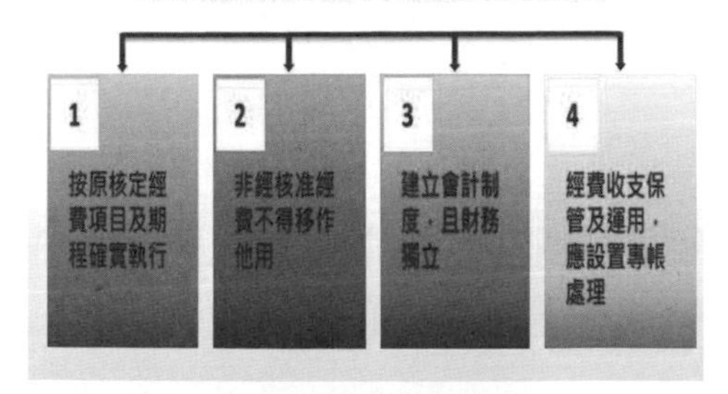

圖 17-7　非營利幼兒園會計及財務管理

資料來源：非營利幼兒園宣導簡報公益法人版（無日期）。

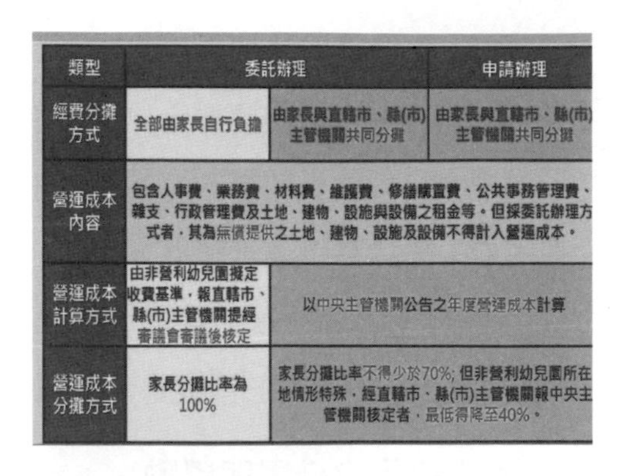

類型	委託辦理		申請辦理
經費分攤方式	全部由家長自行負擔	由家長與直轄市、縣(市)主管機關共同分攤	由家長與直轄市、縣(市)主管機關共同分攤
營運成本內容	包含人事費、業務費、材料費、維護費、修繕購置費、公共事務管理費、雜支、行政管理費及土地、建物、設施與設備之租金等。但採委託辦理方式者，其為無償提供之土地、建物、設施及設備不得計入營運成本。		
營運成本計算方式	由非營利幼兒園擬定收費基準，報直轄市、縣(市)主管機關提經審議會審議後核定	以中央主管機關公告之年度營運成本計算	
營運成本分攤方式	家長分攤比率為100%	家長分攤比率不得少於70%；但非營利幼兒園所在地情形特殊，經直轄市、縣(市)主管機關報中央主管機關核定者，最低得降至40%。	

圖 17-8　非營利幼兒園營運成本及分攤方式

資料來源：非營利幼兒園宣導簡報公益法人版（無日期）。

圖 17-9　非營利幼兒園外部考評流程

資料來源：非營利幼兒園宣導簡報公益法人版（無日期）。

圖 17-10　公益法人自主管理事項

資料來源：非營利幼兒園宣導簡報公益法人版（無日期）。

度收支預算編列明細之審查。」且每學年度應於6月30日前完成績效考評。

1. 績效考評之考評項目包含

(1) 招收幼兒情形。

(2) 收托需要協助幼兒情形。

(3) 家長滿意情形。

(4) 契約之履約情形。

(5) 到園檢查結果。

(6) 會計查核簽證情形。

前述第三項「家長滿意情形」，委託辦理者由委託單位、申請辦理者由直轄市、縣（市）主管機關，辦理各園幼兒家長問卷調查結果決定。

2. 績效考評之結果與獎勵

非營利幼兒園績效考評結果達 70 分以上者為通過；未滿 70 分者為不通過。每學年度績效考評達 90 分以上，除了經同意繼續辦理者，得每兩學年到園檢查一次。此外，績效考評結果達 90 分以上者，除了得發給教保服務人員及其他服務人員績效獎金之外，若非營利幼兒園連續三學年通過績效考評，得申請於契約期間屆滿後繼續辦理，每次辦理期間為四學年。

（八）非營利幼兒園的契約終止

非營利法人於委託辦理非營利幼兒園期間，若發生下列各款情形之一，委託單位應以書面通知終止契約，並將非營利法人及其董（理）事長名單報中央主管機關公告之。

1. 違反非營利幼兒園實施辦法、教保服務人員條例、勞動基準法等，已經命令限期改善，屆期卻仍未改善者。
2. 非營利幼兒園發生財務困難，致影響其正常運作，並損及幼兒權益。
3. 非營利幼兒園發生其他足以嚴重影響其經營及幼兒、教保服務人員或其他服務人員權益之情事。
4. 非營利幼兒園經委託單位及各級主管機關考評結果為不通過。
5. 非營利幼兒園以委託經營權向金融機構借貸。

以上五項情形，都足以影響非營利幼兒園的正常經營運作；為有效防止弊端，除了定期考評之外，不得已時得採終止契約將損害降到最低。其中各類財產設備、經營權、幼兒資料、行政檔案及其他相關文件、資料，均需移交委託單位。移交後，再由主管機關協調委託公立幼兒園代為經營管理，並參酌家長意願，協助安置非營利幼兒園之幼兒。公益法人違反相關事項的處理流程如圖 17-11。

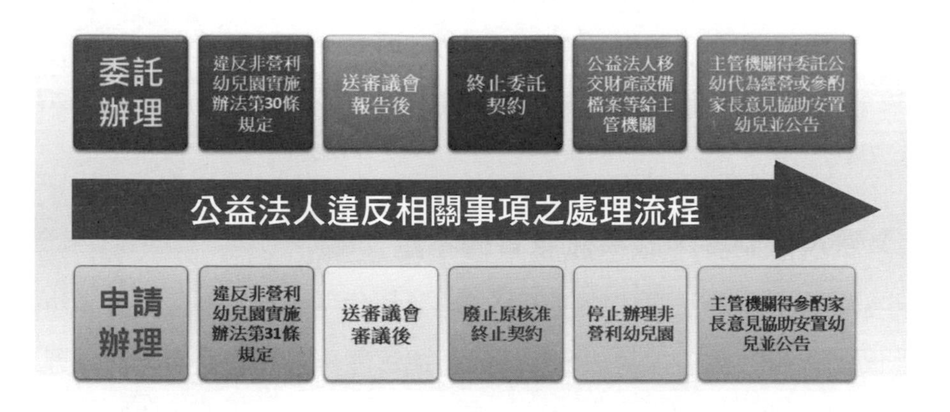

圖 17-11　公益法人違反相關事項之處理流程

資料來源：非營利幼兒園宣導簡報公益法人版（無日期）。

二、非營利幼兒園遭遇的困境

施又瑀（2018）分析相關的研究（呂偉豪，2018；李淑麗，2016；林美筑，2012；姜欣怡，2014；黃秀琴，2014；楊宛育，2017；劉芸英，2016；劉淑娟，2017）指出，關於非營利幼兒園經營困境主要可彙整如下：

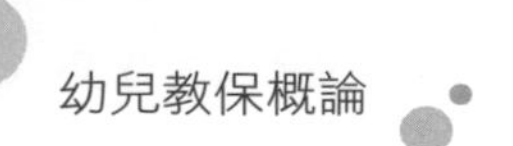

（一）場地主管的政策及定位缺乏永續性

非營利幼兒園優良場地難尋，且在場地選擇上較無主控權，多數只能從國中、小學的空間爭取設置、重新改建，不僅寄人籬下，也有適應上的困難。其次盱衡實際，非營利組織的領導者首要任務是為新的組織構建願景，建立使命與任務的共識，然一般非營利組織在使命與任務的定位上，容易因為社會環境、經濟財務出現搖擺不定，理想崇高卻無法落實的窘境，因此必須審慎遴選合作對象。再者，園所的永續發展更需仰賴園長的專業知能及管理領導能力，因此，強化非營利幼兒園領導人培力及專業知能是重要的課題。

（二）法規限制多、政策訊息宣傳不足

非營利幼兒園的法規依據包含：《非營利幼兒園實施辦法》、《幼兒教育及照顧法》、《政府採購法》及委託營運管理非營利幼兒園契約書等。法規的訂定及契約的規劃應著重政策目標之達成，在公私協力的情況下，彼此存在履行契約的權利義務關係。爰此，適度的彈性才能吸引承辦者青睞，同時吸引符合在地需求及特色的非營利幼兒園。此外，多數人甚至相關的利害關係人未必都能了解非營利幼兒園的概念，且公私部門對「協力」一詞存在認知的落差，容易導致信任關係難以建立，凡此皆影響整體政策的運作，亟待改善，才能提升經營成效。

（三）行政及財務稽查繁瑣，財務運用缺乏彈性

《非營利幼兒園會計財務及經費處理注意事項》之設計良善，此舉讓非營利幼兒園財務透明，但非營利組織卻覺得受到框限，特別是經費流用及勻支原則之規定，雖有部分經費可以報局、處核准後調整預算編列，但也造成

園所行政負擔。其次，非營利幼兒園的運作經費悉源自幼兒家長繳付及政府差額補助，再加上督導小組審議通過的差額補助。爰此，非營利幼兒園在財務上必須精打細算，才不致淪落借貸周轉的窘境，墊錢的狀況在非營利幼兒園初期常常發生，影響後續第二期接辦的意願。再者，由於預算有限，教保課程較難發揮園所特色；若遭遇天災人禍，恐無多餘經費可予支應，或必須依照相關流程簽呈上報，等待經費挹注。

（四）人事異動頻繁、工作負擔重，對機構承諾較薄弱

非營利幼兒園經營權不穩定，是否繼續接辦以及能否得標，沒有肯定的答案，因此教保員的異動高。通常，在實施正常化教學狀況下，教保員到校孜矻戮力於教保服務工作。然非營利幼兒園還必須配合實施「新課綱」，並接受教學現場的觀察及教學研討，而且每季都要面對教保學者督導入班訪視等，這些額外的工作，給予新手教師或教保員帶來不小的壓力，這些不安定感會趨使教保服務人員想要找到薪資更高且更為穩定的工作，對機構或組織的承諾相對薄弱。

面對少子化的衝擊，非營利幼兒園被賦予提供優質、普及、平價與近便性的教保服務。然以目前臺灣的非營利組織運作模式來看，仍未臻成熟，許多組織本質仍在收支均衡或私益。基於非營利與民主參與兩大前提，應透過社會共同承擔與共治的審議制度，因地制宜，提供平價優質的教保服務，此舉不僅關注弱勢，也關注所有經濟階層的人，進而減輕家長。除此之外，非營利幼兒園的經營管理必須採取創新策略，整合多方資源，形塑特色和辦學理念，才能在瞬息萬變的社會中永續經營與發展。

另依據李淑麗（2016）的研究，從縣市政府及法人組織等觀點，依據SWOT 分析的架構對於非營利幼兒園營運的優、劣勢等提出看法（詳見表17-6），頗值得參考。

表 17-6　縣市政府及公益法人對現行非營利幼兒園之 SWOT 分析

	優勢（Strength）	劣勢（Weakness）
內部組織（Internal）	1. 教保服務具有一定的品質 2. 具有公部門資源及法規支持 3. 符合經濟效益 4. 提供服務貼近家長需求	1. 缺乏誘因（申請／招標） 2. 法規限制繁多 3. 財務運用缺乏彈性 4. 營運成本未考量各園所現況 5. 政策訊息宣傳不完整 6. 縣市政府業務承辦人事異動頻繁 7. 收費不如公立幼兒園低 8. 場地選擇較無主控權 9. 園所人力資源有限
	機會（Opportunity）	威脅（Threat）
外部環境（External）	1. 符合政府政策推動方向 2. 具有社會信任感 3. 強調多贏面向 4. 弱勢幼兒可提早入學 5. 活化閒置空間	1. 缺乏有意願之公益法人 2. 場地取得不易 3. 部分審查委員未能確實掌握情況 4. 公私協力缺乏信任感 5. 私立幼兒園業者反彈

資料來源：李淑麗（2016）。

三、以公共化幼兒園促成幼兒、教師、家長三贏

「營造安全永續的友善校園」是我國教育部自 107 學年度以來延續至今的施政目標之一，其中「提供優質公共的學前教育」是重要目標，實施策略包括充實幼兒園環境設備、補助各地方政府增設公共化幼兒園、建立政府與民間非營利法人合作支持輔導機制，逐步擴大公共化教保服務；同時辦理幼兒園基礎評鑑，保障教職員工基本權益，獎勵提供友善職場之私立幼兒園，改善教保服務人員勞動條件等（教育部，2018）。經濟合作暨發展組織（Organization for Economic Cooperation and Development, OECD）也重視幼兒教保機構品質和普及率之改善；於 2017 年 6 月發表的幼兒教育報告，指出幼

兒教保服務有助發展兒童認知功能和社會情緒能力，是往後學習生涯的重要基礎，同時也能促進教育平等化，減緩貧窮問題和改善世代間的社會流動（駐法國代表處教育組，2017；引自賴協志，2018）。

美國教育研究學會在《教育研究期刊》的研究顯示，接受優質的幼兒教育對學業表現有持久的影響，特別表現在提高高中畢業率、減少特殊教育安置、降低留級率三個面向，並可能為政府節省大量的經費。而優質的幼兒教育，意指幼兒包括健康、認知、社會情感及學術能力數個面向發展的班級課程（駐洛杉磯辦事處教育組，2017；引自賴協志，2018）。

公共化幼兒園在實施上必須考量國家整體財政的負擔，以及我國長期以來以公私立幼兒園失衡的現況。如 OECD 主張「幼兒教育係兒童基本權利，不應由家庭經濟條件與市場決定」，若能學習英國、美國、法國、德國及日本等五國幼兒教保服務公共化的趨勢及政策作法，尤其在「不斷擴大免費教保服務的範圍、持續將教育義務化年齡向下延伸、著手建置幼兒學習評量資料以完善幼小銜接、重視幼教師資水平的提昇」（林信志，2019）四個面向不斷精進。除了能逐步提高公幼比例，達到擴展平價教保服務、減輕家長負擔的目標之外，亦能兼顧教保課程品質、教保師資水準及完善幼小銜接，共創幼兒、教師、家長三贏的局面。

情境式題目

1. 分組作業：非營利幼兒園實施辦法於 2012 年 9 月 14 日發布施行，由政府無償提供土地、建物、設備，彼此公私協力合作。其收費依營運成本計算、保障教保服務人員薪資福利、提供友善教保環境，期望幼教生態兼顧合情合理及品質保障。依據教育部統計處 109 學年度資料顯示，全國公幼有 2,104

所，私幼 4,074 所，非營利幼兒園 232 所；收托的幼兒數分別為公幼 146,490 人，私幼 397,742 人，非營利幼兒園 24,063 人（詳見表 17-2）。

乍看之下，非營利幼兒園結合公幼的政府監督和合理價格，又有私幼的彈性和客戶導向，但若如此完美，為什麼園所數量這麼少？其中公私協力之間究竟隱含哪些迷思與弔詭？

請依據班級人數進行適當的分組，由各組聯繫至少一所非營利幼兒園，運用線上採訪或問卷方式，聆聽非營利幼兒園經營者在運營方面的優勢及困境，並完成各組的綜合評估。

2. 《幼兒園教保服務人員工作倫理守則》中明文規定：「教保服務人員應該瞭解幼兒園所在地區的情境，尊重當地的文化及特色，並積極納入教保活動課程，培養幼兒對在地文化的理解及關懷。」請選擇一所住家或學校附近的非營利幼兒園為主要觀察研究對象，該所幼兒園所在地區的在地文化特色有哪些？非營利幼兒園的課程設計是否結合在地文化特色？並且是以何種型態方式展出或呈現？

參考文獻

公立中等以下學校教師及幼兒園教保服務人員薪額一覽表（2018）。取自 https://www.matsu.gov.tw/upload/f-20181114145628.pdf

王舒芸、鄭清霞（2014）。**我國托育服務供給模式與收費機制之研究**。衛生福利部社會及家庭署 103 年度委託研究計畫，未出版。

李淑麗（2016）。**非營利幼兒園公私協力關係之研究**（未出版之碩士論文）。國立臺灣師範大學，臺北市。

林信志（2019）。**英美法德日幼兒教保服務公共化趨勢的啟示**。取自 https://epaper.naer.edu.tw/upfiles/edm_185_3271_pdf_0.pdf

非營利幼兒園宣導簡報公益法人版（無日期）。取自 https://www.tn.edu.tw/wp-content/uploads/2021/02/%E9%9D%9E%E7%87%9F%E5%88%A9%E5%B9%BC%E5%85%92%E5%9C%92%E5%85%AC%E7%9B%8A%E6%B3%95%E4%BA%BA%E5%AE%A3%E5%B0%8E%E7%B0%A1%E5%A0%B1.pdf

非營利幼兒園實施辦法（2021）。

姜欣怡（2014）。**非營利幼兒園實施辦法之研究**（未出版之碩士論文）。臺北市立大學，臺北市。

施又瑀（2018）。公私協力模式推動非營利幼兒園之探究。**臺灣教育評論月刊，7**（7），20-28。

教育部統計處（無日期）。**主要統計表—歷年**。取自 https://depart.moe.edu.tw/ED4500/cp.aspx? n=1B58E0B736635285&s=D04C74553DB60CAD

教育部等（2020）。**我國少子女化對策計畫（107年－111年）**。臺北市：作者。

黃秀琴（2014）。**非營利幼兒園公私協力關係之探討以花蓮縣為例**（未出版之碩士論文）。國立東華大學，花蓮縣。

衛生福利部（2015）。**我國托育服務供給模式與收費機制之研究**。取自 https://www.sfaa.gov.tw/SFAA/Pages/Detail.aspx? nodeid=581&pid=3409

賴協志（2018）。**英美改善幼兒教育品質之實際作為**。取自 https://epaper.naer.edu.tw/print.php? edm_no=176&content_no=3096

18 準公共化幼兒園的發展及其趨勢

李興寧

本章概述

2019年6月由教育部、衛生福利部、勞動部、內政部、財政部、經濟部、科技部、交通部、人事行政總處，以及國家發展委員會等，跨部會核定《我國少子女化對策計畫（107 年-111 年）》，明定幼教政策以發展「教保公共化」為主要目標，以「擴展平價教保服務」、「減輕家長負擔」為重點；以「擴大公共化幼兒園」、「建置準公共機制」及「2-4 歲育兒津貼」為策略，讓0～5 歲幼兒的照護措施得以無縫銜接，達到全面照顧的目標。其中準公共機制係為擴張教保公共化的供應量，藉由政府和私幼的相互合作，期望在短時間內提供平價與近便的教保服務機會。

本章介紹準公共幼兒園的發展及其趨勢。首先，探討準公共幼兒園的意義與政策緣起；其次，說明準公共幼兒園的申請要件與流程；再次，分析近年準公共幼兒園的發展概述；最後，探討政府對準公共幼兒園發展的配套規劃。

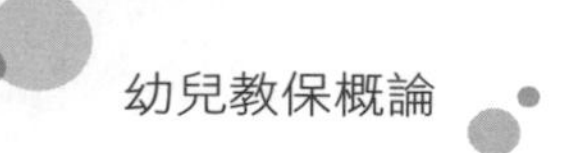

第一節 準公共幼兒園的意義與政策緣起

茲將準公共幼兒園的意義與政策緣起分述如後。

一、準公共幼兒園的意義

臺灣的私立幼兒園類型多元，數量遠較公幼多。多年來，政府以增設公幼方式拉近公、私幼的數量差距，前述差距雖略有減少，但仍以私幼為多數。就現況言，當前的私幼大致可分為以下類型：

1. 一般私人登記設立之幼兒園。
2. 財團法人設立之私立幼兒園。
3. 法人附設私立幼兒園：由財團法人或社團法人附設之私立幼兒園。
4. 團體附設私立幼兒園：人民團體或依法設置之事業單位職工福利委員會設立之私立幼兒園。
5. 私立學校附設或附屬之私立幼兒園：私立學校依法附設或附屬之幼兒園。
6. 非營利幼兒園：依《幼兒教育及照顧法》第 9 條規定設立，且其營運成本全部由家長自行負擔之幼兒園。

為因應《我國少子女化對策計畫（107 年-111 年）》的推動，教育部近年著手建置準公共機制，在廣設公幼及非營利幼兒園之際，補助地方政府與私幼合作以推動「準公共幼兒園」。依據《教育部推動及補助地方政府與私立教保服務機構合作提供準公共教保服務作業要點》規定，私幼在下列六款事項符合條件者，得向地方政府申請為準公共幼兒園：分別是收費數額、教師及教保員薪資、基礎評鑑、建築物公共安全檢查、園生與教保服務人員之生師比例、教保服務品質等。從 2018 年 8 月開始設立到 2021 年 4 月止，準公共幼兒園的數量計有 1,261 所；另以 110 學年度為例，準公共幼兒園的數量約占幼兒園總數 15.63%（見表 18-1）。

表 18-1　110 學年度全國幼兒園數量

類別	數量	比例
公立幼兒園	2,465	30.56%
非營利幼兒園	245	3.04%
準公共幼兒園	1,261	15.63%
私立幼兒園	4,096	50.77%
合計	8,067	100%

資料來源：教育部統計處（無日期）。

二、準公共幼兒園的政策緣起

近年我國以政策擴展公共化幼兒園，但仍難以滿足家長托育的需求。所謂的公共化幼兒園，包含公幼與非營利幼兒園兩種類型，公幼部分以國小附設幼兒園最為常見，其次是縣市政府單獨設立之公幼（詳見 17 章）；非營利幼兒園部分，則由各縣市政府提供場地、設備或相關資源等，委託民間經營的幼兒園，收費略高於公幼，但仍較私幼為低。

由於公共化幼兒園提供的幼兒入園機會相當有限，為求短期內提供更多平價的入園機會，政府轉為尋求私幼合作，自 107 學年度起，邀請符合「收

費數額」、「教師及教保員薪資」、「基礎評鑑」、「建築物公共安全」、「教保人力比」、「教保服務品質」（見圖 18-1）等六項要件的私幼，採自願方式參與合作成為「準公共幼兒園」。以 109 學年度為例，家長月繳費用不超過 4,500 元，第三胎以上再減 1,000 元；低收及中低收入家庭的子女可「免費」就學。前述除可滿足平價教保服務的多元選擇外，亦可減輕家長經濟負擔。

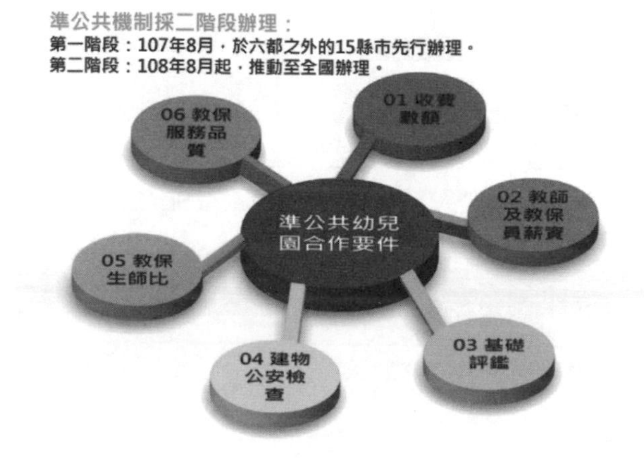

圖 18-1　準公共幼兒園合作條件

資料來源：教育部國教署（2019）。

自 107 學年度起，準公共機制分二階段推動：107 學年度於六都以外之縣（市）先行辦理，108 學年度（2019 年 8 月）擴大於全國推動。第一階段收費符合合作條件之私幼計有 764 園，2019 年 2 月完成備查之準公共幼兒園計有 310 園，提供 32,702 個入園名額；109 學年度準公共幼兒園增加為 1,262 園，提供超過 13 萬個入園名額（教育部國教署，2021）。

第二節 準公共幼兒園的申請要件、招生與品保機制

私立幼兒園只要符合準公共合作要件，即可和地方政府簽訂合作契約（每期最高三年），以提供平價且具一定品質的教保服務，以下依序介紹申請加入準公共幼兒園之要件、招生流程與品保機制。

一、準公共幼兒園的申請要件

關於準公共幼兒園的申請要件，茲以 109 學年度為例，將相關規範說明如後。

（一）收費數額

1. 規劃原則

私立幼兒園樣態不一且收費落差甚大，政府在考量整體財政可負擔情形下，與收費一定範圍內之私立幼兒園合作。有關全國性準公共幼兒園的合作費用範圍如表 18-2。

以招收人數 120 人、每月收費 9,000 元的幼兒園為例，園方可以填寫收費額度為 9,000 元，然後跟每位幼兒家長收取 4,500 元的月費、另向政府領取每月 4,500 元的差額補助。除前述收費補助外，準公共幼兒園還可向政府申請 10 至 20 萬元不等的經費補助，用來提升教師薪資並改善硬體設施設備；目前準公幼初任教保人員的起薪以 29,000 元起算，三年後應加到 32,000 元，希

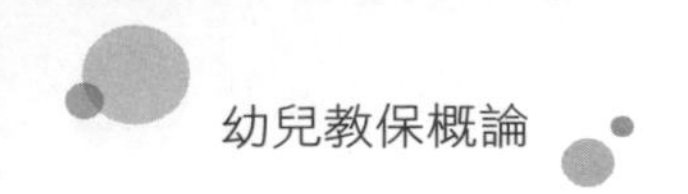

表 18-2　全國性準公共幼兒園的合作費用範圍

班別	核定招收總人數	合作範圍
3～5 歲	90 人以下	10,000 元以下／月
	91～180 人	9,500 元以下／月
	181 人以上	9,000 元以下／月
2 歲	11,200 元以下／月	

資料來源：全國教保資訊網（2019）。

註：3～5 歲部分，依核定招收總人數訂定三級合作的費用範圍。2 歲部分，考量園方依幼照法配置人力，人事成本相對較高，又為鼓勵私立幼兒園招收 2 歲幼兒，因此，採不分級並訂定單一上限數額。

望藉由薪資改善以留住優秀人才。

就讀準公共幼兒園的幼兒，每月只需繳納 4,500 元的費用，但這些費用不包含保險費、家長會費、交通費和延托費用。準公共幼兒園課程必須採不分科、主題式教學進行，不可額外收費；如果部分準公共幼兒園仍決定另外設置才藝課程，須在收費袋上增加「多元授課」收費項目並充分知會家長。

2. 收費規定

(1) 一般家庭幼兒每人每月繳交費用不超過 4,500 元；第三名以上子女，每人每月不超過 3,500 元；低收入戶及中低收入戶家庭之子女，免繳費用（詳如表 18-3）。

(2) 幼兒園幼兒每人每月收費扣除家長自行繳交之費用外，不足費用由政府協助家長支付給幼兒園。

(3) 5 歲幼兒免學費補助與準公共家長繳交之費用，可選擇採最有利的計算方式。

表18-3　不同類型幼兒園的家長繳費情形

幼兒園類型	家長自行繳交費用		
	一般家庭	第三名以上子女	低收、中低收子女
公立幼兒園	約2,500元／月	約2,500元／月	免費
非營利幼兒園	約3,500元／月	約2,500元／月	免費
準公共幼兒園	約4,500元／月	約3,500元／月	免費

註：未就讀公共化或準公共幼兒園的2～4歲幼兒，且符合申領資格者，每月發給育兒津貼2,500元。
資料來源：教育部國教署（2019）。

（二）教師及教保員薪資

準公共幼兒園的教保服務人員薪資，每人每月固定薪資總額至少 29,000 元以上；每月總額不包括年終獎金、考核獎金、加班費及教育部補助之導師職務加給與教保費等（如圖 18-2）。2021 年 8 月 1 日以後，在園內服務滿三

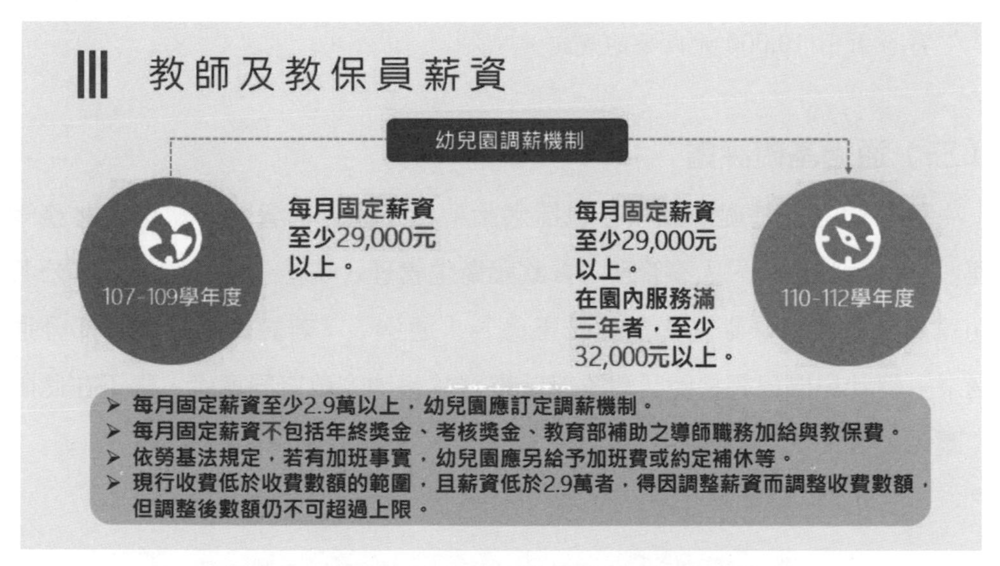

圖18-2　準公共幼兒園的教師及教保員薪資規定

資料來源：教育部國教署（2019）。

年之教師及教保員，每人每月固定薪資總額至少32,000元以上。若教保服務人員有加班事實者，應依《勞動基準法》規定，幼兒園應給予加班費或約定補休等。

若私幼現行收費比合作收費上限所定數額低，造成教師及教保員的月薪資總額未達29,000元的私立幼兒園，可以向地方政府申請調整收費及薪資以符合合作要件；調整後之收費數額，仍不得超過合作收費上限（如表18-2）。舉例說明如下：

青青幼兒園核定招收總人數為50人，現行平均每月收費為6,000元；園內配置四名教師及教保員，每月薪資均為22,000元。為達到每月29,000元的合作要件，經該園核算調整薪資、雇主負擔每月勞保、勞退及健保增加經費後，擬將收費調整為每月6,680元，增加680元收費用以提升教師薪資；前述調整後的收費數額仍符合每月10,000元以下的規定。

（三）通過基礎評鑑

私立幼兒園基礎評鑑項目包括六大項目：設立與營運、總務與財務管理、教保活動課程、人事管理、餐飲與衛生管理、安全管理。欲加入準公共幼兒園者，最近一期基礎評鑑結果應為「通過」；若評鑑結果為「部分通過」，但幼兒園已經檢附具體改善計畫書並報地方政府同意者，則不在此限（圖18-3）。

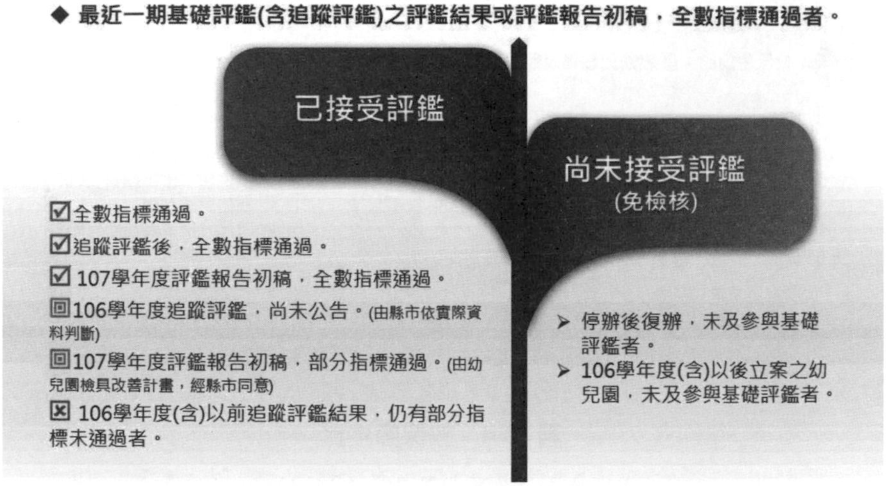

◆ 最近一期基礎評鑑(含追蹤評鑑)之評鑑結果或評鑑報告初稿，全數指標通過者。

已接受評鑑

☑全數指標通過。
☑追蹤評鑑後，全數指標通過。
☑107學年度評鑑報告初稿，全數指標通過。
回106學年度追蹤評鑑，尚未公告。(由縣市依實際資料判斷)
回107學年度評鑑報告初稿，部分指標通過。(由幼兒園檢具改善計畫，經縣市同意)
☒106學年度(含)以前追蹤評鑑結果，仍有部分指標未通過者。

尚未接受評鑑
(免檢核)

➤ 停辦後復辦，未及參與基礎評鑑者。
➤ 106學年度(含)以後立案之幼兒園，未及參與基礎評鑑者。

圖 18-3 準公共幼兒園的基礎評鑑與追蹤評鑑相關要求

資料來源：教育部國教署（2019）。

（四）建築物公共安全檢查合格

指最近一次建築物公共安全檢查之申報結果合格或准予備查。

（五）生師比例符合要求

幼兒園的生師比例須符合《幼兒教育及照顧法》及其施行細則之規定，2 歲以上未滿 3 歲幼兒的班級，每八名幼兒，應置教保服務人員一人；3 歲以上至入國民小學前幼兒的班級，每 15 名幼兒，應置教保服務人員一人；其中除原托兒所改制的幼兒園外，5 歲幼兒的班級，每班應至少配置一名幼教師（如圖 18-4）。

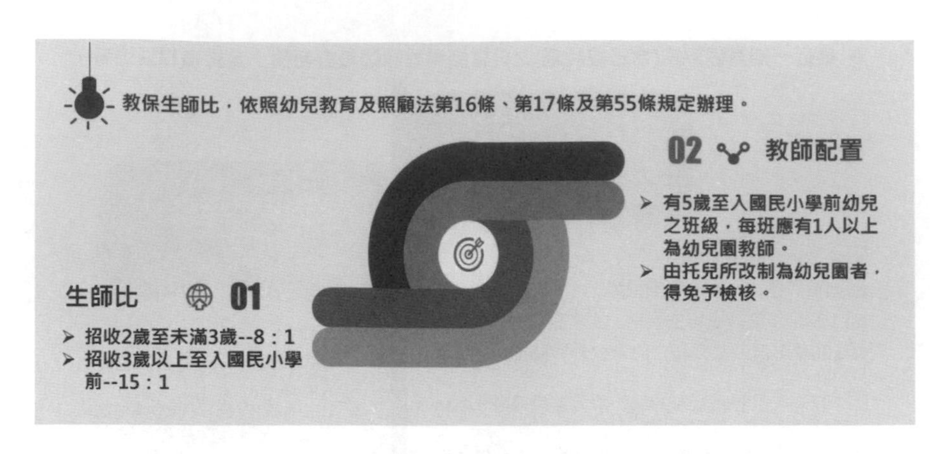

圖 18-4　教保師生比

資料來源：教育部國教署（2019）。

（六）良好的教保服務品質

私幼依課程與教學自評表進行自我檢核，自評表之項目、指標、檢核內容如表 18-4 所示。

二、準公共幼兒園的招生流程

自 2020 年 8 月 1 日起，準公共幼兒園應訂定招生規定，包括：優先招收之對象、招收人數、登記時間、錄取方式、其他注意事項等，經地方政府備查後，於招生登記一個月前公告於網站。依《幼兒教育及照顧法施行細則》規定，優先招收需要協助之幼兒，如低收入戶子女、中低收入戶子女、原住民族幼兒、特殊境遇家庭子女及中度以上身心障礙者子女。當申請入園人數超過該園可招收名額時，應採公開形式辦理抽籤（詳如圖 18-5）。

表 18-4 準公共幼兒園的課程與教學品質自我評估表

面向	題號	項目	指標	檢核內容
班級經營	1	教保服務人員態度	展現溫暖、尊重、支持、信任的態度	教保服務人員以溫暖、尊重、支持、信任的態度對待幼兒，並以正向客觀的語言及和緩的口氣與幼兒互動。
	2	班級常規	制定正向且合宜的常規	依據幼兒發展階段制定正向合宜之班級常規，並引導其理解班規內容，且以和緩的口氣提醒幼兒遵守常規。
	3	幼兒行為輔導	妥善處理幼兒的不適應行為及衝突事件	教保服務人員能主動關注同理幼兒的不適應行為，並了解行為及事件之原因；採用合適之輔導策略，以正向溝通的方式引導幼兒解決問題。
	4	班級文化	建立尊重差異的班級文化	教保服務人員以正向接納的態度面對不同需求、語言、文化及類型家庭之幼兒，並適時介入與輔導幼兒所表現的偏見或歧視。
課程規劃與實施	5	課程設計	設計符合幼兒發展需求之教保活動課程	從幼兒的生活經驗與在地生活情境中選材，自編課程及教材內容，兼顧不同年齡幼兒的能力、興趣及發展需求。
	6	教學方法與評量方式	設計適切的教學方法與評量方式	教保服務人員能運用至少三種適切的教學方法，讓幼兒參與實際操作與學習；並採取至少三種適切的評量方式，以了解個別幼兒發展與學習情形。
	7	課程教學省思	深入檢討與省思課程教學	依據評量結果，深入檢討課程與教學，並能進一步省思課程內容是否適合幼兒年齡層、呼應幼兒的經驗及課程的連貫性。
學習環境規劃	8	學習環境規劃	規劃妥適的學習區空間，提供多樣足量的教玩具	班級活動室至少規劃四個符合安全、便利、乾溼分離及動靜分明之學習區，另應定位清楚；提供符合學習區功能的內容、各類型教玩具或材料工具。
	9	學習區開放天數與時間	開放合宜的學習區天數（次數）與時間	每週至少安排三天開放學習區的時段，每次至少持續 50 分鐘（含選區、收拾及分享時間）；且幼兒可自主選擇各學習區之教玩具及探究主題的內容或方式。
	10	幼兒作品展示	規劃妥適的幼兒作品展示空間及方式	教保服務人員依據學習區性質及主題，有系統的規劃、分類幼兒作品的展示空間及方式，並考量幼兒的安全及視線高度。

資料來源：教育部（無日期）。

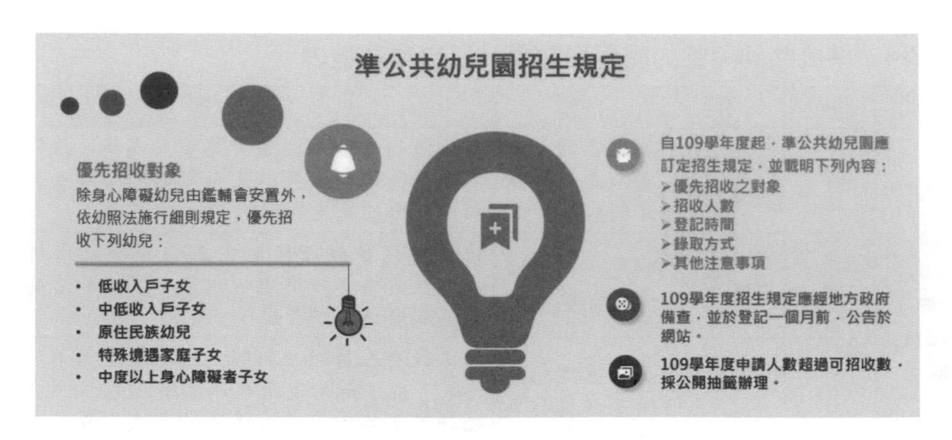

圖 18-5　關於準公共幼兒園招生之相關規定

資料來源：教育部國教署（2019）。

三、準公共幼兒園的品保機制

為提升準公共幼兒園營運品質及管理機制，各園每學年得向地方政府申請相關補助以提升教學品質；同時須定期接受基礎評鑑及稽查，以確保幼兒、家長及教保人員之權益。

（一）提升品質機制

自 108 學年度起提供常態性的補助，協助準公共幼兒園提升品質，達到永續經營的目標。準公共幼兒園於履行契約期間，每學年得向地方政府申請下列補助：

1. 設施設備：依各園核定招收人數之規模，核予最高 20 至 40 萬元，購置教學設施設備，或遊戲場設施與遊戲場設施檢驗費等。
2. 辦理親職講座：最高 1 萬元。
3. 辦理教學輔導：最高 6 萬元。

（二）管理機制

1. 基礎評鑑及稽查：定期接受地方政府基礎評鑑及稽查機制，並依《幼兒教育及照顧法》第38條公告收費規定；教育部亦將與勞動部勞工保險局比對教師及教保員薪資等相關資料，保障其勞動權益。
2. 退場機制：幼兒園若有違反《幼兒教育及照顧法》或《教保服務人員條例》，或可歸責幼兒園負責人或園長之兒少保事件，經地方政府處罰者；違反一般行政法令或收費及薪資等合作要件，經地方政府通知限期改善，屆期仍未改善者；地方政府應通知其自次一學年度解除契約，退場二學年。

第三節
準公共幼兒園的發展概述

本節從準公共幼兒園數量、幼兒園類型及招生規模、幼兒園招收幼兒數及教保服務人員數等三個面向的增加情形，說明準公共幼兒園發展情形。

一、準公共幼兒園數量

依據全國幼兒園概況資料，教育部以 108 學年度為例，全國私幼總數達 4,112 所，其中準公共幼兒園簽約數達 1,033 所，占符合要件園數的 44.4%，提供了 106,095 個入園名額（表 18-5）（教育部全球資訊網，2019）。簽約園數最多的前三名縣市依序為；高雄市（128）、新北市（118）、臺中市（111）；簽約率最高的前三名縣市依序為：宜蘭縣（75%）、雲林縣

表 18-5　108 學年度各縣市準公共幼兒園簽約情形

縣市	總園數	收費符合園數	簽約園數	核定招收人數	簽約率
總計	4,112	2,325	1,033	106,095	44.4%
宜蘭縣	46	32	24	3,122	75.0%
雲林縣	76	63	46	5,781	73.0%
南投縣	68	61	42	5,667	68.9%
嘉義縣	51	47	32	4,095	68.1%
基隆市	57	34	23	1,160	67.6%
屏東縣	128	123	75	8,304	61.0%
苗栗縣	106	88	53	5,623	60.2%
桃園市	372	188	91	10,279	48.4%
新北市	805	251	118	6,952	47.0%
臺北市	503	204	89	6,225	43.6%
新竹市	129	26	11	867	42.3%
彰化縣	230	191	79	10,762	41.4%
高雄市	429	320	128	15,521	40.0%
嘉義市	53	41	16	1,552	39.0%
臺中市	503	292	111	11,811	38.0%
臺東縣	20	17	6	620	35.3%
金門縣	6	6	2	167	33.3%
花蓮縣	41	39	12	868	30.8%
新竹縣	155	57	17	988	29.8%
臺南市	329	240	57	5,336	23.8%
澎湖縣	5	5	1	395	20.0%

資料來源：教育部全球資訊網（2019）。

（73%）、南投縣（68.9%）；核定招收人數最多的前三名縣市依序為：高雄市（15,521）、臺中市（11,811）、彰化縣（10,762）。

截至 2020 年 9 月，全國 4,099 所私幼中，有 2,282 所收費符合準公共幼兒園的簽約標準，但其中有 1,262 園所簽約為準公幼，準公幼數量約占整體私幼數的 55%。在各縣市準公幼占私幼總數比率方面，以雲林縣八成最高，六都中的臺中市和臺南市簽約率不到四成，高雄市也不到五成；花蓮縣、澎湖縣則不到四成。教育部宣布自 2021 年 8 月起再加碼補助每位幼兒每月 2,000 元，盼能吸引更多私幼加入。但部分私幼認為補助都是給家長，致使加入的意願不高，甚至推測只有招生不佳的幼兒園才會動念加入；同時，也有幼教團體疾呼準公幼僅是過渡政策，政府資源應回歸到增設公幼和非營利幼兒園。

二、幼兒園類型及招生規模

若依 103 至 108 學年度幼兒招收規模分布為例（圖 18-6），「91 人以上」之幼兒園占比顯著攀升，「30 人以下」之幼兒園日趨萎縮，其中 108 學年度「30 人以下」之公共化、一般私幼數占比分別較 103 學年度減少 9.2 及 10.7 個百分點；前述顯示不論是公共化或私立幼兒園，30 人以下規模者的經營都碰到危機，尤其私幼下降比例更是顯著。相對的，「91 人以上」之公共

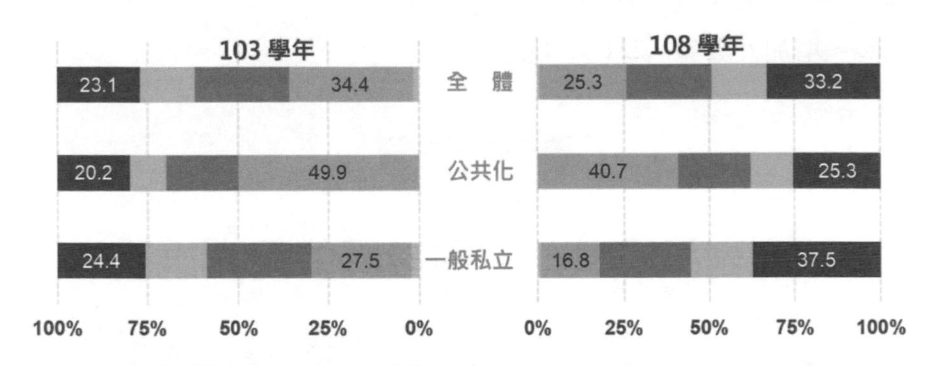

圖 18-6 103～108 學年度不同幼兒園類型及其招生規模比較

資料來源：教育部統計處（2020）。

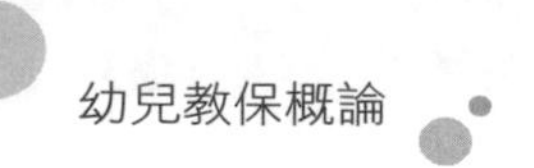

化幼兒園數則是由 20.2%攀升至 25.3%，一般私幼亦由 24.4%增至 37.5%，成長速度明顯超過公共化幼兒園。

三、幼兒園招收幼兒數及教保服務人員數

全國幼兒園招收幼兒數，從 103 學年度 44.4 萬人逐年攀升至 108 學年 56.5 萬人，增加 27.0%，推估應與幼兒園學費補助、公共化及準公共幼兒園等政策持續推動有關，連帶使 108 學年度全體 2～5 歲幼兒入園率提升至 68.0%，幼兒入園數增加逾 12 萬，其中就讀公共化幼兒園計 17.6 萬人，占整體 31.1%；就讀一般私幼計 38.9 萬人，占整體 68.9%，就讀私幼的人數仍較就讀公共化幼兒園多達兩倍左右。

教保服務人員給人的傳統印象是低薪、高工時、壓力大，近年政府與業界合力保障薪資及提升福利之後，以教保服務人員數來看，103 至 108 學年度呈現逐年成長的趨勢。108 學年幼兒園教保服務人員約 5.4 萬人，較 103 學年度增加 18.5%，增加人數為 8,406 人；其中幼教師約 1.4 萬人，較 103 學年度增加 10.8%，增加人數為 1,338 人；教保人員約 3.6 萬人，較 103 學年度增加 25.3%，增加人數為 7,221 人（表 18-6）。

第四節
政府對準公共幼兒園發展的配套規劃

依照《聯合國兒童權利公約》，幼兒教育與照顧是兒童權利的保障，是國家應盡的責任；OECD 國家大多也採取公共化政策，確保幼兒教育與照顧

表 18-6　103～108 學年度幼兒園招收幼兒數及教保服務人員數

單位：人；%；百分點

學年	幼兒人數			2～5 歲幼兒入園率	教保服務人員數				
	總計	公共化	一般私立		總計	園長	教師	教保人員	服務人員
103	444,457	135,487	308,970	57.7	45,341	4,425	12,360	28,551	5
104	462,115	141,817	320,298	58.2	46,169	4,339	12,291	29,537	2
105	492,781	150,539	342,242	60.1	47,184	4,228	12,477	30,477	2
106	521,904	160,657	361,247	61.7	49,089	4,216	12,853	32,014	6
107	539,404	168,654	370,750	64.0	51,297	4,200	13,173	33,917	7
108	564,545	175,723	388,822	68.0	53,747	4,271	13,698	35,772	6
較 103 學年增減率	27.0	29.7	25.8	（10.3）	18.5	-3.5	10.8	25.3	20.0

資料來源：教育部統計處（2020）。

說明：本表教保服務人員數含各縣市政府教育局（處）審核通過之園長、教師、教保員、助理教保員及社區／部落互助教保服務中心之服務人員。括弧（）內數字係指增減百分點。

的權益。我國在規劃少子女化的對策時，除主張「0-5 歲全面照顧」之外，同時也強調尊重家長選擇權的雙軌化推動。政府藉由政策一方面擴展平價教保服務，讓家長可以就近選擇；另一方面對於所得未達20%且育有2～4 歲幼兒的家庭，自 2019 年開始提供每月 2,500 元之育兒津貼以減輕家長負擔，盡力讓所有幼兒都能獲得適合的教保服務。

面對少子女化危機，除了家長對優質普及、平價近便的幼兒園深切企盼，還有第一線教保服務人員對於基本薪資、福利保障的共同期許。教育部在擴展平價教保服務方面，除持續推動增設公幼及非營利幼兒園，更希望全國比例最高的私立幼兒園，能在既有的基礎上，加入準公共幼兒園，加速達成 0～6 歲全面關照的目標。教育部國教署在 2018 年的即時新聞稿中，回應了部分團體對於加入準公共幼兒園疑慮，同時也傳達教育部積極推動準公共

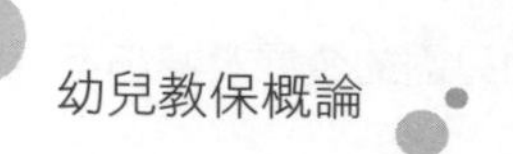

幼兒園的決心，揭櫫對於準公共幼兒園發展的配套規劃，相關重點摘錄如下：

一、選擇合適的合作園，尊重專業自主

準公共幼兒園是與私幼合作，不會要求私幼調降收費；同時尊重幼兒園的專業自主性，依循自定的本位課程方向與內涵，發展多元適性的課程。符合規定者與政府簽訂合作契約成為「準公共幼兒園」後，園內幼兒就可以相對低廉的收費享受教保服務，私幼原來的收費與家長繳費的差額，即由政府以補助的方式直接支付給幼兒園。

此外，有關準公共幼兒園的人員薪資，考量教師及教保員是幼兒教育與照顧的主要執行者，教師與教保員每月薪資至少達 29,000 元，然若已高於 29,000 元，不得調降；對於收費較低、薪資也低於 29,000 元的幼兒園，提供調整薪資的配套措施。

二、申請條件公開公平，穩定教保品質

私立幼兒園只要符合規定者均可申請為準公共幼兒園，期以精簡的必要條件為教保品質把關。加上地方政府依《幼兒教育及照顧法》規定須公告所有公、私立幼兒園的收費、基礎評鑑、建築物公共安全檢查及教保生師比例等，透過資訊透明化以及藉由家長與民眾共同監督，有助穩定幼兒園教保服務品質。

在申請程序方面，採大幅簡化行政作業的方式辦理，補助金額則採最利於家長的方式計算，由政府協助家長規劃支付費用的撥款時間、撥付方式及

計算基準等，透過資訊系統快速核算，使各縣市政府在開學兩個月內就可將經費全數撥付給準公共幼兒園，以確保幼兒園的經營與品質。

三、配合國家政策，育兒津貼持續加碼

配合「0-6 歲國家一起養」政策，教育部宣布自 2021 年 8 月起再加碼補助兩千元，盼更多私幼加入準公共幼兒園之列。其次，育兒津貼將分兩階段提高發放額度，每月發放 3,500 元；自 2022 年 8 月起，規劃將前述補助再提升至 5,000 元，預計最少有 87 萬人受益。希望透過前述補助措施，讓人民願婚、敢生、能養，成為年輕父母的支持後盾，減輕家長負擔。

在入園費用方面，從 2021 年 8 月起，2 歲以上 6 歲以下的學童就讀公共化及準公共幼兒園費用可降低 1,000 元，2022 年 8 月起再減 500 元，每位幼兒家長最多月繳 3,000 元。至於 5 至未滿 6 歲就讀一般私幼的學童，入園補助將比照育兒津貼額度發放，2021 年 8 月第一胎加碼補助 3,500 元，第二胎補助 4,000 元、第三胎補助 4,500 元，2022 年 8 月將分別加碼為 5,000 元、6,000 元與 7,000 元。

行政院並規劃至 2024 年，讓招收 2 歲至 6 歲以下的公共化幼兒園再增加 5.5 萬個名額，持續推動準公共機制，讓雙薪家庭可以有更多選擇平價托育的機會。

四、準公共幼兒園政策的挑戰與因應

對於準公共幼兒園的政策發展，目前也面臨諸多挑戰因素亟待克服．例如，澎湖縣有九成幼兒就讀公幼，僅一成就讀私立幼兒園，無論縣市政府或

私幼對於擴增簽約準公共幼兒園一事都覺得意義不大；又如，對於許多私幼不願加入準公共幼兒園，有人認為主因是成本考量，且加入後可能受到政府較為嚴格的管控，致使私幼申請的意願降低；再者，教育部規定在準公共政策第三年，教保員薪資必須提升到至少為32,000元，平均一名教保員約要增加5,000～6,000元人事成本，又因收費有上限規定，私幼需仔細評估其成本，都是可能影響政策發展的因素。

部分私幼認為，政府補助之經費多數給家長，私幼實際獲得的補助經費和資源有限，在人事成本增加、補助經費有限的情況下，猜測只有招生不佳的私幼才會有意願加入準公共幼兒園，藉由較低收費招攬幼兒。部分幼教團體疾呼政府應祭出健全托育政策，挽救低落的生育率，而非拯救經營不善的私幼；準公幼畢竟不是真公幼，政府資源應回歸到增設公幼與非營利幼兒園方為正途（聯合報，2021）。另「托育政策催生聯盟」則認為政府應以加速擴大公共化幼兒園為主軸，擴張非營利幼兒園和公幼，大量招募保母人力做家長最有力的後援（聯合報，2021）。

針對前述政策發展的挑戰，教育部認為「行政院少子女化對策計畫」是以「提高平價供應量」為重點，一方面持續宣示增加公共化幼兒園入園名額並增班量能的政策決心，未來公立幼兒園、非營利幼兒園供應量仍將持續成長，預計2024年前再增加五萬個以上的公共化就學名額，提供平價質優的教保服務（教育部國教署，2021）。另方面，藉由準公共化幼兒園提供幼兒更多的平價教保機會仍將是政策的另一重點，與公共化幼兒園的推廣併行，讓家長可以減輕育兒照顧的負擔。面對前述政策發展，勢將對於臺灣幼教生態產生不小的挑戰與變化，未來政策如何在擴展平價優質的幼教機會之外，同時讓不同類型的幼教機構都有適切的發展機會並獲得合理的政策協助，將是下階段政策必須謹慎因應的重點。

情境式題目

1. 請閱讀以下兩則新聞報導，闡述個人對於公共化及準公化幼兒園的見解與看法。

 新聞 1【全臺準公幼達 55%，縣市比例懸殊。準公共幼兒園政策推動已超過一年半，全臺準公幼數量達五成五，有的縣市達八成，如雲林；但六都縣市中，臺中、臺南簽約率不到四成，高雄不到五成，花蓮、澎湖也不到四成。多縣市教育局處表示，業者考量因素有成本，加入後將受較為嚴格的管控；部分私立幼兒園業者認為，補助都是給家長，園所加入意願不高，並推測只有招生不佳的園所才會動念；部分幼教團體疾呼，準公幼是過渡政策，政府資源應回歸到增設公幼、非營利幼兒園。】

 新聞 2【搶救少子化，教育部於 2021 年 8 月起再加碼 2,000 元。為了減輕家長負擔，配合「0-6 歲國家一起養」政策，從 2021 年 8 月起家長送 2～6 歲幼兒到準公共幼兒園，每月育兒補助再加碼 1,000 元，學費從每月 4,500 元降為每月 3,500 元。且因應教保服務人員薪資至少應達 32,000 元，教育部開放準公幼 8 月起每生每月收費調漲至多 1,000 元，成本由政府吸收。】

 上述新制推動，預估政府每月至多要支出 1.4 億元。「中華民國幼教聯合總會」認為，政府補貼 1,000 元屬合理範圍，但「全國教師工會總聯合會」則認為此舉浪費人民納稅錢，呼籲把補助金投入增設真正的公立幼兒園。

2. 閱讀第 17 章及第 18 章，歸納各類型幼兒園的特色並比較其異同之處。

各類型幼兒園（公共化、準公共化、私立幼兒園）比較一覽表

幼兒園類型	公共化幼兒園		準公共幼兒園	私立幼兒園
	公立幼兒園	非營利幼兒園		
成立方式				
教師待遇				
入學方式				
收托時間				
寒暑假				
學費				
課程				
師生比				

參考文獻

中文部分

全國教保資訊網（2021）。**準公共幼兒園**。取自 https://www.ece.moe.edu.tw/ch/faq/faq-zgg/

教育部（無日期）。**幼兒園課程與教學品質自我評估表**。取自 http://oldboe.chc.edu.tw/sub/education_08/upfile/A_3.pdf

教育部全球資訊網（2019）。**準公共幼兒園突破千園，逾十萬家長受益**。取自 https://www.edu.tw/News_Content.aspx? n=9E7AC85F1954DDA8&s=A4A3B371A02D056A#

教育部國教署（2019）。**2019 準公共機制說明**。取自 https://www.kh.edu.tw/filemanage/upload/3640/2019%E6%BA%96%E5%85%AC%E5%85%B1%E6%A9%9F%E5%88%B6%E8%AA%AA%E6%98%8E%E7%B0%A1%E5%A0%B10425%E5%AE%9A%E7%A8%BF%E5%85%A8%E5%9C%8B%E7%89%88.pdf

教育部國教署（2021）。**落實「0-6 歲國家一起養」，教育部支持家庭育兒**。取自https://www.k12ea.gov.tw/Tw/News/K12eaNewsDetail?filter=9F92BBB7-0251-4CB7-BF06-82385FD996A0&id=4e1f4efb-8c28-4910-aa33-97a097bf5c8b

教育部統計處（2020）。**教育統計簡訊**。取自 https://stats.moe.gov.tw/files/brief/%E5%B9%BC%E5%85%92%E5%9C%92%E6%A6%82%E6%B3%81.pdf

教育部統計處（無日期）。**主要統計表—歷年**。取自 https://depart.moe.edu.tw/ED4500/cp.aspx? n=1B58E0B736635285&s=D04C74553DB60CAD

聯合報（2021）。**政院加碼育兒津貼 托盟憂私幼「補多少、漲多少」**。取自 https://udn.com/news/story/7314/5230875

19 社會變遷與幼兒教保未來展望

段慧瑩

本章概述

「變」是社會的本質。社會變遷是一切社會現象的變動，包括社會過程或社會結構、社會型態，以及各種社會關係的變動等。社會變遷的現象有進步或退步、整體或部分的調整、永久與暫時、有計畫與無計畫的改變，內容包羅萬象（高強華，2000）。幼兒教保的發展緊繫在社會變遷的時空情境下流轉與變化，教保工作者必先洞察社會脈動並及早回應。

本章首先探討我國的社會變遷趨勢，以及社會變遷的新思維；其次，分析幼兒教保面臨各類變遷的挑戰；最後，對於幼兒教保的發展，提出國家如何面向大未來、投資小小孩的積極策略。

第一節 社會變遷趨勢

人口是社會組成的基礎，我國隨著生育率下降，高齡人口增多，總人口亦自 2020 年開始轉呈負成長，與 2018 年人口推估預期之 2022 年更為提前

（國家發展委員會，2020）。其次，家庭結構型態亦隨少子高齡變化，呈現戶數增加，每戶人口於 2009 年首度規模縮小至三人以下，2020 年戶量則為 2.64 人。至於家庭組織型態，以 2019 年的統計為例，仍以核心家庭占比 34.44%最多，頂客族夫妻為 19.29%，三代同堂占比 13.45%，單親為 10.21%，祖孫占 1.12%；與 2016 年相較，核心、三代與祖孫家庭都略呈下滑，而單親家庭略增。對應婚姻概況的變化，2016 年為 167 萬 3,523 人離婚，2020 年則增為 184 萬 9,802 人離婚（內政部，2021a；2021b；行政院性別平等委員會，2021）。

根據 2018 年「兒童及少年生活狀況調查」結果顯示（衛生福利部，2019），關於幼兒托育的狀況，於日間或工作時段，3 歲幼兒有 85.7%以委外托育專業照顧為主；未滿 3 歲嬰幼兒，34.9%是由未工作或在家工作的家長照顧為主，21.4%則為委外托育專業照顧。子女委外專業照顧的需求日趨增加，與女性勞動參與率持續上升更實息息相關。綜合以上人口、家庭與勞動參與情形的變化，以下分述幼兒教保現代化變革趨勢與新思維。

一、臺灣社會變遷的現況

現代化為一種社會變遷現象，舉凡新觀念、新科技以及人口變遷所帶來的政治、經濟、文化與教育發展等現代化社會樣貌均屬之。我國在2012年實行《幼兒教育及照顧法》，開啟幼托整合新紀元，可以視為幼教制度的現代化發展。該法同步配套子法 21 項，統整《幼兒園教保活動課程大綱》及《幼兒教保及照顧服務實施準則》外，並載明人員資格配置、設施設備基準等，之後對於幼兒就學補助、非營利機構實施、社區部落與職場互助教保、不利條件幼兒入學等情形陸續訂有相關辦法，顯現我國在幼教選擇權公平性的積極努力。

幼兒教保對兒童學習與成長的重要性，早已經過多項縱貫性研究的證實。我國幼教一直以私人興辦為主，公私立機構在區域分布、數量與學費始終有極大差距，使得家長在行使教育選擇時產生了不公平的現象。為回應學前教育平價化的政策，2000 年首先實施「發放幼兒教育券實施方案」，針對滿 5 歲且就讀立案私立幼兒園之幼兒給予學費補助；2004 年，對離島、原鄉地區以國民教育幼兒班方式實施「扶持 5 歲弱勢幼兒及早教育計畫」，提供經濟弱勢家庭幼兒就學補助，有朝向國教向下延伸的趨勢；2007 年，推行「友善教保服務計畫」，轉為支持多元教保經營模式，由政府協助法人團體協力辦理非營利幼兒園（段慧瑩，2011）。幼托整合後，2017 年提出「擴大幼兒教保公共化計畫（106-109 年度）」，在非營利幼兒園模式之外，鼓勵私立幼兒園加入準公共化教保服務，擴大公共化幼兒園數量（行政院，2017）。

隨著出生率急速下滑，除送托幼兒的補助之外，自2018年起結合教育、衛生福利、勞動等部會共同執行「我國少子女化對策計畫」，執行期程至 2022 年，投入總經費 2,513 億 8,240 萬元，計畫內容包含 0～5 歲全面照顧、友善家庭的就業職場對策、兒童健康權益與保護、友善生養的相關配套等構面，以期 2030 年能提升總生育率至 1.4 人的政策目標（行政院，2018；2020）。政策執行面向除了擴展平價托育與教保服務、提供育兒津貼減輕家長負擔，尚包括鼓勵雇主辦理職場托兒設施與措施，強化勞工為撫育未滿 3 歲幼兒之工作調整權益；與住宅、租稅、交通優惠、社會安全網計畫等納入配套執行。

此外，面對全球化浪潮，為厚植國民英語力以增加國際競爭力，行政院以2030年為目標，全面啟動教育體系的雙語活化；其中，教育部以「發展幼兒園採英語融入教保活動課程之模式，推動幼兒園進行英語融入教保活動課程之教學」為幼教階段的實施策略（國家發展委員會，2018）。2017 年教育部已訂定「幼兒園英語融入式課程試辦計畫」，並於 2020 年 10 月公告「幼兒教保及照顧服務實施準則第十三條修正草案」，擬刪除第 7 款有關幼兒園限制採全日、半日或分科之外語教學之規定（教育部，2020b），引起正反兩方意見爭論。

然而，舉凡有英語或幼教、幼保系所之大學開設「幼兒美語」相關課程或學程已行之多年，各縣市辦理「幼兒園英語融入式課程研習」也已是教師進修的重要主題。臺北市已將英語能力列入公立幼兒園教師甄試的加分項目（臺北市政府教育局，2021），將英語視同閩南語、客家話等日常生活情境中的另一種使用語言。對應 2018 年的兒童及少年生活狀況調查（衛生福利部，2019），學齡前兒童 28.3%有上過才藝學習，而才藝學習類型以繪畫 43.1%最多；其次則是外語占 26.2%，其比例較前次 2014 年調查增高。可以預見將英文融入生活和遊戲，增加幼兒的生活體驗，已是我國幼教此際發展的重要趨勢。

現代化的臺灣社會變遷，尤以民主化發展最受矚目，其中結合科技技術快速布建多元網路平臺，例如：政府部門運用影音與行動平臺，開放資訊透明，擴大各類公共政策參與，連結各類政策之回應，諸如：「公共政策網路參與平臺」（join.gov.tw）、「零時政府」（g0v，gov-zero）等即為典型代表。每個人得以於任一社群網站公開或匿名發表言論主張，經由指尖發送，將意見傳遞到社會各階層。隨著物質科技產物，網路空間（cyberspace）、虛擬世界（virtual world），以及人工智能（artificial intelligence, AI）等技術突破，深深影響非物質文化價值觀的轉變與傳播。

以經營 YouTube 頻道，分享影音的 Youtuber（網紅）、Podcast（播

客），宛如有聲的 blog（部落客），串流一系列音訊、影像、網頁、資料庫、電子書的內容，讓一般民眾更易發聲。舉凡社會關注議題、特色主題與內容，經過頻道主傳播放送後的影響力，更甚於正式媒體或傳統方式的行銷力。因此，舉凡家庭教養議題、送托機構評價、兒童產品、教玩具繪本等，透過網路傳遞的意見或評價，家長逐漸攫取為養育子女的準則，已成趨勢。其中若干未經證實，或是仿專業包裝商業的行銷內容，一般民眾實際上是無從分辨。

2020 年全球面臨嚴重特殊傳染性肺炎 COVID -19 疫情衝擊，「罩」不住後採取的封城（lockdown）策略，各國百業與學校關閉長達數月。在疫情籠罩下，「家庭」軟硬體環境驟然成為成員日常生活唯一空間，社群媒體成為對外唯一互動的管道，虛擬社會人際關係成為主流，遠距數位學習快速補位成為替代學習的主要方式。面對前述疫情，初期臺灣由於防疫工作具有成效，各級學校仍能正常運作並得免於完全改採線上學習；不料 2021 年 5 月長達三個月的停課，各級教師快速採取線上（on-line）停課不停學的教學，已是後疫情時代的教育新課題（教育部，2021）。

二、社會變遷的新思維

面對每個世代都有的社會變遷，從事幼兒教保工作者，當具備敏察變遷趨勢能力，從變化的脈絡，預先規劃因應策略。諸如：從每年結婚對數、出生率等，即可預估三年後，幼兒園入園幼兒人數趨勢，以及再跨越 20、30 年後下一個世代的人口出生數。面對可見或無形趨勢，以嶄新角度新思維回應社會變遷。

快速變遷的科技帶來進步與衝擊，數位虛擬、人工智能等產品或技術應用融入生活日常已是平常。網際網路世紀，從懷孕起始的胎兒階段，猶如 1998 年電影「楚門的世界」（The Truman Show）一般，以實境播送真實生活的情境，隨著電子監控或身心穿戴裝置等各式資訊設備收錄個體出生至老齡的狀況，網路世紀的生命足跡，都得以輕易的從各類資料庫軟體一一搜尋呈現。

社交媒體平臺，網路訊息流動方式，直接衝擊幼兒教保經營方式，家園互動管道，無「機」不談。功能如體溫量測、人臉辨識等智能科技簡化出缺勤與基本健康管理。無處不在的監視系統不僅是用來設施安全的保護，同時也擠壓家庭與園所間的信任感。這些經過人類技術處理而改變的科技生態，構成文化、法律的變異陳新。教保機構營運資訊，除法律規範公開的訊息外，更多了網路社群中匿名點評意見。這些永不消失的留言資訊，成為家長或教保工作者選擇幼兒園的第一印象，面對科技化的網路世代新思維，建立數位形象已是幼兒園行銷品牌的核心媒介。

面對嚴重特殊傳染性肺炎 COVID -19 疫情，在停課不停學原則下，助長無時空限制與超越時空距離的資訊科技輔助學習快速發展，經由聲光效果與高互動之多元軟硬體表現模式，吸引幼兒「機」不離手的興趣，促進幼兒使用資訊科技輔助學習近用機會（accessing opportunity）的議題，日益受到重視（陳儒晰，2012）。另方面，低頭族家長使用 3C 保母取代親子互動的情況，在腦力與視力傷害之外，更埋下日後兒童成長歷程社會適應與人際互動困境因子。面對資訊科技輔助學習教材普及世代新思維，幼教場域對資訊科技輔助學習的正確認知與實踐，仍有極大空間尚待探究。

此外，從生態系統觀點（Ecological Systems Theory）檢視社會變遷對微系統（Microsystem）家庭的影響，諸如隨著經濟結構、人口遷徙等變化，雙生涯家庭、跨文化家庭日益增多。《司法院釋字第七四八號解釋施行法》

(2019)通過同性婚姻後，登記同性婚姻者已達 9,418 人(內政部，2021a)。同性家庭、同居家庭、單親家庭、重組家庭、兩地家庭等多元的家庭型態，更廣於法律所定義的「家」的樣貌。面對家庭結構性的改變，親職教育的實施方式除傳統面對面活動辦理與文宣傳遞外，家長自動組成的社群網路團體，漸成另類家長參與的「家長會」。親職教育訴求以家長為教育合夥人，教保工作者與滑世代(touch-screen generation)的親師合作關係，除了符合個別家庭特性，問題解決導向的教養內涵與資源提供外，運用科技與人性結合的創新思維，亟待展現。

第二節
幼兒教保面臨的挑戰

預估10年後的幼兒教保狀況，不難發現最嚴峻挑戰，首在學前機構營運基礎的幼兒人數。人口統計預估2030年出生人數約15萬人，較2020年減少1.4 萬人；換言之，在未來 10 年，幼兒園積極營運特色以掌握幼生來源，成為永續發展的重要關鍵。其次，2020年全球在新冠疫情封城停學的影響下，資訊科技在教學上的應用瞬間成為學習主流型態。同時間，幼兒園和家庭、社區間的互動關係，從實體接觸轉變為以網路為主要媒介情境，如何因應指尖世界的變化而融入滑世代，已是重要課題。另方面，政府在回應家庭平價托育需求下，採取各種「準公共」措施時，對托育品質的保障，以2030年的目標而言，也應當不僅止於基礎評鑑門檻。

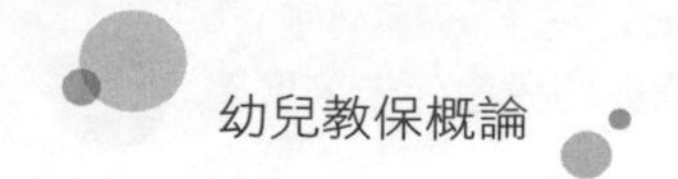

一、少子與高齡人口結構的挑戰

社會的人口組成，其中生育率的高低、人口結構的變化等，都會衝擊社會型態，對社會生活產生實質的影響。2020 年臺灣出生 16 萬 5,249 名嬰兒，死亡 17 萬 3,156 人，人口數較 2019 年底減少 4.2 萬人（-1.8‰），首度呈現人口負成長，出生人數比 2010 年的生肖虎年 16 萬 6 千餘人還低。其次，受到新冠肺炎疫情影響，結婚對數 12 萬 1,702 對、結婚率 5.16‰，為 10 年來新低。國人婚育狀況不理想，造成出生人數下滑趨勢，使得人口提前步入負成長。國家發展委員會的研究報告即推估，臺灣將於 2025 年進入超高齡社會（ultra-aged society），人口年齡中位數在持續增高的走勢下，2034 年全國人口預計約有一半為 50 歲以上的中高齡族群，為經濟成長帶來不小的隱憂（內政部，2021b；國家發展委員會，2021b）。

面對少子與高齡兩端高度照顧需求服務的族群，設置幼兒教保機構與長者照顧中心以同時滿足兩個代間學習與照顧（intergenerational learning and care）方案，正在國際間蔓延，漸成為一股熱潮（Hatton-Yeo & Ohsako, 2000）。諸如香港「BB 醫生」、日本「幼老園」、美國「代間學習中心」（Intergenerational Learning Center, ILC），以及由國際兒童發展促進組織（International Child Development Initiatives, ICDI）發起推動的「老幼攜手」（Together Old and Young, TOY）計畫，都是以促進代間學習（intergenerational learning, IGL）為宗旨（Toyproject, 2016），此等以營造「老幼同學，世代共好」的發展目標，勢將成為幼兒教保與長期照護等機構改革的風潮。

二、資訊科技應用於幼兒數位化教材的挑戰

前進 E 世紀之路的超快速列車，承載著本世紀新生兒，結合資訊設備與數位內容的未來教室，勢必向下延伸至學前階段。幼兒園教保服務工作者的資訊科技素養與教學應用能力的培育，已受相當關注。尤其，在新世代家長與日常生活中，早已處處強烈依賴資訊科技應用。美國幼兒教育協會（National Association for the Education of Young Children, NAEYC）與聖文森學院早期學習與兒童媒體佛雷德羅傑斯中心（Fred Rogers Center for early learning and children's media at Saint Vincent College），在 2012 年發表對於 0～8 歲兒童使用科技媒體立場聲明，揭櫫適當的應用資訊科技工具對幼兒教保育具有正面影響性，需要更多的教師訓練與培育計畫（NAEYC & Fred Rogers Center for Early Learning and Children's Media, 2012），但也帶來一些爭議與辯論。其後，陸續的研究顯示，家長的態度與家庭參與，以及成人使用習慣的模範等，更是影響資訊科技應用的重要因素之一。再者，使用資訊輔助教學，不能取代想像遊戲、戶外與大自然的實地接觸（Donohue & Schomburg, 2017），都使得資訊科技應用於幼兒教學一事，面臨著不小的挑戰。

在2020年全球新冠疫情席捲下，家長採購幼兒科技產品「玩具」，或是學前教育應用數位軟硬體「教具」，瞬間更創高峰。三維化教室強勢進入實體家庭環境，成為虛擬幼兒園學校。面臨的資訊科技應用於幼兒 E 化教材發展趨勢挑戰已非防堵，而是需要更多因勢利導的正確應用與指引。

三、家庭型態與社區互動關係與之轉變

複雜多元的社會，絕不會只有一種面貌，網路傳播下，這些樣貌的顯現

或變化，深受各類媒體的左右。在少子女人口結構威脅下，幼兒教保服務的品質頓時成為眾人關注焦點。家長意見表達更是家園、社區互動關係中的核心，立足基點看似家長與幼兒園立場一致，都為幼教而努力，當是攜手共進、齊心合作。事實上，家長最關注是自己的子女，幼兒園方考量全體幼兒以及教保服務人員工作福祉，立場歧異的落差，一般家長多半期望每天看到自己小孩的照片的報導，即時訊息的回覆，而忽略老師的兩隻手，忙著拍照、整理照片、回覆訊息，就不會有時間和幼兒說故事，引導幼兒操作教具。然而在教育也是一種商品的氛圍下，幼兒園將這些片段式的教學成果包裝，以 PPT 軟體影音美化幼教商品服務「證明」，強力於網路平臺播放行銷，使得「整天都在玩」，看不到紙筆學習單或幼童網美照片的幼兒園，淪為「沒有學習」的評價。

藍佩嘉（2019）以綿密的田野調查分析將近60個家庭的教養觀點，呈現不同族群、地區或階級家長們，對其子女教養與未來期待的觀點，對於「不安的親職」，提出養兒育女標準答案是無法從研究中傳授獲得，需要的是跨族群與階級的公民網路協力拉拔孩子長大，呼籲「教養是一個孩子的事，教育是一個世代的事」。洪福財（2021）則分析臺灣家庭結構的變化，親師角色期待亦隨之轉變，雙方對於彼此在孩子教育的應盡職責雖各有觀點，但仍是以親師合作為主軸基礎，共同目標仍是強化孩子學習、解決孩子的教育問題，理解雙方期待，透過良好溝通管道與正向互動關係，仍是不變的關鍵課題。

在數則兒童不當對待的新聞傳播下，「監視系統」瞬間從防盜功能轉為防虐佐證，新世紀親師信任關係因為第三隻眼的加入，面臨極大挑戰，許多家長認為透過監視器隨時監視教學是「消費者權益」。托嬰機構在前述的氛圍下，裝設監視器已成為法律規範，幼兒園裝設監視器的立法呼聲也日益高漲。事實上，許多教保機構為求自保，早已裝設監視器；但社會環境的整體氛圍瀰漫著對教保機構的「問責防弊」風氣，帶動以「保護」、「安全」為政治正確的立法措施不斷上綱，相對的「興利揚善」之舉措早已被揚棄塵封。家園與社區互動關係與型態之轉變，連帶願意熱情踏入學前領域工作者，日漸遠行難覓，形成教保發展未來的嚴峻挑戰。

四、政策與市場導向之回應

私立幼兒園營運大抵受到市場需求所引導，提供符合各類型家長多元化教保需求的服務。依據 2020 年 1 月的統計顯示，我國超過 1/3 的幼兒甚至還參與園外學習（教育部統計處，2020）。許多人秉持「產業」觀點看待幼兒教保服務，以市場機制看待幼兒園的發展，進而主張政府應補助家長托育費用，以滿足家長自由選擇子女送托機構的需求。對照臺灣目前私幼數量仍占整體園數近七成比例，可以看出社會以市場機制看待私幼發展的情形。

然而，從政府責任面向探究，幼教階段是人生最重要的教育啟蒙基礎，絕非一般消費性的教育商品，政策方向務必著力於協助教保服務品質的保障，尤其，需要更多成本照顧的特殊幼兒、弱勢區域與特境家庭子女。在尚無法達到全面公立或義務化時，由政府與民營機構訂契約購買教保服務的「準公共化」成為權宜之計。

不過，從民營機構角度不難發現，「準公共化」與政府合作服務條款低標易達成，評鑑門檻不高，一旦教保機構營運選擇仍以低師資待遇、高結構性紙筆認知課程取向，以滿足家長托育時間長、認知教育多，揠苗助長型教保服務方式，準公共化的劣幣逐良幣，成為另一隱憂。保優汰劣之計，政府實有責擴大與落實家長對學前教育角色與功能正確認識的宣導。以英國為例，透過網站或專輯節目，大量推出有關幼教科普節目或影片、手冊等，讓親職焦慮的家長能獲得正確與有效的育兒資訊。對於教保機構在基礎評鑑機制外，更為積極性的輔導落實，透過現場實務教保活動的分析與回饋，深耕幼兒核心素養能力，以同步回應與導正幼教扎根之基。

第三節 幼兒教保未來的展望

1924 年，國際聯盟通過《日內瓦兒童權利宣言》，是歷史上第一份與兒童權利直接相關的國際文件。前述宣言揭示：「兒童因身心尚未成熟，因此其出生前與出生後均需獲得特別之保護及照顧，包括適當之法律保護。」回顧我國幼兒教保發展，除呼應《兒童權利公約》（Convention on the Rights of the Child, CRC），進一步與經濟合作暨發展組織（OECD）與聯合國教科文組織（UNESCO）推動幼兒教育及照顧（Early Childhood Education and Care, ECEC）訴求之政策同步。2011 年我國頒布《幼兒教育及照顧法》並於次年實施，讓滿 2 歲至國民小學前幼兒整合於幼兒園接受教保服務，也可視為是對前述宣言的回應。

不同於行政院原提《兒童教育及照顧法草案》擬規範 2～12 歲為整合對象年齡層，《幼兒教育及照顧法》係以 2 歲為界線，將出生至 2 歲前嬰幼兒托育服務隸屬衛生福利部主管，並依據《兒童及少年福利與權益保障法》規範托育機構與托育人員資格等。其次，幼兒園教保服務人員又依受聘型態，分為教師或教保員，以勞保身分或應聘於私立機構者依據勞動部「職業就業指南」屬於兒童照顧人員（含保母）羅列於「服務及銷售工作人員」項下

（勞動部，2021）。對應人力職前培育管道，也以高教與技職體系分流培育，概以高教幼教系、技職幼保系，以及兒童與家庭相關科系為主，共同以《國內專科以上學校教保相關系科認可辦法》開設教保專業課程培育教保員為主軸，其培育數量仍是不敷現場人力需求，未來發展仍有極大空間。

此外，幼兒園角色接軌家庭照顧或托嬰中心托育，更延伸小學與未來公民的連結，期望幼兒成為「自發」、「互動」、「共好」的「終身學習者」。面對科技、環境快速變遷，展望當前幼兒教保課程核心內涵，對應的是20年後，與地球生態能和平共存的挑戰。

一、小幼延伸與嬰幼接軌

5歲幼兒免費教育實施以來，整體5歲幼兒入園率約達96.16%，家庭經濟弱勢之5歲幼兒入園率則約達98.61%，全國補助受益人數超過16萬人。此外，加上雙軌推動公共化及準公共政策發酵所致，連帶推升108學年全體2歲幼兒入園率升抵67.3%，其中就讀公共化幼兒園者17.6萬人，占整體之31.1%（教育部統計處，2020）。尤其，5歲幼兒免學費與高入學率，已具國民教育精神，更是義務教育之雛形。幼小延伸，補足國民義務教育缺席的K教育，更能符應全民期望，發揮教育經濟效益之關鍵。

同時期，0～2歲家外托育機構亦快速攀升，2020年已達1,269所機構式托育，總計收托35,090名未滿三歲嬰幼兒，其中與幼兒園幼幼班滿2歲重疊年齡層者為9,877名（衛生福利部統計處，2021），而未滿3歲於幼兒園教保照顧者則為47,787名，顯見2～3歲托育需求日益殷切。而在「我國少子女化對策計畫」亦強調0～6歲家庭育兒措施無縫銜接原則，不過，仍僅設限在「托育補助」連貫，與嬰幼兒最相關的軟體「教保人員與托育人員」以及提

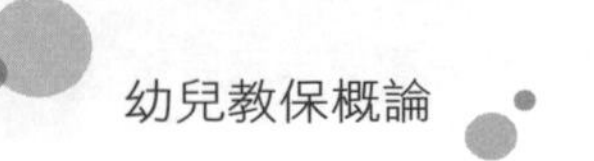

供的「教保內涵」接軌，仍待進一步突破。

二、幼兒園課程實踐的深廣度

瑞斯尼克（M. Resnick）是知名兒童學習程式軟體 Scratch 的開發者，他在美國麻省理工大學媒體實驗室（MIT Media Lab）帶領終身幼兒園（Life-long Kindergarten group）和主動學習（Learning Initiative）團隊，於2017年創設 Learning Creative Learning（LCL, http://lcl.media.mit.edu/）提供六週線上課程，以支持全球各地投入創意的學習社群。運作方式是透過 STEAM 教育中的主題式學習（Project-Based Learning），運用 4P 方法論——提出主題（Project），與同儕（Peer）討論互動，以好玩（Play）的遊戲方式，激發熱情（Passion），探索創意學習，進而沁潤於創意生活。

瑞斯尼克推崇幼兒園是「千年來最偉大的發明」！因為幼兒園沒有時間壓力，幼兒為了達成自己心目中的理想成果或作品，熱情不懈、不怕錯誤，不斷嘗試各種方法或材料，和他人合作、分享想法，以解決問題。整個創意學習歷程，充分滿足幼兒盡情遊戲的樂趣！在講求效率的時代，最難的天馬行空「發想」（thinker）以及處處皆好奇的「探索」（explore）似乎僅存於幼兒園場域（Resnick, 2017）。

反諸立足於幼教專業的工作者，擁有其他教育階段最渴望的教學自主性，教學對象更是最具創意的發想者（thinker）。教學現場亦時有標榜各式各樣教學法或課程模式，然而，不論是蒙特梭利、華德福、瑞吉歐、單元、繪本、主題或方案教學，甚至訴求以雙語（全美語）的教學，都離不開課程實踐的深廣度。換言之，淺耕等於欠收，一味追求教學成效的表象，而忘卻幼兒學習歷程，必須經由主動性的實際操作，才能刻劃未來運用的核心素養力。而課程涵蓋六大領域範疇，更不宜偏頗分科進行，或遠離幼兒生活經驗。從幼兒在地生活環境中取材教學活動議題，加入合適運用的工具與材料，讓幼兒的天賦自由，能自主探索、操作實驗與遊戲。教什麼，不是目標，引導幼兒怎麼學，開啟未來學習「任意門」，喚醒幼兒和未來連結的心智潛能，才是課程深廣度的實踐。

三、優質人才投入未來服務

準公共化政策實施後，私立幼兒園呈現另類現象不是招生不足，卻是聘師不易。經由各類托育補助政策，幼兒入園人數逆勢攀升，相對師資培育人數下滑，師資缺口變大。根據教育部統計資料顯示，2015 年教保人員數為 46,169 名，幼生 462,115 名，師生比為 1: 10.01；五年後，2019 年幼生數增幅達 1.22 倍，收托人數為 564,545 名，教保人員數為 53,747 名，增幅為 1.16 倍，師生比增高為 1:10.5（教育部統計處，2021）。其中，人力缺口又以具備教師證者更為嚴峻。

從教育部的統計數據中顯示，2019 學年度公立幼兒園教師計 6,891 人，私立則為 5,866 人；而幼教師平均年齡公立為 39.99 歲，私立為 44.44 歲，差距將近 5 歲；其中，34 歲以下明顯差異，集中於公立 2,304 人，私立為 966 名教師；而 55 歲以上之幼教師公立為 376 人，私立則高達 1,190 人（教育部，2020a）。私立幼兒園面臨教師高齡化與聘任不易的困境，於鼓勵現職教保人員在職進修幼教專班，一旦取得教師合格證後，莫不積極進入公立幼兒園，成為私立幼兒園每學年必經的嚴峻陣痛。

此外，依據技專校院入學測驗中心的統計資料顯示，2018 年幼保類報考人數為 1,924 人，2021 年報考人數為 1,588 人（技專校院入學測驗中心，

2021）。至於幼兒園師資統計2019學年招生人數由師培系學系管道進入者為543人，師培中心為212人，在職修習幼教專班者572人，合計僅為1,327人（教育部，2020a）。對應國家發展委員會發布 2020～2070 年人口推估顯示，2020年大學18歲入學年齡人口為25萬人，於2027年將首次低於20萬人；預估自 2023 學年起大學畢業生將跌破 20 萬人，至 2031 學年逢虎年效應，將降至 14.2 萬人（國家發展委員會，2021a）。如何「開源」強化職前人才投入，「節流」降低在職人員流失，成為落實0～6歲友善養育環境的關鍵因素。

至於人才會怯步於教保職涯發展，主因在於網路媒體傳播與放大究責問罪的風氣中，家園信任基礎日益薄弱，動輒調閱監視器，致使教師的服務熱忱喪失殆盡。幼兒園在房租與其他競爭營運成本增加下，或是以鐘點才藝外聘師資，替代專業人力編制；或是聘任雖非相關科系背景、中高齡而有心從事幼教領域者取替。職場壓力未獲適當紓解，工作價值感無法單由幼兒純真笑容而感動，政府實有責建立更多鼓勵優質人才投入服務的舉措。展望未來，開放職前教師培育、增加職前在學學生公費就學獎助、擴大在職教保員取得教師資格管道、表揚優質機構現場人員服務事蹟，以及落實保優汰劣機構評鑑機制等，讓不論是教師、教保員、托育員等職業資格名稱，最終能發展信念，看見每個獨特的生命幼苗，定錨自己的職業、事業與生命志業。

情境式題目

1. 臺灣2020年新生兒人口為16萬5,000餘人，設想20年、30年甚至40年後這批鼠年寶寶長大成為家長後，幼兒園為其子女提供的教保服務，會是什麼樣貌？為什麼會有這些變化？

2. K 教育階段義務化，是先進國家教育軟實力的展現。以臺灣目前發展，有哪些層面或制度需要變革，才能達到此一目標？
3. 社會變遷與幼教職涯發展息息相關，試從目前就學或就職場域，擬定未來三年、五年、十年的生涯發展。

參考文獻

中文部分

內政部（2021a）。**內政部統計年報——婚姻狀況**。取自 https://ws.moi.gov.tw/001/Upload/400/relfile/0/4405/c5304344-28d7-4669-85f0-47393ecad39a/year/year.html

內政部（2021b）。**內政統計通報——110 年第四週**。取自 https://www.moi.gov.tw/cp.aspx?n=5590

司法院釋字第七四八號解釋施行法（2019）。

行政院（2017）。**擴大幼兒教保公共化計畫**。行政院 106 年 4 月 24 日院臺教字第 1060170318 號函。

行政院（2018）。**我國少子女化對策計畫（107 年至 111 年）**。行政院 107 年 7 月 25 日臺教字第 1070182548 號函核定。

行政院（2020）。**我國少子女化對策計畫（107 年至 111 年）**。行政院 109 年 3 月 2 日院臺教字第 1090004244 號函核定修正。

行政院性別平等委員會（2021）。**重要性別統計資料庫——家庭組織型態**。取自 https://www.gender.ey.gov.tw/gecdb/Stat_Statistics_Query.aspx?sn=MwEtyBleRxJh%24lZApHWboQ%40%40&statsn=iGJRpsNX45yniGDj!w1ueQ%40%40

技專校院入學測驗中心（2021）。**統測施測相關數據**。取自 https://www.tcte.edu.tw/download/opendata/index_stat.php

洪福財（2021）。社會變遷中的親職教育。載於洪福財、涂妙如、翁麗芳、陳麗真、蔡春美（著），**幼兒園、家庭與社區：親職教育的規劃與實施**。新北市：心理。

段慧瑩（2011）。我國幼兒教育發展之議題與興革。收錄於**我國百年教育回顧與展望**（頁 105-120）。新北市：國家教育研究院。

高強華（2000）。社會變遷。**教育大辭書**。取自 https://pedia.cloud.edu.tw/Entry/Detail/?title=%E7%A4%BE%E6%9C%83%E8%AE%8A%E9%81%B7#glossary

國家發展委員會（2018）。**2030 雙語國家政策發展藍圖**。行政院 107 年 12 月 10 日。院授發綜字第 1070802190 號函頒。

國家發展委員會（2020）。**中華民國人口推估（2020 至 2070 年）**。取自 https://pop-proj.ndc.gov.tw/download.aspx?uid=70&pid=70

國家發展委員會（2021a）。**產業人力供需資訊網——各教育階段學生數預測結果**。取自 http://theme.ndc.gov.tw/manpower/

國家發展委員會（2021b）。**國家發展委員會人口推估查詢系統**。取自 https://pop-proj.ndc.gov.tw/

教育部（2020a）。**中華民國師資培育統計年報（2019）**。取自 https://depart.moe.edu.tw/ED2600/News.aspx?n=C6A181E8F32C2BBA&sms=EA1FA0326D3BA142

教育部（2020b）。**預告修正「幼兒教保及照顧服務實施準則」第 13 條草案**。109 年 10 月 16 日。臺教授國部字第 1090113719A 號。

教育部（2021）。**防疫不停學——線上教學便利包**。取自 https://learning.cloud.edu.tw/onlinelearning/#

教育部統計處（2020）。**教育統計簡訊——第 121 號**。取自 http://stats.moe.gov.tw/files/brief/%E5%B9%BC%E5%85%92%E5%9C%92%E6%A6%82%E6%B3%81.pdf

教育部統計處（2021）。**109 學年學校基本概況統計結果提要分析**。取自

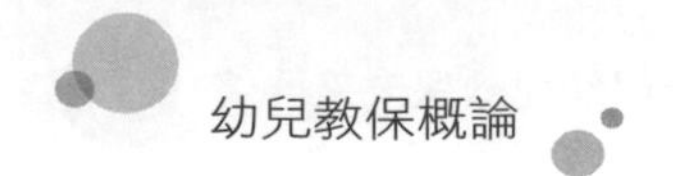

https://depart.moe.edu.tw/ED4500/News.aspx?n=FE07F9DA122E29D4&sms=9F6C59DC1BCB2E41

陳儒晰（2012）。近用機會對幼兒應用資訊科技輔助學習表現的影響。**國立臺灣科技大學人文社會學報，8**（4），277-299。

勞動部（2021）。**職業就業指南**。取自 https://www.mol.gov.tw/statistics/2475/

藍佩嘉（2019）。**拚教養：全球化、親職焦慮與不平等童年**。臺北市：春山。

臺北市政府教育局（2021）。**臺北市 110 學年度公立幼兒園教師聯合甄選簡章**。取自 https://join.gov.tw/policies/detail/acefc0ea-ec72-42b5-a78b-5fcb426af3e5 https://kidsteacher.tp.edu.tw/

衛生福利部（2019）。**中華民國 107 年兒童及少年生活狀況調查報告——兒童篇**。取自 https://dep.mohw.gov.tw/dos/lp-1771-113.html

衛生福利部統計處（2021）。**托嬰中心所數及收托人數**。取自 https://dep.mohw.gov.tw/DOS/cp-2978-13971-113.html

英文部分

Donohue, C., & Schomburg, R. (2017). Technology and interactive media in early childhood programs: What we've learned from five years of research, policy, and practice. *Young Children*, *72*(4).

Hatton-Yeo, A., & Ohsako, A. (2000). *Intergenerational programmers: Public policy and 218 research implications an international perspective*. Retrieved from http://www.UNESCO.org/education/uie/pdf/intergen.pdf

NAEYC & Fred Rogers Center for Early Learning and Children's Media. (2012). *"Technology and interactive media as tools in early childhood programs serv-*

ing children from birth through age 8." Joint position statement. Washington, DC: NAEYC; Latrobe, PA: Fred Rogers Center at St. Vincent College. Retrieved from www.naeyc.org/content/technology-and-young-children

Resnick, M. (2017). *Lifelong kindergarten: Cultivating creativity through projects, passion, peers, and play.* IL: The MIT Press.

Toyproject (2016). *Together old and young-toy: Young children and older adults learning together.* Retrieved from http://www.toyproject.net/

筆記頁

筆記頁

國家圖書館出版品預行編目（CIP）資料

幼兒教保概論／王建雅, 李興寧, 宣崇慧, 段慧瑩, 洪福財, 胡玉玲,
孫良誠, 徐千惠, 涂妙如, 高博銓, 溫明麗, 葉郁菁著.
--初版.--新北市：心理出版社股份有限公司, 2021.10
面； 公分. --（幼兒教育系列；51218）
ISBN 978-986-0744-26-2（平裝）

1.幼兒保育 2.學前教育

523.2 110013639

幼兒教育系列 51218

幼兒教保概論

審閱者：洪福財、溫明麗
作　者：王建雅、李興寧、宣崇慧、段慧瑩、洪福財、胡玉玲、孫良誠、
徐千惠、涂妙如、高博銓、溫明麗、葉郁菁
執行編輯：高碧嶸
總編輯：林敬堯
發行人：洪有義
出版者：心理出版社股份有限公司
地　址：231026 新北市新店區光明街 288 號 7 樓
電　話：(02) 29150566
傳　真：(02) 29152928
郵撥帳號：19293172　心理出版社股份有限公司
網　址：https://www.psy.com.tw
電子信箱：psychoco@ms15.hinet.net
排版者：辰皓國際出版製作有限公司
印刷者：辰皓國際出版製作有限公司
初版一刷：2021 年 10 月
初版二刷：2023 年 9 月
I S B N：978-986-0744-26-2
定　價：新台幣 550 元